SKRJABIN · BRIEFE



Universal Bibliothek

KUNSTWISSENSCHAFTEN

*Alexander Skrjabin*

# *BRIEFE*

*Mit zeitgenössischen Dokumenten und einem Essay von Michail Druskin*

*1988*

*Verlag Philipp Reclam jun. Leipzig*

Aus dem Russischen

Herausgegeben von Christoph Hellmundt

Übersetzung der Briefe Skrjabins von Christoph Hellmundt
Übersetzung der Dokumente von Christoph Hellmundt, Ernst Moritz Arndt und Elke Erb
Übersetzung des Essays von M. Druskin von Gertraude Krueger

Mit 40 Dokumentarfotos

ISBN 3-379-00360-3



Reclams Universal-Bibliothek Band 1260
1. Auflage
Reihengestaltung: Lothar Reher
Lizenz Nr. 363. 340/118/88 · LSV 8383 · Vbg. 28,9
Printed in the German Democratic Republic
Grafischer Großbetrieb Völkerfreundschaft Dresden
Gesetzt aus Garamond-Antiqua
Bestellnummer: 661 4147
00400

Michail Druskin

# Bemerkungen zu Skrjabin

In seiner Kindheit begegnete Boris Pasternak auf seinen Streifzügen vor die Stadt oft Alexander Skrjabin; dieser war ein Freund seines Vaters, des bekannten Malers.
Pasternak erinnerte sich später: „Skrjabin hatte die Angewohnheit, Anlauf zu nehmen und dann gleichsam hüpfend weiterzulaufen, wie ein Stein, den man auf dem Wasser springen läßt. Es sah aus, als fehlte nicht viel und er hätte sich in die Lüfte erhoben und wäre davongeflogen. Er hatte überhaupt mancherlei Arten erleuchteten Schwebens und schwereloser Bewegungen an der Grenze zum Fliegen entwickelt."
Dieses Bild, das sich dem Dichter eingeprägt hat, ist bezeichnend für Skrjabins Musik. Sie hat etwas Schwebendes (ein Lieblingsausdruck des Komponisten) an sich; sie strebt empor in überirdische Gefilde, wie die züngelnden Flammen des Feuers. *Poem des Feuers* nannte er seinen *Prometheus*, ein Werk für Orchester, Chor und Klavier; dem Klavierstück op. 72 gab er den Titel *Vers la Flamme*, dem Opus 73 Nr. 2 die Bezeichnung *Flammes sombres*; in Skrjabins Anmerkung zu der *4. Klaviersonate* heißt es: „So brennt die Sonne"; und in der Erläuterung zum *Poème de l'Extase* sagt er: „Das ganze Weltall ist ein Flammenmeer." Von daher ist es nicht verwunderlich, daß die Feuersbrunst im Finale von Wagners „Walküre" – Wotans Abschied von Brunhilde – ihn in Begeisterung versetzen konnte, ebenso das Finale der „Götterdämmerung", wo Walhalla in Flammen aufgeht.
Bei Skrjabin verbindet sich feurige Leidenschaft mit scheuer Schwärmerei. Sein erstes Orchesterwerk, op. 24 (1898), trägt den Titel *Rêverie.* Diese Schwärmerei hat einen Anflug von Sinnlichkeit und nimmt nicht selten verweichlichte, betörende Züge an (vgl. die Klavierwerke op. 57 *Désir. Caresse dansée* und op. 73 Nr. 1 *Guirlandes*). Dem stehen Trompetenstöße gegenüber, die so „impetuoso" klingen wie Beschwörungsformeln oder wie die freudige Selbstbehauptung eines befreiten Geistes und die von Glockenklang begleitet werden, der so charakteristisch ist für alles Russische

(vgl. das Finale des *Poème de l'Extase*). Bisweilen drückt sich dieses geistige Schweben in einem dionysischen, orgiastischen Tanz aus. Bezeichnend sind in diesem Zusammenhang die Anmerkungen des Komponisten über Bewegung und Ton in der *6. Klaviersonate*; Skrjabin versah seine Werke reichlich mit solchen Bemerkungen in französischer Sprache. Sie seien hier auszugsweise wiedergegeben: „Mystérieux [Geheimnisvoll], Le rêve prend forme [Der Traum nimmt Gestalt an], Ailé, tourbillonnant [Beschwingt, wirbelnd], Avec une joie exaltée [Mit überschwenglicher Freude], L'épouvante surgit, elle se mêle à la danse délirante [Entsetzen erhebt sich, es vermischt sich mit dem rasenden Tanz]".

Ein „göttliches Spiel" nannte Skrjabin den letzten Teil seiner *3. Sinfonie.* Seiner Überzeugung nach – darin folgte er Kant und insbesondere Schiller – ist das Spiel etwas, das um seiner selbst willen geschieht. Es ist sowohl materiell (sinnlich) wie auch geistig, es ist das Leben selbst und sein Abbild. In ihm verkörpert sich eine Schöpferkraft, die eine herrliche und erhabene Welt schafft und die die uns umgebende Wirklichkeit verändern kann.

Skrjabin hatte den fanatischen Glauben, daß gerade ihm die Erfüllung einer solchen Mission aufgetragen sei und daß das hohe Ziel einer geistigen und sittlichen Erneuerung der Menschheit mit den Ausdrucksmöglichkeiten der Kunst, das heißt durch Einflußnahme mit künstlerischen Mitteln, zu erreichen sei. Mit dieser Überzeugung war er ein direkter Nachfahre Richard Wagners, dessen gedanklicher und zum Teil auch musikalischer Einfluß sich in Skrjabins Werk niedergeschlagen hat. Zugleich spürt man auch den Einfluß Dostojewskis, der verkündete: „Die Schönheit wird die Welt erlösen."

Wir haben nicht darüber zu befinden, wie utopisch Skrjabins Träume waren. Er ist einer der letzten Romantiker des 19. Jahrhunderts, die an die magische Kraft der Kunst glaubten. Gleichzeitig aber ist er einer der Wegbereiter der Musik des 20. Jahrhunderts, der viel zur Erweiterung der Suggestivkraft musikalischer Ausdrucksmittel beigetragen hat. In Skrjabins Werk nehmen die ästhetischen Ansichten der Romantik wie auch die Vorahnungen einer gewandelten Kulturerfahrung künftiger Generationen eine eigenartige, neue Gestalt an. In seinem Werk bricht die vorhergehende Tradition gleichsam ab, und dennoch ist er ihr in seiner romantischen Weltsicht fest verbunden. Derartige Widersprüche machen sein Wesen aus.

Das reale Leben war ihm, der sich für den Messias einer neuen Ära in der Geschichte der Menschheit hielt, fremd. Skrjabin mied jeden Kontakt mit der Wirklichkeit und fühlte sich am wohlsten in einer elitären, intimen Umgebung. Er trat auch lediglich aus materiellen Überlegungen heraus als Pianist auf; nicht ein einziges Mal ließ er sich dazu bewegen, an das Dirigentenpult zu treten. Mit seinem zerbrechlichen Körperbau und seiner kränklichen Konstitution war er der Prototyp des distinguierten, eleganten und dekadenten Menschen des Fin de siècle. Bis zu einem gewissen Grad drückt sich das auch in seiner Musik aus; bezeichnend ist das leidenschaftliche Feuer, die rauschhafte Traumverzückung, sind die grandiosen Ausbrüche, die der Phantasie eines von der konkreten Wirklichkeit weit entfernten Romantikers entspringen.

Skrjabins Persönlichkeit ist ein erstaunliches Beispiel hermetischer Abgeschlossenheit. Er war von seiner Berufung derart überzeugt, daß er keinen Umgang mit anderen Komponisten suchte und sich keiner ihrer Gruppierungen anschloß. Er lebte in der Welt seiner eigenen Phantasie und bereitete sich auf die Erfüllung jener Mission vor, die er selbst sich aufgetragen hatte. Dem Ikarus der Antike gleich strebte er danach, die unermeßlichen Weiten des Alls zu erkennen; mit allen Fasern seines Herzens zog es ihn zu dem blendenden Licht der Sonne. Und als er meinte, stark genug zu sein, die selbstgestellte Aufgabe zu erfüllen – das *Mysterium* zu schaffen, von dem er jahrelang geträumt hatte, da starb er unerwartet im Jahre 1915, 43 Jahre alt, infolge einer Blutvergiftung.

Skrjabins Werk ist nicht sehr umfangreich – es besteht aus 74 Titeln. Im Unterschied zu anderen russischen Komponisten von Glinka bis Strawinsky hat Skrjabin ausschließlich Instrumentalmusik geschrieben, und zwar für Klavier oder Orchester, darunter auch Werke für Orchester mit Klavier. In den sinfonischen Werken tritt bisweilen der Chor als zusätzliches Element auf. Selbst Kammermusikstücke sucht man bei ihm vergeblich, von den anderen Gattungen der

Tonkunst oder der darstellenden Künste ganz zu schweigen. Die größte Gruppe bilden die Klavierwerke: 10 Sonaten und eine Vielzahl kleiner Stücke, darunter 91 Préludes, geschrieben in der Zeit von 1889 bis 1914, 26 Etüden, von 1887 bis 1912, 21 Mazurkas, von 1888 bis 1903, und 20 „Poeme", von 1903 bis 1914. Die „Poeme" sollen hier gesondert behandelt werden. Schließlich hat Skrjabin drei der fünf großen Orchesterwerke, abgesehen von dem *Klavierkonzert* op. 20 (1897), gleichfalls als „Poeme" bezeichnet: die *3. Sinfonie – Le Divin Poème* (1903/04), *Le Poème de l'Extase* (1905–1907) und *Prométhée – Le Poème du Feu* (1909/10).
Was verband Skrjabin mit dieser von ihm bevorzugten Bezeichnung „Poem"? Zu der „Sinfonischen Dichtung" Franz Liszts besteht nur eine sehr lose Verbindung, obwohl Skrjabin sich um die Jahrhundertwende – nach seiner jugendlichen Begeisterung für den Lyrismus Chopins – auch von der Pathetik Liszts beeinflussen ließ. Skrjabin verstand das Poem als poetische Tondichtung über das Ringen des Geistes. In den umfangreichen Anmerkungen zu seinen Werken, die vornehmlich in Gedichtform gehalten und von prätentiöser, schwülstiger Mystik und Symbolik durchdrungen sind, gibt er eine detaillierte Erklärung ihres gedanklichen Gehalts. Das ist keine Analyse im üblichen Sinne. Skrjabin ist bemüht, dem Inhalt seiner Werke eine philosophische Grundlage zu geben. Er hat Kant, Hegel, Fichte und Schlegel studiert und fühlte sich besonders Schellings Idee der „Weltseele" als der Verkörperung der Freiheit des schöpferischen Geistes verbunden. Er interessierte sich für Psychologie und war ein begeisterter Anhänger der Theosophie. Allerdings blieb er auf dem Gebiet der Poesie wie auch der Philosophie nur ein wißbegieriger Dilettant, so daß seine literarischen Erläuterungen seiner Musik bei weitem nicht gerecht werden. Dennoch ist seine Auffassung von der Rolle der Thematik in der Komposition wesentlich für das Verständnis seiner Metaphorik.
In seinem Spätwerk – das *Divin Poème*, das *Poème de l'Extase* sowie *Prometheus* sind Marksteine in Skrjabins künstlerischer Entwicklung – findet man ein breitgefächertes System von Leitmotiven. So gibt es zum Beispiel im *Poème de l'Extase* zehn leitmotivische Figuren. Jedes dieser Motive hat seine bestimmte semantische Funktion; in ihrer Ge-

samtheit drücken sie nicht die Wendepunkte eines literarischen Sujets, sondern den gedanklichen und metaphorischen Gehalt des Werkes aus. Die verbale Auslegung entspricht jedoch nicht in allen Punkten dem tatsächlichen Klang der Musik, ihrer lebendigen Unmittelbarkeit. Der genial begabte Musiker ist dem Literaten und Kommentator weit überlegen.

Die Marksteine in Skrjabins künstlerischer Entwicklung wurden bereits bezeichnet. Hier sei noch angemerkt, daß die *4. Klaviersonate* mit dem *Divin Poème* eine Einheit bildet, ebenso die *5. Klaviersonate* (sowie weiterhin auch die Orchesterwerke und die großen einsätzigen Stücke für Klavier, auch wenn sie noch Merkmale der traditionellen Sonatenform aufweisen) mit dem *Poème de l'Extase* und der *Prometheus* mit den letzten vier Sonaten.

Der Werdegang des Künstlers verlief stürmisch. Während der Zeit, in der er seinen eigenen, originellen Stil entwikkelte, ließ Skrjabin sich von Chopin und nicht zuletzt auch von Tschaikowskis Kantabilität beeinflussen, sodann von Liszt und bald darauf von Wagner. Den Höhepunkt dieser Linie bildet das *Poème de l'Extase*; seine bald kraftvoll-energische, bald unsicher schwankende, dann wieder feierlich helle Ausstrahlung ist in der gesamten letzten Schaffensperiode des Komponisten zu spüren. Jedoch bilden sich auch in dieser Zeit noch neue Züge heraus: Er schuf ein eigenes System der Harmonik, in deren „Klangzentrum" die horizontalen und linearen sowie die harmonischen, akkordmäßigen Entwicklungslinien der Musik zusammenfallen.

Der stürmische Charakter dieses Werdegangs erinnert unwillkürlich an den analogen, wenn auch in vielen Punkten unterschiedlichen Entwicklungsweg Arnold Schönbergs.

Skrjabin war um zwei Jahre älter als Schönberg. Beiden gemeinsam war das außergewöhnlich intensive geistige Suchen, das über ein professionelles Interesse an der Musik weit hinausging. Beide waren Mystiker und Theosophen, die die Erkenntnis der Geheimnisse des Seins anstrebten. Schönberg war Anhänger Emanuel Swedenborgs, während Skrjabin Helene Blavatsky folgte. Beide träumten – erfüllt vom Glauben an ihre messianische Bestimmung – im zweiten Jahrzehnt unseres Jahrhunderts davon, außergewöhnliche musikalische „Handlungen" zu schaffen – und beide scheiterten daran. Skrjabin mit seinem *Mysterium*, Schönberg mit seinem Oratorium „Die Jakobsleiter". Beide schließlich arbeiteten unentwegt, jeder für sich, an einem eigenständigen System der Klangorganisation. Diese Arbeit fiel zeitlich beinahe zusammen; in den Jahren, als Skrjabin an seinem *Prometheus* arbeitete, wandte sich Schönberg der atonalen Musik zu.

Es ließen sich noch weitere Gemeinsamkeiten finden; wichtiger ist jedoch, auf die Unterschiede einzugehen. Zunächst einmal sind beide Komponisten in unterschiedlichen nationalen Kulturen groß geworden. Skrjabins Werk wäre undenkbar außerhalb des russischen literarischen Symbolismus. Zu der künstlerischen Strömung des Expressionismus, dessen Geist sich auch in Schönbergs Werk ausdrückt, hatte er keinerlei Beziehung. Darüber hinaus hat Schönberg bekanntlich auch als literarischer Dramatiker sowie als begabter Maler expressionistisch gearbeitet, während Skrjabin sich weder für das Theater noch für die Malerei interessierte. Diese unterschiedlichen nationalen Traditionen führten, zusammen mit dem andersgearteten persönlichen Temperament beider, zu unterschiedlichen künstlerischen Ergebnissen. So war Skrjabins abgöttische Verehrung der Naturgewalt von Feuer und Licht Schönberg fremd, ebenso wie die heiteren Preislieder auf heldenhafte Taten oder der für sein Werk so charakteristische Tenor von slawischer, liedhafter Schwärmerei, die sich bald zärtlich und intim, ja sogar zerbrechlich, bald stürmisch erregt gibt. Ich habe überhaupt den Eindruck, daß die emotionale Unmittelbarkeit, die viele Werke Skrjabins durchzieht, Ausdruck der russischen Kunsttradition ist – und zwar nicht nur der Kunst eines Tschaikowski, sondern auch der eines Dostojewski.

Im Finale der *1. Sinfonie* (1899–1900) singt der Chor:

> „Kommt, alle Völker dieser Erde,
> die Kunst zu loben und zu preisen."

Dieser Text stammt von Skrjabin. Er stand mit diesem Aufruf nicht allein. Im Rußland der Jahrhundertwende war die magische Kraft der Kunst, der bei der geistigen Erneuerung der Gesellschaft eine entscheidende Rolle zugesprochen wurde, ein beliebtes Gesprächsthema der literarischen und philosophischen Salons. In diesem Zusammenhang erklärt sich auch Skrjabins an Wahnsinn grenzende Vorstellung vom *Mysterium* als der pantheistischen Synthese aller Künste. Sein Gedanke war, Mensch und Natur gleichermaßen an diesem *Mysterium* teilhaben zu lassen. Schauplatz dieses kollektiven Geschehens ist Indien, die Urmutter der Völker Europas. Die Handlung vollzieht sich unter freiem Himmel, an einem See, in dem das Spiegelbild eines eigens für diesen Zweck errichteten kuppelförmigen Tempels sichtbar ist. Die Kuppel und ihr Spiegelbild bilden zusammen eine Kugel. Durch geschickte Beleuchtung wird der Eindruck erweckt, als würde die Architektur sich bewegen. Überhaupt ist alles in Bewegung, die Interpreten sind nicht von der Masse der Teilnehmenden getrennt. Man hört heimliches Flüstern, Rascheln, Geräusche aller Art, Trompetenstöße. Die Musik, das Schreiten und Tanzen bilden eine einheitliche Bewegung. Skrjabin träumte auch davon, eine „Sinfonie" aus Duft und Farbe zu komponieren. Die Sterne glänzen, und die Strahlen der untergehenden Sonne erleuchten das immerwährende Fest, das den Sieg des Geistes über das Banale darstellt. Dann überwindet das Gute das Böse, das Leid und die ewigen Qualen durch das Streben nach dem Idealen im Leben.

Skrjabin war ganz von der Erwartung des großen Wunders ergriffen, er hatte keinen Zweifel an der Möglichkeit seines Zustandekommens. Nach der Vollendung des *Poème de l'Extase* meinte er, zur Schaffung eines solchen *Mysteriums* fähig zu sein. Die Entwürfe wechselten, und bald entstanden Skizzen zu Texten in Gedichtform. Je genauer aber Skrjabins Vorstellungen davon wurden, wie er diesem gigantischen Gedanken Form verleihen sollte, in desto weitere Ferne rückte seine Realisierung. Da entstand die Idee einer *Vorbereitenden Handlung, L'Acte Préalable*, die das spätere *Mysterium* in Umrissen vorwegnehmen sollte. Einer der Versuche, die zum Abschluß kamen, war das *Poem des Feuers*, der *Prometheus*, in dem der Mikrokosmos des Klaviers und der Makrokosmos des Orchesters sich gegenseitig ergänzen. Die neuen künstlerischen Entdeckungen des Komponisten fanden in der *7. Klaviersonate* mit ihren beschwörenden Rufen, vibrierenden Klängen (vgl. den Anfang des *Prometheus*), zärtlichen Seufzern, wirbelnden Tänzen und tosenden

Glockenklängen – im Finale des *Poems* setzt auch die Orgel ein – ihren deutlichen Niederschlag.

Das *Poem des Feuers* nimmt auch insofern das *Mysterium* vorweg, als es neben dem wortlos singenden Chor auch ein außermusikalisches Element enthält – das Licht der Farben. In der Partitur wurde das durch eine besondere Art von Noten wiedergegeben. In Skrjabins Vorstellung sollte der Konzertsaal während der Aufführung des *Prometheus* von einem schillernden Farbenspiel mit unterschiedlicher Tönung und Intensität, zuweilen sogar flammengleich auflodernd, erleuchtet werden. Die vorherrschenden Töne sollten lila, violett, hellblau und purpur sein. Unklar bleibt indes, wie Musik mit einer entsprechenden Dynamik des Lichts und der Farben sichtbar gemacht werden kann.

Interessanterweise haben sich zur gleichen Zeit wie Skrjabin auch Arnold Schönberg und der Maler Wassily Kandinsky mit diesem Problem beschäftigt. Schönbergs Oper „Die glückliche Hand“ enthält genaue Angaben über das Wechselspiel von Licht und Farbe. Der Text des Dramas wurde 1911 veröffentlicht, die Musik dazu entstand zwischen 1910 und 1913, die Uraufführung fand 1924 statt. Die bildliche Vorstellung von der Dynamik des Lichts und der Farben war Kandinskys Ausgangspunkt für das Libretto zu der „Handlung“ „Der gelbe Klang“ 1909, veröffentlicht 1912. Im gleichen Band wie dieses Libretto – dem Almanach „Der blaue Reiter“ – wurde auch ein Artikel von Leonid Sabanejew über Skrjabins *Prometheus* abgedruckt. Die Musik zu „Der gelbe Klang“ schrieb der russische Komponist Thomas von Hartmann; die Inszenierung war für 1914 geplant, fand dann aber nicht statt. Die künstlerischen Experimente Skrjabins entsprachen also denen anderer Künstler jener Zeit.

Andererseits wurde im Jahre 1911 nicht nur der *Prometheus* uraufgeführt – im selben Jahr wurde in Paris Strawinskys Ballett „Petruschka“ aufgeführt und zwei Jahre später, ebendort, „Le Sacre du Printemps“. Ein schärferer Gegensatz zu der realitätsfernen Welt Skrjabins ist kaum vorstellbar! Und auf Strawinsky folgte Sergej Prokofjew mit seinem jugendlichen Feuer, seinem sprühenden Humor und seiner überschäumenden Lebenskraft: das 1. Klavierkonzert 1912 und ein Jahr darauf das 2. Klavierkonzert. Die neue Generation russischer Komponisten ging im Vorgefühl der kommenden grundlegenden Veränderungen im sozialen und kulturellen Leben auch in der Kunst andere Wege als Skrjabin. Später kamen nur Epigonen, auch wenn Skrjabins Einfluß noch in der Klaviersonate Alban Bergs und im Frühwerk von Karol Szymanowski zu spüren ist.

Doch wieder sind Jahrzehnte vergangen, und heute wird das Werk des Komponisten des *Prometheus* wieder anders aufgenommen. In einer Epoche, in der die Menschheit in die Galaxis eindringt, empfinden wir seine besten Werke gleichsam wie einen Atemhauch des Kosmos, und ihre angsterfüllten Klänge lassen an Sphärenmusik denken. Skrjabins kosmische Konzeption kann heutzutage nicht ohne Echo bleiben. Auch bei seinen stolzen, mächtigen, fordernden Trompetenstößen kann man nicht gleichgültig bleiben, mahnen sie uns doch, einer Tuba mirum gleich, an die heftigen, furchterregenden Katastrophen des 20. Jahrhunderts ...

Zum Schluß sollen einige Neuerungen erwähnt werden, die Skrjabin vorweggenommen hat. Von seiner Entdeckung der bis heute noch nicht vollständig verwirklichten Möglichkeiten einer „visuellen" Musik – im Einklang mit Licht und Farbe – war bereits die Rede. Auch die Vorstellung von einer „beweglichen" Architektur, die jetzt in der Bildhauerei Anwendung findet, wurde bereits behandelt. Der untemperierte, sonore Ton, mit dem Skrjabin den „Klang des Chaos" wiederzugeben versuchte, die Aleatorik des Chors, die er in Form von Geflüster in seinem *Mysterium* einsetzen wollte – all das findet sich in der Musik der zeitgenössischen Komponisten wieder. Selbst die Idee des *Mysteriums* hat trotz ihres utopischen Charakters später in veränderter Form ihre Entwicklung gefunden. „Handlungen", deren Akteure nicht Darsteller, sondern Licht und Ton sind, sind in mehreren Ländern bereits keine Seltenheit mehr. Diese „Handlungen" werden unter freiem Himmel aufgeführt, als Kulissen dienen Hügel, Berge, die landschaftliche Umgebung oder alte Architekturdenkmäler wie zum Beispiel die ägyptischen Pyramiden ... Diese Erkenntnisse sind ein überzeugender Hinweis auf Skrjabins ungestüm suchendes, zukunftsweisendes Genie.

Aus: Sieg über die Sonne. Aspekte russischer Kunst zu Beginn des 20. Jahrhunderts. [Publikation zur] Ausstellung der Akademie der Künste, Berlin [West], und der Berliner Festwochen, 1983 (Schriftenreihe der Akademie der Künste, Bd. 15), S. 275–285

*Aus dem Russischen übersetzt von Gertraude Krueger*

# Vorwort

„Farbenmusik" – das ist für viele heute der Begriff, der sich mit Skrjabin verbindet. Obwohl mehr Wunschvorstellung bei ihm als Wirklichkeit, ist es dennoch der Ausdruck für das am stärksten ausgeprägte Individuelle, Besondere, das dieser Künstler vorzuweisen hat. Neue Tonsysteme haben auch andere entwickelt. Den Schritt zur Atonalität vollzog er gleichzeitig mit Arnold Schönberg. Seine Versuche in Richtung einer Zwölftonmusik, die sich in den späten Skizzen nachweisen lassen, kamen nicht zum Tragen und wurden von Schönberg vollkommen in den Schatten gestellt. Auf dem Gebiet des Zusammenwirkens von Musik und farbigem Licht aber erreichte Skrjabin eine besondere Qualität. Mag dies nicht so offensichtliche Folgen gehabt haben wie Schönbergs Zwölftontechnik, so sind doch auch von Skrjabin Anregungen für die Zukunft der Künste ausgegangen, die nicht zuletzt gerade auf Schönberg, aber auch auf einen so bedeutenden Maler wie Kandinsky Eindruck gemacht haben. Ein Weiterwirken in der Gegenwart kann zunächst mehr behauptet als bewiesen werden. Symptome dafür sind zumindest die Aufführungen von Skrjabins *Prometheus* in den siebziger und achtziger Jahren in der Sowjetunion und in westlichen Ländern unter Einsatz modernster Lichttechnik.

Wer Alexander Skrjabin war, das hat ein zu seinen Lebzeiten einsetzendes, bis heute zu ansehnlichem Umfang angewachsenes Schrifttum zu zeigen versucht. In diesem wurde, wie bereits in zeitgenössischen Rezensionen, sein Wirken unterschiedlich, ja oft extrem gegensätzlich bewertet. Skrjabin selbst sah sich nicht nur und vor allem nicht in erster Linie als Musiker. Im Mittelpunkt seines Denkens stand seine Weltanschauung, in deren Dienst er sein künstlerisches Wirken stellen wollte. Daher ist ein nicht unwesentlicher Teil des Skrjabin-Schrifttums dem Verhältnis zwischen seiner Weltanschauung und seinem kompositorischen Schaffen gewidmet.

Einige Verehrer aus seinen letzten Lebensjahren vertraten die Auffassung, daß die musikalischen Werke eigentlich nur im Kontext der weltanschaulichen Zusammenhänge gewürdigt werden könnten. Zu diesen Autoren zählen insbesondere – bei aller Verschiedenheit der Mentalität und der Standpunkte – Leonid Sabanejew und Boris de Schloezer. So ging Sabanejew 1911 in einem Aufsatz davon aus, daß Skrjabins Werke schwer zu trennen seien von seiner Idee, die Kunst sei „ein gewisser mystischer Vorgang" mit dem Ziel der religiösen Erhebung, der „Ekstase".[1] 1925 betonte er wiederum: „Sehr unrecht wäre zu glauben, daß die Musik Skrjabins *unabbhängig* von seiner Weltanschauung aufgefaßt werden kann..."[2] Auch Skrjabins jüngste Tochter und Boris de Schloezers Nichte, Marina Scriabine, schloß sich dieser Interpretation an, so in ihrem Artikel „Wer war Alexander Skrjabin?"[3]. Für die Skrjabin-Rezeption in der Sowjetunion war einerseits die Einschätzung durch Anatoli Lunatscharski richtungweisend, auf dessen Anregung hin zum Beispiel der erste Jahrestag der Oktoberrevolution 1918 in Moskau unter anderem mit einer Aufführung von Skrjabins *Prometheus* gefeiert wurde. 1925 schrieb Lunatscharski in seinem Aufsatz „Tanejew und Skrjabin" zum 10. Todestag beider Komponisten, Skrjabin sei trotz seines Individualismus zur Vorahnung und Darstellung der Revolution gelangt.[4] Andererseits aber machte sich in der sowjetischen Musikwissenschaft seit den zwanziger Jahren eine negative Auffassung geltend, die Skrjabin als „Formalisten" und „Vertreter der bürgerlichen Dekadenz" diffamierte. Hierzu sei bemerkt, daß schon 1909 der nicht auf marxistischen Positionen stehende, bis zur Oktoberrevolution in Moskau lebende deutsche Musikschriftsteller Oskar von Riesemann von „Décadence – man übersetze Untergang" gesprochen hatte.[5] – Seit 1954, als in Moskau der 3. Band von Juri Keldyschs „Geschichte der russischen Musik" erschien, gelangte Skrjabin in der Sowjetunion allmählich wieder zu einer gerechteren Beurteilung; mittlerweile gilt er als einer der großen Repräsentanten der russischen Musik.

Die Skrjabin-Literatur außerhalb der Sowjetunion entwickelte sich in einer bemerkenswerten Vielfalt, sowohl auf dem Gebiet umfassender Darstellungen als auch auf demjenigen der Spezialuntersuchungen. Ein Mangel besteht jedoch bis heute in der Erschließung der Quellen, vor allem für den Forscher und Liebhaber, der nicht der russischen Sprache mächtig ist. Hier sah der Herausgeber des vorliegenden Buches seine Aufgabe. Der Band wurde erarbeitet in der Überzeugung, daß eine deutschsprachige Materialsammlung den Bedürfnissen der Skrjabin-Forschung auf ihrem heutigen Stand entspricht; daß sie den Interessen des Musikliebhabers entgegenkommt; und daß sie schließlich einen Beitrag zur Rezeption russischer Kunst vom Beginn des Jahrhunderts als einer der Quellen der europäischen Kunst der Gegenwart, damit zugleich aber auch einen Beitrag zur Diskussion um die zeitgenössische Kunst und um das Wesen der Kunst überhaupt bildet. Zudem vermitteln diese Texte ein lebendiges Bild von der Persönlichkeit Skrjabins und den Umständen, unter denen sein Werk entstand.

Den größeren ersten Teil des Buches füllen 266 ausgewählte Briefe Skrjabins. Die Auswahl wurde nach biographischen und werkgeschichtlichen Gesichtspunkten sowie unter besonderer Berücksichtigung solcher Schriftstücke, in denen Skrjabins Welt- und Kunstanschauung zum Ausdruck kommt, vorgenommen. Selbstverständlich wurden, da eine vollständige Ausgabe von vornherein nicht in der Absicht des Herausgebers und des Verlages lag, solche Briefe weggelassen, die unter den genannten Gesichtspunkten nebensächlich erscheinen, unergiebig sind oder Wiederholungen enthalten. Bei dem Komplex von Briefen, der lediglich das rein private, familiäre Schicksal Skrjabins betrifft, wurde die Auswahl auf die markantesten, im Zusammenhang mit besonders entscheidenden Situationen geschriebenen Briefe begrenzt.
Charakteristisch für Skrjabins Briefe ist, daß sie sich weitgehend auf den Ablauf seines recht bewegten Lebens beziehen und dessen Sorgen und Nöte widerspiegeln. Seinen Alltag füllten neben Familie und schöpferischer Tätigkeit die Probleme der Veröffentlichung und Aufführung seiner Werke aus. Daher sind Äußerungen zu musikalischen Fragen im engeren Sinne nur verstreut vorhanden, meist nur in wenigen knappen Sätzen. Dafür haben sich aber Fakten der Biographie und der Entstehungs- und Aufführungsgeschichte der Werke Skrjabins in großer Zahl in den Briefen niedergeschlagen.
Ein auffallender Unterschied besteht zwischen den Jugend-

briefen Skrjabins an seine Freundin Natalia Sekerina und den Briefen des mitten im Lebenskampf stehenden Mannes. Die ersteren, mitunter von erheblicher Länge, spiegeln in oft großer Ausführlichkeit, Lebendigkeit und Anschaulichkeit Eindrücke und Gedanken, aber auch Stimmungen – den charakteristischen häufigen Wechsel von Optimismus und Depression – wider. Die letzteren dagegen enthalten vielfach nur Mitteilungen praktischer Angelegenheiten oder beispielsweise mehr oder weniger ausführlich begründete Bitten oder Rechtfertigungen, und dazwischen finden sich, mehr beiläufig, Äußerungen zu künstlerischen, philosophischen oder gelegentlich politischen Fragen. Skrjabin liebte in seinen späteren Jahren mehr das Gespräch als das Briefeschreiben. Dabei war er durch seine vielen Reisen und Auslandsaufenthalte, zumal er sich häufig in abgelegenen, kleinen Orten niederließ, genötigt, eine ausgedehnte „Geschäftskorrespondenz" mit Verlegern, Konzertagenten, Dirigenten und Mäzenen zu führen. Die Briefe dieses Bereiches, zu denen die in relativ großer Zahl erhaltenen Briefe an Beljajew, aber auch diejenigen an seine Gönnerin Morosowa gehören, geben in plastischer Weise Aufschluß darüber, in welcher schwierigen sozialen Lage der Komponist lebte. Trotz aristokratischer Abstammung verfügte er über keinerlei Mittel außer dem, was er sich durch seine Kunst bei entsprechenden Gelegenheiten verdienen konnte – das war nicht allzuoft der Fall und schon gar nicht regelmäßig – oder was reiche Gönner ihm nach individuellem Gutdünken freiwillig zuwendeten. Hier bietet das Studium der Briefe Gelegenheit, den Konflikt nachzuempfinden, in dem sich der stets mit einer gewissen Spontaneität schaffende und lebende Künstler fast ständig befand. Das gilt übrigens nicht nur für Skrjabin. Doch für ihn hatte der Konflikt eine besondere Schärfe, weil er, wie die Briefe mehr als einmal zeigen, ungewöhnlich konsequent dem Künstlerischen den Vorrang vor dem Ökonomischen gab und infolgedessen die damit in Anspruch genommene geistige Unabhängigkeit mit materieller Abhängigkeit bezahlen mußte.
Viele Briefe Skrjabins gewähren dem Leser Einblicke in die private Seite seines Lebens und in seinen Charakter. Sein Wesen war überschattet vom frühen Tod seiner Mutter – sie starb an Tuberkulose, als er wenig mehr als ein Jahr alt

war – und von dem Fehlen des väterlichen Elementes in der Erziehung seiner ersten Lebensjahre. Er wuchs, da sein Vater fast ständig im Ausland war, bei seiner unverheirateten Tante und seiner Großmutter auf. Das prägte seinen Charakter, und daraus erwuchsen ihm sowohl Chancen als auch Schwierigkeiten. Die ersteren sind unter anderem in seiner hochgradigen Sensibilität zu erblicken und vor allem darin, daß seine feinsinnige, musikliebende Tante ihm – in Abweichung von der Familientradition väterlicherseits – ermöglichte, Musiker zu werden. Die letzteren äußerten sich in der fast endlosen Kette menschlicher Verwicklungen, in die er geriet und die die Briefe zum Teil widerspiegeln.

Unter Skrjabins Briefpartnern nehmen einige einen bevorzugten Platz ein. In seiner Jugend ist es Natalia Sekerina, zu Beginn seiner Bekanntschaft mit ihr ein ganz junges Mädchen von 14 bis 15 Jahren, das aus einer Gutsbesitzerfamilie stammte und bei Skrjabins Klavierlehrer Swerew Unterricht hatte; sie war vermutlich für die Musik nicht unbegabt, denn etwas später unterrichtete sie der nachmals bedeutende Pianist Konstantin Igumnow. Wahrscheinlich war sie von feinem, stillem Wesen, sprach weniger, als sie zuhören konnte, flößte Skrjabin Vertrauen ein und regte ihn zur Mitteilung an, während von ihr anscheinend wenig Gedanken ausgingen, denn seine Briefe enthalten selten Erwiderungen auf solche. Merkwürdig berühren die konsequente Anrede mit „Sie" und die stereotypen Grüße an ihre Mutter und Schwester am Schluß seiner Briefe. Das war eine offenbar notwendige Form mit Rücksicht auf die Angehörigen von Natalia, die ihre Beziehung zu dem sensiblen Musiker als nicht aussichtsreich ansahen und schließlich deren Abbruch bewirkten.
Etwa anderthalb Jahre nach dem Studienabschluß wurde Skrjabin mit dem Petersburger Musikverleger Mitrofan Petrowitsch Beljajew bekannt. Daran schloß sich ein neun Jahre lang geführter Briefwechsel (1894–1903). Beljajew war der Sohn eines russischen Großgrundbesitzers und Holzindustriellen und einer Schwedin. Seine bis heute fortwirkende Leistung war die 1885 mit einem Teil seines Vermögens vorgenommene Gründung des Verlages „M. P. Be-

laieff, Leipzig". Er war fanatischer Musikliebhaber und zugleich nüchterner Geschäftsmann, verhielt sich zu Skrjabin in väterlicher Art teils gutmütig, teils streng, war überaus freigebig ihm gegenüber, verlangte aber auch besonnenen und sparsamen Umgang mit Geld. Kritische Bemerkungen, zu denen ihn Skrjabin durch sein Wesen oft genug herausforderte, brachte er offen und mit einem gewissen Sarkasmus vor. Der Geschäftsführer seines Verlages in Leipzig, Franz Schäffer, schilderte ihn so: „Er war von hohem Wuchs, und aus seinem schönen Kopf blickten zwei Augen mit ungewöhnlich warmem Ausdruck. Er sprach übrigens tadellos deutsch, und als ich mein Erstaunen darüber äußerte, erklärte er mir lächelnd, daß er seine Ausbildung im Deutschen Gymnasium in Petersburg erhalten habe ... Enthusiasmus paarte sich bei ihm mit klarem Verstand, der ihn bald wesentliche Folgerungen aus seinen Beobachtungen im Musikleben ziehen ließ."[6]

Zahlreiche Briefe schrieb Skrjabin an seine Frau Wera Iwanowna Skrjabina, von der er sich später trennte. Sie war eine begabte Pianistin, die das Moskauer Konservatorium fünf Jahre später als er ebenfalls mit einer Goldmedaille absolviert hatte. Da das Paar im Sommer nach Weras Examen (1897) heiratete, anschließend eine längere gemeinsame Reise unternahm (Odessa, Paris) und im folgenden Jahr das erste Kind zur Welt kam, dem bald die anderen drei folgten, hatte sie in den ersten Jahren nach ihrem Studium nur selten Gelegenheit zu Konzertauftritten, ja selbst zum Üben. 1904 folgte sie Skrjabin mit den Kindern in die Schweiz. Dort erfolgte bald darauf die Trennung, und das älteste Kind starb. Die formelle Scheidung lehnte sie ab; dadurch kam Skrjabin in die schwierige Lage, seine neue Bindung nicht legalisieren zu können. Eine Ursache der Trennung lag in Weras skeptischer Einstellung gegenüber den philosophischen Ansichten und irrealen Plänen ihres Mannes. Sie glaubte jedoch bis an ihr Lebensende unerschütterlich an ihn als schaffenden Künstler. 1905 kehrte sie mit den Kindern mitten in den Unruhen der ersten russischen Revolution nach Moskau zurück und wurde Dozentin für Klavierspiel am dortigen Konservatorium. Nach und nach trat sie häufiger in Konzerten auf, nicht nur in Rußland, sondern auch im Ausland. Dabei konzentrierte

sie sich immer stärker auf Skrjabins Werke und nahm auch die nach der Trennung entstandenen in ihr Repertoire auf.
Von durchaus anderer Veranlagung war Skrjabins zweite Frau Tatjana de Schloezer. Sie brachte es nicht zu bemerkenswerten künstlerischen Leistungen, war aber eine begeisterte Verehrerin von Skrjabins Musik und seiner Weltanschauung. Bezeichnenderweise finden sich in Briefen Skrjabins an sie, nicht aber in denen an Wera, Äußerungen über ihn bewegende Gedanken- und Vorstellungsinhalte, wie zum Beispiel über seine Lieblingsvorstellung des Fliegens und über seine Freude am Dichten. Sie nahm an allem, was ihn betraf, lebhaftesten und nicht selten bestimmenden Anteil. Das wirkte sich beispielsweise auf die Zusammensetzung der Personenkreise, die mit Skrjabin verkehrten, auf die Formulierung von Einführungstexten zu seinen Werken, aber auch auf seine Selbsteinschätzung aus. Während in dieser Beziehung der Einfluß von Wera eher ein dämpfender gewesen sein dürfte, war der von Tatjana ausgehende ein stark stimulierender.
Eine bedeutende Rolle spielte in Skrjabins Leben und damit in seinem Briefwechsel seine Gönnerin Margarita Morosowa, eine junge, schöne, gebildete, kunstliebende, tatkräftige und sehr reiche Witwe, der er eine Zeitlang Klavierunterricht erteilt hatte. Aus Verehrung für Skrjabins Musik entschloß sie sich, ihm eine bedeutende finanzielle Unterstützung zu geben, die sie ihm fünf Jahre lang regelmäßig zahlte. Umgekehrt spielte offensichtlich auch auf seiten Skrjabins Verehrung eine Rolle, wobei nur schwer zu entscheiden ist, ob Schönheit oder Reichtum und Einfluß oder geistige und moralische Qualitäten dabei von größerer Bedeutung waren. Skrjabin ließ sie viel an seinem philosophischen Denken und an seinen Privatangelegenheiten teilnehmen, und sie folgte ihm lange mit Aufgeschlossenheit und Toleranz. Es kam jedoch, unter anderem auf Grund ihrer Freundschaft zu seiner ersten Frau, allmählich zur Entfremdung und schließlich zum Abbruch der Verbindung.
Zu den übrigen Briefpartnern Skrjabins sei der Leser auf die knappen Angaben, die das Personenregister bietet, verwiesen. Viele weitere briefliche Kontakte, die Skrjabin hatte, lassen sich heute nicht nachweisen. Mit großer Wahr-

scheinlichkeit ruhen noch immer zahlreiche Briefe, über die Welt verstreut, in Nachlässen, zu denen der Zugang noch nicht eröffnet ist.

Das vorliegende Buch ist mit seinem Briefteil, wenn man von der Publikation einiger (geringfügig gekürzter) Jugendbriefe durch Oskar von Riesemann[7] absieht, die erste Ausgabe von Briefen Skrjabins in deutscher Übersetzung. Als Quelle diente die Gesamtausgabe der Briefe in der Originalsprache: A. Skrjabin, Piśma [Briefe] (herausgegeben von A. Kaschperow), Moskva 1965. Diese enthält 746 Nummern, zahlreiche ausführliche Kommentare, die auch Konzertprogramme und zeitgenössische Rezensionen einbeziehen, sowie informative Verzeichnisse und Register und ist bis heute in internationalem Maßstab das Standardwerk auf diesem Gebiet. Die für unsere Ausgabe zusammengestellten Briefe wurden ungekürzt übersetzt. Gelegentliche geringfügige Zusätze vom Herausgeber der Gesamtausgabe oder vom Übersetzer stehen in eckigen Klammern. In den Originalen einfach unterstrichene Wörter geben wir in Kursivschrift, doppelt oder mehrfach unterstrichene Wörter in gesperrter Kursivschrift wieder.
Unmittelbar im Anschluß an die einzelnen Brieftexte folgen kommentierende Anmerkungen. Diese basieren zunächst auf den Anmerkungen von Kaschperow, die aber stark gekürzt werden mußten und mitunter zusammengefaßt sind. Teilweise wurden Anmerkungen (mit einem Stern * versehen) hinzugefügt, die dem Herausgeber der vorliegenden Ausgabe notwendig erschienen. Manchmal handelt es sich um ergänzende Zitate aus anderen Briefen Skrjabins, die nicht vollständig aufgenommen werden konnten. Zwei häufig vorkommende Quellenverweise wurden abgekürzt: „Briefe" bedeutet die obenerwähnte Gesamtausgabe (Moskau 1965); „Briefwechsel" verweist auf die Ausgabe: Perepiska A. N. Skrjabina i M. P. Beljaeva [Briefwechsel zwischen A. N. Skrjabin und M. P. Beljajew] (herausgegeben von V. Beljajew), Petrograd 1922. Personen werden in den Anmerkungen nicht kommentiert. Sie sind im Register aufzusuchen, in welchem von solchen Personen, die Skrjabin nicht mit Familiennamen nennt, auch Vornamen, Kose- oder Spitznamen alphabetisch eingeordnet sind. Hier

verweisen Zahlen auf Briefe, in denen die Personen erwähnt sind (nicht auf solche, die an sie gerichtet sind), Zahlen in Klammern auf Erwähnungen nur in Anmerkungen. Die Briefempfänger sind der besseren Übersicht halber gesondert zusammengestellt. Das Werkverzeichnis ist in bezug auf Werke Skrjabins, die in den Briefen erwähnt werden, zugleich Register.

Die Datierung erfordert einige spezielle Bemerkungen. Viele Briefe tragen im Original kein Datum. Von den verschiedenen Herausgebern ermittelte Daten stehen unterschiedslos in eckigen Klammern; sofern es sich in Einzelfällen um Ermittlungsergebnisse des Herausgebers der vorliegenden Ausgabe handelt, erfolgt in einer Anmerkung die Begründung. Entsprechendes gilt für die Ortsangabe. Alle Briefe tragen zwei Daten, von denen immer das voranstehende dasjenige nach dem alten (Julianischen) Kalender und das nachfolgende dasjenige nach dem modernen (Gregorianischen) Kalender ist. Je nachdem, welche Datierung Skrjabin benutzt – im Ausland unterschiedlich, in Rußland immer nach dem Julianischen Kalender –, ist das jeweils ergänzte (errechnete) Datum eingeklammert. Die Differenz beträgt im 19. Jahrhundert zwölf, im 20. Jahrhundert dreizehn Tage. In den Anmerkungen wird oft nur *eine* Datierung verwendet, wenn nämlich aus dem Kontext hervorgeht, welcher Kalender gemeint ist: bei in Rußland spielenden Ereignissen der Julianische, bei im Ausland spielenden der Gregorianische Kalender. Um Irrtümern vorzubeugen, sei besonders darauf hingewiesen, daß die Zeittafel (bis auf wenige, gekennzeichnete Ausnahmen) nur Angaben nach dem modernen (Gregorianischen) Kalender enthält.

Der kleinere zweite Teil des Bandes, der eine Dichtung Skrjabins und vor allem zeitgenössische Dokumente enthält, ist als Ergänzung zu den Briefen gedacht und bietet ausgewählte Materialien unterschiedlichster Art von dokumentarischer Bedeutung.

Als erstes findet der Leser als Beispiel für die großen Dichtungen Skrjabins die einzige von ihm vollendete, das *Poem der Ekstase*, in einer deutschen Übertragung. Der Text vermittelt eine gewisse Vorstellung von Skrjabins Weltan-

schauung; in den Briefen wird er von ihm mehr als einmal als eine Darlegung seiner „Lehre" bezeichnet.
Es folgt eine Anzahl zeitgenössischer Äußerungen zu Skrjabin, die verschiedene Teilaspekte seines Schaffens und Denkens sowie seines Charakters beleuchten. Aus der Fülle des Materials wurden – mit einer Ausnahme – russische und deutsche Stimmen ausgewählt, die deutlich machen, daß die Kritik hier wie da geteilter Meinung war und gelegentlich ausgesprochen scharf reagierte.
Licht auf Charakter und psychische Veranlagung des jungen Skrjabin werfen die Briefe, in denen seine Tante gegenüber Beljajew vertrauensvoll ihre Sorgen um ihren Neffen ausspricht. Wir bringen hier von mehreren erhaltenen Briefen ein Beispiel. Als Aussagen über Skrjabin können auch einige Briefe an ihn selbst gewertet werden. Dazu gehört vor allem der Brief Beljajews, gehören aber auch die von Bewunderung getragenen Briefe Stassows und Sterls.
In dem abgedruckten Ausschnitt eines Briefes von Franz Marc an Kandinsky ist von einem Konzert mit Musik Skrjabins die Rede. Wassily Kandinsky, der damals in München lebende geniale russische Maler, schenkte den Ideen Skrjabins zur Verbindung von Musik und Farben größte Beachtung; er wies seine Freunde, besonders Franz Marc und Arnold Schönberg, nachdrücklich auf Skrjabin hin und regte für den Sammelband „Der blaue Reiter", den er 1911/12 gemeinsam mit Marc herausgab, die Aufnahme eines Artikels von Sabanejew über Skrjabins *Prometheus* an. Kandinsky übersetzte den Artikel im wesentlichen selbst aus dem Russischen und fügte eine Anmerkung zu Skrjabins Farbvorstellungen hinzu. Da diese Abhandlung nicht nur wichtige Aufschlüsse über Skrjabins Bestrebungen gibt, sondern auch durch die Veröffentlichung im „Blauen Reiter" Bedeutung im Rahmen einer der wichtigsten und folgenreichsten Kunstströmungen des 20. Jahrhunderts erlangte, haben wir sie im vollen Wortlaut in unsere Dokumente einbezogen.
Eine Ergänzung zu Sabanejews Darlegungen ist der Artikel des englischen Psychologen Charles S. Myers, der hier erstmals in deutscher Sprache vorgelegt wird. Myers hatte den Komponisten während des Londoner Aufenthaltes im März 1914 nach Cambridge eingeladen. In der von ihm herausgegebenen Fachzeitschrift berichtete er dann über sein Ge-

spräch, das er mit Skrjabin führte. Bemerkenswert ist, daß Skrjabin hier einige Details seines „Farbenhörens" etwas anders darstellt als Sabanejew in seinem Artikel, der ebenfalls auf Gesprächen mit Skrjabin beruht.
An den Schluß wurden einige Texte namhafter russischer Dichter gestellt. Zunächst Gedichte von Valeri Brjussow und Wjatscheslaw Iwanow über Skrjabin. Da keine deutschen Nachdichtungen ermittelt werden konnten, bieten wir hier einfache Übersetzungen Zeile für Zeile ohne Rücksicht auf Versmaß und Reim; immerhin vermitteln die Gedichte in dieser Form eine gewisse Vorstellung davon, welche Assoziationen sich für einen Teil der Zeitgenossen mit Skrjabin verbanden. Beide Dichter gehörten zu den mit Skrjabin befreundeten Vertretern des russischen Symbolismus, desgleichen Konstantin Balmont, von dem eine kurze Passage folgt. Der letzte Beitrag wurde erst Jahrzehnte später geschrieben (1956), ist aber dennoch die Äußerung eines Zeitgenossen Skrjabins: die Erinnerungen Boris Pasternaks an Kindheitseindrücke von der Arbeit Skrjabins an der *3. Sinfonie*.
Unser Band wird eröffnet mit einem Essay „Bemerkungen zu Skrjabin" von Michail Druskin. Darin wird eine prägnante Charakterisierung der wesentlichsten Aspekte von Skrjabins Persönlichkeit, Werk und Weltanschauung geboten.
In allen ausgewählten Materialien, die deutschen Quellen entstammen, wurde die jeweilige Schreibweise des Originals beibehalten; geringfügige offensichtliche Fehler wurden dabei stillschweigend korrigiert.

Es ist mir ein Bedürfnis, Frau Irina Iwanowna Sofronizkaja, der seinerzeitigen wissenschaftlichen Mitarbeiterin des Staatlichen A.-N.-Skrjabin-Museums in Moskau und Gattin von Skrjabins Enkel A. Sofronizki, herzlich zu danken für freundliche Auskünfte zu einigen Sach- und Chronologiefragen sowie dem Musikwissenschaftler Nikolai Alexandrowitsch Koptschewski[8], Moskau, für die freundschaftliche Unterstützung bei Übersetzungs- und anderen Problemen.

Leipzig, Juni 1987 *Christoph Hellmundt*

1 Dieser Aufsatz ist unter den Dokumenten in vorliegendem Band abgedruckt.
2 Melos, 4. Jahr, H. 10, Mitte Mai 1925, S. 463.
3 In: Alexander Skrjabin. Hrsg. von Otto Kolleritsch. Graz 1980, S. 9–21. Siehe auch ihren Artikel: Überlegungen zum „Acte préalable“, in: Musik-Konzepte, H. 32/33: Aleksandr Skrjabin und die Skrjabinisten, München 1983, S. 11–25.
4 Siehe: Anatolij Lunačarskij, Musik und Revolution, Reclam, Leipzig 1985, S. 107.
5 Siehe seinen Bericht „A. Skrjabin und seine letzten Werke“, den wir im vorliegenden Band abdrucken.
6 Zit. nach: Der Musikverlag M. P. Belaieff. Eine Stiftung wird Musikgeschichte. 1885–1985. Frankfurt (Main) 1985, S. 10.
7 Die Musik, XV. Jg., 1922/23, S. 841–855.
8 Er verstarb unerwartet am 2. April 1988.

# BRIEFE

## 1. An Wladimir Monighetti

[Kiew, Sommer 1891]

Lieber Freund Wowa
Mit der linken Hand schreibe ich Dir ein paar Zeilen, da die rechte verbunden ist.[1] Du siehst selbst, wie mir diese Prozedur schwerfällt, und daher beschränke ich mich lediglich darauf, Dir meine Adresse mitzuteilen und Dich zu bitten, mir ebenfalls wenigstens ein paar Zeilen zu schreiben, wie es Euch allen geht. Bis dahin auf Wiedersehen! Sobald ich in der Lage bin, schreibe ich über alles, heute will ich nur sagen, daß ich in Gedanken sehr, sehr oft bei Euch bin und mich nach einem möglichst baldigen Wiedersehen sehne.
Die Adresse ist: Kiew. Karostyschew. An Steuerinspektor Alexander Alexandrowitsch Skrjabin *zur Weitergabe an mich*; wenn möglich, Einschreiben, sonst kommt es vielleicht nicht an.

1 Skrjabin hatte sich 1891 beim Klavierspielen eine Sehnenscheidenentzündung zugezogen.

## 2. An Natalia Sekerina

[Moskau,] 30. Mai (11. Juni) [1892]

Sehr geehrte Natalia Valerianowna
Ich bin gerade aus Rasumowskoje[1] nach Hause gekommen und fand zu meiner großen Freude auf dem Tisch Ihren Brief[2], der schon vorgestern ankam und für den ich mich beeile Ihnen zu danken. Ich gestehe, ich bin nicht wenig neidisch, daß Sie aus diesem im Sommer unerträglichen, staubigen Moskau weggefahren sind und die ländliche Freiheit genießen. Ich hingegen muß mich vorläufig auf Fahrten in die Moskauer Umgebung beschränken, die sehr wenig an das Landleben erinnern und einem bis zum Ekel überdrüssig werden können.
Übrigens haben wir in diesen Tagen in Gesellschaft einen recht interessanten Ausflug in eine Gegend gemacht, die nicht ohne einen gewissen poetischen Reiz ist. Besonders hat mir ein Eichenwäldchen gefallen, das eine historische Bedeutung hat und unter dem sich bis heute erhalten ge-

bliebene unterirdische Gewölbe befinden. Man kann diese aber nicht betreten, da die Eichenwurzeln sich darin dicht verzweigt und ineinander verschlungen und ein undurchdringliches Dickicht gebildet haben. Morgen abend wollen wir irgendwohin reiten, und übermorgen oder am Dienstag werde ich mich hoffentlich für längere Zeit von Moskau verabschieden und zuerst nach Petersburg und dann nach Finnland reisen, wo ich eine Woche oder auch zwei umherfahren und mir Imatra und andere Sehenswürdigkeiten ansehen will. Ich habe einen Reisegefährten gefunden,[3] der in seinem Äußeren stark an Wassili Alexejewitsch Kasnatschejew erinnert; ich fürchte nur, daß dieser Herr ein zu großer Jäger nach allerlei Abenteuern ist und man mit ihm irgendwohin geraten könnte, von wo man nicht mehr zurückfindet. Es ist derselbe Sonderling, der eine ganze Nacht auf einer unbewohnten Insel im Finnischen Meerbusen verbracht hat. Im großen und ganzen ist er ein ganz fröhlicher Gesprächspartner, ein Dichter, der allerdings Verse ohne Reim und Versmaß bevorzugt, wenigstens zeichnen sich seine Gedichte durch diese genannten Eigenschaften aus. Meinetwegen, Gott verzeihe ihm sein Dichtertalent, es ist seine einzige wirkliche Schwäche.
Bei Gelegenheit mache ich Sie einmal mit einer Probe seiner Dichtung bekannt, die in gewisser Hinsicht Epoche macht. Was machen Ihre musikalischen Studien? Waren Ihnen meine Übungen nützlich, und wenn ja, schmerzen Ihnen davon die Finger? Auf jeden Fall rate ich Ihnen, sie nicht zu verschmähen: in einem Monat wird sich der Nutzen zeigen. Man darf die Finger nur nicht zu sehr beanspruchen, sonst kann man die Muskeln überanstrengen, was sehr unangenehm ist.
Ich danke Ihnen nochmals für das Gedenken und bitte Sie, Maria Dmitrijewna und Olga Valerianowna meine Hochachtung zu übermitteln. Ich hoffe, Sie denken zuweilen an Ihren Sie sehr verehrenden

A. Skrjabin

1 Stadtteil im Nordwesten von Moskau mit Sommerhäusern (Petrowsko-Rasumowskoje).*
2 Die Briefe von Natalia Sekerina an Skrjabin sind nicht erhalten.
3 Wer das war, ist nicht bekannt.

## 3. An Natalia Sekerina

Imatra [vor dem 15./27. Juni 1892]

Sehr geehrte Natalia Valerianowna

Ich schreibe Ihnen aus dem Hotel am Wasserfall Imatra, der den Endpunkt meiner ersten kleinen Reise von Petersburg aus bildet. Ihr Brief wurde mir nach Wiborg[1] nachgesandt, von wo aus ich, außer nach Imatra, nach der Festung Trångsund und nach Monrepos fuhr. Wiborg ist in mehrfacher Hinsicht interessant. Es gibt dort viele historische Denkmäler, die mit der Zeit der Kriege zwischen Russen und Schweden zu tun haben. Schön ist der alte Teil der Stadt; die Ruinen des Schlosses im gotischen Stil, das malerisch auf einer Felseninsel der Bucht gelegen ist, verleihen der Gegend einen romantischen Charakter und regen die Phantasie an, die versucht, die Vergangenheit, von der uns Jahrhunderte trennen, wiedererstehen zu lassen und die Gestalten der Menschen, die einst gelebt haben, wiederzuerwecken. Die Betrachtung dieser uns fremden, von der Phantasie wiedererschaffenen Welt versetzt uns in Bereiche, aus denen man nur schwer wieder zurückfindet. Etwa zwei Stunden saß ich an der Anlegestelle und weidete mich am Anblick des Schlosses; ich hätte vielleicht noch länger gesessen, hätte nicht der Dampfer gepfiffen, der nach Trångsund abging und mit dem auch ich abfahren sollte. Die Fahrt nach Trångsund kann man nicht anders als gelungen nennen: der stille, klare Abend machte den Zauber der Seefahrt zum vollkommenen Genuß, und einige schöne Ansichten von Inseln mit Landgütern und den Ufermauern aus Granit vervollständigten diesen Reiz. In der Festung unterhielt ich mich ein bißchen mit freundlichen russischen Soldaten über ihr Leben und Treiben, dann spazierte ich auf der Insel umher, und in der Nacht, die genauso still und „weiß" war, wie die Nächte um diese Zeit in Finnland immer sind, kehrte ich nach Wiborg zurück. Den ganzen nächsten Tag widmete ich der Umgebung von Wiborg und besonders den Besitzungen des Barons Nikolai. Nur schade, daß der Regen, der an diesem Tag wohl zwanzigmal einsetzte, eine ordentliche Besichtigung von Monrepos verhinderte. Das gleiche scheußliche Wetter herrschte auch noch heute morgen während der Fahrt durch den Saimakanal. Nebel bedeckte die herrliche Landschaft, und nur dort, wo der Kanal schmaler wurde, konnte man die Gegend deutlich sehen, die, wie der Kanal selbst, vom Kampf des nördlichen Menschen mit der wilden Natur Finnlands zeugt. Und dieser Mensch kann stolz sein Haupt erheben und sagen: „Ich habe dich besiegt! Das undurchdringliche Dickicht der Wälder und die Steilhänge der Felsen habe ich in Parks mit malerischen Wegen, Grotten, Brückchen und Pavillons verwandelt; ich habe dich gebändigt, Gebirgsstrom, und dich gezwungen, mir zu dienen; alles, was mich umgibt, habe ich meinem Willen und meiner Vernunft untertan gemacht." Wirklich, die Anlage der Saimaschleusen ist ein großes Werk des menschlichen Geistes. Doch die häufige Wiederholung des Eindrucks, den man von der Prozedur des Hebens des Dampfers in den Schleusen erhält, von denen es in dem Kanal ziemlich viele gibt, ist ermüdend, und ich war gar nicht unzufrieden, als der Dampfer nach dreistündiger Fahrt endlich an der Anlegebrücke bei dem Ort Perkjärvi anlegte. Da saß ich auf der Terrasse des dortigen Hotels beim Frühstück und wartete auf die Pferde. Endlich waren sie bereit, so daß ich die Weiterreise antreten konnte. Aber diese war mit kleinen Unannehmlichkeiten verbunden. Erstens gab man mir einen dermaßen rüttelnden, ungefederten Wagen, daß es sehr beschwerlich war, damit 33 Werst zu fahren. Zweitens gab man mir einen Finnen als Kutscher, der kein Wort Russisch verstand und mir während der Fahrt arg zu schaffen machte. Die erste halbe Stunde fuhren wir schweigend dahin, aber als wir an das Ufer eines ziemlich großen Sees kamen, wollte ich von ihm gern wissen, wie der heißt. „N-ja", antwortete er nachdenklich. „Ich frage dich, was das für ein See ist." – „N-näin", brachte der Finne nach einem noch längeren Nachdenken heraus. Vor Ärger schalt ich ihn mit irgendwelchen Worten; dann, als er begriffen hatte, daß wahrscheinlich keine seiner Antworten zu meiner Frage paßte, sagte er langsam: „Nix verstehn!" Das wiederholte sich jedesmal, wenn ich nicht mehr daran dachte und ihn nach irgend etwas fragte. Mir fällt ein, daß ich wissen wollte, wieviel Werst es noch bis zum Imatra sind; ich zeigte auf die Werstsäulen, die die Entfernung von einem Gutshof zum anderen angeben, dann auf die Finger, damit er es mir mit den Fingern zeigt, aber auch das half nichts. Schließlich fällt mein Koffer, der an der Hinterseite des zweirädrigen Wagens angebunden war, bei einem Schlagloch herunter und genau in den Schmutz. „Halt bitte an“, sage ich zu meinem Fuhrmann. „N-ja“, sagt er gedehnt und fährt weiter. „Halt, sage ich dir!“ Der Finne schlägt das Pferd mit der Peitsche, dabei fängt es an, Galoppsprünge zu machen, und schon setzt er an zu seinem gewohnten „N-näin“. Aber in diesem Moment riß ich ihm die Zügel aus der Hand und brachte das Pferd zum Stehen. Als ich meinen Koffer wieder hinten am Wagen festgemacht hatte, grunzte er: „Nix verstehn!“ Gebe Gott, daß ich nicht noch einmal so einem Subjekt begegne. Dafür habe ich nun hier vollste Bequemlichkeit gefunden: ein schönes Zimmer, dessen Fenster auf den Imatra hinausgehen. Ich komme gerade vom Wasserfall und habe mich hingesetzt, um Ihnen zu schreiben, übervoll von einem unbestimmten seltsamen Gefühl. Schön ist er, unbedingt! Aber er unterdrückt mir zu sehr alles Leben: man hört keinen Vogel singen, man hört keine menschlichen Stimmen, und in der Natur ist nicht diese Stille, die so wohltätig auf die menschliche Seele wirkt. Hier herrscht nur er, dieser gigantische Wasserstrudel, der mit seinen ständig tosenden Fluten an den Strudel des nichtigen menschlichen Lebens erinnert. Aber trotzdem ist der nördliche, herbe Riese schön: die schnellen Ströme seiner Wasser zerschellen bei ihrem Sturz aus der Höhe geräuschvoll auf den Steinen oder auf dem Granit der benachbarten Felsen und zerstieben zu kleinen Tropfen, die als Regen niederfallen. Hier und da läuft ein Rinnsal hoch oben über einen Felsen und stürzt von da aus als selbständiger kleiner Wasserfall hinab. Heute war der ganze Wasserfall für die Dauer von 10–15 Minuten von verschiedenen Lichtreflexen übergossen. Die Wolken, von den Strahlen der untergehenden Sonne gefärbt, spiegelten sich in den Tropfen des Sprühregens und in den Wasserfällen und verliehen ihnen ihre Färbung. Das war wie ein Lächeln des mürrischen Riesen, ein Hoffnungsschimmer in der Hoffnungslosigkeit der Verzweiflung. Aber ich sage es noch einmal, die Natur in Finnland ist schön, doch meine Seele strebt nicht zu ihr hin. Hier ist etwas Trostloses und Düsteres, das einem das ganze Wesen bedrückt. Mein Vater hat mir manchmal Mangel an Patriotismus vorgeworfen.

„Du möchtest nach Italien", sagte er, „wo du Rußland noch nicht kennst. Rußland hat auch viele Schönheiten, zum Beispiel Finnland." Mag sein. Aber was kann ich dafür, daß es mich dorthin zieht, in die üppige Natur, wo die Wellen warm sind und vom Licht erglänzen, wo schlanke Palmen, wo viele schöne Blumen sind. Was kann ich dafür, daß ich die Blumen so liebe! Wunderbar wirkt auf den Menschen diese Welt der stummen Geschöpfe, die voll sind vom Zauber des Lebens und der Schönheit. Jeder, der sie sieht, beginnt zu begreifen, daß auch er ein Leben besitzt, und dankt dem Schöpfer für dieses einzigartige Geschenk. Ich weiß nicht, vielleicht gebe ich noch meiner Sehnsucht nach und fahre wenigstens in den Kaukasus, das wäre doch besser als gar nichts. Bloß diese Militärpflicht! Von hier aus will ich morgen oder übermorgen über Wilmansstrand nach Petersburg zurückreisen, wo ich immerhin noch etwa anderthalb Wochen bleiben werde. Vielleicht schenken Sie mir im Laufe dieser Zeit ein paar Zeilen. Ich bitte Sie, Maria Dmitrijewna und Olga Valerianowna meine Hochachtung zu übermitteln und mir zu verzeihen, daß ich vielleicht Ihre Aufmerksamkeit mit meinem Geschwätz schon über Gebühr in Anspruch nehme.
Denken Sie zuweilen an den Sie aufrichtig verehrenden

A. Skrjabin

1 Schwedische Form des Ortsnamens (finnisch Wiipuri, russisch Wyborg).*

## 4. An Natalia Sekerina

[Petersburg, vor dem 30. Juni/12. Juli 1892]

Sehr geehrte Natalia Valerianowna
Ich kann mich immer noch nicht von Petersburg losreißen, obwohl es hier vielleicht nichts mehr gibt, was ich noch nicht gesehen hätte. Alle Gärten und Vergnügungsorte habe ich schon mehrmals besucht. Man vergnügt sich hier gerne, ohne Frage, doch ist daran sehr wenig Interessantes. Jedenfalls habe ich nichts außer Verdruß empfunden, wenn ich mir die abstoßenden Narren ansah, die jeden Tag genau dieselben geistlosen Dummheiten wiederholen, und wenn

ich die Musik der Ungarn und Kleinrussen[1] hörte, die in dieser unglaublich verzerrten Gestalt eher der Musik der Jakuten ähnelt. Viel mehr Vergnügen bereiteten mir die Ausflüge nach den Inseln[2] und sonstigen Orten der Umgebung von Petersburg, die einen anderen, friedlicheren Charakter haben, wie ihn das Leben in Sommerhäusern mit sich bringt. Die Petersburger Sommerhäuser zeichnen sich durch große Pracht aus, und der Wasserreichtum verleiht der Umgebung der Stadt unbedingt einen Vorzug gegenüber solchen Orten bei uns wie Rasumowskoje, Ostankino und ähnlichen. Vorgestern fuhren wir nach Pawlowsk und hörten das dortige Orchester,[3] das einige interessante Stücke relativ gut spielte, und Solisten (einen Flötisten und einen Geiger), die ihre Nummern ziemlich schlecht spielten. Wegen des schlechten Wetters muß man, statt spazierenzugehen, eben Musik genießen. Ein Klima ist das hier! Wenn die Unterhaltung über das Wetter die Lieblingsbeschäftigung und das teuerste Gut von Schwachköpfen ist, dann ist Petersburg zur Zeit nur von Schwachköpfen bewohnt, da jeder ständig nur vom Wetter spricht; jeder träumt von der Sonne und ihren warmen, hellen Strahlen. Aber diese Träume werden wohl nur Träume bleiben: es regnet vom Morgen bis zum Abend, vom Abend bis zum Morgen, und die bleigraue Schicht, mit der hier die Erde bedeckt ist, scheint für die Sonne undurchdringlich zu sein. Ich wäre schon längst geflohen, wenn mich nicht meine Verwandten, bei denen ich wohne, so eifrig festhielten. Oft bekommt man zu hören, die Petersburger seien nicht liebenswürdig und nicht gastfreundlich; dem kann ich auf Grund eigener Erfahrung überhaupt nicht beistimmen. Jedenfalls kann ich mich täglich bei meinen Verwandten und bei guten Bekannten vom Gegenteil überzeugen; sie üben sich in Einfallsreichtum und Findigkeit, indem sie sich interessante Ausflüge ausdenken. Jetzt beginnt ihr Vorrat an allen möglichen Vergnügungen auszugehen, so daß ich hoffe, wenn die Natur sich wenigstens ein bißchen beruhigt, in Bälde mit dem Dampfer zu den Mamontows zu fahren;[4] dabei werde ich ein paar Tage in Riga bleiben, um Bekannte, gewisse Jakowlews, die dort in einem Vorort von Riga den Sommer verbringen, zu besuchen. Von da aus kehre ich nach Moskau zurück. Ich muß mich mit dieser

Fahrt begnügen; eine Reise nach dem Süden ist in diesem Jahr ganz unmöglich, da am 18. Juli vielleicht auch später die Hochzeit meines Onkels sein wird und ich zum 1. August in Sachen der Militärpflicht unbedingt in Moskau sein muß. Entschuldigen Sie, wenn dieser Brief sehr schlecht geschrieben ist, aber Pawel Alexandrowitsch steht vor der Tür und ruft die ganze Zeit, ich soll schneller Schluß machen, und unter diesen Umständen ist es einigermaßen schwierig zu schreiben. Seien Sie so liebenswürdig, Maria Dmitrijewna und Olga Valerianowna Grüße von mir zu bestellen, und nehmen Sie einen Gruß entgegen von Ihrem Sie aufrichtig verehrenden

A. Skrjabin

P. S. Der Brief liegt den 4. Tag unabgeschickt, da ich diese ganze Zeit nicht entscheiden konnte, wann ich fahre, und so konnte ich Ihnen keine Adresse mitteilen. Nun wird sie für 8–10 Tage lauten:
Riga. Postlagernd.

1 Alte Bezeichnung für Ukrainer.*
2 Ein Teil der durch die Newaarme gebildeten Inseln, die zu Petersburg, dem heutigen Leningrad, gehören, ist mit Parkanlagen bedeckt, wo sich verschiedene Ausflugsziele, Lokale und Theater befinden.*
3 In dieser kleinen Stadt, einem beliebten Ausflugsziel der Petersburger (25 km entfernt), gab jeden Sommer ein Sinfonieorchester im Bahnhof viel besuchte Konzerte, zum Teil unter Leitung namhafter in- und ausländischer Dirigenten. Diese Konzerte spielten eine große Rolle im Musikleben Petersburgs und bei der Popularisierung neuer sinfonischer Werke russischer Komponisten.*
4 Siehe den folgenden Brief.*

## 5. An Natalia Sekerina

[Dubbeln[1] und Demjanowo[2],
vor dem und am 14./26. Juli 1892]

Sehr geehrte Natalia Valerianowna

Nun bin ich schon über eine Woche zu Besuch bei Mamontows, zu denen ich am 2. Juli mit dem Dampfer „Konstantin" gekommen bin. Zum erstenmal im Leben hatte ich Gelegenheit, fast zweieinhalb Tage auf See zu verbringen, was die angenehmsten Erinnerungen hinterließ. Diese Reise war für mich wirklich eine Erholung nach dem Aufenthalt in Petersburg, das ich als Freund verlassen habe, das heißt, wo ich, anders ausgedrückt, viele alte und neue Freunde hinterlassen habe. Diese Freunde brachten mich am 30. Juni an den Landungsplatz der Rigaer Dampfschiff-Gesellschaft an der Newa, und fünf Minuten nachdem der Dampfer vom Ufer abgestoßen hatte, tauschten wir den letzten Abschiedsgruß aus. Zuerst bemächtigte sich meiner ein unangenehmes Gefühl der Einsamkeit, doch es hielt nur so lange an, bis der Dampfer die Bucht von Kronstadt hinter sich gebracht und die offene See erreicht hatte, bis uns die richtige frische Seeluft anwehte und die Ferne sich vor uns in ihrer ganzen Grenzenlosigkeit zeigte; von da an, muß ich zu meiner Schande sagen, vergaß ich meine Petersburger Bekannten und überließ mich ganz ... dem Meer. Nur schade, daß man an diesem ersten Tage der Seefahrt nicht lange an Deck bleiben konnte, da die außergewöhnliche Feuchtigkeit, mit der die Luft gesättigt war, ein Fieber hervorrief, das mich etwa um 7 Uhr abends, nachdem wir die ganz von Felsen bedeckte Insel Hochland[3] passiert hatten, in die Kajüte trieb. Am nächsten Tag erwachte ich vor Sonnenaufgang, das heißt etwa um 2 Uhr, und ging sogleich an Deck, wo mich viele wundervolle Eindrücke erwarteten. Die Luft war so still, daß der Rauch, der aus dem Schornstein kam, als dunkle Säule senkrecht in die Höhe stieg. Die spiegelglatte Wasseroberfläche reflektierte das Himmelsgewölbe, und an der einen Hälfte des Horizontes war nicht zu erkennen, wo dieses Gewölbe unten aufhört und sein Spiegelbild beginnt. Es war, als befänden wir uns im Mittelpunkt einer riesigen blauen Kugel, und diese ruhige, blaßblaue Ferne öffnete ihre Arme dem Gedanken, der auf den

Strahlen des Blickes in die Unendlichkeit davoneilte. Lange traf dieser Blick nichts auf seinem Weg, und erst eine am Horizont auftauchende Wolke zerstörte die bezaubernde Einförmigkeit. Sie schwebte dahin, und ein rosiger Strahl der aufgehenden Sonne liebkoste sie. Doch von einem aufkommenden Wind getrieben, verflüchtigte sie sich im unermeßlichen Himmel. So entsteht manchmal ein Traum, und ein rosiger Strahl der Hoffnung liebkost ihn; doch da erhebt sich das Böse und zerstreut ihn im unermeßlichen Meer des Lebens. Verzeihen Sie, daß ich in diese schwermütigen Gedanken verfallen bin, aber Sie brauchen bloß nach der gegenüberliegenden Seite zu blicken, und Sie werden sie wieder vergessen. Dort zeigte sich schon die Sonne in ihrer ganzen herrlichen Größe am Horizont und übergoß die Oberfläche der See zuerst mit leuchtend purpurrotem, dann mit rosafarbenem und schließlich mit silbernem Glanz. Der Wind hatte inzwischen Wellen hervorgerufen und die See belebt, wodurch sie noch reizvoller wurde. Das Grün des Wassers floß mit dem Blau des sich spiegelnden Himmels zusammen, und die Sonne streute goldene Strahlen über die Kämme der wogenden Wellen. Es war ein Spiel der Farben und Schatten, ein Bild des Sieges des Lichts, des Sieges der Wahrheit: Das Meer glitzerte, die Luft schimmerte, und die Welt erfüllte sich mit dem Zauber des Tages. Die Betrachtung der Schönheit wäre noch schöner gewesen, wenn sie nicht durch die Bekanntschaft mit einem gewissen Großen dieser Welt getrübt worden wäre; hätte das Schiff noch eine halbe Stunde so weiter geschlingert, wäre ich wahrscheinlich ein Opfer des populärsten deutschen Imperators geworden.[4] Aber, Gott sei Dank, wir näherten uns der Anlegestelle von Reval[5], wo der Dampfer ganze drei Stunden halten sollte. Und diese drei Stunden waren für mich keine verlorene Zeit: Ich fuhr mit einer Droschke fast durch ganz Reval, war auf einem Turm, im Stadtgarten und sogar im Revaler Museum. Als wir uns wieder zur Ausfahrt fertigmachten, kam wunderschönes Wetter auf, das bis zum Abend anhielt. Und am Abend erwartete die Passagiere ein kleines Vergnügen in Gestalt eines Feuerwerks anläßlich des Geburtstages der Frau des Kapitäns, die sich übrigens als eine ungewöhnlich schöne Frau erwies und mit ihrem Äußeren an eine Darstellung der schönen Nymphe Melusine, der Gemahlin des Grafen Raimondin de Poitou, erinnerte. Das vollkommen gelungene Feuerwerk bestand aus einigen Raketen, Feuerrädern und bengalischem Feuer. Das alles war außerordentlich schön auf dem Wasser, besonders das letztere. Mit dieser netten Belustigung endete der zweite Tag der Reise, der mir kürzer als die beiden anderen vorkam. Besonders der dritte schien mir lang, erstens, weil alle ungeduldig waren, den Rigaer Hafen zu erblicken, und zweitens, weil uns auch das Wetter nicht gerade hold war. Nur der Morgen war schön, aber schon ungefähr gegen 10 Uhr kamen wir in so dichten Nebel, daß der Dampfer fast ununterbrochen tuten mußte, um nicht mit einem anderen zusammenzustoßen. Ungefähr gegen 7 Uhr kamen wir endlich in Riga an, und von da aus fuhr ich dann am nächsten Tag morgens hierher, nach Dubbeln. Mamontows fand ich gesund und munter vor. Keiner hatte sich „besonders" verändert, nur einige „Besonderheiten" traten hervor. Anna Petrowna ist liebenswürdiger denn je, Inna Nikolajewna lebhafter, Olga Germanowna fleißiger und Mascha noch fauler als im Winter. Wir gehen ganze Tage spazieren, und abends fahren wir Boot, wobei die lustigen Streiche meist kein Ende nehmen, oder besuchen musikalische Veranstaltungen. Gestern war ein Operetten- und Walzerabend, heute soll ein Extra-Musik-Gesangs-Theater-Tanz-Abend sein. Wirklich, im Garten der Aktiengesellschaft ist ein Konzert eines Orchesters (15 Mann stark) unter Mitwirkung eines „Sängers"! Herrn N. Im Gebäude selbst findet eine Liebhaberaufführung statt, und im Anschluß daran ist Tanz. Nimmt man zu alledem noch die Illumination und das Feuerwerk hinzu, dann – urteilen Sie selbst, welche Vielfalt von Vergnügungen es hier gibt. Doch morgen früh muß ich dann unbedingt aus Dubbeln abfahren, um rechtzeitig nach Hause zu kommen, so daß ich diesen Brief wahrscheinlich eigenhändig in Moskau einwerfen werde.

Demjanowo, 14. Juli

Soeben komme ich vom Zug, sehr geehrte Natalia Valerianowna. In Moskau habe ich es nicht geschafft, den Brief zu Ende zu schreiben, da ich direkt von einem Bahnhof zum anderen fuhr. Endlich kann ich ein seßhaftes Leben führen und mich wenigstens ein bißchen mit Musik beschäftigen, wonach Sie mich im vorigen Brief fragen und wonach ich, offen gesagt, großes Verlangen hatte. Auf meinem Tisch fand ich einige Korrekturen von Jürgenson[6] und einen Brief vor, in dem er mir mitteilt, daß aus Leipzig, Gmunden und Wien mein Walzer bestellt worden ist (aus Gmunden 3 Exemplare). Das war mir eine große Freude, und ich werde mich bemühen, mit dem Herausbringen der nächsten Nummern nicht auf mich warten zu lassen. In einer Woche erscheinen zwei Nocturnes und vielleicht eine Etüde.[7] Jetzt werde ich eine Sonate[8] fertigmachen. Aber das alles ist für Sie vielleicht nicht interessant. Auf Wiedersehen! Meinen Gruß und meine Hochachtung Maria Dmitrijewna und Olga Valerianowna. Vergessen Sie nicht den zu jedem Dienst bereiten und Sie verehrenden

A. Skrjabin

Adresse: Nikolaibahn[9], Station Klin. Dorf Demjanowo. Gut des Herrn Tanejew.

1 Vielbesuchter Badeort mit vielen Villengrundstücken, an der Rigaer Bucht gelegen, heute Dubulti.*
2 Siehe die Adresse am Schluß des Briefes.*
3 Schwedisch: Hogland; heute Sur-Sari, zur UdSSR (RSFSR) gehörige Insel etwa in der Mitte der breitesten Stelle des Finnischen Meerbusens.*
4 Anspielung auf die deutsche scherzhafte Redensart „Friedrich heraus“ bei Seekrankheit.
5 Heute Tallinn.*
6 Musikverlag P. I. Jürgenson in Moskau.*
7 Bei Jürgenson erschienen zunächst: *Walzer* op. 1 (1892); *Etüde* op. 2 Nr. 1, *Zehn Mazurken* op. 3 und *Zwei Nocturnes* op. 5 (1893); *Prélude* und *Impromptu à la mazur* op. 2 Nr. 2 und 3, *Zwei Impromptus à la mazur* op. 7 (1895). Weitere Werke folgten erst 1912 bis 1914.
8 *Sonate Nr. 1* op. 6.
9 Bahnlinie Moskau–Petersburg, erbaut auf Anordnung des Zaren Nikolaus I.*

## 6. An Natalia Sekerina

[Moskau, 4./16. August 1892]

Sehr geehrte Natalia Valerianowna

Ich schreibe Ihnen aus Moskau, wo ich mich schon eine ganze Woche aufhalte. Jeden Tag nehme ich mir vor, Ihnen zu schreiben, aber die ganze Zeit befinde ich mich in so übler Stimmung, daß es mir unangenehm ist, mich jemandem mitzuteilen. Sie können sich nicht vorstellen, wieviel Scherereien man mit dieser Militärpflicht hat; wieviel Papiere man sich beschaffen, wieviel Gesuche man einreichen muß. In diesen Tagen fuhr ich mit meinem Onkel[1] in ein Lager, wo wir fast den ganzen Tag verbrachten. Ich lernte einen Regimentskommandeur kennen sowie Kompanieführer, unter denen viele anscheinend ganz sympathische Menschen sind; doch der, in dessen Kompanie ich nach dem Rat meines Onkels eintreten soll, ist ein ganz unausstehlicher Mensch. Sobald er hörte, daß ich Musiker bin, setzte er mir gleich zu, ich sollte ihm das Komponieren beibringen. Ich versuchte natürlich, ihm klarzumachen, daß die Kunst zwar Gesetze des Schaffens ausgebildet hat, daß man aber, um künstlerisch zu schaffen, noch etwas anderes haben muß, was nicht vom Lernen abhängt. Letzten Endes aber zeigte sich, daß alle Erklärungen zwecklos waren und daß er nach wie vor hofft, wenigstens irgend etwas und irgendwie komponieren zu lernen. Außer diesen Stunden in Harmonielehre und Kontrapunkt stehen mir noch Musikstunden mit der Tochter des Regimentskommandeurs bevor, die sehr gerne „nach dem Mittagessen" ein bißchen auf dem „Fortepiano" spielt, noch lieber aber tanzt und wahrscheinlich im Innern bedauert, daß ich kein Tanzlehrer bin. Im großen und ganzen waren alle so liebenswürdig, daß ich mich nur gewundert habe. Morgen hoffe ich nach Demjanowo zu fahren und dort wenigstens ein paar Tage zusammenhängend zu verbringen, ohne wegzufahren. Ich war bei meinen Leuten bis jetzt erst wenige Tage, doch in dieser Zeit konnte ich schon alle Bewohner von Demjanowo kennenlernen, unter denen es einige interessante junge Leute und Mädchen gibt. In unserer Nachbarschaft wohnt eine Familie Syrojetschkowski, mit der Sie wahrscheinlich bekannt sind, da es Verwandte von Sherwoods sind. Jekaterina Wladimirowna Sherwood ist für ein paar Tage zu ihnen zu Besuch gekommen, und Boris Wladimirowitsch wohnt den ganzen Sommer hier. Unsere Gastgeber, Tanejews, sind ganz heitere Menschen, sie denken sich häufig Ausflüge ins Grüne aus, die jedoch nicht immer gut enden. So ging zum Beispiel beim letzten Mal auf dem Rückweg der Kremser zu Bruch, und wir waren gezwungen, in einem Dorf einen Bauernwagen zu nehmen, auf dem wir ohnehin schon durchgerüttelt worden wären, und wenn ich nun noch hinzufüge, daß die Pferde mit uns 10 Minuten lang über unebenes Gelände dahinjagten, so stellen Sie sich vor, wie es uns ergangen ist. Wladimir Iwanowitsch Tanejew selbst ist ein ganz wunderlicher Kauz, pedantisch in seinen Beziehungen zu den Menschen und überaus genau; die Ordnung geht ihm anscheinend über alles auf der Welt. „Wenn ich eine Allee entlanggehe", sagt er, „und an ihrem anderen Ende liegt ein Zigarrenstummel herum, schnürt es mir die Kehle zu und wird mir schwindelig." Er verborgt manchmal Bücher aus seiner Bibliothek, wobei er immer darum bittet, sie nicht zu beschmieren. Findet er dann beim Zurückgeben die kleinste Anstreichung auf einer Seite (ganz zu schweigen von einer umgebogenen Ecke), so verlangt er mit den liebenswürdigsten Ausdrücken, daß man dieses Buch zum Geschenk nimmt, wobei er einen in eine höchst peinliche Lage versetzt. Vergißt jemand, einen Auftrag von ihm auszuführen, sagt er: „Trotzdem bin ich Ihnen sehr, sehr dankbar"; und mit seiner Dankbarkeit bringt er einen ganz erbarmungslos um. Sie fragen mich, wie es Mischa geht; auf diese Frage kann ich Ihnen nicht antworten, da ich selbst keinerlei Nachrichten aus Taganrog habe, was mich übrigens sehr beunruhigt, zumal dort zur Zeit stark die Cholera wütet. Auf Wiedersehen! Gedenken Sie eines armen Gemeinen, und schenken Sie ihm ein paar Zeilen. Übermitteln Sie Maria Dmitrijewna und Olga Valerianowna meine Hochachtung, und nehmen Sie die Versicherung aufrichtiger Verehrung entgegen von

A. Skrjabin

1 Wladimir Alexandrowitsch Skrjabin.

## 7. An Natalia Sekerina

[Demjanowo, 19./31. August 1892]

Sehr geehrte Natalia Valerianowna

Ich brauche nicht zu sagen, welch große Freude Sie mir mit den übersandten Fotografien bereitet haben, mir bleibt nur, Ihnen für die angenehme Überraschung zu danken sowie Ihrem Bruder zu danken als dem Urheber. Ich schreibe Ihnen nach einem für mich sehr wichtigen Ereignis: man hat mich vom Militärdienst befreit, und ich muß in den nächsten Tagen in die Duma[1] fahren und mir die formelle Bescheinigung abholen. Das kam so unerwartet, daß ich mich von der Plötzlichkeit des Schlages gar nicht erholen kann. Im übrigen – möchten einen öfter solche Schläge treffen! Nur schade, daß alle Bemühungen meines Onkels unnötig waren, schade auch, daß so viel Zeit im Sommer unnütz daran verloren wurde. Aber was soll's! Nachholen kann man immer. Zum Januar will ich versuchen, mich auf eine Auslandsreise vorzubereiten.[2] Die letzten Tage verbringe ich in Demjanowo. Ich habe Lydia Wladimirowna Sherwood kennengelernt. Ihre Stimme ähnelt so sehr derjenigen ihrer Schwester, daß ich, als ich sie das erstemal abends etwa um 11 Uhr im Park von Demjanowo traf, vollkommen überzeugt war, daß ich Jekaterina Wladimirowna begrüße. Erst am nächsten Tag klärte sich das Mißverständnis auf. Manchmal gehe ich mit Boris Wladimirowitsch spazieren, dabei deklamiert er mir eigene Gedichte. Einige sind sehr lebendig und klar, andere gefallen mir nicht ganz. Er liebt die abstrakte Dichtung, und die von ihm gestalteten Inhalte sind nicht greifbar. Der Fehler liegt darin, daß seine Freude an äußerster Abstraktion ihn häufig zu nebelhaften Bildern verleitet, in denen keine einzige klare Kontur zu erkennen ist, und die Freude an der Schönheit des Klanges, eine an sich erfreuliche Erscheinung, ihn häufig Inhalt und Form dem saftigen, mitunter sogar allzu schwülstigen Vers opfern läßt. Boris Wladimirowitsch ist überhaupt ein sonderbarer Mensch. Vom ersten Eindruck her, den er mit seiner Person macht, hätte ich keinesfalls angenommen, daß er über dichterisches Talent verfügt. Sie haben mir lange nichts über Ihr Klavierspielen geschrieben. Hat Ihre Ausdauer wirklich für den ganzen Sommer ausgereicht? In diesem

Falle müssen die Resultate glänzend sein. Was macht denn Ihre Hand? Wenn sie auch nur ein bißchen weh tut, rate ich Ihnen, überhaupt nicht zu üben, nichts ist schlimmer als Überanstrengung. Im übrigen können wir uns über dies alles besser noch mündlich unterhalten. Auf hoffentlich baldiges Wiedersehen! Morgen fahre ich mit meiner Tante nach Moskau, eine Wohnung zu suchen, und komme nicht mehr nach Demjanowo zurück. Wenn Sie mich einer Nachricht über Ihre Ankunft würdigen wollen, dann schreiben Sie an folgende Adresse: Moskau, Hauptpostamt. Postlagernd.
Übermitteln Sie Maria Dmitrijewna und Olga Valerianowna meine Hochachtung, und vergessen Sie nicht den Sie baldigst zu sehen wünschenden und Sie verehrenden

A. Skrjabin

1 Verwaltungsbehörde.*
2 Im Winter 1892/93 verschlimmerte sich die Erkrankung der Hand. Seine erste Auslandsreise machte Skrjabin erst 1895.

## 8. An Olga Sekerina

[Moskau, 25. Dezember 1892/6. Januar 1893]

Sehr geehrte Olga Valerianowna
In der Ewigkeit vereinigt sich alles und bleibt alles bestehen, hat Renan gesagt. Nimmt man das an, so wird alles, was auch nur einen Augenblick gelebt hat, immer leben, folglich ist alles ewig. Wie Sie sehen, ist diese Theorie derjenigen entgegengesetzt, die Sie aufstellen. Der Menschheit bleibt es nur überlassen, zu wählen und eine davon zu akzeptieren oder keine zu akzeptieren. Denken wir lieber nicht darüber nach, was ewig und was vergänglich ist, wozu auch? Darum will ich Ihnen auch nicht sagen, daß in mir ewige Dankbarkeit lebt. Ich will Ihnen nur sagen, daß in mir, solange ich lebe, dieses Gefühl der Dankbarkeit Ihnen gegenüber für das Gedenken und die guten Wünsche bestehenbleiben wird. Nehmen Sie also wohlwollend meine besten Wünsche entgegen, und vergessen Sie nicht den Sie verehrenden

A. Skrjabin

## 9. An Natalia Sekerina

[Moskau, 30. Mai/11. Juni 1893]

Sehr geehrte Natalia Valerianowna

Soeben erhielt ich Ihren Brief. Ich beeile mich, darauf zu antworten, damit Ihr Roß nicht genötigt ist, noch einen Tag ohne Namen herumzulaufen. Ich bin vollkommen einverstanden mit Ihrer Wahl, aber ich muß daran unbedingt die Bitte knüpfen, auf dem „Pegasus" nicht wie der Wirbelwind davonzujagen[1] sowie Leuten, die sich in einer solchen Stimmung befinden wie zum Beispiel ich die ganze letzte Zeit und besonders jetzt, es anheimzustellen, sich den Kopf zu zerbrechen. Mein Gott, welche Hoffnungslosigkeit! Die Ärzte haben immer noch nicht ihr Urteil gesprochen.[2] Noch nie war der Zustand der Ungewißheit für mich eine solche Qual. Oh, könnte man doch froh in die Zukunft blicken, könnte man blind an diese Zukunft glauben! Wie verlokkend eröffnete sich dann dieser Lebensweg vor uns, mit welch festen Schritten ginge der Mensch dem geliebten Ziel entgegen! Zum Unglück tötet vieles im Leben den Glauben, und wie gern, oh, wie gern möchte man glauben. Ich will Ihnen zeigen, wie das Schicksal einiger Menschen ist. Stellen Sie sich vor, im Blau des Äthers leuchten helle Lichter auf; sie blinken und locken in einem fort, diese wunderbaren Lichter. Der Mensch erblickt sie und ist von einem von ihnen gefangen. Da ist mein Stern, sagt er, und auf den Flügeln des Gefühls und des Gedankens schickt er sich an, zu ihm zu eilen. Halt ein! Wozu dieser wahnwitzige Flug? Weißt du denn nicht, daß der Strahl, der von dem Stern zu dir kommt, auf seinem Wege durch die verschiedenen Sphären von seiner Bahn abgelenkt worden ist? Fürchtest du Unglücklicher nicht, daß das Leben dich überwältigt? Mag sein, aber der Stern ist so schön, und ich liebe meinen Stern so sehr, daß, wenn ich ihn nicht mehr ansehe, wenn er mir im Leben nicht mehr scheint und ich nicht mehr zu ihm hinstrebe, der Gedanke vergeht und mit ihm alles. Am liebsten möchte ich in einem rasenden Wirbel zugrunde gehen, aber der Gedanke soll bestehenbleiben und triumphieren. Verzeihen Sie, daß ich Ihnen von solchen düsteren Stimmungen schreibe, aber ich kann sie nicht verbergen: ich fühle mich furchtbar, furchtbar bedrückt. Trösten Sie mich, schreiben Sie mir so bald wie möglich; ich bleibe noch ein paar Tage in Moskau. Vielleicht bleibe ich auch ganz, denn Sacharjin verschickt einen nicht gerne. Auch Anastasia Iljinitschna Safonowa, die bei ihm ebenfalls mit ihrer Hand in Behandlung ist, hat er einen Aufenthalt irgendwo in der Nähe von Moskau verordnet. In Erwartung der Entscheidung streife ich durch die Stadt, die immer leerer wird. Mamontows sind in diesen Tagen nach Dubbeln[3] abgereist, sogar Sinaïda Nikolajewna will morgen aufs Land fahren. Heute habe ich ihr die letzte Unterrichtsstunde gegeben, und für den Sommer habe ich ihr sehr viel aufgegeben. Was werden Sie denn diesen Sommer machen? Sie haben günstige Umstände: einen wunderbaren Flügel und Abgeschiedenheit – das regt alles zur Arbeit an. Ich meinerseits bin zur Zeit mit Musik der verschiedensten Art reichlich versorgt: ich war bei den letzten Konservatoriumsprüfungen, und am Freitag fuhr ich mit Safonow zur Eröffnung einer ganzen Reihe von Sinfoniekonzerten unter Leitung von Arends am Sokolnikikreis[4]. Dort wurden einige Orchesternummern sehr hübsch aufgeführt, aber im großen und ganzen hört sich die Musik unter diesen ungewöhnlichen Verhältnissen irgendwie seltsam an. Der Konzertpavillon ist zu groß und noch dazu offen, so daß die Töne verfliegen und die Streichinstrumente kümmerlich und dünn klingen. Aber wissen Sie, es ist schon hellichter Tag, ich bin heute entsetzlich spät aus Lefortowo[5] zurückgekommen, wollte die Antwort jedoch nicht bis morgen aufschieben. Ich werde mich kurz fassen, zumal ich heute dazu neige, die unerfreulichsten Dinge zu reden und zu denken. Nochmals bitte ich Sie, schreiben Sie mir so bald als möglich, ich bin Ihnen für jedes Wort dankbar. Hat Olga Valerianowna sich getröstet? Sagen Sie ihr, daß ich ihr 1800 Hähne wünsche, das wird doch hoffentlich reichen, um den Schmerz über den Verlust des einen zu stillen? Auf Wiedersehen! Ich bitte Sie, Maria Dmitrijewna und Olga Valerianowna meine Hochachtung zu übermitteln und mir diesen Brief zu verzeihen. Ich habe es vollständig verlernt, den Federhalter zu halten – ich habe ja den ganzen Winter niemandem eine Zeile geschrieben, das heißt, nur ein paar Zeilen.[6] Mit schrecklicher Ungeduld erwarte ich einen Brief von Ihnen.

A. Skrjabin

1 Natalia hatte von ihrem Sommeraufenthalt auf dem Lande anscheinend berichtet, daß sie ein Reitpferd besitzt, und hatte Skrjabin nach seiner Meinung zu dem Namen Pegasus gefragt.*

2 Skrjabin erwartete eine ärztliche Verordnung für die Besserung seines Allgemeinbefindens, die sich günstig auf die Heilung der Sehnenscheidenentzündung auswirken sollte. Der Zustand der Hand beunruhigte ihn im Hinblick auf seine Pianistenlaufbahn sehr.

3 Siehe Brief 5, Anm. 1.*

4 Runder Platz im Park von Sokolniki (in Moskau), wo in einem Pavillon Konzerte veranstaltet wurden.*

5 Stadtteil von Moskau, benannt nach dem dort befindlichen Schloß des Günstlings Peters I., Franz Jakob Lefort. In der Nähe des Schlosses waren die Kadettenanstalten, wo Skrjabin Kadett gewesen war und bei seinem Onkel Wladimir gewohnt hatte.*

6 Wegen der Sehnenscheidenentzündung.*

## 10. An Natalia Sekerina

[Moskau, zwischen dem 30. Mai/11. Juni
und 14./26. Juni 1893]

Ich danke Ihnen, sehr geehrte Natalia Valerianowna, für den Brief, den ich eben erhielt, und beeile mich, Ihnen meine Freude mitzuteilen: endlich, endlich kann ich dieses zur Zeit schreckliche Moskau verlassen und verreisen. Gestern war ich bei Sacharjin in der Sprechstunde, und das hatte auf mich in höchstem Grade günstige Wirkung (obwohl ich mir darüber erst heute, und zwar erst vor ganz kurzem, Rechenschaft ablegen konnte). Das Verhör dauerte ziemlich lange und betraf alle Seiten des Lebens. Vor allem mußte ich ausführlich schildern, wie ich jeden Tag vom Morgen bis zum Abend die Zeit verbringe, was und wann ich esse und trinke, wie und wann ich schlafe, wieviel ich Klavier spiele, schreibe usw.; es gab wohl kein Detail, das er nicht berührte. Natürlich wurde fast alles, was ich ihm erzählte, nicht nur nicht gebilligt, sondern sogar für die Zukunft gänzlich verboten. Das ist die äußere Seite. Dann kam er auf die Frage der unterschiedlichen Stimmungen, der Unnatürlichkeit zu schneller Wechsel der Stimmungen und der ungünstigen Wirkung, die solche Wechsel auf das Nervensystem haben. Mit einem Wort, eine ganze Vorlesung.

Schließlich wurde das Urteil gesprochen: ruhiger Aufenthalt im Kaukasus und Baden im südlichen (Schwarzen) Meer. Damit versprach er, die Hand völlig wiederherzustellen. Ich bin es zufrieden, in den Kaukasus zu fahren, und nur eines beunruhigt mich: ob die Kaukasusluft meiner kleinen Begleiterin so guttun wird, wie ihr die Luft von Slawjansk gutgetan hätte. Auf jeden Fall werde ich stets um sie besorgt sein, und ich hoffe, bei ihrer Besserung glänzende Resultate zu erzielen. Falls Sie noch vergessen haben, mich auf irgendeine ihrer kleinen Gewohnheiten hinzuweisen, so schreiben Sie mir; ich habe an ihr bisher lediglich eine äußerst charakteristische und in vieler Hinsicht reizende Besonderheit festgestellt, nämlich die, sofort nach Einnahme der horizontalen Lage einzuschlafen.[1] Das ist etwas, worin ich es ihr gern gleichtun würde. Sie wird noch einen kleinen Begleiter haben, der ebenfalls zur Kur in den Kaukasus fährt. Er leidet an Schlaflosigkeit infolge eines springenden Auges, so daß er erst nach einem kräftigen Klaps auf den Hinterkopf einschläft. Das hindert ihn aber nicht, seiner kleinen Dame ein sehr liebenswürdiger Kavalier zu sein und sie in meiner Abwesenheit mit seinem Gespräch zu unterhalten. Übrigens, nein, ich werde ihn nicht mitnehmen, da ich nicht möchte, daß irgend jemand außer mir die Gesellschaft dieses lieben, kleinen, reizenden Dinges genießt. Morgen steht mir, wie Sie wissen, eine sehr wichtige Visite bevor. Sagen Sie Olga Valerianowna, daß mein Herz, kaum daß die freudige Botschaft mein Ohr erreicht hatte, überströmte von Anteilnahme und meine Lippen sich auftaten zum Lobe des Schicksals. Sagen Sie ihr auch, daß ich ihr erst einmal sehr danke für das Versprechen, mir zu schreiben, und daß ich mit Ungeduld auf die Erfüllung dieses Versprechens warten werde. Vielleicht habe ich Gelegenheit, die Gesellschaft ihres Hahns zu genießen, falls Pawel Antonowitsch mit der Bahn gleichzeitig mit mir fährt.[2] Also nur noch zwei Tage in Moskau. Morgen habe ich außer der Hauptsache, der Visite, noch einiges bei meinen Verwandten zu erledigen, übermorgen packe ich meine Sachen, und am Sonntag fahre ich mit dem 3-Uhr-Zug ab. Sofort nach meiner Ankunft teile ich Ihnen mit, wo ich Quartier gefunden habe, und wenn ich meine künftige Adresse schon unterwegs erfahre, schreibe ich Ihnen von unterwegs. Sie schreiben, daß Sie angefangen haben, eifrig zu üben. Von Herzen wünsche ich Ihnen, daß dieser Eifer den ganzen Sommer über anhält. Schreiben Sie mir ab und zu, was Sie gerade üben, dann werde ich aus der Ferne, in Gedanken, den Tönen Ihrer Übungen folgen. Verzeihen Sie die Armseligkeit: im Tintenfaß ist nur noch der Satz, die Feder schmiert die ganze Zeit. Was bin ich doch für ein erbärmlicher Schreiber geworden! Auf Wiedersehen! Mit Ungeduld warte ich auf die Möglichkeit, Ihnen meine Adresse mitzuteilen, um von Ihnen neue Post zu bekommen. Ich bitte Sie, Maria Dmitrijewna und Olga Valerianowna einen Gruß von mir zu bestellen und nicht zu vergessen den Sie verehrenden

A. Skrjabin

1 Offenbar ist von einer Schlafpuppe die Rede, die ihm möglicherweise Natalia geschenkt hatte.*
2 Mehrere in dem Brief erwähnte Punkte lassen sich nicht mehr näher erklären, zumal die Briefe von Natalia Sekerina an Skrjabin nicht erhalten sind.

## 11. An Natalia Sekerina

[Moskau, zwischen dem 30. Mai/11. Juni
und 14./26. Juni 1893]

Sehr geehrte Natalia Valerianowna
Zunächst möchte ich Sie von der Ungewißheit befreien, in die ich Sie mit meinen letzten Briefen versetzt habe und in der ich mich selbst die ganze Zeit hindurch befand. Nicht Sacharjin war die Ursache meines Zwiespaltes. Sein Urteil ist unverändert: geregeltes, ruhiges Leben, Kumys[1] und Baden im Meer. Zahlreiche Gespräche aber darüber, wo man am besten hinfährt, um guten Kumys und die erforderlichen günstigen Umstände zu haben, führte ich mit Beljajew[2], der mich schließlich in Verwirrung brachte; warum, werden Sie gleich sehen. Zuerst wollte er mich bei einer Gutsbesitzerin im Gouvernement Samara[3] unterbringen. Aber als er am nächsten Tag erfuhr, daß das nicht geht, und als er etwas Neues erfinden mußte, beging er die Unvorsichtigkeit, folgenden Satz auszusprechen: Könnten Sie nicht mit Safonow in den Kaukasus fahren, man kann doch

auch im Kaukasus Kumys trinken. Dieser Zaubersatz brauchte bloß ausgesprochen zu werden, und schon hatte sich der darin enthaltene Gedanke meiner vollkommen bemächtigt, und da ich annahm, daß alles, was Beljajew mir sagte, von Sacharjin selbst ausging, so konnte es für mich keinerlei Bedenken geben. Ich bildete mir die Meinung, daß es Sacharjin ganz gleichgültig ist, wohin ich geschickt werde, in die Steppe oder nach dem Kaukasus, und wählte das letztere. Warum auch nicht! – eine schöne Gegend, mit so origineller, abwechslungsreicher Natur, oder die langweilige Steppe. Es kommt hinzu, daß mir eine Reise nach dem Süden viel sympathischer ist als eine nach dem Osten. Die Summe aller dieser Überlegungen hatte eine außerordentliche Wirkung. Ich flog an jenem Tage wie eine Kanonenkugel von Beljajew los, und als ich nach Hause kam, hielt man mich für wahnsinnig. In einer halben Stunde war der Reisekoffer gepackt, und am Abend desselben Tages erhielt ich Ihren Brief, auf den ich schnellstens antwortete. In der Nacht vom Freitag zum Sonnabend träumte mir vom Kaukasus und von der Reise nach dem Süden. Aber am Sonnabendmorgen ergab sich etwas Verblüffendes. Mein, wie ich meinte, „letzter" Besuch bei Beljajew erwies sich als einer der ersten. Alexander Alexandrowitsch sagte mit dem Lächeln eines Menschen, der sich anschickt, einem anderen eine große Freude zu verkünden: „Es gibt einen schönen Hof, in der gesündesten Gegend, ich habe mit Sacharjin darüber gesprochen und erhielt nicht nur seine Zustimmung" usw. Ich hatte Ihnen wohl schon den Satz geschrieben, den Sacharjin zu Beljajew gesagt hatte und der mich veranlaßte, meinen Entschluß zu ändern. Diesmal kam ich nach Hause zurück mit dem Aussehen eines Menschen, der eine ganze Flasche Essigessenz ausgetrunken hat, und ich schrieb Ihnen den zweiten Brief. Stellen Sie sich vor, auch das ist noch nicht alles. Am Montag erfuhr Alexander Alexandrowitsch, daß auch der zweite Hof, auf den er gerechnet hatte, besetzt ist. Und der nächste Satz von ihm brachte mich endgültig aus der Fassung. Er sagte: Ich habe mich über Sie *mit mehreren Ärzten* beraten. Sie alle (diese mehreren Ärzte) finden, daß es im Kaukasus zu feucht ist und daß auch der Kumys dort nicht so ist, wie er sein sollte. – Urteilen Sie selbst, was ich von alledem zu halten hatte. Ich bin Beljajew sehr, sehr dankbar für seine freundlichen Bemühungen und für seinen Anteil, den er an mir genommen hat, aber seine Unentschlossenheit erschreckte mich, offen gesagt, dermaßen, daß ich beschloß, ein zweites Mal zu Sacharjin zu fahren. Aus dieser schwierigen Lage befreite mich schließlich mein Onkel[4], der vorgestern persönlich mit Grigori Antonowitsch sprach und sich davon überzeugte, daß die Reise in die Steppe für mich die nützlichste sein wird, die ich unternehmen könnte. Ohne es auf die lange Bank zu schieben, fahre ich noch heute mit der Bahn nach Nishni-Nowgorod[5] und von da mit dem Dampfschiff nach Samara. Von dort aus teile ich Ihnen meine demnächst geltende Adresse mit. Verzeihen Sie, daß ich den ganzen Brief mit langweiligen Details von Krankenhausgesprächen angefüllt habe, aber anders wäre es schwierig gewesen, Ihnen das verständlich zu machen, worum Sie baten. Ich hoffe, Ihnen in Bälde etwas Interessanteres schreiben zu können. Bis dahin auf Wiedersehen! Sehr bedauere ich es, daß der Brief einen Tag zu spät kommt, aber ich erhielt den Ihrigen erst gestern spätabends, da ich zwei Tage im Landhaus verbrachte. Nehmen Sie meinen aufrichtigen Dank dafür, daß Sie gleich an mich gedacht haben; ich hatte, offen gesagt, erst am Mittwoch einen Brief erwartet, daher fuhr ich, um die Zeit totzuschlagen, ins Grüne zu Golizynskis. Ich bitte Sie, Maria Dmitrijewna und Olga Valerianowna meine Hochachtung zu übermitteln. Entschuldigen Sie, daß ich mit meinen häufigen Entschuldigungen wegen der schlechten Schrift Ihr Ohr und Ihre Aufmerksamkeit in Anspruch nehme, aber ich muß mich trotzdem sowohl für das eine als auch für das andere unbedingt entschuldigen. Ich will mich auch nie wieder entschuldigen. Also auf Wiedersehen! Vergessen Sie nicht den Sie verehrenden

A. Skrjabin

1 Getränk aus gegorener Stutenmilch, das zu Heilkuren verschrieben wird, besonders bei Lungenkrankheiten, aber auch bei Blutarmut und Erschöpfungszuständen.*
2 Gemeint ist der Arzt Alexander Beljajew.*
3 Heute Kuibyschew.*
4 Vermutlich Wladimir Alexandrowitsch Skrjabin.
5 Heute Gorki.*

## 12. An Natalia Sekerina

[Auf dem Dampfer nach Samara,
vor dem 14./26. Juni 1893]

Sehr geehrte Natalia Valerianowna

Lange muß ich diesmal auf Nachricht von Ihnen warten. Dabei möchte ich so gern baldigst etwas von Ihnen hören. Seien Sie so gut, schreiben Sie nach Samara postlagernd. Ich werde ein paar Tage in der Stadt bleiben, um von da aus herumzufahren und zu sehen, wo ich am bequemsten Unterkunft finde. Die Auswahl ist groß, nur meist weit von der Eisenbahn. Es wäre schön, wenn es recht nahe bei einer Poststation wäre, sonst leide ich Qualen vor Aufregung, und die ganze Kur ist zunichte. Wissen Sie, ich habe mich schon während der Fahrt auf der Wolga ein bißchen erholt, die Fahrt war sehr angenehm. Am ersten Tag war ich gegenüber allem irgendwie teilnahmslos und sah fast nichts; doch gestern war in der Natur so etwas Besonderes, schwer Greifbares. Alles trug den Stempel einer gewissen wundervollen, rätselhaften Stimmung. Es war, als ob jedes Gräschen, jede Blume begänne, die ganze Bedeutung des Daseins zu begreifen; alles war erstarrt und lauschte mit Andacht dem geheimnisvollen Flüstern der göttlichen Eingebung. Man glaubte zu vernehmen: Geschöpfe, ihr seid mit Leben begabt; denkt aber nicht, die Welt sei für euch oder ihr seiet für die Welt. Ihr wart noch nicht, da bestand schon die Welt; ihr werdet nicht mehr sein, die Welt aber wird bestehen. Versucht gar nicht erst, euch von dem zu lösen, dem ihr selbst vollständig angehört, versucht nicht, das große Geheimnis des Daseins zu ergründen oder die Welt in Besitz zu nehmen, die bereits vom Denken beherrscht wird. Und wie euer Leib, der einst ein Teilchen der Masse bildete, von dieser Masse verschlungen werden wird, so wird euer Denken, eure Seele vom Denken der Schöpfung verschlungen werden. So wird es immer sein: so wird die Erde auf die Sonne stürzen, damit ein neuer Planet entsteht, so werden die verdunsteten Wassertropfen als Regen zurück ins Meer fallen, um danach von neuem zu verdunsten. – Darauf bezeugte die Natur selbst die Wahrheit des der Welt Gesagten. Wie der Gedanke an eine böse Tat eine bis dahin sündenlose Seele erfaßt, so zog eine dicke, grau-

schwarze Wolke auf und hüllte die Erde in unheildrohende Finsternis. Es war ein majestätischer, mit dem Glanz seiner Feuerpfeile und dem Rollen des Donners furchterregender Aufzug. Unterdessen schien an der anderen Hälfte des Himmels die Sonne mit dem gleichen blendenden Glanz. Mir kam der Gedanke: Wozu dieser Protest, wozu der Kampf? Das alles sind winzige, kleine Tropfen ... Bald begann es zu regnen und zwang mich, mich vom Deck in das Innere des Schiffes zurückzuziehen. Hier erwartete mich etwas ganz anderes. Aus der Tiefe vernahm man die bezaubernden Klänge des Walzers „Clicquôt", den zwei Blondinen mit einem Gefühl, das von Talent zeugte, spielten. Aber da erscholl plötzlich ein furchtbarer Donnerschlag, daß die Scheiben klirrten, und der ganze Dampfer schien aufzustöhnen. Daraufhin stockten die Klänge des Walzers „Clicquôt" und erstarben ... um anderen Platz zu machen. Ein Herr mit Pincenez, der wahrscheinlich zeigen wollte, daß ein Gewitter etwas ganz Unbedeutendes ist, was nicht seine Beachtung erregt, vielleicht aber auch nicht gerade das zeigen wollte, sondern von anderen Zielen geleitet, weiß der Himmel – also dieser Herr setzte sich, unmittelbar nachdem die Fräulein aufgestanden waren, an das Klavier und spielte ein ganzes Programm, darunter: die Quadrille „Madame Angot", „Schwarze Augen", auch „Bezaubere mich" und viele andere dieser Art, die ich nicht kannte. Auf dem Dampfer lernte ich auch einen Herrn kennen, einen Gutsbesitzer aus dem Gouvernement Samara, der mir vorschlug, ein Gut von ihm zu pachten. Die Bekanntschaft kam durch eine ganz komische Situation zustande. Nach dem Konzert im Gesellschaftsraum ging ich in meine Schlafkabine, wo ich mich auf meine Liegebank setzte und mich allein glaubte. Als ich eine Weile gesessen hatte, schlug ich voll Verzweiflung die Hände über dem Kopf zusammen und schrie fast: Herrgott, wann ist denn endlich dieser Sommer zu Ende. Darauf erblickte ich auf der benachbarten Bank eine menschliche Gestalt, die sich ein wenig aufrichtete und mich mit dem Ausdruck der Verwunderung und sogar des Entsetzens anblickte. Mir wurde es so peinlich, daß ich es vorzog, ein Gespräch anzufangen.
Wie häßlich! Es kamen Leute und störten mich in der Unterhaltung mit Ihnen. Deswegen kommt der Brief noch ei-

nen Tag später. Auf Wiedersehen! Übermitteln Sie Maria Dmitrijewna und Olga Valerianowna meine Hochachtung. Schreiben Sie, um Gottes willen, recht bald, sonst verliere ich hier in meiner Einsamkeit den Verstand. Also schreiben Sie um Gottes willen. Ich will den Brief schnell abschikken.

A. Skrjabin

*Samara. Postlagernd.*

## 13. An Natalia Sekerina

[Samara, 28. Juni/10. Juli 1893]

Sehr geehrte Natalia Valerianowna

Endlich ist Ihr Brief in diesem widerlichen Samara angekommen! Widerlich ist es vor allem eben deswegen, weil hier so lange keine Briefe ankommen. Aber Gott sei Dank: das Schicksal wollte mich endlich mit einer Nachricht von Ihnen erfreuen, und ich kann beruhigt sprechen. Es ist jetzt schon über eine Woche her, daß ich mich bei einer sehr sympathischen Familie häuslich eingerichtet habe, die 8 Werst[1] von der Stadt in einem Landhaus wohnt. Ich habe zwei Zimmerchen, von denen eines als Schlafraum dient und das andere (wie es meine Wirtin nennt) als Empfangszimmer, obwohl ich darin bis jetzt außer dem Sohn der Wirtsleute und seinem Hund Neroschka niemand empfangen habe. Dafür kann ich in diesem „Empfangszimmer" stundenlang allein sitzen, den zauberhaften Blick aus dem Fenster genießen, das zum Garten hinausgeht, und manchmal auch arbeiten. Und wie mein Brief Sie am Flügel angetroffen hat, so traf mich der Ihrige bei Notenpapier und Bleistift. Doch ich muß gestehen, Arbeit, welche auch immer, ist etwas Seltenes bei den Kumyskurgästen. Einer der hiesigen Einwohner nannte diese Kur geistreich eine naive Trunksucht, die sich die Kirgisen ausgedacht haben, um das Gesetz zu umgehen, das ihnen den Gebrauch geistiger Getränke verbietet. Und das stimmt auch, schon die zweite Flasche hat eine gewisse Wirkung, und nach der dritten ist es einfach unmöglich, sich nicht wohlig hinzulegen und einzuschlummern. Man schläft hier aber auch täglich 12 Stunden, und die übrige Zeit ißt und trinkt man; und so jeden Tag gleichbleibend. Es gibt allerdings Personen, die eine gewisse Abwechslung in den allgemeinen Gang der Dinge bringen. Von denen will ich Ihnen vor allem eine Dame in gestreiftem Hauskleid schildern, mit einem Gesicht, auf dem der Ausdruck eines Fragezeichens liegt, und mit einer sehr eindrucksvollen Nase, an deren Ende sich nach dem Willen des Geschickes zwei Warzen angesiedelt haben. Die unerbittliche Vorsehung hat eine davon mit drei rötlichen Borsten ausgestattet. In den Borsten sieht die Dame ihre ganze moralische Stärke, darum schneidet sie sie nie ab, allerdings mit Ausnahme der einen, die ihr, wie sie sich ausdrückt, ein „unangenehmes Kitzeln im Auge" verursacht. Die Dame ist boshaft, hinterlistig und reizbar und hat Angst vor Fröschen. Beliebtestes Gesprächsthema sind für sie ihre eigenen unglückseligen Warzen, die ihr Leben mit den vielfältigsten, wahrscheinlichen und unwahrscheinlichen Abenteuern erfüllt und ihr Schicksal in vieler Hinsicht bemerkenswert gemacht haben. Die Lieblingsepisode ist folgende: In irgendeiner Gesellschaft durch das Vorlesen irgendwelcher sentimentalen Gedichte tief gerührt, zog sie ein Taschentuch hervor und wollte sich die Nase putzen, aber aus Unvorsichtigkeit drückte sie eine der Warzen so, daß die zu quieken anfing oder jedenfalls in der allgemeinen Stille irgendeinen Ton von sich gab, wodurch die Dame sich ganz schlecht erzogen zeigte. Und da sie Wohlerzogenheit über alle Tugenden stellt, suchte sie von dem Tage an natürlich ihre Warze zu beseitigen, und ätzte sie jeden Tag mit irgendeiner Mixtur. Das hinderte die hartnäckige Warze aber nicht, bis heute zu blühen und zu gedeihen, sie veränderte nur ein wenig ihre Farbe. Die Dame genießt eine gewisse Berühmtheit, und in meteorologischer und medizinischer Hinsicht spielt sie bei den hiesigen Bewohnern sogar eine bedeutende Rolle, da ihre Warzen Wetterpropheten sind; vor Regen und Kälte werden sie bläulichbraun und vor Trockenheit und Hitze hellrot. Die Ärzte verordnen der Dame im gestreiften Hauskleid nun das Kumystrinken so lange, bis sie anständig aussieht. Aber nun ist es genug von der Dame. Ich komme zur Beschreibung einer anderen Person, der ich weniger Raum widmen werde. Das ist ein Geisteskranker, der jeden Tag im Garten erscheint und die Wege entlangspaziert, den Rücken krumm macht, sich mit der Hand auf den Bauch schlägt und wie ein Frosch quakt; dabei hat er die Gewohnheit, jedem Vorübergehenden eine lange Nase zu machen. Er wurde seiner Gewohnheit auch dann nicht untreu, als er der über seine Existenz noch nicht informierten „gestreiften Lydia" begegnete, und da diese wahrscheinlich sogar auf ihn, der den Verstand verloren hat, einen starken Eindruck machte, so fing er mit besonderem Eifer zu quaken an und zog dabei eine solche Fratze, wie man sie sein Leben lang nicht vergißt. „Lydias" Gesicht nahm den Ausdruck von vier Fragezeichen mit Pünktchen dahinter an und begann, rückwärts auf den Treppenvorbau des Hauses zu auszuweichen, wobei ihre Lippen etwas von Ungezogenheit flüsterten. Man konnte sich aber nicht lange an diesem Bild ergötzen, da der Begleiter des Geisteskranken ihn an der Hand nahm und nach der anderen Seite fortzog. Es gibt noch ein Subjekt – das wäre das interessanteste, aber um es ausführlich zu beschreiben, brauchte man viel Platz, und es ist mir schon peinlich, Ihre Aufmerksamkeit mit meinem Geschwätz in Anspruch zu nehmen. Darum will ich Ihnen nur ein paar charakteristische Züge schildern. Es ist ein Künstler, der auf Details versessen ist und in allem nur die Einzelheiten und Verzierungen sieht. Zum Beispiel machen ihm bei Musik den größten Eindruck die Vorschläge und Doppelschläge. Es brauchen nur in einem Werk zwei oder drei Doppelschläge hintereinander vorzukommen, da treten ihm unwillkürlich die Tränen in die Augen. Ich erzähle Ihnen eine Episode, die ein bißchen die Persönlichkeit dieses Künstlers als Maler charakterisiert. Dazu muß ich aber wieder auf die Dame im gestreiften Hauskleid zurückkommen. Wer kann denn dafür, daß sich bei uns nicht ein einziges mehr oder weniger bedeutendes Ereignis ohne ihre Beteiligung abspielt! Die ganze Sache war die, daß besagte Dame den Wunsch hatte, ein Porträt von sich, in Ölfarben gemalt, zu besitzen, und diesen Wunsch im Beisein des Künstlers äußerte. Bei dem leuchtete das ganze Gesicht auf, die Augen loderten, und ein Zeichen der Zustimmung entrang sich seinen Lippen. Natürlich! Ein Phänomen, das eine solche unerschöpfliche Fülle von Details bietet! Das ist doch genau das, wo man sein Talent im vollen Glanz zeigen kann. Die Sitzungen begannen. Nach der vierten entfernte sich der Künstler mit dem Porträt, um die „Details“ endgültig auszuarbeiten, und am nächsten Tag erschien er mit triumphierendem Blick und unterbreitete sein Werk der Kritik aller anwesenden Landhausbewohner. Das Porträt war großartig! Zwar war das Gesicht ein bißchen im Nebel und hatte keine Ähnlichkeit, aber dafür traten alle seine Einzelheiten und Verzierungen plastisch hervor und fielen sofort ins Auge. Vor allem stachen die beiden leuchtend purpurroten Warzen hervor, die wie Feuerkugeln aussahen und von denen auf der einen drei gewaltige rotblonde Borsten prunkten, und auf der anderen hatte der Maler eine Fliege plaziert. Das Muttermal über dem linken Auge sah aus wie ein Tintenklecks, und der Schnurrbart, den der Maler dargestellt hatte, hätte jedem beliebigen Feldwebel der 1. Kompanie gestanden. Die menschliche Sprache hat keine Worte, um die Wut der Dame auszudrücken, als sie ihr Abbild in so schmachvollem Licht erblickte. Ich kann mich nicht mehr entsinnen, was sie sagte, ich erinnere mich nur, daß sie die erstbeste Schere ergriff und sich selbst (ihrem Porträt) die Augen durchbohrte, dann riß sie die Leinwand herunter und warf sie von der Terrasse. Da fingen ein paar Bengels das arme Kunstwerk auf und überantworteten es der Schändung: sie nahmen eine tote Kröte und banden sie mit einem Faden an das Porträt. Dieses befestigten sie an einer Säule des Pavillons, in den „Lydia“ immer Kumys trinken geht. Alles in allem glaube ich, daß die Mißgeschicke, die sie verfolgen, sie veranlassen werden, sich bald aus unseren Landen zu entfernen. Und der Künstler schmollt aus irgendeinem Grunde.[2] Doch ich bin wohl wieder ins Plaudern gekommen. Auf Wiedersehen, es ist für mich Zeit, die dritte Flasche zu trinken. Mit Ungeduld warte ich auf den nächsten Brief von Ihnen. Nochmals danke ich Ihnen für die Einladung. Schreiben Sie mir, wie ich es Ihrer Meinung nach besser machen soll, zuerst nach der Krim fahren und dann Sie besuchen oder umgekehrt.[3] Übermitteln Sie Maria Dmitrijewna und Olga Valerianowna meine Hochachtung, und vergessen Sie nicht den, der sich der zwar naiven, aber doch immerhin Trunksucht ergeben hat und den Wunsch hegt, Sie möglichst bald wiederzusehen und zu sprechen. Sagen Sie Maria Dmitrijewna, daß in unserem Garten so viele Blumen sind, wie ich noch nie gesehen habe, und daß ich sehr bedauere, sie nicht in Ihre Lande mitbringen zu können.

A. Skrjabin

1 1 Werst = 1,066 km.*

2 Am 13./25. Juli 1893 schreibt Skrjabin dazu an Natalia: „Wissen Sie, der Künstler hat sich als ein sehr sympathischer und vor allem interessanter Mensch erwiesen. Die letzte Zeit habe ich mit ihm stundenlang die Umgebung von Samara durchstreift und schöne Stellen ausfindig gemacht ...“ („Briefe“, S. 67).*

3 Der Besuch auf dem Gut der Sekerins kam nicht zustande. Skrjabin fuhr im August auf Wunsch seines Vaters und auf Verschreibung der Ärzte zusammen mit seiner Tante nach der Krim.

## 14. An Natalia Sekerina

[Samara, 19./31. Juli 1893]

Gerade habe ich Ihre Briefe zu Ende gelesen, sehr geehrte Natalia Valerianowna. Daraus geht hervor, daß Sie meinen letzten noch nicht erhalten haben. Diesmal trafen Sie mich bei einer ziemlich ernsthaften Arbeit: ich stelle Berechnungen bezüglich der musikalischen Formen an, und zwar folgender Art: Heute morgen las ich einen sehr schönen Aufsatz über die Flora unseres Planeten und über das Verhältnis der tropischen Formen zu den Formen anderer Breiten. Dadurch kam ich auf eine phantastische Gleichung. Indem ich die Formen unserer zeitgenössischen Musik als Formen der mittleren Breiten in bezug auf den musikalischen Äquator auffasse, nehme ich das Verhältnis dieser Formen zu den Idealformen (das heißt zu den am weitesten entwickelten und größten) und setze es dem anderen, bereits gefundenen Verhältnis der Formen tropischer Breiten zu den mittleren gleich. Die Lösung dieser Gleichung ist so gut wie unmöglich, doch dafür kann man eine Menge Hypothesen aufstellen, wodurch die Aufgabe noch interessanter wird. So etwas also regt einen manchmal zu Betrachtungen an. Unwillkürlich kommt mir der Gedanke, daß die Realisten unter den Künstlern vielleicht recht haben und daß die ganze realistische Schule mit ihrem Großvater Balzac und ihrem Vater Gustave Flaubert schließlich alleiniger Sieger sein wird und später alle Künstler ihre Inspiration einzig und allein aus der Natur und dem Leben schöpfen und sich selbst und ihre Subjektivität endgültig vergessen werden. Natalia Valerianowna, Sie fragen, ob ich ein Klavier habe. Ich kann Ihnen sagen, daß es hier so etwas zum Glück nicht gibt, aber dazu möchte ich Ihnen gleich eine kleine Frage stellen: Warum haben Sie mich danach gefragt, möchten Sie wirklich, daß ich diesen Sommer Klavier spiele? Nun gut, das nur so nebenbei. Jetzt werde ich Ihnen etwas sehr Unangenehmes mitteilen, für mich wenigstens. Der arme Kolja Avierino hat sich ebenfalls die Hand kaputt gemacht, und so schlimm, daß er nach Paris zu Charcot fahren mußte. Ich weiß nicht, was der ihm verordnen wird; die Erkrankung ist bei ihm anscheinend ganz unklar, und die hiesigen Ärzte sind ratlos. Sehen Sie, Sie haben schon mehrere Beispiele vor Augen; seien Sie nicht zu eifrig, üben Sie nicht mehr als drei Stunden am Tag, und das mit Unterbrechungen. Noch eine Bitte – Sie werden sie aber wohl nicht erfüllen: wenn möglich, reiten Sie nicht auf Ihrem schrecklichen Pegasus[1], wählen Sie ein etwas sanfteres Pferd. Ich hoffe, Sie erfreuen mich im nächsten Brief mit der Nachricht, daß Sie ein anderes Rößlein haben. Auf Wiedersehen! Übermitteln Sie Maria Dmitrijewna meine Hochachtung, und schreiben Sie möglichst bald. Am 1. gedenke ich abzureisen, vielleicht auch früher, wenn es geht. Auf jeden Fall hoffe ich, noch hier von Ihnen ein Briefchen zu bekommen.

A. Skrjabin

•

In den nächsten Tagen kommt meine Tante zu mir. Wir fahren zusammen nach Moskau zurück, wo ich eine Weile bei meinen Verwandten zu Besuch sein muß. Daher habe ich es auch so eilig mit der Abreise aus Samara.

1 Siehe Brief 9, Anm. 1.*

## 15. An Natalia Sekerina

[Moskau, 16./28. August 1893]

Sehr geehrte Natalia Valerianowna

Soeben erhielt ich Ihren Brief, für den ich Ihnen sehr, sehr danke. Obwohl ich glaube, daß meine Antwort Sie nicht mehr in Goldino[1] erreichen wird, da die Post dorthin anscheinend sehr lange geht, möchte ich mir dennoch nicht das Vergnügen versagen, mich ein wenig mit Ihnen zu unterhalten, in der Hoffnung, daß man Ihnen diese Zeilen nach Moskau nachsendet. Wenn Sie wüßten, in welch entsetzlicher Stimmung ich mich befinde! Die ersten Tage, solange ich nicht alle Verwandten und Bekannten wiedergesehen hatte, ging die Zeit noch ganz unmerklich dahin. Jetzt dagegen, da alle Angelegenheiten erledigt sind und man sich ständig in Erwartung des Augenblicks der Abreise befindet, hinter dem in der Perspektive ein ganzer Monat langweiligen, eintönigen Kurbetriebes liegt, erscheinen einem die Stunden wie Jahre. Möchte doch dieser unerträgliche Monat schneller vorübergehen. Von dem Mauren[2] hatte ich Nachricht aus Paris. Er war bei Charcot einige Wochen vor dessen Tode. Der Professor untersuchte ihn lange und gründlich, verschrieb jedoch nichts Neues: Elektrizität und Massage – das ist alles, was er ihm riet. Das ist sie also, die neueste Schule. Anstatt dem wahrhaft Schönen und Künstlerischen zu dienen, reduziert sich das Ganze auf das Studium halsbrecherischer Passagen, die die Menschen zu Krüppeln machen. Und niemand regt sich darüber auf, niemand protestiert. Man beschäftigt sich nur mit der Statistik, mit dem Ausrechnen der Prozentzahlen der Menschen, die durch die Musik Schaden nehmen. Der arme Kolja tut mir leid. Wenn seine Hand sich nämlich nicht bessert, muß er völlig auf seine musikalische Laufbahn verzichten und eine andere Wahl treffen, das heißt, mit anderen Worten, auf alles, was ihm am Herzen liegt, verzichten und ziellos dahinvegetieren. Ich überlege, ob ich diesen Brief nicht direkt nach Moskau schicken soll. Heute ist der 16. und sehr bald der 19., ich glaube, er kommt nicht nach Goldino. Am 20. aber kommen Sie zurück. Auf Wiedersehen! Gleich nach der Ankunft an Ort und Stelle werde ich Ihnen meine Adresse mitteilen. Bestellen Sie Wladimir Valerianowitsch einen Gruß von mir; wenn Sie aber den Brief in Moskau erhalten, meine Hochachtung an Maria Dmitrijewna und Olga Valerianowna. Nochmals danke ich Ihnen für den Brief. Ihr Sie verehrender

A. Skrjabin

1 Gut der Familie Sekerin im Gouvernement Rjasan.
2 Siehe Personenregister.*

## 16. An Natalia Sekerina

[Gursuf[1], 25. August/6. September 1893]

Sehr geehrte Natalia Valerianowna
Morgen ist der Tag Ihres Engels[2]. Ich gratuliere Ihnen und wünsche Ihnen von Herzen alles Gute. Sicher haben Sie schon wieder mit dem Gymnasium und dem Unterricht bei Nikolai Sergejewitsch begonnen. Und ich brenne vor Ungeduld, an die Arbeit zu kommen. Hier in Gursuf ist es schön, doch etwas hindert mich, den Zauber der Natur vollkommen zu genießen. Die Reise nach der Krim machte auf mich einen ganz anderen Eindruck, als ich erwartet hatte. Ich gewinne überhaupt mehr und mehr die Überzeugung, daß man weder gedruckten Beschreibungen noch mündlichen Erzählungen glauben darf, erstens, weil es nicht zwei Menschen gibt, bei denen die Natur völlig übereinstimmende Empfindungen hervorriefe, und zweitens, weil einerseits die Art, wie jemand etwas Gesehenes schildert, und andererseits die Vorstellungen, die man sich beim Lesen innerlich von einer Sache bildet, nie identisch sind. Ich finde, man kann die Krim mit einem Menschen vergleichen, der um jeden Preis schöner sein möchte, als er in Wirklichkeit ist, wenigstens äußerlich, und dem das, muß man gerechterweise feststellen, auch vollkommen gelingt. Der Geck hat sich mit Zypressen, Lorbeerbäumen, Granatbäumen, Magnolien und anderen südlichen Gewächsen geschmückt, und obwohl er zum Winter von allen Seiten mit Lindenbastgewebe und Glasscheiben zum Schutz vor großer Kälte eingehüllt und zugedeckt wird, hindert ihn das doch nicht, sich elegant herauszuputzen und sich mit seiner „subtropischen“ Natur zu brüsten. Hier die Physiognomie

von Gursuf: Die Kämme der Höhen, die das malerische Tal von den höheren Bergen des Jaila-Rückens trennen, sind von einer Reihe schlanker Zypressen bedeckt, die eine natürliche Grenze des blühenden Gartens bilden, der sich am Südhang dieser Höhen bis direkt zum Meer hinzieht. Die empfindlichsten südlichen Pflanzen haben hier Zuflucht gefunden, und sogar Oleander mit ihrer wundervollen verhaltenen Leidenschaft prangen hier unter freiem Himmel. Die Umrisse der Berge, zuweilen phantastisch und sogar wild, zuweilen weich, zärtlich, in den Umarmungen verträumter Wolken verschwindend, verleihen der Gegend Abwechslung, und das Meer, das wundervolle südliche Meer, macht den Reiz dieses Landes vollkommen. Auf Wiedersehen! Schreiben Sie mir möglichst bald, wie es Ihnen geht und wie Sie die Zeit verbringen. Vertragen Sie sich gut mit Ihren neuen Freundinnen? Sie sind doch jetzt zusammen in einer Abteilung. Wenn Sie Mascha Mamontowa sehen, fragen Sie sie bitte, ob sie alle gesund sind. Ich kann mich einfach nicht aufraffen, ihnen zu schreiben. Sicher sind sie alle auf mich böse. Also nochmals auf Wiedersehen! Übermitteln Sie Maria Dmitrijewna und Olga Valerianowna meine Hochachtung. Mit Ungeduld erwarte ich ein Briefchen von Ihnen.

A. Skrjabin

Adresse: Krim, Gursuf, Hotel Gubonin, an mich.

1 Kurort auf der Krim nahe Jalta.*
2 Namenstag.*

## 17. An Natalia Sekerina

[Moskau, 20. Juni/2. Juli 1894]

Sehr geehrte Natalia Valerianowna
Ich danke Ihnen für die Briefe, die ich hintereinander gestern und heute erhielt. Daraus, besonders aus dem letzten, entnahm ich, daß Sie die Zeit froh und angenehm verbringen. Ich kann dasselbe von mir nicht behaupten. Erst die letzten zwei oder drei Abende brachten Unterbrechung in die Einförmigkeit. In diesem Jahr war die Natur insgesamt karg, und wirklich schöne Tage gab es fast überhaupt nicht.

Das hat natürlich auch seine gute Seite, nämlich: es bewahrt die Menschheit vor Übersättigung, dieser schlimmen Folge allzu vieler Eindrücke. Wieviel Jahrtausende betrachten wir Menschen schon die Schönheiten der Natur, wieviel Dichter haben schon den Zauber einer Mondnacht besungen, und trotzdem senden wir zu immer demselben Mond, unserem ewig jungen Trabanten, ewige Andacht empor. Wie phantastisch groß muß die Zahl sein, die ausdrücken könnte, wieviel Genüsse er uns geschenkt hat? Er sendet auf die Erde bald ein klares, aufreizendes und an die Nerven gehendes Licht herab; bald erhellt er die Welt mit sanftem, geheimnisvollem, liebkosendem Schein, in dem die kaum erkennbaren Gegenstände größer und bedeutender wirken; und dann wiederum zeigt er sich weichlich und matt, von aschfahlem Licht umgeben. Und immer irgend etwas Neues, wie man es noch nicht erlebt hat. In solchen Nächten schweigt der Verstand, dieser schreckliche, alles zerlegende, analysierende, kritisierende und zerstörende Verstand, und erlaubt einem, sich wenigstens für kurze Zeit der Betrachtung und der Muße hinzugeben. Und wieviel Muße braucht doch der moderne, geistig überanstrengte und moralisch kraftlos gewordene Mensch! Da will es einem zuweilen scheinen, daß die Natur selbst, diese zärtliche Mutter der Menschheit, ihn retten will. Es ist, als flüstere sie: Komm zu mir, armes, zugrunde gehendes Geschöpf; wirf die verlogene Hülle des Wissens von dir, gib deiner Seele weiten Raum und ruh dich still und in innerem Frieden aus; ich habe für dich noch wundervolle Märchen, ich will den müden Jahrhunderten zauberhafte Träume eingeben.
Aber verzeihen Sie, daß ich Sie mit dem Inhalt des Briefes vielleicht langweile; ich stehe jedoch unter dem unmittelbaren Eindruck eines Spazierganges.
Es ist schon sehr spät. Ich bitte Sie, Maria Dmitrijewna und Olga Valerianowna meine Hochachtung zu übermitteln. Ich verbleibe als Ihr Sie verehrender

A. Skrjabin

P. S. Schreiben Sie mir diesmal bitte nach Senino.
Moskau-Rjasaner Eisenbahn, Station *Ljuberzy*, Gut des Herrn *Schachowskoi* Senino. An Emili Karlowitsch Rosenow, zur Weitergabe an mich.

## 18. An Mitrofan Beljajew

[Moskau, Anfang/Mitte September 1894]

Sehr geehrter Mitrofan Petrowitsch

Nehmen Sie meinen aufrichtigen Dank für die guten Wünsche entgegen.[1] Ich meinerseits werde mich bemühen, die auf mich gesetzten Hoffnungen zu rechtfertigen, und alle Kraft meines Verstandes und Willens dem Dienst an der geliebten Kunst widmen. Ich danke dem Schicksal, das mir Sie auf meinem Lebensweg gesandt hat, und bitte Sie, die Versicherung meiner vollkommenen Ergebenheit und Dankbarkeit entgegenzunehmen.

A. Skrjabin

P. S. Entschuldigen Sie, wenn ich die Korrektur etwas verzögere.[2] Das Porträt ist an Anatoli Konstantinowitsch abgegangen.

1 Was Beljajew geschrieben hatte, ist nicht bekannt, seine Briefe an Skrjabin sind erst vom 12./24. April 1897 an erhalten. Es ist aber anzunehmen, daß es sich um Glückwünsche zum Namenstag handelte, den Skrjabin am 30. August/11. September feierte.*

2 Es handelt sich um das *Allegro appassionato für Klavier* op. 4.

## 19. An Natalia Sekerina

[Senino, September 1894]

Sehr geehrte Natalia Valerianowna

Ich schreibe Ihnen aus Senino, wohin ich, wie geplant, gestern abend gekommen bin, furchtbar zermartert nach zehn Tagen unregelmäßigsten Lebens. Ich habe in den Nächten bis 4 und manchmal sogar bis 5 Uhr gearbeitet, und dann bin ich immer früh aufgestanden, da ich morgens etwas vorhatte. Safonow muß ich dankbar sein, er hat mir in vieler Hinsicht sehr, sehr geholfen, las selbst Korrektur, brachte das Allegro selbst nach Petersburg[1] usw. Jetzt fühle ich mich wie ein Schuljunge, der in die Freiheit ausgerissen ist, und werde sicher ein paar Tage die Feder nicht zur Hand nehmen, obgleich sich viel Material angesammelt hat. Daneben empfinde ich ein Gefühl moralischer Befriedigung und

habe den großen Wunsch, Ihnen meine kleinen Erfolge mitzuteilen; doch das werde ich natürlich nicht tun, da ich mir bewußt bin, wie egoistisch solche Wünsche sind. Sie schrieben mir, daß Sie nichts tun und auch nichts tun möchten. Das braucht Sie nicht zu bekümmern, da Sie einen langen Winter vor sich haben und die Möglichkeit, die Zeit nach eigenem Ermessen einzuteilen. Sammeln Sie noch mehr Kräfte, die Sie dann mit Nutzen anwenden können und die Sie während der Prüfungen genug verausgabt haben. Sie schrieben auch, daß Sie wenig spazierengehen. Das wundert mich sehr. Ich versichere Sie, daß keine Wissenschaft so treffende und einfache Antworten auf viele Fragen gibt wie die Natur selbst, und der Mensch darf den Umgang mit ihr nicht meiden. Um so mehr, als Sie zeichnen; Sie können die Schönheiten der Natur leichter als jeder andere erfassen. Vielleicht reizt Sie unsere einfache, aber gemütvolle, melancholische russische Landschaft nicht? Ich glaube es nicht. Die Wahrheit muß man lieben. In der südlichen Natur verdeckt ein prahlerisches, prächtiges Äußeres häufig andere Seiten. Schreiben Sie mir, ob Sie sich wirklich auch nicht mit Zeichnen beschäftigen. Wenigstens anstelle des Stickens, das im Grunde furchtbar langweilig ist, nicht wahr? Aber auch dieser Bereich schließt Schöpfertum nicht aus, wovon ich mich heute überzeugen konnte. Rosenow entwirft selbst großartige Muster in orientalischem Geschmack, er wählt selbst die Seide aus, und es kommen erstaunliche Ergebnisse zustande. Versuchen Sie einmal selbst, Stickmuster zu entwerfen: die Arbeit wird Ihnen dann sicher mehr Vergnügen bereiten.
Sind Sie es noch nicht überdrüssig, meinen Brief zu lesen? Ich muß unbedingt an meiner Handschrift arbeiten, die mit der Zeit immer schlechter und schlechter wird. Ich schreibe manchmal und kann es hinterher selbst nicht entziffern (kennen Sie die französische Redensart?). Übrigens, mein Vater hatte mit 32 Jahren einen Lehrer für Schönschreiben, nachdem er sich die Handschrift mit arabischen und anderen Schriftzeichen verdorben hatte.
Es ist bald 2 Uhr. Bevor ich mich von Ihnen trenne, muß ich Sie unbedingt noch bitten, an mich zu denken und bal-

digst zu schreiben. Ich bitte Sie auch, Maria Dmitrijewna und Olga Valerianowna meine Hochachtung zu übermitteln.

A. Skrjabin

Haben Sie den Brief erhalten, den ich vorgestern abschickte? Ich sende Ihnen eine Ansicht von Senino. Adresse: Rjasaner Eisenbahn, Station Ljuberzy. Gut Senino des Herrn *Schachowskoi.* Seiner Hochwohlgeboren Emili Karlowitsch Rosenow, zur Weitergabe an mich.

1 Safonow brachte die Korrektur des *Allegro appassionato* op. 4 in das Kontor des Verlages M. P. Belaieff.

## 20. An Natalia Sekerina

[Kislowodsk[1], Ende September[2] 1894]

Sehr geehrte Natalia Valerianowna

Soeben erhielt ich Ihre beiden Briefe, den einen vom 5. und den anderen – ich konnte nicht feststellen, von welchem Datum. Aus allem ersehe ich, daß Sie von den Briefen, die ich Ihnen aufs Land sowie nach Moskau (Haus von Lwow) geschickt habe, nicht einen erhalten haben. Ich bitte Sie noch vielmals, meinen Dank für Ihre freundliche Einladung entgegenzunehmen. Auch schreibe ich Ihnen hier noch einmal, warum ich davon nicht Gebrauch machen konnte. Schon im Sommer stand es mit meinen Nerven nicht zum besten. Im Herbst dann, als ich eine Zeitlang bei Wassili Iljitsch Safonow wohnte und mich ohne jedes Maß in die Arbeit stürzte, erreichte der Zustand meines Nervensystems den Grad der Gereiztheit, bei dem der Mensch in Gesellschaft ganz unausstehlich wird. Ich brauche Ihnen nicht davon zu sprechen, wie schwer es mir fiel, auf den für mich so angenehmen Traum, Sie zu besuchen, zu verzichten, und andererseits sah ich ein, daß mein Erscheinen für alle eine große Unannehmlichkeit bedeuten würde.[3] Wassili Iljitsch bestand darauf, ich sollte eine Auslandsreise machen, doch dafür hätte ich zuviel Zeit gebraucht, und so entschloß ich mich, statt dessen eine kleine Reise in den Kaukasus zu unternehmen. Zur Zeit halte ich mich bei Safonows in Kislo-

wodsk auf und weiß gar nicht, wie ich ihnen für ihr herzliches Entgegenkommen und ihre Gastfreundschaft, deren sie mich würdigen, danken soll. Die wundervolle Kaukasusluft und die Berge, auf denen ich täglich mit den Kindern (es ist mein Los, mit Kindern spazierenzugehen) ziemlich lange Spaziergänge mache, haben eine wohltuende Wirkung, und ich hoffe, im Oktober wieder ein Mensch zu werden. In den nächsten Tagen fährt Warwara Iwanowna mit der Familie nach Moskau, ich dagegen bleibe mit der Großmutter, das heißt mit der Mutter von Wassili Iljitsch, noch eine Woche oder vielleicht 9 Tage hier und werde Anfang Oktober in Moskau sein. Wie würden Sie mich trösten, wenn Sie mir etwas von sich schreiben und an mich denken würden. Wer konnte annehmen, daß das Schicksal es gerade so einrichtet?
Wie geht es Ihnen? Ich würde Sie vieles fragen, will es jetzt aber aufschieben bis zum hoffentlich baldigen Wiedersehen. Einstweilen möchte ich Sie nochmals bitten, an mich zu denken und mich zu trösten, indem Sie mir etwas von sich schreiben. Übermitteln Sie Maria Dmitrijewna und Olga Valerianowna meine Hochachtung. Ich hoffe, ein Briefchen von Ihnen zu erhalten.

A. Skrjabin

Adresse auf der Rückseite: Kaukasus, Kislowodsk, Landgut des Generals Safonow, an mich.

1 Kurort im Kaukasus.*
2 Nach dem alten Kalender.
3 Es ist aber auch bekannt, daß Skrjabin zwar von Natalia zu einem Besuch auf dem Gut eingeladen war, jedoch vergeblich auf eine Bestätigung von seiten ihrer Mutter wartete und dadurch gekränkt war.

## 21. An Mitrofan Beljajew

[Moskau, etwa 28.–31. Dezember 1894/9.–12. Januar 1895][1]
Sehr geehrter Mitrofan Petrowitsch
Ich erhielt Ihre drei Briefe unmittelbar nacheinander und sehe die Ursache für diese Unpünktlichkeit der Post in den Feiertagen. Mein Brief, den Sie am 2. Feiertag erhielten,

war am Freitag abgeschickt. Ich beeile mich, Ihnen auf alle Punkte zu antworten[2]:

Nr. 1 S. 5, Zeile 3, Takt 2

Nr. 1 S. 5, Zeile 3, Takt 3

Nr. 1 " 5, " 2, " 4

Nr. 1 " 5, " 3, " 4 ist richtig.

Im zweiten Impromptu bin ich mit der letzteren Bezeichnungsweise einverstanden; was aber die weiten Akkorde der linken Hand anbelangt, so habe ich nur bei einigen die Bezeichnung (m. d.) angegeben, während diejenigen, die diese Bezeichnung nicht haben, nur mit der linken Hand zu spielen sind; davon hängt nämlich ab, wie sie beim Spielen klingen. So zum Beispiel S. 3, Takte 9 und 10: da werden die Akkorde nur mit der linken Hand gespielt.[3]
Seien Sie mir um Gottes willen nicht böse wegen meiner Korrekturen, und sehen Sie die Ursache nicht in Faulheit oder Schlampigkeit, aber ich bin völlig unfähig, meine eigenen Fehler zu sehen, und weiß nicht, wie ich Ihnen für Ihre Aufmerksamkeit danken soll. Ich bitte Sie auch, meinen herzlichen Dank an Anatoli Konstantinowitsch auszurichten, dem ich so viele unangenehme Minuten bereitet habe.[4] Wozu übrigens viele Worte machen? In Zukunft werde ich mich bemühen, Ihnen und ihm meinen Dank mit Taten zu beweisen. Ich hoffe, daß Sie auch künftig streng zu mir sind, sonst muß ich denken, Sie seien mir böse. Nehmen Sie meine Gratulation zum neuen Jahr und meine besten Wünsche entgegen.

Ihr ergebener A. Skrjabin

P. S. Bezüglich des Konzertes in Petersburg weiß ich tatsächlich noch nichts. Vielleicht können Sie so gut sein und mir irgend etwas raten.[5]

1 In den „Briefen“, S. 86, trägt dieser Brief ebenso wie im „Briefwechsel“, S. 13, die Datierung: „Dezember 1894“ (nach dem alten Kalender). Daß es sich um die Tage nach Weihnachten handelt, geht aus dem Inhalt hervor. Der erwähnte Freitag war der 23. Dezember 1894/4. Januar 1895.*
2 Das folgende betrifft die Korrektur der *Zwei Impromptus* op. 10.
3 *Impromptu* op. 10 Nr. 2, Takt 9/10 und analog Takt 25/26 sowie 101/102.
4 Ljadow hatte die Korrekturen des Komponisten überprüft.
5 Das Konzert, ein Klavierabend mit eigenen Werken, fand am 7./19. März 1895 statt (s. „Briefwechsel“, S. 14).*

## 22. An Mitrofan Beljajew

[Moskau,] 4.(16.) Januar [1895]

Sehr geehrter Mitrofan Petrowitsch
Die Korrektur der Sonate[1] habe ich erhalten. Die Impromptus[2] sende ich heute ab. Ich habe Metronomzahlen angegeben, obwohl das fast zwecklos ist, besonders im zweiten, da das Tempo ständig wechselt. Ich wollte jetzt die Korrektur der Sonate lesen, kann aber nicht, da ich gehen muß. Ich werde mich bemühen, sie nicht zu verzögern. Die Etüden werden wahrscheinlich zum 15. fertig sein.[3]
Nehmen Sie die Versicherung meiner vollkommenen Ergebenheit und Hochachtung entgegen.

A. Skrjabin

1 *Sonate Nr. 1* op. 6.*
2 *Zwei Impromptus* op. 10.*
3 Die Komposition der *Zwölf Etüden* op. 8 wurde, wie aus den Briefen 25 bis 28 ersichtlich, erst Ende März abgeschlossen. Das ist ein Beispiel dafür, daß Skrjabin die Zeit, die er für eine Arbeit benötigte, vorher teilweise unterschätzte, weil er seine Stücke außerordentlich sorgfältig arbeitete und sie nicht abgeben wollte, solange ihn etwas noch nicht befriedigte.

## 23. An Mitrofan Beljajew

[Moskau, nach dem 4./16. Januar 1895]

Sehr geehrter Mitrofan Petrowitsch
Nehmen Sie meinen Dank für Ihren freundlichen Brief entgegen. Ich konnte Ihnen nicht sofort antworten, da ich bei meinem Onkel in Lefortowo[1] zu Besuch war. Die Korrektur der Sonate ist abgeschickt, die Impromptus dagegen muß ich noch etwa zwei Tage zurückhalten, um über einige Bezeichnungen nachzudenken. Ich arbeite an den Etüden.
Nehmen Sie die Versicherung meiner vollkommenen Ergebenheit und Hochachtung entgegen.

Zu Ihren Diensten bereit

A. Skrjabin

1 Siehe Brief 9, Anm. 5.*

## 24. An Mitrofan Beljajew

[Moskau,] 2.(14.) Februar [1895]

Sehr geehrter Mitrofan Petrowitsch
Ich kann immer noch nicht den Tag meines Petersburger Konzertes festlegen. Mir wäre es in der 2. Fastenwoche[1] lieb; früher wird es für mich schwierig. Die Etüden bringe ich Ihnen selbst. Sie sind zwar fertig, aber ich bin noch nicht sicher, ob ich nicht in einigen (3) davon noch etwas ändern werde. Wie glücklich wäre ich, wenn Sie mir schrieben: an dem und dem Tag soll Ihr Konzert stattfinden, an dem und dem Tag fahren Sie los. Wenn es Ihnen keine Mühe macht, fällen Sie eine Entscheidung, und ich werde sie unverzüglich in die Tat umsetzen. Verzeihen Sie dem in seiner Liederlichkeit unverbesserlichen und Ihnen ergebenen

A. Skrjabin

1 Das heißt in der zweiten Woche der siebenwöchigen „Großen Fastenzeit“ vor Ostern.*

## 25. An Mitrofan Beljajew

[Moskau,] 11.(23.) Februar [18]95

Sehr geehrter Mitrofan Petrowitsch

Empfangen Sie meinen Dank für die Sonate.[1] Aus Ihrem Brief ersehe ich, daß Sie mich nicht ganz verstanden haben. Außer kindlicher Hilflosigkeit[2] besitze ich noch Zartgefühl, das mir nie gestatten würde, Sie mit der Organisierung meines Konzertes zu belasten. Ich hatte lediglich an die Festlegung eines Tages gedacht, nichts weiter. Was nun die Etüden anbelangt, so werden es 12, nicht 6, wie Sie schreiben. Ich glaube, daß ich auf jeden Fall Ende der 1. Woche nach Petersburg kommen werde;[3] von Ihrem liebenswürdigen Angebot Gebrauch zu machen wage ich jedoch nicht, da ich fürchte, Ihnen lästig zu fallen.[4] Empfangen Sie nochmals meinen Dank für Ihre freundliche Geneigtheit gegenüber dem Ihnen ergebenen

A. Skrjabin

1 Offenbar hatte Beljajew Skrjabin ein Belegexemplar der *1. Sonate* geschickt, die am 4./16. Februar 1895 aus dem Druck gekommen war.

2 Anscheinend ein Ausdruck aus einem Brief von Beljajew; vgl. auch Brief 29.*

3 Gemeint ist die 1. Woche der siebenwöchigen Fastenzeit vor Ostern, in diesem Falle die Zeit zwischen dem 12. und 19. Februar. Skrjabin muß schließlich etwa am Donnerstag oder Freitag der 2. Fastenwoche, nämlich am 23. oder 24. Februar, nach Petersburg gereist sein. Am 24. spielte er bereits – offenbar vor Zuhörern, die davon berichteten – bei Beljajew Klavier. Am 2. März spielte er in einem Konzert des „St.-Petersburger Vereins der Liebhaber der Kammermusik“ drei eigene Stücke, und am 7. März fand sein Soloabend statt, an dem er – wie künftig immer – nur eigene Werke spielte.*

4 Beljajew hatte Skrjabin angeboten, während seines Aufenthaltes in Petersburg bei ihm zu logieren. Dieses Angebot nahm Skrjabin schließlich an.

## 26. An Mitrofan Beljajew

[Moskau, vor dem 16./28. März 1895]

Sehr geehrter Mitrofan Petrowitsch

Nun sitze ich schon zwei Tage, ohne aufzublicken, an den Etüden und habe sie trotzdem noch nicht fertig. Verzeihen Sie, wenn ich sie noch einen Tag oder höchstens zwei zurückhalte. Heute abend werde ich zu Wassili Iljitsch gehen und mit ihm die Dynamik eintragen.[1] Seien Sie nochmals, lieber Mitrofan Petrowitsch, ganz herzlich bedankt für Ihre Güte und Gastfreundschaft. Ich hoffe, Sie recht bald wiederzusehen. Einstweilen bitte ich Sie, Maria Andrejewna meine Hochachtung zu übermitteln und die Versicherung meiner vollkommenen Ergebenheit entgegenzunehmen.

A. Skrjabin

1 Bei seinen frühen Kompositionen beriet sich Skrjabin mit Wassili Safonow über die Anbringung von dynamischen und agogischen Bezeichnungen. Dabei wachte er eifersüchtig darüber, daß der eigentliche Notentext unangetastet blieb, und ging, wie zum Beispiel bei der Korrekturlesung des *Klavierkonzertes*, nicht auf Safonows Wunsch ein, harmonische Schärfen der Urfassung zu „glätten".

## 27. An Mitrofan Beljajew

[Moskau,] 20. März (1. April) [1895]

Sehr geehrter Mitrofan Petrowitsch

Sie sind mir böse – und mit vollem Recht, aber dennoch verdiene ich ein bißchen Nachsicht. Ich arbeite zur Zeit buchstäblich den ganzen Tag. Kaum aufgestanden, setze ich mich hin und schreibe, und so bleibe ich, ohne aufzublikken, bis zum Abend sitzen; ich gehe nicht einmal spazieren. Sie meinen vielleicht, ich schreibe etwas Neues? Keineswegs! Immer nur die Etüden. Ein paar davon werden Sie nicht wiedererkennen, so verändert sind sie. Zum Beispiel die in As-Dur ist vollkommen umgearbeitet, die in b-Moll auch, die in dis-Moll[1] ebenfalls. Die andere in b-Moll hat einen neuen Mittelteil. Ich glaube, ich werde auch noch die Oktavenetüde umarbeiten, sie befriedigt mich ebenfalls nicht. Ich glaube, in Anbetracht dessen werden Sie nach-

sichtig mit mir sein und mir meine Terminüberschreitung verzeihen. In unfertiger Gestalt möchte ich nichts herausbringen.
Das Konzert in Moskau verlief wider Erwarten ausgezeichnet, wie Sie aus den beigefügten Rezensionen ersehen.[2] Verzeihen Sie, daß ich so unordentlich schreibe, aber die Hand versagt mir einfach den Dienst. Nochmals bitte ich Sie, mich wegen des unbeabsichtigt nicht gehaltenen Versprechens zu entschuldigen sowie meinen Dank für den Artikel von Cui[3] entgegenzunehmen. Übermitteln Sie Maria Dmitrijewna meine Hochachtung, und vergessen Sie nicht den Ihnen ergebenen

A. Skrjabin

1 Die *dis-Moll-Etüde* op. 8 Nr. 12 ist in zwei Fassungen erhalten. Die eine davon erschien 1895 bei Belaieff, während die andere erst 1947 im Anhang zum 1. Band der Gesamtausgabe der Klavierwerke Skrjabins erstmals veröffentlicht wurde.

2 Skrjabin trat in Moskau am 11. März 1895 in einem Sonderkonzert der Moskauer Sektion der Russischen Musikgesellschaft auf. Weitere Mitwirkende waren Karl Scheidemantel aus Dresden und der russische Geiger Julius Conus. Skrjabin spielte mit großem Erfolg sechs eigene kleinere Stücke sowie eine Zugabe.

3 Cui, der sich mündlich gegenüber Wladimir Stassow, wie dieser an Beljajew schrieb, am 25. Februar noch sehr herablassend über Skrjabin geäußert hatte, schrieb nach dem Konzert vom 7. März eine lange, überaus positive Kritik. Darin stellte er Skrjabins kompositorische Begabung weit über dessen Klavierspiel, vermerkte jedoch insgesamt einen „bedeutenden Erfolg".

## 28. An Mitrofan Beljajew

[Moskau,] 29. März (10. April) 1895

Sehr geehrter Mitrofan Petrowitsch
Gestern kam ich sehr spät nach Hause und fand Ihren Brief, auf den ich daher heute antworte. Die Etüden haben Sie sicher schon erhalten. Sie werden darunter eine 2. Fassung der dis-Moll-Etüde finden,[1] die ich nicht jetzt gleich gedruckt haben möchte; sie kann eine Zeitlang bei Ihnen liegenbleiben. Etwas befriedigt mich daran nicht, und, ehrlich gesagt, alle bestürmten mich, ich sollte sie ändern. Was nun meine Abreise[2] anbelangt, so werde ich in dem Falle pünkt-

lich sein, daß mein Ausweis nicht verzögert wird, auf den ich den Reisepaß bekommen soll; vorläufig habe ich keine Veranlassung, das zu vermuten. Auf jeden Fall schreibe ich dann Näheres.

Geboren bin ich am 25. Dezember 1871.

Den Brief von Baudoux[3] konnte ich Wassili Iljitsch noch nicht zeigen, ich habe ihn die ganze letzte Zeit nicht gesehen. Also einstweilen auf Wiedersehen (hoffentlich ein baldiges)! Seien Sie nicht böse auf den unverbesserlichen (infolge gewisser mir unverständlicher Ursachen, denn der Wunsch ist riesig), aber dankbaren und ergebenen

A. Skrjabin

1 Siehe Brief 27, Anm. 1.

2 Die Abreise ins Ausland (Deutschland, Schweiz, Riviera, Belgien). Beljajew hatte Skrjabin die Finanzierung einer Auslandsreise zur Erholung und ärztlichen Behandlung sowie zur Anbahnung künstlerischer Kontakte im Hinblick auf eigene Konzerte angeboten.*

3 Dieser nicht mehr nachweisbare Brief bezog sich wahrscheinlich auf die Veranstaltung von Konzerten Skrjabins in Paris. In diesem Zusammenhang ist eine Einschätzung seines Klavierspiels, die Beljajew um diese Zeit unter Berufung auch auf die Meinung anderer Petersburger Hörer in einem Brief an Safonow (vom 22. März 1895) gab, von Interesse. Darin heißt es: „Zu ihm als Interpreten verhielt man sich hier mißtrauischer, und mir scheint, nicht ohne Grund. Vielleicht infolge seiner Nervosität oder weil er ständig solo spielt, ohne Mitspieler, entstellt er mitunter seine Kompositionen so, daß ein Hörer, der sie nicht kennt, sich weder Rhythmus noch Melodie einprägen kann, und somit gerät seine Interpretation häufig zum Nachteil der Komposition. [...] In seinen Kompositionen liegt ohnehin viel Gefühl, und seine Art ihrer Darbietung verleiht ihnen mitunter etwas Geziertes, das in ihnen gar nicht vorhanden und ihnen auch nicht zu wünschen ist. [...] Ich wünschte, daß er seine Kompositionen so vortrefflich spielt, daß sein Spiel die Grundlage für künftige Traditionen bilden könnte."

## 29. An Mitrofan Beljajew

[Moskau, vor dem 3./15. April 1895][1]

Sehr geehrter Mitrofan Petrowitsch

Nehmen Sie meinen Gruß „Christus ist auferstanden"[2] und meine besten Wünsche entgegen. Leider werde ich Sie wahrscheinlich in den Feiertagen nicht persönlich sehen können. Der Grund hierfür ist ziemlich kompliziert, ich werde Ihnen davon mündlich erzählen, schreiben möchte ich es nicht.[3] Seien Sie mir nicht böse, lieber Mitrofan Petrowitsch; ich habe von Ihnen schon so lange keine Nachricht, daß ich annehme, Sie wollen von mir gar nichts mehr wissen. Meinetwegen können Sie ja, wenn ich hinkomme, mich ein bißchen ausschimpfen und bestrafen, nur seien Sie nicht böse. Gestern habe ich fast den ganzen Tag mit Wassili Iljitsch verbracht, den ich über zwei Wochen nicht gesehen hatte. Ich habe ihm großen Kummer mit einer Mitteilung über mich gemacht, derselben, die teilweise auch die Ursache der Verzögerung ist. Wir sprachen und stritten sehr lange miteinander, und am Ende blieb schließlich doch jeder bei seiner Meinung. Es wäre mir sehr interessant, Ihre Meinung zu demselben Gegenstand zu kennen, den ich Ihnen beim nächsten Wiedersehen ausführlich darlegen werde, falls es Ihnen nicht unangenehm und langweilig ist, in mein ganz persönliches Leben einzudringen. Sie haben mich doch einmal in einem Brief als hilflos bezeichnet,[4] und wissen Sie, in mancher Hinsicht bin ich tatsächlich ein vollkommenes Kind: ich kann keinen einzigen Schritt sicher tun. Und immer habe ich extreme Stimmungen: einmal will mir plötzlich scheinen, ich hätte eine Unmenge Kräfte, alles läge mir zu Füßen, alles sei mein; dann wieder ist plötzlich ein Gefühl völliger Kraftlosigkeit, eine gewisse Müdigkeit und Apathie da; nie will sich Gleichgewicht einstellen. Ich sage immer, das Herz verhält sich bei mir zum Verstand wie ein kluger Künstler zum Kritiker: er hört ihn an, und dann geht er den einmal eingeschlagenen Weg weiter. Der Kritiker müht sich verzweifelt, eine Rezension nach der anderen, eine Belehrung nach der anderen, und alles vergebens. So groß ist die Unstimmigkeit zwischen ihnen. Es müßten schon zwei Pole in einem Menschen Platz finden. Ich weiß wirklich nicht, wer die Oberhand behalten wird. Aber verzeihen Sie, Mitrofan Petrowitsch, daß ich Ihre Geduld so mißbrauche. Heute werden Sie sicher sagen: nein, soll er lieber kurze Briefe schreiben. Seien Sie mir wirklich nicht böse, und schreiben Sie mir das, eher werde ich mich nicht beruhigen. Bestellen Sie Maria Andrejewna einen Gruß von mir zum Fest und meine besten Wünsche, und vergessen Sie nicht den Ihnen ergebenen

A. Skrjabin

1 Beljajew notierte auf der ersten Seite des Briefes das Eingangsdatum 3. April 1895.
2 Übliche Begrüßung am Ostermorgen. Der 2. April 1895 nach dem alten Kalender war der Ostersonntag.*
3 Das bezieht sich auf Skrjabins Verhältnis zu Natalia Sekerina (siehe „Briefwechsel", S. 19, Fußnote).*
4 Vgl. Brief 25.*

## 30. An Mitrofan Beljajew

[Moskau,] 6.(18.) April 1895

Sehr geehrter Mitrofan Petrowitsch
Nehmen Sie meinen Dank für Ihren freundlichen Brief entgegen. Leider kann ich Ihnen diesmal den Tag meiner Abreise nicht angeben. Ihre Mitteilung über Fehler in den Etüden hat mich sehr verwundert. Rosenow hatte sie sehr aufmerksam durchgesehen und nichts gefunden. Wenn irgendwo Fehler sein können, dann in der 2. Fassung der dis-Moll-Etüde, die vorläufig nicht gedruckt zu werden braucht. Wie fanden Sie die As-Dur-Etüde? Und die in b-Moll? Es interessiert mich sehr, Ihre Meinung dazu zu erfahren. In der letzten Zeit habe ich ein kleines Prélude geschrieben, und jetzt arbeite ich am 1. Satz der gis-Moll-Sonate (mit dem Presto), die ich vielleicht in einem Monat fertig habe.[1] Ich werde allerdings keinen Termin mehr festlegen, da es in dieser Beziehung unmöglich ist, pünktlich zu sein. Einstweilen auf Wiedersehen, lieber Mitrofan Petrowitsch, hoffentlich auf ein baldiges! Heute habe ich wohl alles getan und das Datum angegeben; so haben Sie keinen Grund, mir böse zu sein.[2] Ihr ergebener

A. Skrjabin

P. S. Ich habe eine kleine Bitte an Sie, Mitrofan Petrowitsch. Wenn es Ihnen keine Schwierigkeiten bereitet, senden Sie mir zur Aufbesserung meiner kärglich gewordenen Mittel einen Regenbogenfarbigen.[3] Verzeihen Sie, daß ich es wage, Sie damit zu belästigen.

1 An der *2. Sonate* arbeitete Skrjabin sehr lange. Sie erschien erst am 26. März/7. April 1898.
2 Beljajew, der selbst sehr gewissenhaft und ordnungsliebend war und Skrjabin des öfteren auf Nachlässigkeiten in seinen Manuskripten und beim Korrekturlesen hinwies, hatte sich offenbar darüber beklagt, daß Skrjabin seine Briefe oft nicht datierte.*
3 Gemeint ist ein 100-Rubel-Schein.*

## 31. An Natalia Sekerina

[Petersburg, 14./26. April 1895]

Sehen Sie, wie schnell ich mich Ihnen in Erinnerung bringe, sehr geehrte Natalia Valerianowna; ich hoffe aber, daß Sie nachsichtig sind und mir diesen Mangel an Feingefühl verzeihen, wenn Sie den Grund für diese Eile erfahren. Ich bleibe nur wenige Tage in Petersburg, dann begebe ich mich auf eine weite Reise[1]. Wenn ich also jetzt nichts von Ihnen höre, muß ich für lange Zeit auf dieses Vergnügen verzichten, wozu ich nicht imstande bin. Also vielleicht denken Sie an mich und beschenken mich, indem Sie mir wenigstens ein paar Worte schreiben. Übermitteln Sie Maria Dmitrijewna und Olga Valerianowna meine Hochachtung, und verzeihen Sie mir dieses kurze und unschöne Schreiben, aber ich werde furchtbar gestört. Im Nebenzimmer spielen Ljadow und Sokolow vierhändig Wagner, und Beljajew ruft mich immerzu. Vergessen Sie bestimmt nicht den Sie verehrenden

A. Skrjabin

Meine Adresse: St. Petersburg, Nikolajewskaja 50, Wohnung 16, an M. P. Beljajew zur Weitergabe.

1 Siehe Brief 28, Anm. 2.

## 32. An Natalia Sekerina

[Berlin, vor dem 22. April/4. Mai 1895]

Sehr geehrte Natalia Valerianowna

Gerade komme ich vom Zug nach einer sehr glücklichen Reise. Heute empfing Europa[1] seine Gäste mit dem Lächeln eines wundervollen Frühlingsmorgens und machte dadurch einen sehr günstigen Eindruck. Bis jetzt kann ich Ihnen noch nichts weiter sagen, da ich nichts gesehen habe. Ich gedenke, der Besichtigung von Berlin zwei Tage zu widmen. Übrigens wohne ich bei Mendelssohn, einem Verwandten des Komponisten, der eine große Rarität besitzt, nämlich das Autograph der 5. Sinfonie von Beethoven.[2] Dann fahre ich nach Dresden, wo ich ungefähr eine Woche bleiben werde. Vielleicht möchten Sie mich beschenken und einem Einsamen in fremden Landen schreiben. Wie geht es Ihnen, und wann fahren Sie aufs Land? Ich warte mit Ungeduld auf eine Nachricht von Ihnen. Übermitteln Sie Maria Dmitrijewna und Olga Valerianowna meine Hochachtung, und vergessen Sie nicht den Sie verehrenden

A. Skrjabin

Bitte wenden:

Schreiben Sie mir postlagernd, da ich noch nicht weiß, wo ich Quartier nehmen werde.

1 „Rußland" und „Europa" waren vor der Oktoberrevolution für viele Vertreter des russischen Geisteslebens ein Gegensatzpaar; vgl. zum Beispiel die Briefe Modest Mussorgskis vom 23. Juli und 6. August 1873 an Wladimir Stassow (Modest Mussorgski, Briefe, Reclam, Leipzig 1984, S. 149ff. und S. 159).*

2 Das Autograph der 5. Sinfonie von Beethoven war damals im Besitz von Ernst von Mendelssohn-Bartholdy.*

## 33. An Natalia Sekerina

[Dresden, 22. April/4. Mai 1895]

Sehr geehrte Natalia Valerianowna

Ich sende Ihnen meinen Gruß aus diesem sympathischen Winkel des deutschen Landes. Das ist jedenfalls der erste

Eindruck. Der Aufenthalt in Berlin ging nicht ohne eine kleine Unannehmlichkeit ab, nämlich: Während eines Spazierganges im Zoologischen Garten drang mir irgendein Ungetüm ins Auge und verdarb mir den ganzen Abend. Statt des vorgesehenen Konzertes mußte ich zum Arzt gehen, um mir den ungebetenen Gast entfernen zu lassen, und dann den ganzen Abend zu Hause verbringen und mich einer für Männer ganz unanständigen Beschäftigung hingeben, nämlich dem Vergießen von Tränen. Sogar den ganzen nächsten Tag blieb das unangenehme Gefühl, das immer noch ein wenig störte. Trotzdem erledigte ich alle Angelegenheiten, fuhr in der ganzen Stadt herum, besuchte, wie Sie sehen, den Zoologischen Garten und bin ganz fasziniert von der dorthin führenden Straße. Können Sie sich daran erinnern? Nicht wahr, ein wunderbares Fleckchen? Hier in Dresden steht mir viel Arbeit bevor: vor allem Besuche (darunter bei Scheidemantel und Sauer), dann die Gemäldegalerie (haben Sie sie besichtigt?) und schließlich eine Fahrt zur Bastei. Ich gedenke, mit dem Dampfschiff hinzufahren, da ich die Eisenbahn schon fast nicht mehr ausstehen kann.
Nach der Fahrt zur Bastei schreibe ich Ihnen, obwohl Sie vielleicht schon dort waren – dann ist es Ihnen nicht mehr interessant, darüber etwas zu hören. Wenn Sie mir schreiben würden, wüßte ich es und brauchte Sie nicht mit der Mitteilung alter Neuigkeiten zu langweilen.
Auf Wiedersehen! Übermitteln Sie Maria Dmitrijewna und Olga Valerianowna meine Hochachtung, und denken Sie an den Sie verehrenden

A. Skrjabin

P. S. Zur Adresse, die oben auf dem Blatt steht, kann man noch Prager Strasse hinzufügen, obwohl es auch ohne dieses ankommen wird, glaube ich.[1]

1 Der Briefbogen trägt den gedruckten Kopf „Hotel Europaeischer Hof. Dresden".

## 34. An Mitrofan Beljajew

[Dresden,] 23. April (5. Mai) 1895

Sehr geehrter Mitrofan Petrowitsch
Soeben erhielt ich Ihren Brief, und ich möchte Ihnen zunächst für das Gedenken und Ihre Güte Dank sagen. Ich bin ganz begeistert von den ersten Tagen meiner Reise, und gäbe es nicht einen kleinen Umstand, der mir zwei davon etwas verdorben hat, so bliebe mir nichts zu wünschen übrig. Es handelt sich darum: Beim Spazierengehen im Zoologischen Garten in Berlin kam mir etwas ins Auge und quälte mich so, daß ich zum Arzt gehen und dann den ganzen Abend im Hotelzimmer sitzen und mich den Tränen hingeben mußte. Den ganzen nächsten Tag blieb ein unangenehmes Gefühl, das mich ein wenig daran hinderte, das Spazierengehen zu genießen. Jetzt habe ich schon ein bißchen Dresden kennengelernt, und heute will ich nach der Bastei fahren, wofür man einen ganzen Abend opfern muß. Dann werden alle meine Rechnungen mit Dresden beglichen sein (die Gemäldegalerie habe ich schon gestern besichtigt), und ich kann die Weiterreise antreten.
Sie fragen mich, an welche Adresse Sie die Manuskripte schicken sollen. Dazu möchte ich Ihnen zunächst sagen, daß es mir furchtbar peinlich ist, daß ich wegen meiner ganz dummen Zerstreutheit Ihre Güte mißbrauchen muß und es am besten wäre, mich zu bestrafen und die Noten nirgendwohin zu schicken, worum ich Sie hiermit bitte. Wenn Sie damit aber nicht einverstanden sind, dann bereiten Sie mir noch einige Minuten Gewissensbisse.
Die Adresse nun, an die ich das Manuskript schicken sollte, lautet: Moskau, Gnesdnikowski perëulok (Ecke Schwedski), Haus von Krumbügel, an Pawel Juljewitsch Schloezer.
Jetzt muß ich Ihnen noch eine Frage beantworten, die ganz heikel ist.
Ich werde Sie im Moment noch nicht mit der Bitte belästigen, mir Geld zu schicken, doch in Bälde werde ich so unbescheiden sein, Sie um eine gewisse Aufbesserung zu bitten, und zwar aus folgendem Grund: Ich muß mir notgedrungen etwas anzuziehen machen lassen, da ich nichts Sommerliches mit mir habe. Verzeihen Sie mir um Gottes willen meine Unverschämtheit, und denken Sie

nicht schlecht von mir. Seien Sie nochmals bedankt für alle Fürsorge, und vergessen Sie nicht Ihren Sie aufrichtig liebenden und Ihnen ergebenen

A. Skrjabin

Seien Sie so freundlich, Maria Andrejewna meine Hochachtung zu übermitteln.

## 35. An Natalia Sekerina

[Dresden, 24. April/6. Mai (?) 1895][1]

Sehr geehrte Natalia Valerianowna
Ich schreibe Ihnen diese Zeilen nach der Fahrt zur Bastei, die auf mich einen so sympathischen Eindruck machte, daß ich sie heute wiederholen möchte. Die Gesellschaft eines höchst langweiligen Herrn beeinträchtigte gestern ein wenig den Reiz der Reise, daher will ich mich heute entschädigen und mit einer Arbeit allein hinfahren. Soeben erfuhr ich eine für mich sehr angenehme Neuigkeit: in einer Stadt Deutschlands werde ich mich mit meinem Vater treffen, der sich in diesem Moment in Moskau aufhält. Die Neuigkeit teilte mir Scheidemantel mit, der ein Telegramm von Safonow bekommen hat. Eine solche Überraschung hatte ich nicht mehr erwartet. Ich weiß nicht, wohin ich den Brief an Sie adressieren soll, glaube aber doch, daß er Sie irgendwo finden wird und Sie nach Empfang dieses (des dritten) Briefes an mich denken und mir ein paar Zeilen schreiben werden, aber nicht mehr nach Dresden, sondern an folgende Adresse: Heidelberg, Hotel Prinz Karl.
Ich bitte Sie, Maria Dmitrijewna und Olga Valerianowna meine Hochachtung zu übermitteln. Seien Sie gegrüßt von Ihrem Sie verehrenden

A. Skrjabin

1 In den „Briefen" ist dieser Brief datiert: „zwischen dem 23. April/5. Mai und 4./16. Mai 1895". Das hier angesetzte Datum ergibt sich, wenn man annimmt, daß Skrjabin tatsächlich, wie er im Brief 34 schreibt, am 23. April/5. Mai nach der Bastei gefahren ist.*

## 36. An Natalia Sekerina

[Dresden, vor dem 1./13. Mai 1895][1]

Sehr geehrte Natalia Valerianowna

Nun ist es für mich bereits Zeit, von Dresden abzureisen, und von Ihnen habe ich immer noch keine Nachricht. Ich sitze den zweiten Tag zu Hause und erwarte jeden Moment meinen Vater, von dem ich weder ein Telegramm noch einen Brief habe. Er soll hierher kommen, und die weitere Reise machen wir gemeinsam.

Die nochmalige Fahrt nach der Bastei hat mir mehr Spaß gemacht, und ich kenne dort jetzt wohl jeden Stein. Ich hatte mir, wie ich es vorhatte, Arbeit mitgenommen und machte eine Menge Skizzen, die ein ganzes Heft und sechs lose Blätter füllten.[2] Ein Umstand, der sowohl erfreulich ist als auch zugleich viel Arbeit verspricht (Ins-unreine-Schreiben, Abschrift, Überarbeitung), der folglich eine unerfreuliche Kehrseite hat; aber das ist ja nicht zu vermeiden. Ich hatte geglaubt, daß ich wenigstens während der Reise keine Musik hören und mich ein bißchen erholen werde, aber das war nur ein Traum: Meine Nachbarn rechts sind eine englische Familie, die den Anspruch erhebt, musikalisch zu sein (hier wird vor allem gesungen), und links (Herr, vergib ihr, denn sie weiß nicht, was sie tut) eine Geigerin, das heißt natürlich keine, die von Berufs wegen geigt, sondern eine Liebhaberin. Ich wollte mir schon ein Klavier ins Zimmer stellen lassen, habe es mir aber anders überlegt. Unangenehm ist vor allem, daß man sich nicht konzentrieren kann; kaum fängt man an zu schreiben, da geht plötzlich rechts irgendeine Roulade von unsauberen Tönen oder links eine Tonleiter in großen Sekunden in der vierten Lage los – es ist einfach schlimm. Nun ja, lange wird die Qual nicht mehr dauern.

Was macht Ihre Musik? Sie schrieben, daß Igumnow Ihnen eine ganze Serie interessanter Stücke aufgegeben hat. Ich wünsche Ihnen, daß Sie sie glänzend beherrschen lernen und Ihren Lehrer damit überraschen können.

Da ich annehme, daß Sie schon auf dem Lande sind, adressiere ich diesen Brief nach Polewaja. Übermitteln Sie Maria Dmitrijewna und Olga Valerianowna meine Hochachtung, und denken Sie an den Sie verehrenden

A. Skrjabin

Ich erwarte von Ihnen mit Ungeduld eine Nachricht an folgende Adresse: Heidelberg, Hotel Prinz Karl.
Haben Sie meine drei nach Moskau geschickten Briefe erhalten?

1 In den „Briefen" ist dieser Brief ebenfalls datiert: „zwischen dem 23. April/5. Mai und 4./16. Mai 1895". Er wurde offenbar kurz vor dem 1./13. Mai geschrieben, denn der Vater, mit dem Skrjabin laut Brief 38 bis zum 4./16. Mai vier Tage zusammen war, ist noch nicht eingetroffen.*
2 In Dresden entstand, wie die Ortsangabe auf dem Manuskript ausweist, das *Prélude* op. 11 Nr. 14.

## 37. An Mitrofan Beljajew

Heidelberg, 4. (16.) Mai 1895

Sehr geehrter Mitrofan Petrowitsch
Gerade bin ich von Prof. Erb zurückgekommen, und ich beeile mich, Ihnen das Ergebnis meines Besuches bei ihm mitzuteilen. Erstens war er sehr liebenswürdig und hörte sich aufmerksam die ganze Serie der Berichte an (wir unterhielten uns natürlich französisch). Zweitens gab er mir eine Menge spezielle Ratschläge, und schließlich gab er mir eine umfassende Verordnung, und zwar: eine hydrotherapeutische Kur in Schöneck[1] am Vierwaldstätter See (4 Wochen), dann eine Reise durch die Schweiz und schließlich Baden im Meer (in Italien).
Von Heidelberg bin ich ganz begeistert. Das ist einer der Gründe, weshalb ich hier einige Tage bleiben will. Es gibt auch noch einen anderen, der ist weniger poetisch: meine Finanzen sind völlig erschöpft, und ich muß mich mit der größten Unbescheidenheit an Sie mit der Bitte um eine Aufbesserung wenden. Schreiben Sie diesen Umstand nicht meiner Verschwendung zu – ich lebe sehr, sehr bescheiden. Doch ich mußte einen Teil meiner Kapitalien für Kleidung ausgeben, und so kam es zu dieser unangenehmen Situation.
Wie geht es Ihnen, Mitrofan Petrowitsch? Mit Ungeduld erwarte ich alle Post von Ihnen. Übermitteln Sie Maria Andrejewna meine Hochachtung, und seien Sie gegrüßt von Ihrem Sie aufrichtig liebenden und Ihnen ergebenen

A. Skrjabin

Meine Adresse: Heidelberg, Hotel Prinz Karl.
P. S. Wenn es Ihnen keine Schwierigkeiten macht, schicken Sie 200 Rubel. Entschuldigen Sie bitte nochmals meine Unverschämtheit, und seien Sie bedankt.
Haben Sie meinen ersten Brief (aus Dresden) erhalten?

1 Heute Ortsteil von Emmetten.*

## 38. An Natalia Sekerina

Heidelberg, Hotel Prinz Karl, 4. (16.) Mai [1895]

Sehr geehrte Natalia Valerianowna
Ich schreibe Ihnen wieder in traurigen Augenblicken: gerade habe ich mich von meinem Vater verabschiedet. Ich hatte geglaubt, mit ihm eine ganze Woche zusammen sein zu können, doch das Schicksal wollte mir ein so großes Geschenk nicht machen, und nach vier Tagen wurden wir wieder getrennt, da ein Telegramm aus Jannina[1] kam, das seine unverzügliche Rückkehr anläßlich des Eintreffens irgendeiner Persönlichkeit verlangte. Ich sitze allein und genieße den Anblick des traurigen Heidelberger Schlosses, das in grauen Dunst gehüllt ist. Aber wie anziehend es doch selbst bei solchem Wetter ist! Wohin man schaut, alles spricht lebhaft von den in die Ewigkeit dahingeschwundenen schrecklichen und doch schönen Jahrhunderten! Und wie wenig paßt zu diesem Geist der alten Zeit das Praktische der modernen Zivilisation; wie erbärmlich sind die kleinen Eisengeländer am Rande des gewaltigen Steilhanges, wie abgeschmackt die Schilder der Restaurationen, wie lächerlich die auf Schritt und Tritt angebrachten Aufschriften mit Zeigefingern und wie widerlich schließlich diese feisten Gesichter mit den roten Nasen, die die Spuren übermäßigen Biergenusses tragen, von den ewig ihre Dienste aufdrängenden Fremdenführern!
Ich bin sehr zufrieden mit der Reiseroute, die ich gewählt habe. Bisher geht der Eindruck crescendo, ich glaube, die Schweiz wird noch interessanter, und dann, gegen den Herbst zu, bin ich schon in Italien. Ich hatte eigentlich, wie ich Ihnen schon schrieb, gedacht, meinen Vater bis Triest zu begleiten, um von da aus nach Rom weiterzureisen,

doch jetzt bin ich einesteils froh, daß nichts daraus wurde, denn ich wäre in die schlimmste Hitze gekommen. Vorläufig weiß ich nicht, wo ich in der Schweiz bleiben werde. Ich will etwa vier Wochen in Schöneck, am Ufer des Vierwaldstätter Sees, verbringen – Sie kennen doch natürlich diese Gegend – oder sonst irgendwo in der Nähe dieses Sees. Schreiben Sie mir, wo es am schönsten ist. In Heidelberg werde ich noch ungefähr eine Woche sein und darauf hoffen, von Ihnen Post zu erhalten. Bestellen Sie Maria Dmitrijewna und Olga Valerianowna einen Gruß von mir, und denken Sie an den Sie verehrenden

A. Skrjabin

1 Heute Ioannina, Stadt in Nordwestgriechenland, damals Hauptstadt eines Generalgouvernements des Osmanischen Reiches.* Hier war Skrjabins Vater zu dieser Zeit russischer Konsul.

## 39. An Natalia Sekerina

[Heidelberg, nach dem 4./16. Mai 1895]

Sehr geehrte Natalia Valerianowna

Seien Sie bedankt für Ihre Briefe, die ich gestern beim Nachhausekommen zu meiner Freude auf dem Tisch vorfand. Auch erhielt ich Ihre Fotografien mit einem Zettel von Maria Fjodorowna, und ich war so unsagbar verwundert, daß ich eine Weile zur Bildsäule erstarrte.

Es ist so, daß mein erster Eindruck war: Ihre Bilder und eine fremde Hand!

Ich hätte nicht gedacht, daß ich eines Tages mit Maria Fjodorowna in Briefwechsel treten würde, und nun muß ich mich bei ihr bedanken. Diesmal haben Sie mich nach zwei angenehm verbrachten Tagen in heiterer Stimmung angetroffen. Das ist die Belohnung für das, was ich an den vier vorangehenden auszustehen hatte. Sie können sich nicht vorstellen, wie schlimm es war. Wie ein wildes Tier rannte ich in meinem Zimmer von einer Ecke in die andere, ich konnte nichts tun, nicht einmal lesen. Es war vollkommen finster, der Regen schien nicht von oben zu kommen, sondern die Wassertropfen bildeten sich hier unten in dem Nebel, der das ganze Tal erfüllte. Ein richtiger Petersburger

Herbst! Und nun stellen Sie sich vor, was ich empfinden mußte, als ich gestern aufwachte, aus dem Fenster schaute und ein Stück blauen Himmel erblickte. Ich war halb wahnsinnig. In aller Eile trank ich meinen Kaffee, dann lief ich geradenwegs auf den Berg des Heidelberger Schlosses, von da auf den Weg zum Kurhaus, und so ging ich, ohne stehenzubleiben, an die zwei Stunden. Dann überlegte ich mir aber, daß ich doch am Ende auch müde werden könnte und daß es außerhalb der Stadt keine Equipagen gibt. So mußte ich mir das Vergnügen versagen weiterzugehen und nach einer Rast zum Mittagessen nach Hause zurückkehren. Von diesem ersten Spaziergang brachte ich überhaupt keine Eindrücke mit. Das Bewußtsein der Freiheit nahm mein ganzes Wesen dermaßen ein, daß es für andere Wahrnehmungen keinen Platz ließ. Aber dafür der zweite Spaziergang nach dem Essen! Was für ein Labsal, was für ein wundervoller Gruß des friedvollen Lebens war dieser Abend für mich! Und wieviel neue Formen und nie erlebte Kombinationen! Wie erfinderisch ist die Natur, und wie schwer ist es, alles, was sie bietet, wirklich zu erfassen. Heute schlug ich zwei andere Richtungen ein. Ich könnte übermorgen weiterreisen, doch unvorsichtigerweise bat ich Beljajew, mir hierher die Korrekturen der Etüden zu schicken, und nun muß ich sie abwarten. Ich nehme allerdings an, daß ich sie in zwei Tagen bekomme, und dann geht es gleich nach Luzern. Auf Wiedersehen! Übermitteln Sie Maria Dmitrijewna und Olga Valerianowna meine Hochachtung, und seien Sie nochmals bedankt für die Fotografien von Ihrem Sie verehrenden

A. Skrjabin

P. S. Schreiben Sie mir jetzt nach Luzern postlagernd. Gestern habe ich in Dresden um Nachforschungen wegen Ihres zweiten[1] Briefes ersucht, den ich bis jetzt nicht erhalten habe.

1 Im Original des Briefes steht über dem Wort „zweiten" (das nicht durchgestrichen ist) „dritten".

## 40. An Mitrofan Beljajew

Heidelberg, 12. (24.) Mai 1895

Sehr geehrter Mitrofan Petrowitsch

Seien Sie bedankt für den Brief und das Geld, das ich erst heute erhielt, während der Brief schon vorgestern ankam. Warum das so ist, kann ich mir nicht erklären. Wenn Sie wüßten, lieber Mitrofan Petrowitsch, wie Sie mich mit der Nachricht, ins Ausland zu fahren, erfreut haben. Sie können sich nicht vorstellen, was für ein Geschenk das für mich ist und mit welcher Ungeduld ich Ihre Ankunft erwarten werde. Schreiben Sie mir doch vorher, wo Sie Station machen möchten, dann komme ich dorthin und erwarte Sie dort.

Mit meinem Vater konnte ich nur sehr kurz zusammen sein. Er kam nach Dresden, wo wir zwei Tage verbrachten, dann begleitete er mich bis Heidelberg, und hier trennten wir uns bereits. Ja, Mitrofan Petrowitsch, erst jetzt beginne ich zu verstehen, was das Wort „allein" bedeutet. Sosehr ich mich auch bemühe, tapfer zu sein, sosehr ich auch bestrebt bin, mich nicht gehenzulassen, trotzdem ist es manchmal sehr, sehr schwer. Vor allem habe ich in diesen Tagen, ich weiß nicht weshalb, Kopfschmerzen. Ich bekam es schließlich so sehr mit der Angst zu tun, daß ich mir alle Haare vom Kopf schneiden ließ, und jetzt laufe ich mit kahlem Schädel herum. Überhaupt ist mein Äußeres jetzt noch schlimmer als gewöhnlich: ich habe mir einen Schnurrbart und Bart wachsen lassen, und beides verspricht imponierende Ausmaße anzunehmen. Stellen Sie sich bloß vor, wie das aussieht! Trotzdem ist das Reisen sehr schön. So eine Menge und eine Vielfalt von Eindrücken, daß man sich darin zunächst schwer zurechtfindet. Ich gehe regelmäßig jeden Tag nach dem Mittagessen, das heißt um 2 Uhr, irgendwohin und bin bis 7 oder manchmal auch bis 8 unterwegs. Und dann (das wird Ihnen komisch vorkommen) gehe ich gegen 10 Uhr schon schlafen. Ich wollte Ihnen eigentlich eine kleine Neuigkeit mitteilen, doch vor dem Abschluß will ich lieber nicht darüber reden. Ich sage nur, daß ich nicht faulenze und die Zeit nicht vergeude.[1] Wenn mich nur diese furchtbaren Kopfschmerzen verließen, sie sind so quälend. Vielleicht sollte ich noch einmal zu Erb gehen, denn als ich bei ihm war, hatte ich sie noch nicht. Einstweilen auf Wiedersehen, lieber Mitrofan Petrowitsch! Übermitteln Sie Maria Andrejewna meine Hochachtung, und denken Sie ab und zu an den Ihnen ergebenen

A. Skrjabin

P. S. An Anatoli Konstantinowitsch schreibe ich von Luzern aus, vorläufig bestellen Sie ihm bitte einen Gruß von mir.
Meine Adresse:
Schweiz, Luzern. Postlagernd.

1 In Heidelberg entstanden, wie die Ortsangaben auf den Manuskripten ausweisen, folgende Werke: *Impromptu* op. 12 Nr. 2; die *Préludes* op. 11 Nr. 3, 19 und 24; op. 15 Nr. 5; op. 17 Nr. 5.

## 41. An Natalia Sekerina

[Heidelberg, nach dem 12./24. Mai 1895]

Sehr geehrte Natalia Valerianowna
Morgen verlasse ich Heidelberg, und zwar, wenn der heutige Tag nichts Schlechtes mehr bringt, mit dem angenehmsten Gefühl. Ich hatte eine ganze Menge verschiedenster freundlicher Eindrücke, so freundlicher, daß ich sogar bereit bin, die Unannehmlichkeiten der ersten Tage zu vergessen. Vor allem fand ich hier vieles von dem, was ich schon so lange suche, nämlich Denkmäler und Ruinen aus der Zeit, für die ich mich gegenwärtig am meisten interessiere. Dann kann man hier eine Stunde oder zwei spazierengehen – natürlich nicht an Feiertagen –, ohne einen Menschen zu treffen, was in Dresden völlig undenkbar ist und in der Schweiz, nehme ich an, noch weniger. Übrigens werde ich in der Schweiz sowieso nicht lange Gelegenheit haben, allein zu sein, da erstens Beljajew kommt und zweitens noch ein paar Bekannte aus Moskau und Petersburg, darunter Pleßke.
Wie geht es Ihnen denn auf dem Lande? Gehen Sie viel spazieren? Ich muß doch sagen, daß dem Russen, so schön Europa auch ist, nichts das russische Dorf ersetzen kann; es hat einen gewissen besonderen, unerklärlichen Reiz, der

auf der Weite und der freien Sicht beruht. Ich könnte es in einem Gebirgsland nicht länger als eine Woche an einem Ort aushalten. Die Umrisse der Berge sind zwar wunderschön, aber unbeweglich und daher ermüdend, und schließlich fangen sie an, einen zu bedrücken. Ständig muß man den Ort wechseln, das heißt ein Nomadenleben führen, um sich ständig zu regenerieren. Nun haben wir uns freilich so an die Reize unserer Ebenen gewöhnt, daß wir sie gar nicht mehr bemerken. Ich traf einmal bei Safonow einen Missionar, der erzählte, was für einen beängstigenden Eindruck die Steppe auf einen Menschen aus dem Gebirge gemacht hatte, der zum erstenmal seine Berge verlassen hatte und mit ihm nach Rußland gefahren war. Diese Weite, diese Unermeßlichkeit des Himmelsgewölbes flößte ihm eine solche Angst ein, daß er immer wieder die Augen schloß und sich lange nicht daran gewöhnen konnte. Ich kann das sehr gut verstehen. Auf den Bergbewohner muß die Ebene beim ersten Mal einen stärkeren Eindruck machen als das Gebirgsland auf den Bewohner der Ebene. Eben deshalb, wie auch um all dessentwillen, was ich vorher gesagt habe, liebe ich so sehr das Meer und zieht es mich so sehr dorthin. Da gibt es Weite, ganz zu schweigen von der Unendlichkeit der Farben und Formen.

Leider ist vor August, sogar Ende August, nicht daran zu denken, nach dem Süden zu fahren, und deshalb ist es besser, vorläufig nicht davon zu reden.

Auf Wiedersehen, Natalia Valerianowna! Ich hoffe, daß Sie in Bälde an mich denken und mir schreiben. Übermitteln Sie Maria Dmitrijewna und Olga Valerianowna meine Hochachtung, und seien Sie gegrüßt von dem Sie verehrenden

A. Skrjabin

Meine Adresse: Schweiz, Luzern, postlagernd.

## 42. An Natalia Sekerina

[Vitznau,[1] 21. Mai/2. Juni 1895]

Sehr geehrte Natalia Valerianowna

Nun reise ich schon fünf Tage durch die Schweiz; ich wohne schon am dritten Ort. Wie vorgesehen, bin ich

gleich am anderen Tage, nachdem ich Ihnen meinen letzten Brief schrieb, nach Luzern abgereist. Dort erlebte ich zunächst eine kleine Enttäuschung, da ich am Poste-restante-Schalter nichts für mich Erfreuliches vorfand. Doch im übrigen war jeder folgende Augenblick dieses Tages ein neues Geschenk für mich. Ich will Ihnen nicht die Ihnen bekannten Örtlichkeiten beschreiben, sondern nur sagen, daß ich während meiner Reise noch nirgends die Zeit so angenehm verbracht habe wie hier. Ich traf meine Moskauer Bekannten, mit denen ich auf einem kleinen Schraubenboot jeden Morgen auf den Vierwaldstätter See hinausfahre. Wir haben jetzt wohl schon sämtliche Ausflugsziele aufgesucht; bleibt nur noch der Pilatus[2], wohin wir morgen früh um 5 Uhr fahren wollen. –
Gerade hat man mir Ihren nach Heidelberg adressierten Brief gebracht. Seien Sie dafür bedankt. Er hat eine weite Reise durch mehrere Städte gemacht, da er in Heidelberg am Tage nach meiner Abreise ankam. Ich kann gar nicht richtig berechnen, wieviel Tage Briefe nach Rußland gehen. Zum Beispiel: schon heute bekam ich von Beljajew einen Brief, der 5, Verzeihung, 4 Tage später als der Ihrige geschrieben ist. Seien Sie so gut, mir doch nach Luzern postlagernd zu schreiben, da ich auf dem See vielleicht noch etwa 10 Tage herumfahren werde. Ich wollte ursprünglich in Schöneck Quartier nehmen, finde jetzt aber, daß das der langweiligste Ort am ganzen See ist. Zwei Tage habe ich dort verbracht, mehr konnte ich nicht. In den nächsten Tagen ziehe ich vielleicht nach Rigi-Kaltbad[3], obgleich es dafür eigentlich noch ein bißchen zu früh ist: dort liegt stellenweise noch Schnee. Auf Wiedersehen, Natalia Valerianowna! Seien Sie so gut, Maria Dmitrijewna und Olga Valerianowna meine Hochachtung zu übermitteln, und vergessen Sie nicht den Sie verehrenden

A. Skrjabin

Meine Adresse: Schweiz, Luzern, postlagernd.

1 Kurort am Vierwaldstätter See.*

2 Berggruppe am Vierwaldstätter See, höchster Gipfel 2133 m hoch.*

3 Höhenkurort an der Berggruppe Rigi, von Vitznau aus mit einer Zahnradbahn zu erreichen.*

## 43. An Mitrofan Beljajew

Vitznau, (23. Mai) 4. Juni 1895

Sehr geehrter Mitrofan Petrowitsch

Gestern erhielt ich Ihren Brief, den man mir aus Luzern nach Vitznau nachgesandt hat, wo ich endgültig Unterkunft gefunden habe und bis zu Ihrer Ankunft zu bleiben gedenke. In Schöneck zu leben erwies sich als unmöglich, erstens, weil es zu teuer ist (die Pension allein hätte mich dort mindestens 15 Franken gekostet), und zweitens, weil dort ausschließlich Nervenkranke sind; nicht normale Menschen vor sich zu haben ist aber sehr unerquicklich, wenigstens konnte ich dort nicht länger als zwei Tage bleiben, und ich glaube, ich würde meine Nerven endgültig zugrunde richten, wenn ich dort einen Monat bliebe. Hier, im Hôtel du Parc, geht es nun etwas bescheidener zu, aber die Küche ist nicht schlecht, und vor allem: der Wirt ist eine Seele von einem Menschen. Ich habe in der Schweiz meine Moskauer Bekannten getroffen, mit denen ich fünf Tage überaus froh verbrachte. Jetzt sind sie nach Rußland zurückgefahren, und ich bin wieder in Einsamkeit. Mit welcher Ungeduld erwarte ich den 25. Juni,[1] lieber Mitrofan Petrowitsch, und wie gern möchte ich Sie bei guter geistiger Verfassung sehen! Gebe Gott, daß alles gut ausgeht, ich wünsche Ihnen dies von ganzem Herzen. Nehmen Sie meinen Dank für Ihre Güte und Anteilnahme entgegen, und vergessen Sie nicht den Sie aufrichtig liebenden und Ihnen ergebenen

A. Skrjabin

Seien Sie so gut, Maria Andrejewna meine Hochachtung zu übermitteln.

Meine Adresse ist trotz allem: Luzern, postlagernd, da ich vielleicht doch noch den Wohnsitz wechsle, von dort aus aber wird mir alles nachgeschickt.

Verzeihen Sie, daß ich nicht gleich gestern geantwortet habe, aber ich war nach Luzern gefahren und kam am Abend zurück, so daß der Brief ohnehin nicht mehr weggegangen wäre.

1 Datum der vorgesehenen Ankunft Beljajews bei Skrjabin.

## 44. An Mitrofan Beljajew

[Vitznau, vor dem 6./18. Juni 1895]

Sehr geehrter Mitrofan Petrowitsch

Soeben erhielt ich Ihren Brief, für den ich Sie bitte meinen Dank entgegenzunehmen. Lieber Mitrofan Petrowitsch, Sie fragen mich nach meiner Gesundheit. Ich muß Ihnen sagen, daß ich in physischer Beziehung wohl über nichts zu klagen habe. Nur die Stimmung ist bei mir irgendwie ungewöhnlich, nicht gut; ich kann es selbst nicht genau definieren. Eine gewisse Unruhe, die Erwartung von etwas Ungutem ist in mir und peinigt mich unaufhörlich. Ich möchte nicht mehr daran denken und ein normales Leben führen und kann es nicht. Verzeihen Sie, daß ich zu Ihnen aufrichtig spreche, aber ich sage es nur Ihnen. Glauben Sie nicht, ich hätte irgendein Unglück zu tragen; ich wäre undankbar, wollte ich mich über irgend etwas beklagen. Die Ursache liegt ganz in mir selbst. Vielleicht ist es nur Erschöpfung, ich weiß es wirklich nicht mehr. Übrigens kann man im Brief über vieles nicht gut reden. Ich habe aber die Hoffnung, Sie bald wiederzusehen, und verschiebe es bis dahin.

Mit Ihrem Vorschlag bezüglich der Angabe von Opusnummern bin ich natürlich einverstanden, er hat mir sogar außerordentlich gefallen.[1] Die Korrekturen[2] werde ich mich bemühen nicht lange zu verzögern. Was aber die früheren Kompositionen anbetrifft, muß ich sagen, daß es mir sehr schwerfallen wird, sie gegenwärtig in Ordnung zu bringen, da ich mit neuen beschäftigt bin, die es zur Genüge geben wird.[3] Überhaupt faulenze ich nicht, wovon Sie sich in fünf Monaten überzeugen können. Ich nenne mit Absicht eine große Zeitspanne, um keine falschen Versprechungen zu machen. Sagen Sie möglichst niemand etwas von dieser Arbeit, außer Anatoli Konstantinowitsch, dem ich schon die ganze Zeit schreiben will. Auf Wiedersehen! Vielleicht schicken Sie die Korrekturen der Etüden ebenfalls nach Vitznau. Ich erwarte sie mit Ungeduld. Nochmals danke ich Ihnen für die Güte gegen den Ihnen aufrichtig ergebenen

A. Skrjabin

P. S. In Vitznau gibt es keine hydrotherapeutische Einrichtung. Man wird diese Kur durch Baden im See ersetzen können.
Meine Adresse ist trotz allem: Luzern, postlagernd.

1 Worin dieser Vorschlag Beljajews bestanden hat, ist nicht klar. Er bezog sich möglicherweise auf die Gruppierung der in dieser Zeit entstandenen Kompositionen.* – Siehe Brief 58, Anm. 2.
2 Beljajew hatte die Übersendung der Korrekturabzüge der *Etüden* op. 8 angekündigt.*
3 Frühjahr und Frühsommer 1895 waren für Skrjabin eine Zeit großer schöpferischer Aktivität. Außer den in Anm. 1 zu Brief 40 genannten, in Heidelberg entstandenen Werken schrieb er in diesem Zeitraum: *Prélude* op. 17 Nr. 7 (Petersburg, April 1895); *Prélude* op. 11 Nr. 14 (Dresden, April 1895); *Prélude* op. 11 Nr. 12, 17, 18 und 23, *Impromptus* op. 12 Nr. 1, op. 14 Nr. 2, *Prélude* op. 16 Nr. 2 (Vitznau).

## 45. An Mitrofan Beljajew

[Vitznau,] (6.) 18. Juni [1895]

Sehr geehrter Mitrofan Petrowitsch
Sofort nach Erhalt Ihres Briefes und der Korrektur las ich letztere mit größter Aufmerksamkeit, trug eine ganze Menge dynamische Bezeichnungen ein und schickte sie nach Leipzig ab.[1] Das war alles gestern, und heute beeile ich mich, Ihnen dies mitzuteilen. Jetzt wissen Sie wahrscheinlich aus meinem vorigen Brief bereits, daß ich nicht faulenze, aber trotzdem sage ich Ihnen das als Antwort auf Ihre Bemerkung über das Vergraben des Talentes noch einmal. Ich verspreche Ihnen, daß ich alles, was immer ich in mir habe, hervorzubringen versuchen werde, wobei ich unter diesem „alles" natürlich nach Möglichkeit das Gute verstehe.
Wenn Sie mir doch geschrieben hätten, Mitrofan Petrowitsch, wann ich Sie erwarten kann. Ich würde Ihnen ein Zimmer reservieren lassen; jetzt ist sehr viel Publikum hier, und es kann passieren, daß alles besetzt ist; es wäre also besser, sich rechtzeitig darum zu kümmern. Ferner möchte ich Ihnen folgendes sagen. Obwohl meine Finanzen noch nicht völlig aufgebraucht sind, fürchte ich jetzt doch so

sehr, ohne Geld dazustehen, daß es gut wäre, wenn Sie mir noch hundert Rubel schicken würden. Verzeihen Sie, Mitrofan Petrowitsch, daß ich so unverschämt bin, aber nach dem Heidelberger Erlebnis bin ich ein bißchen ängstlich.[2] Obwohl man weiß, daß das Geld geschickt wird, ist es einem doch in fremden Landen ohne dasselbe ein wenig ungemütlich. Auf Wiedersehen, lieber Mitrofan Petrowitsch, vergessen Sie nicht den Sie liebenden und Ihnen ergebenen

A. Skrjabin

1 Das Leipziger Kontor des Verlages M. P. Belaieff gab immer die Manuskripte und Korrekturen an die Notenstecherei und Druckerei C. G. Röder in Leipzig weiter.* Die *Etüden* op. 8 erschienen am 6./18. Juli 1895.

2 Siehe Brief 37.

## 46. An Olga Sekerina

[Petersburg, 23. August/4. September 1895]

Sehr geehrte Olga Valerianowna

Erst hier in Petersburg erhielt ich Ihren Brief, für den ich Sie bitte meinen aufrichtigen Dank entgegenzunehmen. Da ich in Aachen keinen Brief vorfand, dachte ich schon, ehrlich gesagt, man hätte mich ganz vergessen. Sie schreiben da, Sie seien unzufrieden mit dem Aufenthalt auf dem Lande; ich dagegen beneide Sie sehr darum und bin sehr gern nach Rußland zurückgekehrt. Wir haben eine ungeheure Reise gemacht und uns in fast allen großen Städten aufgehalten,[1] und schließlich gerieten wir auf den Berliner Wettbewerb, wo Igumnow großartig spielte.[2] Wann werden Sie denn nach Moskau zurückkommen, und wann werde ich endlich das Vergnügen haben, mit Ihnen zu plaudern? Vorläufig wünsche ich Ihnen erst einmal alles Gute. Seien Sie so freundlich, Maria Dmitrijewna meine Hochachtung zu übermitteln, und vergessen Sie nicht den Ihnen aufrichtig ergebenen

A. Skrjabin

Adresse: St. Petersburg, Nikolajewskaja 50, Wohnung 16, an M. P. Beljajew, zur Weitergabe.

1 Skrjabin spricht von seiner Reise mit Beljajew. Etwa Ende Juni/

Anfang Juli schrieb er an Natalia: „Im Moment bin ich mit Mitrofan Petrowitsch in Genua, von hier aus wollen wir nach Nizza fahren, dann nach Genf, Basel, Mannheim, Heidelberg, Frankfurt, Lüttich und Brüssel, dann nach Aachen, wo wir ein paar Tage bleiben werden." Am 9./21. Juli schrieb er an Olga einen Glückwunsch zum Namenstag aus Andermatt.*

2 Gemeint ist der Internationale Anton-Rubinstein-Wettbewerb für Pianisten und Komponisten in Berlin. Er wurde am 15. August 1895 eröffnet. An russischen Pianisten nahmen teil: Josef Lewin (Preis), Konstantin Igumnow (Ehrendiplom) und Fjodor Könemann. Igumnow schrieb an Natalia Sekerina über seine Begegnung mit Skrjabin während des Wettbewerbs: „Alexander Nikolajewitsch traf ich in Berlin – er lebt irgendwie ganz in verworrenen Gefühlen." – „... Er stellt einen Menschen vor, der nichts in der Zukunft, sehr wenig in der Gegenwart und alles in der Vergangenheit hat. Nach seinen Worten ist er zwar der glücklichste Mensch auf der Welt, das hindert ihn jedoch nicht daran zu behaupten, für ihn sei es Zeit zum Ausruhen, am meisten wünsche er sich zu sterben und dergleichen. All dieses hochtrabende Gerede hindert ihn natürlich nicht daran, genauso sympathisch wie früher zu bleiben. In Berlin habe ich ihm großen Kummer bereitet, indem ich ihm sagte, er sei älter geworden. Nicht wahr, wie ist das logisch bei einem Menschen, der des Erdenlebens überdrüssig ist?"

## 47. An Natalia Sekerina

[Petersburg, 23. August/4. September 1895]

Sehr geehrte Natalia Valerianowna

Nehmen Sie meine Gratulation zum Tage des Engels[1] und meine besten Wünsche entgegen. Ich schreibe Ihnen aus Petersburg, wo wir endlich angekommen sind, nachdem wir die große Reise durch Europa beendet haben. Wir waren übrigens auf dem Wettbewerb in Berlin, wo wir Igumnow hörten, der sein Soloprogramm großartig spielte.

Lange, lange haben Sie mir nicht mehr geschrieben, Natalia Valerianowna. Vielleicht werde ich hier in Petersburg endlich das Vergnügen haben, einen Brief von Ihnen, wenigstens ein paar Zeilen, zu erhalten. Wann kommen Sie nach Moskau zurück? Ich hoffe, wir sehen uns bald; inzwischen bitte ich Sie, meinen Gruß entgegenzunehmen und zu gedenken des Sie verehrenden

A. Skrjabin

Meine Adresse: Petersburg, Nikolajewskaja 50, Wohnung 16, an M. P. Beljajew, zur Weitergabe.

1 Namenstag.*

## 48. An Mitrofan Beljajew

[Moskau, vor dem 23. September/5. Oktober 1895]

Sehr geehrter Mitrofan Petrowitsch

Nehmen Sie zunächst meinen Dank für Ihre Gastfreundschaft und Güte entgegen. Es ist noch nicht viel Zeit seit dem Tage unseres Scheidens vergangen, aber ich habe mich schon viele, viele Male daran erinnert, wie wir zusammen reisten und anschließend einige Wochen angenehm verbrachten. Wir haben gerade die Wohnungsfrage geregelt, worüber ich Ihnen schnell Mitteilung machen möchte. Die Adresse ist nach Anatoli Konstantinowitschs Geschmack: 1. Meschtschanskaja[1], gegenüber der Kirche „Die Dreifaltigkeit auf den Tröpfchen“[2], Haus von Sobolew. Ich habe noch nicht zu arbeiten angefangen, da ich, offen gesagt, vorläufig keinen Platz dafür habe. Ich habe alle Bekannten wiedergesehen und mit Wassili Iljitsch über das Petersburger Konzert gesprochen. Er sagt, daß Igumnow, Lewin und Könemann im Oktober in Petersburg Konzerte geben werden, wobei er das Orchester dirigieren wird.[3] Das bedeutet, Sie werden Igumnow selbst sehen. Wassili Iljitsch sagt nur, daß in *einem* Teil des Programms irgendein Konzert mit Orchester gespielt werden sollte und nur im ersten Stücke von mir; welche Vorstellungen er im einzelnen dabei hat, weiß ich nicht.[4] Auf Wiedersehen, lieber Mitrofan Petrowitsch! Ich bitte Sie, Maria Andrejewna einen Gruß von mir auszurichten. An Anatoli Konstantinowitsch schreibe ich in den nächsten Tagen. Grüßen Sie bitte alle. Morgen ziehen wir um, jetzt muß ich wegen verschiedener Angelegenheiten loslaufen. Vergessen Sie nicht den Sie aufrichtig liebenden und Ihnen ergebenen

A. Skrjabin

Den Brief auf meinen Namen von Wassili Iljitsch machen Sie bitte auf: er enthält ein Empfehlungsschreiben an Baudoux.

1 Heute Prospekt Mira, eine vom Stadtzentrum nach Norden führende Hauptstraße.*

2 Der seltsame Name dieser Kirche bezieht sich auf Tröpfchen von Getränken, die der Besitzer eines Weinausschanks bei jedem Glas zuwenig eingeschenkt hatte; von dem Gewinn stiftete er die Kirche. Skrjabins Wendung „nach Anatoli Konstantinowitschs Geschmack" spielt offenbar auf solche „Tröpfchen" an.*

3 Ein gemeinsames Konzert der Teilnehmer am Berliner Wettbewerb (siehe Brief 46, Anm. 2) fand unter Leitung von Safonow in Petersburg am 15. Oktober 1895 statt.

4 In der Saison 1895/96 trat Skrjabin in keinem „Russischen Sinfoniekonzert" (siehe Brief 57, Anm. 4) auf. Nach längeren Verhandlungen spielte an seiner Stelle Igumnow am 17. Januar 1896. Von Skrjabin erklangen zwei *Etüden* aus op. 8.

## 49. An Mitrofan Beljajew

[Moskau, vor dem 29. September/11. Oktober 1895]

Sehr geehrter Mitrofan Petrowitsch

Ich weiß nicht genau, aber ich glaube, ich habe Ihnen im vorigen Brief mitgeteilt, daß Wassili Iljitsch ein Empfehlungsschreiben direkt an Erard geschickt hat. Sollte ich wirklich dermaßen zerstreut sein, daß ich Ihnen das nicht geschrieben habe? Dann entschuldigen Sie bitte. Sie fragen mich nach verschiedenen Umständen. Ich muß Ihnen sagen, daß diese bei mir so durcheinandergeraten sind, daß ich selbst kaum noch etwas verstehe. Sobald ich von irgendwoher irgendwelche Nachrichten habe, schreibe ich Ihnen sofort. Jetzt will ich Ihnen mein Gespräch mit Wassili Iljitsch wegen des Konzertes wiedergeben. Als ich ihm mitteilte, daß ich Igumnow gebeten habe, an meiner Stelle zu spielen, sagte er, daß ich mich damit sehr ungut gegenüber Könemann verhalten habe. Und wirklich: Könemann hat als erster mein großes Stück[1] gespielt und sich so gewissenhaft und mit solcher Liebe dieser Aufgabe unterzogen (ganz zu schweigen davon, wie er sich jetzt meiner Etüden annimmt), daß es geradezu meine Pflicht gewesen wäre, mich an ihn mit der Bitte zu wenden, an meiner Stelle zu spielen. Nun nimmt die Sache aber vielleicht eine andere Wendung: ich glaube, ich werde selbst in der Lage sein zu spielen, und wissen Sie, was? Die gis-Moll-Sonate. Übrigens sage ich es ja nur Ihnen. Wenn Sie nicht wollen, so hängt es ja nur von Ihnen ab. Doch auf alle Fälle wäre ich Ihnen sehr dankbar, wenn es notfalls möglich wäre, daß Könemann für mich spielt.[2] Das sind die wichtigsten Neuigkeiten. Wir haben uns schön eingerichtet, ich habe ein gutes Instrument. Meine Großmütter heißen Jelisaweta Iwanowna und Maria Iwanowna. Auf Wiedersehen, lieber Mitrofan Petrowitsch! Richten Sie Maria Andrejewna einen Gruß von mir aus. Wir alle senden Ihnen einen herzlichen Gruß. Wie geht es allen? Ist Alexander Konstantinowitsch wieder zurück, und wie fühlt er sich? In den nächsten Tagen schreibe ich ihm. Nochmals auf Wiedersehen! Vergessen Sie nicht den Sie aufrichtig liebenden und Ihnen ergebenen

A. Skrjabin

1 Gemeint ist die *1. Sonate*, die Könemann am 31. Mai 1895 bei einem „Festakt", dem Absolventenkonzert des Moskauer Konservatoriums, spielte (Moskauer Erstaufführung).
2 Siehe Brief 48, Anm. 4.

## 50. An Mitrofan Beljajew

[Moskau, vor dem 4./16. Oktober 1895]

Sehr geehrter Mitrofan Petrowitsch
Nehmen Sie zunächst meinen offiziellen Dank für das Geschenk entgegen.[1] Und nun vernehmen Sie ein paar inoffizielle Worte. Wie sind Sie gütig, wie liebenswürdig! Wie haben Sie mich mit Ihrem freundlichen Brief erfreut! Ich schäme mich nicht zu sagen, daß mir die Tränen kamen. Wie tröstlich, wie schön ist es zu wissen, daß es Menschen gibt, die einen wirklich lieben. Dabei wissen Sie, wie garstig ich bin, und trotzdem denken Sie an mich und lieben mich. Ich aber, mein teurer, lieber, guter Mitrofan Petrowitsch, weiß nicht, wie ich Ihnen meine Dankbarkeit ausdrücken soll. Verzeihen Sie die Form. Diese Worte sagt Ihnen mein Herz. Grüßen Sie bitte Maria Andrejewna von mir.

Ihr Ihnen aufrichtig ergebener

A. Skrjabin

1 Beljajew hatte Skrjabin einen Becker-Flügel geschenkt. Er steht

heute im Skrjabin-Museum in Moskau. (Becker in Petersburg war eine der bedeutendsten Klavierbaufirmen im vorrevolutionären Rußland.*)

## 51. An Mitrofan Beljajew

[Moskau, vor dem 11./23. Oktober 1895]

Sehr geehrter Mitrofan Petrowitsch

Wieder habe ich Verwirrung gestiftet. Was soll ich bloß mit mir machen! Jetzt fürchte ich sehr, daß der Saal nicht gemietet ist. Ich sage es aufrichtig: ich bekomme immer mehr Lust, in Paris zu spielen.[1] Die Hände machen mir, Gott sei Dank, weniger Sorge. Diese ganze Woche habe ich an der gis-Moll-Sonate gearbeitet, bald wird sie, glaube ich, fertig sein.[2] Wassili Iljitsch findet sie besser als die in f-Moll. Zur Zeit sind nur noch einige zweifelhafte Stellen zu klären, dann heißt es: fertig. Verzeihen Sie, daß ich Sie wegen Igumnow, das heißt eigentlich wegen Könemann, mit einer Bitte belästigt habe, aber Wassili Iljitsch hatte mich mit seiner kritischen Bemerkung verwirrt. Die Frage ist jetzt, Gott sei Dank, geklärt. Es gibt für mich nichts Unangenehmeres, als jemand zu kränken, und noch dazu einen, der so sympathisch ist wie Könemann. Igumnow wird selbst bei Ihnen sein, sicher Ende kommender Woche. Das Konzert von ihnen wird vormittags stattfinden, anscheinend am Sonntag,[3] genau weiß ich es nicht. Auf Wiedersehen, lieber Mitrofan Petrowitsch! Übermitteln Sie Maria Andrejewna meine Hochachtung, und vergessen Sie nicht den Sie aufrichtig liebenden und Ihnen ergebenen

A. Skrjabin

Allen einen Gruß von mir.

Soeben wurde der Flügel geliefert, was ich Ihnen sofort mitteilen möchte. Nehmen Sie nochmals meinen aufrichtigen Dank vielmals entgegen. Haben Sie meinen Brief von gestern erhalten? Das Instrument ist wunderbar, einfach wunderbar.

1 Das bezieht sich auf Skrjabins geplante Konzertreise nach westeuropäischen Ländern 1896.

2 Die *2. Sonate* wurde erst im Oktober 1897 fertiggestellt (siehe Brief 89).
3 Siehe Brief 48, Anm. 3. (Der 15./27. Oktober 1895 war ein Sonntag.*)

## 52. An Mitrofan Beljajew

[Moskau,] 10. (22.) Oktober [18]95

Sehr geehrter Mitrofan Petrowitsch

Jetzt werde ich aber immer das Datum angeben! Meine Zerstreutheit ist mir sehr peinlich. Gestern bin ich nicht mehr dazu gekommen, Ihnen zu schreiben, da ich erst sehr spät nach Hause kam. Übrigens ist das Wiedersehen mit Igumnow nicht zustande gekommen, da wir beide die Bekannten, bei denen wir uns zu sehen gedachten, nicht zu Hause antrafen.[1] Heute bekam ich nun eine geschwollene Wange, so daß ich nicht weggehen konnte. Jetzt weiß ich nicht mehr, ob ich meine Freunde vor ihrer Abreise nach Petersburg noch zu sehen bekomme.[2] Auf jeden Fall wird Igumnow sofort nach seiner Ankunft in Petersburg zu Ihnen kommen, das haben wir schon besprochen. Igumnow ist übrigens der Lehrer von Natalia Valerianowna, und wahrscheinlich weiß er ein bißchen von unserer Bekanntschaft; sprechen Sie also bitte nicht mit ihm über die Sekerins (was mich betrifft). Einen Schreibtisch habe ich mir noch nicht gekauft, ich denke, es wird in den nächsten Tagen. Ich habe nach und nach wieder angefangen zu unterrichten. Insgesamt arbeite ich zur Zeit viel. Das Leben, das ich führe, muß ich gestehen, ist wieder äußerst ungesund, ich gehe spät schlafen, manchmal um 4; beim Aufstehen habe ich meist einen schweren Kopf, und ich bin etwas nervös. Nun ja, das ist sicher mein Los! Die Briefe habe ich alle erhalten. Ich hätte eigentlich noch eine Neuigkeit mitzuteilen, aber damit muß ich noch warten. Auf Wiedersehen, lieber Mitrofan Petrowitsch! Übermitteln Sie Maria Alexejewna[3] meine Hochachtung, und vergessen Sie nicht den Ihnen aufrichtig ergebenen

A. Skrjabin

1 Vermutlich ist Familie Sekerin gemeint, bei der Skrjabin hin und

wieder zu Besuch weilte und wo Igumnow Natalia Klavierunterricht erteilte.

2 Siehe Brief 48, Anm. 3.

3 Ein Schreibversehen Skrjabins, muß heißen: Maria Andrejewna.

## 53. An Anatoli Ljadow

[Moskau, Oktober 1895[1]]

Lieber Anatoli Konstantinowitsch

Verzeih, daß ich Dir bis jetzt nicht schreiben konnte. Zu meiner Rechtfertigung will ich Dir sagen, daß ich 1. viel arbeite, 2. sehr schusselig bin, das heißt, richtiger, nicht schusselig, sondern einfach sehr überanstrengt und äußerst nervös geworden bin. Ich fand alle meine lieben Freunde gesund, vergnügt und anscheinend zufrieden, mich zu sehen. Gott, wieviel möchte ich Dir sagen, weißt Du, eine solche Menge und vieles Interessante; das heißt, interessant ist es, wenn Du mich gern hast, aber wenn nicht, dann ist es für Dich nicht interessant. Erstens, ich bin noch verrückter geworden und mache auf Schritt und Tritt alle möglichen Dummheiten. In der Komposition habe ich ein bißchen herumgewurstelt, die Sonate ist fast fertig,[2] es sind nur noch ein paar Details übriggeblieben und dann Bedenken wegen der Überleitung, da ich zwei Pläne habe, der eine ist in logischer Hinsicht besser, und der andere ist schöner; schreib mir: Soll man der Logik oder der Schönheit den Vorzug geben? Was würdest Du bevorzugen? Ein anderer Musiker würde zwar sagen: schön ist auch, was logisch ist. Es ist bloß leider so, daß wir logisch das nennen, was wir auf die eine oder andere Weise erklären können; es gibt aber auch den anderen Standpunkt, von dem aus man alles erklären kann. Nun gut, ich höre ja schon auf, ich weiß, Du liebst mein Geschwätz nicht. Wie geht es Dir, mein Teurer, mein Guter, bist Du böse auf mich? Du weißt doch, wie garstig ich bin. Wenn Du nach Moskau kämest, würden wir die Zeit sehr, sehr vergnügt verbringen. Warum Du nur nicht willst, man kann doch Urlaub nehmen, wenigstens für drei Tage!!

Vorgestern spielte Igumnow *ganz reizend* Deine zwei Préludes und eine Mazurka, und weißt Du, bei wem? Rate mal!!! Dort hat man Dich, das heißt Deine Kompositionen, sehr, sehr gern. Und ich muß jetzt dorthin gehen.[3] Also – vier Blätter würden nicht reichen, um Dir das viele zu erzählen, aber ich habe es nicht vor, ich weiß doch, wie Du mein Geschreibsel liebst! Ich küsse Dich vielmals und ganz herzlich. Mit schrecklicher Ungeduld warte ich auf ein paar Zeilen. Verzeih meine Schrift und denke an den Dich liebenden

Sascha Skrjabin

Viele Grüße an alle.

1 Nach dem alten Kalender. Der Inhalt dieses Briefes läßt darauf schließen, daß er einige Zeit nach Skrjabins Rückkehr aus dem Ausland und aus Petersburg geschrieben wurde.
2 Siehe Brief 51, Anm. 2.
3 Siehe Brief 52, Anm. 1.

## 54. An Mitrofan Beljajew

[Moskau,] 14. (26.) November [1895]

Sehr geehrter Mitrofan Petrowitsch
Schon so lange habe ich keine Nachricht von Ihnen, daß ich einfach nicht weiß, was ich davon halten soll. Vielleicht sind Sie mir wegen irgend etwas böse? Oder haben Sie mich bloß vergessen? Ich bin zur Zeit nicht ganz gesund, gehe nicht aus dem Hause und bin sehr stark beschäftigt.[1] Ich bereite mich auf das Konzert vor.[2] Haben Sie übrigens Bescheid wegen des Datums? Es kann doch passieren, daß kein Saal zur Verfügung steht; das wünschte ich mir jetzt nicht. So schreibe ich Ihnen nun und werde von großer Ungeduld gepeinigt, etwas von Ihnen zu erfahren. Seien Sie so gut, Mitrofan Petrowitsch, und schreiben Sie mir wenigstens ein paar Zeilen. Auch Anatoli Konstantinowitsch will nichts von mir wissen. Meine Großmutter und meine Tante senden Ihnen einen Gruß, und ich bitte Sie nochmals, sich zu erinnern an den Sie aufrichtig liebenden und Ihnen ergebenen

A. Skrjabin

Einen herzlichen Gruß von mir an Maria Andrejewna.

1 Im November 1895 komponierte Skrjabin, den Daten auf den Manuskripten zufolge, folgende *Préludes*: op. 11 Nr. 1, 2, 9, 11 und 16; op. 13 Nr. 1, 3 und 4; op. 17 Nr. 4.

2 Dies und das Folgende bezieht sich auf die geplante Auslandsreise, auf der Skrjabin Konzerte mit eigenen Werken geben wollte.

## 55. An Natalia Sekerina

[Petersburg, Ende Dezember 1895][1]

Frohes Fest![2]

Sehr geehrte Natalia Valerianowna. Ich wünsche Ihnen alles, was nur immer Ihrem Glück und Wohlergehen dienlich sein kann. Ich bitte Sie, Maria Dmitrijewna meine Gratulation und meine besten Wünsche zu übermitteln.[3]

A. Skrjabin

1 Nach dem alten Kalender. Am 20. Dezember 1895/1. Januar 1896 trat Skrjabin zusammen mit Beljajew von Petersburg aus seine nächste Auslandsreise an. Dieser Brief ist offenbar kurz vor der Abreise geschrieben.

2 Bezieht sich offenbar auf Weihnachten.

3 Mit diesem Brief, der den Eindruck eines Abschiedsbriefes macht, endete offenbar der Briefwechsel mit Natalia Sekerina. Skrjabin trennte sich von ihr infolge von Schwierigkeiten, die ihre Familie dem Paar bereitete, da der sensible Musiker nicht als die „passende Partie" für die Gutsbesitzerstochter angesehen wurde.

## 56. An Mitrofan Beljajew

[Köln,] (22. Januar) Anscheinend 3. Februar [1896]

Sehr geehrter Mitrofan Petrowitsch

Hier also halte ich mich jetzt auf![1] Ich sitze in meinem Hotelzimmer am Tischchen neben dem Pianino und schreibe Préludes.[2] Ich habe ein sehr gutes Pianino und ebensolche Stimmung. Warum letztere gut ist, weiß ich nicht. Vorläufig kann ich Ihnen noch *nichts, gar nichts* mitteilen, außer daß mein Aufenthalt in Amsterdam mir nützlich *nur* in musikalischer Hinsicht und sehr schädlich für den Geldbeutel war. Ich habe in Den Haag im Kunstzirkel auf einer musikalischen Matinee gespielt, wobei der Erfolg (natürlich bei einem nicht sehr zahlreichen Publikum) außerordentlich groß war. In Amsterdam wurden mir dann die erwiesenen Liebenswürdigkeiten geradezu zur Qual: heute ins Theater, morgen ins Konzert – es war einfach schlimm! Dafür bin ich jetzt vollkommen allein und kann mich konzentrieren und ernsthaft arbeiten. Wie geht es Ihnen, sind Sie gut angekommen? Aus dem Brief an Sie sehe ich, daß sie Ihnen gefallen hat, das heißt, Sie waren nach der Ankunft erfreut.[3] Was macht Ihr Magen?[4] Ich hoffe, Sie schreiben mir ein paar Worte hierher. Einstweilen auf Wiedersehen! Bestellen Sie Maria Andrejewna einen Gruß von mir; Walja danke ich sehr für ihren Brief, ich schreibe ihr in den nächsten Tagen. Ihr Ihnen ergebener

A. Skrjabin

Bis Düsseldorf sind es nur 45 Minuten!

1 Beljajew hatte Skrjabin in den ersten Wochen der Reise begleitet, hatte die Konzerte in Paris am 15. Januar, in Brüssel am 18. Januar und in Berlin am 25. Januar (Daten nach dem modernen Kalender) miterlebt und war dann nach Rußland zurückgekehrt, während Skrjabin die Reise fortsetzte, in Holland, Belgien und Deutschland Konzerte mit eigenen Werken gab und sich dann längere Zeit in Paris aufhielt. In der Presse erschienen sehr positive Rezensionen sowohl über die Musik Skrjabins als auch über sein Klavierspiel.

2 Den Orts- und Datumsangaben in den Manuskripten zufolge wurde in Köln kein Stück fertiggestellt.* Kurz vorher hatte Skrjabin in Amsterdam das *Prélude* op. 11 Nr. 5 vollendet.

3 Dieser Satz und der Nachsatz des Briefes beziehen sich auf eine zeitweilige Zuneigung Skrjabins zu einem russischen jungen Mädchen, das sich in Düsseldorf, Amsterdam und Paris aufhielt und auch Beljajew bekannt war. Der Name ist – außer den Anfangsbuchstaben M. K. F. – nicht bekannt.

4 Beljajew litt jahrelang an einem Magengeschwür, dem er 1904 erlag.

## 57. An Mitrofan Beljajew

[Paris, zwischen dem 24. Januar/5. Februar
und dem 25. Februar/8. März 1896]

Sehr geehrter Mitrofan Petrowitsch

Jetzt werden Sie mich aber loben. Ich sitze in Paris,[1] um zunächst die Préludes[2] fertigzustellen und mich dann mit ruhigem Gewissen der Erholung hinzugeben und die wunderbare Natur zu genießen. Ich weiß, daß der Abschluß der Arbeit, wenn ich jetzt irgendwohin fahre, auf die lange Bank geschoben wird, was nicht zu wünschen ist. Habe ich nicht recht? Also ich mache mich gleich ans Schreiben. Ich habe einige Konzerte im Erard-Saal besucht und konnte mich jetzt davon überzeugen, daß mein Erfolg tatsächlich außergewöhnlich war.[3] In dieser Zeit habe ich eine solche Menge Bekannte gewonnen, daß mir die Besuche, Frühstücke und Diners schon geradezu zur Qual geworden sind. Ich habe Lamoureux kennengelernt, bei dem Lewin das Konzert von Rubin[stein] und unter anderem meine drei Etüden sehr schön gespielt hat. Aus Holland erhielt ich einen Brief von einem Pianisten, der darum bittet, ihm die Möglichkeit zu verschaffen, Kompositionen von mir in einem Ihrer Konzerte[4] zu spielen. Ich antwortete ihm, daß ich es Ihnen ausrichten werde, und fügte hinzu, daß das Honorar sehr gering sein wird. Wie geht es Ihnen, Mitrofan Petrowitsch? Mit Ungeduld erwarte ich eine Nachricht an diese neue Adresse! Übrigens, das Haus, in dem ich wohne, ist eine sehr angenehme Einrichtung: still, sauber und billig (10 Francs sind alles, was man braucht). Arbeiten kann ich wunderbar. Auf Wiedersehen, lieber Mitrofan Petrowitsch! Bestellen Sie Maria Andrejewna und Walja einen Gruß von mir, und vergessen Sie nicht den Ihnen aufrichtig ergebenen

A. Skrjabin

Geld habe ich vorläufig noch, aber wenn Sie so gut sein könnten, mir schon jetzt 100 Rubel zu schicken, so wäre ich beruhigt in dem Sinne, daß ich von hier sofort nach Abschluß der Arbeit abreisen könnte. Wäre es nicht auch möglich, es per Postanweisung zu schicken? Das geht schneller. Nochmals grüße ich Sie.

A. Skrjabin

1 Skrjabin war von Köln aus nach Paris gereist und hatte sich hier in einer Pension im (teuren) Stadtviertel Champs-Élysées eingemietet.*
2 Skrjabin bereitete in dieser Zeit die Übergabe seiner *Préludes* op. 11, 13, 15, 16 und 17 an den Verlag vor.
3 Gemeint ist der Klavierabend am 15. Januar.
4 Beljajew veranstaltete in Petersburg seit 1885 jährlich zwei bis drei „Russische Sinfoniekonzerte", in denen nur Werke russischer Komponisten erklangen. Damals standen in Konzertprogrammen häufig neben Orchesterwerken auch solistische Darbietungen.*

## 58. An Mitrofan Beljajew

[Paris,] (25. Februar) 8. März [1896]
18, rue Chateaubriand[1]

Sehr geehrter Mitrofan Petrowitsch
Nun habe ich schon drei Briefe an Sie abgeschickt, haben Sie sie erhalten? Schon so lange habe ich keine Nachricht von Ihnen. Ich schreibe Ihnen nach Fertigstellung der Préludes. Ich brauche sie jetzt nur noch einmal durchzusehen und das eine oder andere zu verbessern. In einer Woche hoffe ich sie an Sie abschicken zu können. Mit Absicht nehme ich diesen Zeitraum etwas größer, um es rechtzeitig zu schaffen. Schreiben Sie mir bitte, ob Sie sich wirklich so über mich geärgert haben, daß Sie nichts mehr von mir wissen wollen. Mir ist in diesen Tagen so furchtbar schwer ums Herz, ich weiß nicht, weshalb. Verzeihen Sie, daß ich Ihnen über vieles nicht schreibe, aber es fällt mir ein wenig schwer zu sprechen. Ich bin in Paris aus dem Grunde etwas länger geblieben, weil ich hier doch immerhin ein wenig Zerstreuung habe, ich bin oft auf Abendgesellschaften und spiele oft. Schreiben Sie mir bitte, lieber Mitrofan Petrowitsch, ob Sie wirklich meine Briefe nicht erhalten haben. Es ist nun schon über zwei Wochen her, seit ich Ihnen den ersten Brief geschickt habe. Sehr merkwürdig, wenn sie verlorengegangen sein sollten!
Einstweilen auf Wiedersehen! Übermitteln Sie Maria Andrejewna meine Hochachtung, und denken Sie an den Ihnen aufrichtig ergebenen

A. Skrjabin

P. S. Es werden vorläufig insgesamt 48 Préludes sein, wobei 3 in Fis- und 3 in E-Dur stehen und in F-Dur und c-Moll je eines. Ich weiß noch nicht, wie ich sie gruppieren soll.[2]

1 Vgl. Anm. 1 zum vorigen Brief.*

2 Die veröffentlichten Zyklen der *Préludes* op. 11, 13, 15, 16 und 17 enthalten zusammen 47 *Préludes*. Ursprünglich hatte Skrjabin den Plan, je zwei *Préludes* in jeder Tonart, also zusammen 48, zu komponieren. Analysiert man die Tonartenverteilung in den fünf Zyklen, so ergibt sich folgendes Bild: op. 11 (*24 Préludes*) enthält in allen Dur- und Molltonarten je ein *Prélude*, angeordnet nach dem Quintenzirkel mit jeweils nachgestellter Mollparallele; die anderen vier Zyklen (23 *Préludes*) gehen, als Ganzes genommen, vom gleichen Schema aus, das jedoch mehr und mehr aufgelöst wird: op. 13 *Sechs Préludes* in den ersten sechs Tonarten (C-Dur bis h-Moll); op. 15 *Fünf Préludes* in den nächsten vier Tonarten, wobei E-Dur zweimal vorkommt; op. 16 *Fünf Préludes* in den nächsten vier Tonarten, wenn man Ges und Fis als gleich ansieht; es gibt aber je ein *Prélude* in Ges- und in Fis-Dur (vgl. hierzu Brief 67, Anm. 2); op. 17 *Sieben Préludes* in sieben von den letzten zehn Tonarten, wobei As-Dur, c-Moll und F-Dur fehlen und die Reihenfolge teilweise umgestellt ist. Daraus ergibt sich, daß Skrjabin, der in diesem Brief von „3 in Fis-Dur" schreibt, anscheinend nachträglich zwei davon in Ges-Dur umgeschrieben hat und daß er ein *Prélude* in As-Dur entweder noch nicht geschrieben hatte oder es zurückbehalten hat. – Bezüglich der Gruppierung der *Préludes* schwankte er eine Zeitlang. In seinem (in unserer Sammlung nicht enthaltenen) Brief vom 11./23. März 1896 teilte er Beljajew mit, daß er sie am gleichen Tag absende, und bemerkte dazu: „Die Anordnung habe ich gekennzeichnet. Sollte sie Ihnen nicht zusagen, so kann man die Verteilung einfach nach Tonarten vornehmen, indem man die fehlenden überspringt und die überzähligen zu je zwei in der gleichen Tonart zusammenstellt. Allerdings wäre es mir lieb, die von mir gekennzeichnete Anordnung beizubehalten." Vgl. auch Brief 64. Bei der Veröffentlichung hielt Beljajew sich genau an Skrjabins Anordnung.*

## 59. An Mitrofan Beljajew

[Paris, vor dem 11./23. März 1896]

Sehr geehrter Mitrofan Petrowitsch

Es war vielleicht unhöflich von mir, Sie mit Bitten zu belästigen[1] – dann entschuldigen Sie bitte. Aber wenn ich mich

dennoch dazu entschloß; dann nur, weil ich vollkommen überzeugt bin, daß ich die übernommenen Verpflichtungen erfüllen werde. Sie werfen mir Faulheit gerade jetzt vor, wo ich es weniger als zu irgendeiner anderen Zeit verdient habe. Bin ich doch überhaupt im Komponieren nicht faul und tue *alles*, was ich kann. Vielleicht muß man mich sogar zügeln, denn Ihnen ist bekannt, daß ich keine eiserne Gesundheit habe, und ich bin zur Zeit wirklich sehr erschöpft. Warum eigentlich diese Eile? 48 Stücke, wie beschaffen auch immer, komponieren und aufschreiben ist ja nicht gerade eine Kleinigkeit. Ich beende die Arbeit aber fast zwei Monate vor dem festgesetzten Termin. Sie meinen, ich wollte *aus Faulheit* nicht noch 2–3 Seiten schreiben. Warum nur, warum diese Meinung? Ich sage es nochmals, lieber Mitrofan Petrowitsch: obwohl ich im Leben liederlich bin, gegenüber der Erfüllung meiner Pflichten auf dem Gebiet des Komponierens verhalte ich mich sehr anständig, das heißt, ich gebe mir wenigstens Mühe. Sie werden mehrere Préludes sehen, die hier in Paris entstanden sind;[2] damit habe ich Préludes in gleichnamigen Tonarten ausgetauscht, die mich nicht befriedigten (einige sind schon geschrieben)[3]. Bei anderen bin ich noch nicht dazu gekommen, sie auszutauschen, und Stücke herausbringen, mit denen ich selbst nicht zufrieden bin, das kann ich nicht, auf keinen Fall. Daher wird diese Folge 46 Préludes enthalten,[4] die so angeordnet sind, daß immer jeweils zwei benachbarte, im Charakter verschiedene gespielt werden können. Sie sehen, für Faulheit war hier kein Platz.
Ihnen ist es nicht recht, daß ich mich in einer Pension für 10 Francs niedergelassen habe. Aber kann man denn in Paris etwas nur einigermaßen Anständiges billiger finden? Nicht anständig wohnen aber ist mir unangenehm, dann würde ich lieber gleich von Paris abfahren. Ein Aufenthalt hier ist jedoch wirklich in mehrfacher Beziehung nützlich. Was nun die gebratenen Gänse anbelangt, die mir von selbst in den Mund fliegen, so denke ich niemals an so etwas, lieber Mitrofan Petrowitsch, denn ich bin mir sehr wohl bewußt, was es heißt, materiell abhängig zu sein. Ich sage es Ihnen jetzt einmal ganz offen: ich befinde mich ein bißchen in einer peinlichen Lage und sogar in einer komischen. Ich will gar nicht davon reden, daß ich die mir vor-

gelegte Rechnung nicht bezahlen könnte; aber ich gehe stutzerhaft im Pelzmantel herum, während draußen fast 20 Grad sind (gestern waren es 12).
Zum Glück oder Unglück habe ich eine ganze Menge Bekanntschaften gemacht, ohne dafür einen Finger zu rühren. Buchstäblich jeden Tag werde ich irgendwohin eingeladen, und man ist überaus liebenswürdig zu mir. Ich habe nicht die Kraft abzusagen, und so gehe ich hin. Ich habe in vielen Pariser Salons gespielt und viele, viele musikalische Freunde gewonnen. Vielleicht gefällt es Ihnen nicht, daß ich oft in der Gesellschaft bin, und vielleicht fürchten Sie, daß ich darin versinke? Vielleicht denken Sie deshalb auch, daß ich mir allerlei Ausreden ausdenke, um meine Faulheit zu rechtfertigen. Ja, übrigens, jetzt werden Sie bald selbst sehen, daß diese Vermutungen nicht stimmen. Morgen oder übermorgen schicke ich die Préludes ab, die schon geschrieben sind und die ich nur noch abzuschreiben brauche. Und wenn ich dann mit dieser Arbeit fertig bin, werde ich mich einen Monat oder zwei erholen, denn ich merke, daß es, wenn ich weiter so *faul* bin, ein schlimmes Ende nehmen kann. Nochmals: verzeihen Sie mir meine Unhöflichkeit, lieber Mitrofan Petrowitsch, und vergessen Sie nicht den Sie aufrichtig liebenden und Ihnen ergebenen

A. Skrjabin

Einen herzlichen Gruß von mir an Maria Andrejewna und Walja.

1 In einem seiner vorigen Briefe hatte Skrjabin um etwas mehr Geld gebeten, als er vorher als seinen Bedarf angegeben hatte. Er erwähnt unter anderem, er brauche einen Mantel, es sei aber nicht zulässig, seinen alten aus Moskau zu schicken.*

2 Entsprechend den Angaben in den Manuskripten komponierte Skrjabin 1896 in Paris folgende *Préludes*: op. 11 Nr. 8 und 22; op. 15 Nr. 4; op. 17 Nr. 1, 2 und 3.

3 Vollendete, aber unveröffentlichte *Préludes* aus dieser Zeit sind nicht bekannt. Es existieren Notizbücher des Komponisten, in denen er sich flüchtige Skizzen von nur einem oder zwei Takten zu seinen geplanten Werken machte.

4 Vgl. Anm. 2 zum vorigen Brief.*

## 60. An Mitrofan Beljajew

[Paris,] 17./29. März [1896]

Sehr geehrter Mitrofan Petrowitsch

Heute sende ich Ihnen noch 4 Impromptus[1]. Haben Sie die Préludes erhalten? Ich hoffe, daß Sie mich jetzt, wenn auch nicht loben, so doch wenigstens nicht mehr tadeln werden. Wahrhaftig, ich war noch nie so fleißig und bin jetzt dermaßen in die Arbeit hereingekommen, daß ich gar nicht aufhören kann. Doch auf jeden Fall verspreche ich Ihnen nicht *mehr*. Was die fehlenden Préludes anbelangt, so verstehe ich Sie nicht ganz, lieber Mitrofan Petrowitsch. Sie sagen doch, man soll sich zum künstlerischen Schaffen nicht zwingen. Ich müßte sie aber geradezu *aus mir herauspressen*, weil sie nicht vorhanden sind (diejenigen, die schon entworfen waren, kann ich um nichts in der Welt erscheinen lassen, da sie mir nicht gefallen). Was nun das Honorar anbelangt, so habe ich doch selbst nie irgendwelche Bedingungen gestellt, es hängt alles nur von Ihnen ab. Sie können es einbehalten. Und schließlich die acht fehlenden Préludes[2], ich hoffe, sie im Laufe dieses Jahres zu komponieren. (Zwei sind schon entworfen, in h-Moll und cis-Moll[3]; ich muß nur noch vieles gründlich überlegen, und dazu bin ich zur Zeit absolut nicht fähig.) Aber die Wette habe ich doch gewonnen![4] Das nächste abgeschlossene Stück wird, glaube ich, die 2. Sonate sein.[5] Aber einen Termin lege ich nicht fest, und eine Wette gehe ich nicht mehr ein. Sie können sich nicht vorstellen, wie sehr ich den Wunsch nach einer Ruhepause habe und *wie nötig ich sie habe*. Das Frühjahr möchte ich gern in Paris verbringen. Zur Zeit ist es hier herrlich. Die Bäume schlagen aus, die Luft ist wundervoll. Nach Italien zu fahren soll es, wie ich hörte, schon zu spät sein (das heißt nach Neapel).

Im vorigen Brief schrieb ich Ihnen, wieviel ich ungefähr für Kleidung brauche. Was nun den Unterhalt anbelangt, so kann ich zwar vielleicht ein wenig billiger wohnen, aber dazu müßte ich eine Wohnung nehmen, wie sie hier für drei Monate zu haben sind (130–140 Francs im Monat). Zu Hause zu essen ist mir buchstäblich nie möglich, trotzdem muß ich aber die Pension voll bezahlen. Wenn Sie mir also (außer für Kleidung) etwa 300 Rubel sofort schicken wür-

den, könnte ich mich einrichten, wie es sich gehört. Es ist tatsächlich so, daß ich in letzter Zeit immer befürchte, es könnte bei mir im nächsten Augenblick nicht mehr ausreichen, und das ist furchtbar unangenehm und verdirbt einem die Lust. Natürlich, lieber Mitrofan Petrowitsch, ich bitte nur für den Fall, daß meine Bitte Ihnen gar nichts ausmacht; wenn es Ihnen aber nicht recht ist, werde ich schon irgendwie auskommen. Heute erhielt ich ein Geschenk: eine Lyra mit Uhr, ein sehr hübsches Ding. Das ist von Madame Samarina, bei der ich einige Male gespielt habe.
Wie geht es Ihnen? Sie schreiben nichts, gar nichts von sich. Wie steht es mit den Abenden, kommen Sie immer noch in gleicher Weise freitags zusammen?[6] Haben Sie etwas Neues gespielt? Was macht der Streichquartettwettbewerb? Wer bekam einen Preis?[7] Schreiben Sie mir wenigstens irgend etwas davon, sonst schelten Sie mich ja nur die ganze Zeit. Nun gut, ich habe es natürlich verdient, aber ich will mir ja Mühe geben, mich zu bessern. Auf Wiedersehen, lieber Mitrofan Petrowitsch! Seien Sie nur nicht böse (wenn Sie auch manchmal schelten können, das muß sein) auf den Sie aufrichtig liebenden und Ihnen ergebenen

A. Skrjabin

Einen herzlichen Gruß von mir an Maria Andrejewna und Walja.

1 Op. 12 und 14.*
2 Inwiefern acht *Préludes* fehlen, ist unklar. Vgl. Brief 58, Anm. 2.*
3 Der nächste, 1897/98 komponierte und 1898 erschienene Zyklus, *Vier Préludes* op. 22, enthält Stücke in diesen Tonarten.*
4 Skrjabin hatte mit Beljajew (vor der Reise, anscheinend im Oktober 1895*) gewettet, er werde im April 1896 48 *Préludes* fertigstellen und abgeben.
5 In dieser Annahme irrte sich Skrjabin (siehe Brief 51, Anm. 2).
6 Zu Beljajews Lebzeiten kamen bei ihm zu Hause jeden Freitag Musiker zusammen, um Kammermusik zu spielen, neue Werke kennenzulernen und darüber zu sprechen. Regelmäßige Besucher, die nicht selten auch musizierten, waren auf diesen Abenden (zu verschiedenen Zeiten): Alexander Glasunow, Anatoli Ljadow, Nikolai Rimski-Korsakow, Wladimir, Dmitri und Polyxena Stassow, Nikolai Sokolow, Felix und Sigismund Blumenfeld, Nikolai Lawrow, Nikolai Arzybuschew, Wladimir

Schtscherbatschow, Alexander Winkler, Wassili Kalafati u. a. In Beljajews Notizbuch „Die Quartettabende“ sind über mehrere Jahre hinweg die Werke verzeichnet, die an den „Freitagen“ gespielt wurden.

7 Skrjabin erkundigt sich nach dem vom Petersburger Kammermusikverein ausgeschriebenen 7. Wettbewerb um das beste neukomponierte Streichquartett. Im März 1896 wurde auf Beschluß der Wettbewerbsjury kein Preis vergeben.

## 61. An Mitrofan Beljajew

[Paris,] (18.) 30. März [1896]

Sehr geehrter Mitrofan Petrowitsch

Soeben erhielt ich Ihren Brief. So unangenehm es mir auch ist, gleich vom Geld anzufangen, aber es muß sein. Stellen Sie sich meine Lage vor. Es ist die Karwoche, bald sind die Feiertage, draußen ist es *heiß*; ich gehe im Pelzmantel und errege sicher Gelächter, ganz zu schweigen davon, daß ich schon mit Fieber im Bett lag, weil ich an einem Tag ganz ohne Mantel ausging. Es ist einfach zum Weinen! Ob Sie es glauben oder nicht, ich bin völlig ohne Geld! Wenn Sie mir doch wenigstens ein bißchen schicken würden, lieber Mitrofan Petrowitsch, sonst komme ich in größte Verlegenheit. Was werden das für Feiertage! Sie haben mich doch schon genug bestraft, gönnen Sie mir eine kleine Ruhepause. Ich hatte im Leben ohnehin schon genug Unannehmlichkeiten verschiedener Art! Sie verlangen von mir irgendwelche genauen Angaben. Ich bleibe im Frühling in Paris und muß daher *andere* Unterkunft suchen, nicht in einer Pension; aber ich komme immer mehr in Verlegenheit, es endet damit, daß man mir nicht mehr glauben wird. Und außerdem ist alles entsetzlich teuer. Bitte, Mitrofan Petrowitsch, schicken Sie mir recht bald etwas. Zwischen jedem Brief und der Antwort vergehen schon wieder 10–15 Tage! Sie fragen, wieviel ich für Wäsche, einen Hut und Schuhe brauche. Aber ich kann doch nicht in die Läden gehen und nach den Preisen fragen. Sie wissen selbst, was diese Dinge ungefähr kosten. Sollte es nun mehr sein, was Sie schicken, so werde ich es bestimmt nicht verprassen. Ich habe solche Angst, plötzlich in eine erniedrigende Lage zu geraten. Aber, mit einem Wort, es fällt mir sehr schwer, Ihnen dies alles zu sagen. Gestern ging ein Brief an Sie ab mit der Mitteilung, daß ich Ihnen vier Impromptus sende. Leben Sie nun wohl, lieber Mitrofan Petrowitsch! Verzeihen Sie, daß ich jammere, aber ich bin bereits in einer derartigen nervlichen Verfassung, daß es geradezu schrecklich ist. Übermitteln Sie Maria Andrejewna meine Hochachtung, und vergessen Sie nicht den Ihnen aufrichtig ergebenen

A. Skrjabin

Senden Sie mir, wenn möglich, *insgesamt* 450 Rubel.

## 62. An Mitrofan Beljajew

[Paris,] (23. März) 4. April [1896]

Christus ist auferstanden[1]

Lieber Mitrofan Petrowitsch

Ich gratuliere Ihnen zum Lichtvollen Feiertag und wünsche Ihnen alles Gute. Gestern erhielt ich Ihren Brief. Ich kann gar nicht verstehen, warum Sie die Préludes immer noch nicht erhalten haben. Ich habe sie, wie gesagt, am selben Tag und sogar zur selben Stunde wie den Brief abgeschickt. Es beunruhigt mich. Für diesmal schreibe ich Ihnen nur wenige Zeilen. Ach so, die Impromptus konnte ich immer noch nicht an Sie abschicken, weil das Geld nicht reichte. Auf Wiedersehen, lieber Mitrofan Petrowitsch! Übermitteln Sie Maria Andrejewna und Walja meine Gratulation zum Fest und meine besten Wünsche, und vergessen Sie nicht den Ihnen aufrichtig ergebenen

A. Skrjabin

An alle einen Gruß von mir.

1 Übliche Begrüßung am Ostersonntagmorgen. Der Brief wurde am Karsamstag geschrieben.*

## 63. An Mitrofan Beljajew

[Paris,] (25. März) 6. April [1896]

Sehr geehrter Mitrofan Petrowitsch
Soeben erhielt ich Ihre beiden Briefe mit dem Geld, und ich beeile mich, Sie darüber zu benachrichtigen. Seien Sie dafür vielmals bedankt. Für diesmal nur wenige Worte, um den Brief nicht zu verzögern. Die Impromptus sende ich gleich morgen ab, sie liegen schon verpackt bei mir im Koffer. Wie ich Ihnen schrieb, fehlten mir zu ihrer Absendung ein paar Francs. Es ist ein Witz. Wie haben Sie die Feiertage verbracht, lieber Mitrofan Petrowitsch? Ich war zur Frühmesse, und gestern fuhr ich mit dem Dampfer ins Grüne; es war ein wundervoller Tag.
Ich verspreche Ihnen, täglich eine Stunde zu arbeiten (das heißt zu schreiben). Komponieren werde ich allerdings vorläufig nichts, selbst wenn es mich dazu drängen sollte. Auf Wiedersehen! Vergessen Sie nicht den Ihnen aufrichtig ergebenen

A. Skrjabin

Einen Gruß von mir an Maria Andrejewna und Walja.

## 64. An Mitrofan Beljajew

[Paris,] (25. März) 6. April 1896

Sehr geehrter Mitrofan Petrowitsch
Soeben erhielt ich Ihren Brief Nr. 5 vom 31. März, und ich beeile mich, ihn zu beantworten. Alle vorangehenden Briefe habe ich ebenfalls erhalten und alle beantwortet. Meine Verpflichtung in bezug auf das Briefeschreiben habe ich erfüllt, allerdings nicht ganz genau, da ich in den letzten Tagen 3–4 Stunden täglich gearbeitet habe. Ich merke dabei, daß die von Ihnen vorgeschlagene Methode für mich persönlich nicht ganz passend ist, und zwar aus folgendem Grunde. Wenn ich mir über eine Komposition *vollkommen* klargeworden bin, kann ich nicht aufhören, ehe ich sie zu Ende geschrieben habe. Wenn ich dagegen irgendwelche Bedenken habe, kann ich das Komponierte nicht weiterschreiben, da alles Folgende vom Vorangehenden abhängt.

Man kann sich natürlich zwingen, aber das ist nicht gut. Ich habe die gis-Moll-Sonate hintereinander geschrieben, und jetzt muß ich sie noch einmal völlig umschreiben.[1] In Skizzenform notieren – das ist etwas anderes. Ohne das geht es gar nicht, besonders bei einer großen Komposition. In diesem Sinne gebe ich Ihnen das Versprechen.[2] Ich werde mir ein Heft binden und darein meine Skizzen schreiben, damit sie nicht verlorengehen.
Zu den Préludes möchte ich Ihnen sagen, daß es natürlich mein Wunsch ist, daß sie möglichst bald gedruckt werden. Ich würde so vorschlagen: sie nicht als geschlossene Sammlung zu drucken, sondern zum Beispiel je acht, wobei man in einigen Gruppen die fehlenden auslassen und mit der Zeit ergänzen kann.[3] Ist es nicht, offen gesagt, ganz egal? – es geht doch gar nicht darum, daß es in allen Tonarten je zwei sind. Jedes Prélude ist eine kleine Komposition, die selbständig, unabhängig von den anderen Préludes, existieren kann. Natürlich könnte ich noch heute die vier fehlenden[4] schreiben, das heißt sie mir *ausdenken*, denn zum Komponieren habe ich nicht die geringste Neigung; aber ich möchte das eigentlich nicht, denn unter den anderen gibt es keine ausgedachten. Nun kommt aber hinzu, daß Sie anscheinend nicht glauben, daß ich es *müde* bin zu komponieren; daß ich es einfach nötig habe, einen Monat oder zwei möglichst überhaupt nicht zu komponieren und mir keinerlei Zwang anzutun. Wenn Sie natürlich mit dem, was ich sage, nicht einverstanden sind, dann machen Sie es, wie Sie wollen, weil mir im Grunde ganz egal ist, in welcher Reihenfolge meine Stücke gedruckt werden. Ich bin mit allem einverstanden und habe nur gesagt, was mir in diesem Augenblick lieber wäre. Lediglich möchte ich, daß sie *recht bald* erscheinen, ich habe sie hier in Paris sehr viel gespielt.
Ach so, wegen der Versicherung. Es ist keine Laune von mir, sondern man kann einfach nicht unter 1000 Francs versichern, und dafür zahlt man eben 12 Francs. Ich habe auch die Impromptus mit 1000 Francs versichern lassen. Vorläufig wohne ich noch in der Pension, ich kann absolut nichts anderes Passendes ausfindig machen.
Auf Wiedersehen, lieber Mitrofan Petrowitsch! Bestellen Sie Maria Andrejewna und Walja einen herzlichen Gruß

von mir, und seien Sie für Ihre Fürsorge bedankt. Ihr Ihnen aufrichtig ergebener

A. Skrjabin

Den Empfang des Geldes habe ich Ihnen bestätigt.

1 Dies ist die einzige in Skrjabins erhaltenen Briefen vorkommende Äußerung, die andeutet, daß das Komponieren bei ihm in zwei getrennte Arbeitsstadien zerfällt: das rein schöpferische Stadium und das technische (die Niederschrift). Die Äußerung findet ihre Bestätigung auch in den Autographen des Komponisten. Nur Werke der frühesten Periode (zum Beispiel die nicht erschienene *Jugendsonate in es-Moll*, deren ersten Satz Skrjabin später zum *Allegro appassionato* op. 4 umarbeitete) wurden unter Freilassung „nicht fertigkomponierter" Stellen geschrieben (siehe das Finale des zweiten Satzes der genannten Sonate).

2 Gemeint ist offenbar, regelmäßig jeden Tag ein bestimmtes Pensum zu arbeiten, das heißt zu komponieren, vgl. den vorigen Brief.*

3 Wie das gemeint ist, also wie Skrjabin sich jetzt die Gruppierung zu je acht Stücken sowie die Ergänzung dachte, ist unklar. Zur endgültigen Gruppierung der *Préludes* vgl. Brief 58, Anm. 2.*

4 Unter den insgesamt 47 Stücken sind nur *drei* Tonarten nicht zweimal vertreten. Skrjabin irrt sich anscheinend deshalb, weil er, wie aus den verschiedenen Briefen hervorgeht, bis dahin bei einem Teil der Stücke ständig um- und neukomponierte und noch weitere *Préludes* plante.*

## 65. An Mitrofan Beljajew

[Paris,] (31. März) 12. April [1896]

Sehr geehrter Mitrofan Petrowitsch
Soeben erhielt ich Ihren Brief, für den ich Sie meinen Dank entgegenzunehmen bitte. In meinem Brief vom 4. April konnte ich Ihnen den Empfang des Geldes nicht bestätigen, weil er früher abgeschickt war. Den Einlieferungsschein von der Sendung mit den Préludes habe ich aufgehoben; darauf steht das Datum. Auch in meinem Brief[1], entsinne ich mich, habe ich neulich das Datum (23.) angegeben, denn ich habe einen Briefumschlag bewußt zerrissen, als mir einfiel, daß das Datum fehlt, und daran erinnert hat mich Schaikewitsch, der mit mir die Préludes verpackte und

zur Post brachte.[2] Die Impromptus habe ich, wie ich Ihnen schrieb, am 2. Feiertag abgeschickt.[3] Jetzt, lieber Mitrofan Petrowitsch, will ich Ihnen vollständig Rechenschaft über meine Ausgaben ablegen:

| | | |
|---|---|---|
| Mantel . . . . . . . . . . . . . | | 120 Francs |
| Anzug . . . . . . . . . . . . . . | | 120 Francs |
| Hut . . . . . . . . . . . . . . . | | 16 Francs |
| Schuhe . . . . . . . . . . . . . | | 28 Francs |
| 3 Hemden zu 4 Francs | | 12 Francs |
| 2 Hemden zu 6 Francs | | 12 Francs |
| zusammen für Kleidung | | 308 Francs |
| Porto für die Préludes | | 20 Francs und ein paar Centimes |
| " " " Impromptus | | 12 Francs |
| An das Dienstpersonal verteilt für die ganze Zeit | | 32 Francs |
| Für Pension bezahlt | *heute* | 165 Francs |
| | *vorher* | 345 Francs |

Die erste Rechnung habe ich nicht mehr, ich kann mich auch nicht mehr daran erinnern.
Mir bleiben noch 98 Francs. Also noch für 1 Woche. Ich hatte natürlich noch kleine Ausgaben, so für Krawatten, Rasieren usw., das habe ich nicht mehr alles im Kopf. Um die große Rechnung zu bezahlen, habe ich mir Geld geliehen, das ich nachher zurückgab.
Das Konzert am 16. März verlief ausgezeichnet, und das Nocturne für die linke Hand machte großen Eindruck.[4]
Ich weiß noch nicht, lieber Mitrofan Petrowitsch, wie lange ich noch in Paris bleiben werde, es ist hier jetzt schon sehr schön. Man hat mich aufgefordert, noch in zwei Konzerten in der nächsten Woche mitzuwirken.[5] Das wären alle Neuigkeiten. Gestern fuhr ich nach St. Cloud[6]. Welche Pracht! Es war ein wunderschöner Tag. Auf Wiedersehen, lieber Mitrofan Petrowitsch! Bestellen Sie Maria Andrejewna und Walja einen Gruß von mir, und vergessen Sie nicht den Sie aufrichtig liebenden und Ihnen ergebenen

A. Skrjabin

Gestern blieb der Brief liegen. Heute noch eine Ausgabe,

die ich völlig vergessen hatte: der Waschfrau habe ich eben für die ganze Zeit 28 Francs 60 Centimes bezahlt. Also bleiben mir noch insgesamt 77 Francs[7]. Weniger als für eine Woche. Heute soll in unserer Pension eine Schwindsüchtige eintreffen, das macht mir große Sorge. Ich gedenke zu verschwinden.[8] Bitte senden Sie diesmal das Geld lieber poste restante Paris, denn wenn ich umziehe, gibt es große Scherereien mit dem Empfang. Auf Wiedersehen, lieber Mitrofan Petrowitsch!
Ich sende Ihnen den Einlieferungsschein von den Préludes mit, darauf steht das Datum.

1 Brief vom 11./23. März 1896 (in unserer Ausgabe nicht enthalten) mit der Mitteilung über die gleichzeitige Absendung der Manuskripte der *Préludes* („Briefe", S. 135).*
2 Beljajew hatte Skrjabin gebeten, seine Briefe immer zu datieren.*
3 Siehe Brief 63. Der 6. April war der Ostermontag.*
4 In einem Konzert mit Chorwerken von Bach, Sokolow, Borodin und Mussorgski spielte Skrjabin „mit dem gewohnten Erfolg" (so die Zeitschrift „Le Guide Musical") sein *Nocturne* op. 9 Nr. 2 und das *Allegro appassionato* op. 4.
5 Es handelt sich wahrscheinlich um Konzerte in Privathäusern, die nicht öffentlich zugänglich waren (vgl. auch Brief 66 und 67*).
6 Städtchen bei Paris mit einem bedeutenden Schloß.*
7 So in den „Briefen" und im „Briefwechsel"; offenbar ein Rechenfehler von Skrjabin.*
8 Skrjabin war übertrieben ängstlich und fürchtete eine Infektion.

## 66. An Mitrofan Beljajew

[Paris,] (12.) 24. [April] 1896

Sehr geehrter Mitrofan Petrowitsch
Eben war ich auf der Post und erhielt Ihren Brief mit dem Geld. Seien Sie bedankt. Ich will Ihnen schnell eine für mich wichtige Neuigkeit mitteilen. Im Erard-Saal findet am 5. Mai mein zweites Konzert statt.[1] Ich will es wagen; weiß nicht, was dabei herauskommt. In letzter Zeit habe ich so oft in verschiedenen Salons gespielt, daß ich glaube, man könnte etwas arrangieren.

Ich beeile mich mit dem Absenden dieses Briefes; in den nächsten Tagen schreibe ich Ihnen alles ausführlicher. Auf Wiedersehen! Bestellen Sie Maria Andrejewna und Walja einen Gruß von mir, und vergessen Sie nicht den Sie aufrichtig liebenden

A. Skrjabin

1 Am 5. Mai 1896 gab Skrjabin seinen zweiten öffentlichen Klavierabend in Paris.

## 67. An Mitrofan Beljajew

[Paris,] (20. April) 2. Mai [1896]

Sehr geehrter Mitrofan Petrowitsch

Soeben erhielt ich Ihren Brief mit der ungerechtfertigten Beschuldigung, wie Sie gleich selbst sehen werden.[1] Mein Konzert findet tatsächlich am 5. Mai statt, und da es aus dem Stegreif angesetzt wurde, hatte ich ziemlich viel Scherereien deswegen. Ich muß üben, ich muß Eintrittskarten verschicken, ich muß Besuche machen – mit einem Wort, ich bin mit Arbeit überbürdet! Die Kosten für das Konzert werden diesmal ganz unbedeutend sein, 320–340 Francs insgesamt, so daß vielleicht (wer weiß) ein kleiner Erlös dabei herauskommt. Jetzt habe ich an Sie die ganz große Bitte, die Préludes zu drucken, wenn nicht alle, dann *wenigstens* als Einzelnummern *einige*, wie zum Beispiel: Fis-Dur (alle), b-Moll, es-Moll, A-Dur (beide), D-Dur (das ruhige, *nicht* das mit den Sexten) und d-Moll[2]; von mir aus könnten es natürlich alle sein, doch mehr wage ich nicht zu erbitten. Es handelt sich darum, daß ich diese sehr oft in Paris gespielt habe und sie ständig verlangt werden. Sie werden hier in großer Anzahl weggehen, denn sie haben sehr großen Erfolg. Ich sende Ihnen das Programm des zweiten Konzertes mit.[3]

Es gibt übrigens noch eine Neuigkeit: Man lädt mich nach London ein und garantiert mir zwei Konzerte.[4] Raten Sie mir, ob ich das annehmen soll oder nicht. Man kann natürlich nur mit belanglosen Erträgen rechnen, aber ich habe doch den Eindruck, daß es gut wäre, dort zu spielen, und überdies habe ich jetzt zwei Konzertprogramme. Nun werden Sie mich gleich wieder tadeln, aber ich muß jetzt wirklich schnell zu Baudoux, wo ich erwartet werde. Nach dem Konzert beschreibe ich Ihnen dasselbe. Bis dahin auf Wiedersehen, lieber Mitrofan Petrowitsch! Bestellen Sie Maria Andrejewna einen herzlichen Gruß von mir, und vergessen Sie nicht den Sie aufrichtig liebenden und Ihnen ergebenen

A. Skrjabin

Ich will versuchen, die Préludes *gut und nochmals gut* zu korrigieren, und alle Vorzeichen und Vortragsbezeichnungen eintragen, nur bringen Sie sie bitte heraus, und auch das H-Dur-Impromptu. Ich weiß nicht, wie lange ich noch im Ausland bleiben muß. Ich will Ihnen aber sagen, daß mein Aufenthalt hier mir *sehr, sehr* nützlich ist. Ich habe auch große Fortschritte als Pianist gemacht, denn ich übe regelmäßig $1^1/_2$ Stunden am Tag. Seien Sie nochmals gegrüßt, lieber Mitrofan Petrowitsch, und beschuldigen Sie mich nicht wieder solch unsympathischen Verhaltens. Das ist kränkend für mich. Gestern erhielt ich Ihren Brief Nr. 7.
Ich bleibe in der gleichen Pension.

1 Beljajews Brief ist nicht erhalten. Anscheinend hatte Beljajew Skrjabin vorgeworfen, er gäbe in seinen Briefen nicht genau genug Auskunft über sein Leben.

2 In Fis-Dur ist nur ein *Prélude* in der Gruppe op. 11, 13, 15, 16 und 17 notiert: op. 16 Nr. 5; Skrjabin schreibt aber „alle" (nicht „beide", wie bei A-Dur); das erinnert daran, daß er schon in Brief 58 schrieb: „3 in Fis-Dur", womit er außer op. 16 Nr. 5 nur noch die in Ges-Dur notierten op. 11 Nr. 13 und op. 16 Nr. 3 gemeint haben kann. A. Kaschperow („Briefe", S. 144, Anm. 2) weist darauf hin, daß der Komponist häufig in seinen handgeschriebenen (und auch in gedruckten) Programmen das *Ges-Dur-Prélude* op. 11 Nr. 13 als *Fis-Dur-Prélude* bezeichnet hat und sogar einmal bei der *2. Sonate* as-Moll statt gis-Moll angab. Nach Kaschperow ist es nicht ausgeschlossen, daß Skrjabin sich op. 11 Nr. 13 ursprünglich in Fis-Dur gedacht, es dann aber zur formalen Abrundung des Quintenzirkels (vgl. Brief 58, Anm. 2) in Ges-Dur notiert hat, während es in seinem Bewußtsein in der „wahren Tonart" Fis-Dur weiterlebte. – In der weiteren Aufzählung der als Einzelausgabe gewünschten *Préludes* sind in A-Dur op. 11 Nr. 7 und op. 15 Nr. 1, in D-Dur op. 11 Nr. 5 (nicht op. 13 Nr. 5) gemeint. Bei den übrigen genannten Tonarten kommen je zwei Stücke in Frage, was aber nicht so eindeutig wie bei A-Dur angegeben ist: in b-Moll op. 11 Nr. 16 und op. 17 Nr. 4, in es-

Moll op. 11 Nr. 14 und op. 16 Nr. 4, in d-Moll op. 11 Nr. 24 und op. 17 Nr. 1.*

3 Das heißt des bevorstehenden Klavierabends im Erard-Saal.*

4 Die Konzerte in London kamen nicht zustande (vgl. den folgenden Brief*).

## 68. An Mitrofan Beljajew

[Paris, vor dem 22. April/4. Mai 1896]

Sehr geehrter Mitrofan Petrowitsch

Soeben erhielt ich Ihren Brief Nr. 10. Ferner erhielt ich einen Brief aus London mit der Entschuldigung dafür, daß die Konzerte in dieser Saison *nicht* stattfinden können, da der Saal ständig besetzt ist. Ich erhielt auch einen Brief von meinem Vater, in dem er mich einlädt, ihn in Rom zu besuchen, wohin er mit seiner Frau am 13. Mai nach unserem Kalender für 10 Tage kommt. Darüber habe ich mich natürlich sehr gefreut, und ich habe vor, nach dem 8./20.[1] von Paris nach Rom zu reisen. Das wäre dann endlich auch eine Erholungspause. Ich möchte auch sehr gern nach Rußland, und den Sommer über in schöner Natur zu sein wäre verlockend – nun weiß ich nicht, was ich machen soll. Wie schön Paris geworden ist! Man erkennt es nicht wieder. Die Kastanien blühen – es ist zauberhaft! Fast jeden Tag fahre ich ins Grüne, ich kenne in der Umgebung alles. Wo gedenken Sie den Sommer zu verbringen? Wollen Sie ins Ausland? Vielleicht!!! Wie schön wäre es zum Beispiel in der Schweiz! Aber nein, die Hoffnung ist zu gering: Sie haben sich ja bei Ihrer letzten Reise so über das Ausland geärgert. Heute abend entscheide ich endgültig, wie ich es machen werde, und dann schreibe ich Ihnen. Bis dahin auf Wiedersehen, lieber Mitrofan Petrowitsch! Ich habe große Sehnsucht nach Ihnen und möchte Sie sehr gern wiedersehen. Bestellen Sie Maria Andrejewna und Walja einen Gruß von mir, und vergessen Sie nicht den Sie liebenden und Ihnen ergebenen

A. Skrjabin

1 8. Mai nach dem alten, 20. Mai nach dem modernen Kalender.*

## 69. An Mitrofan Beljajew

[Paris, nach dem 23. April/5. Mai 1896][1]

Sehr geehrter Mitrofan Petrowitsch

Ich beeile mich, Ihnen die Ergebnisse meines zweiten Konzertes mitzuteilen. Bezüglich meiner Bekannten haben Sie teilweise recht, aber die Schuld liegt nicht bei ihnen, sondern bei mir, denn größtenteils hatte ich Freikarten vergeben. Verkauft wurden Karten für 900 Francs. Der Saal war voll und der Erfolg derart, daß ich mir wünschen würde, einen solchen irgendwann einmal auch in Rußland zu haben.[2] Deuxmesses sagte mir, wenn ich nicht diese Dummheit begangen und so viele Karten verschenkt hätte (ich glaube, über 100), dann hätte ich eine gute Einnahme gehabt. Nun gut, es lohnt sich nicht, dem nachzuweinen. Wichtig ist, daß mein nächstes Konzert (im kommenden Jahr) in materieller Beziehung gesichert ist. Nach dem Konzert machte ich noch viele Bekanntschaften, kurz, alles steht sehr gut. An Kosten wies man mir über 400 Francs vor. Und Bälle und Abendgesellschaften verschlangen über 200 Francs (es war mir unmöglich, nicht hinzugehen). Es waren aber nützliche Ausgaben: für Kleidung und Wäsche. Das bleibt mir ja alles. Ich habe mir kleine goldene Manschettenknöpfe gekauft, weil ich die elfenbeinernen buchstäblich jeden Tag verlor, und diese sind mit einer kleinen Kette; dann einen Claque, Schuhe (zum Tanzen) und noch Hosen – sehen Sie, wieviel Ausgaben! Das alles abgezogen, blieben mir von dem Konzert noch 260 Francs übrig. Ist das nicht ganz schön?

Heute erhielt ich noch einen Brief von Daniel Meyer aus London; er garantiert mir *alle Kosten* für das Konzert. Ich brauche mich nur zu *entscheiden*, weiß aber nicht wie. Betrügen kann er mich nicht, es ist eine bekannte Firma.

Ich weiß wirklich noch nicht, lieber Mitrofan Petrowitsch, wie lange ich noch im Ausland bleibe. Ich erhielt von meinem Vater einen Brief, in dem er mich bittet, nach Rom zu kommen, wo er sich mit seiner Familie aufhält. Ich habe meine Brüder so viele Jahre nicht gesehen, daß mich das sehr, sehr verlockt. Andererseits habe ich Angst vor dem *Fieber*, das, wie es heißt, gerade um diese Zeit dort wütet. Das wäre alles, was ich Ihnen vorläufig mitzuteilen hätte.

Sollte sich meine Adresse ändern, telegrafiere ich Ihnen. Vorerst bleibt sie die gleiche. Auf Wiedersehen, lieber Mitrofan Petrowitsch! Bestellen Sie Maria Andrejewna und Walja einen herzlichen Gruß von mir, und vergessen Sie nicht den Sie aufrichtig liebenden und Ihnen ergebenen

A. Skrjabin

1 Datum des Klavierabends im Erard-Saal.*

2 In einem Artikel in der „Russischen Musikzeitung" hieß es über dieses Konzert, Skrjabin habe als Komponist und Pianist immer stärkere Beachtung beim Pariser Publikum gefunden und sei von demselben gut aufgenommen worden.

## 70. An Mitrofan Beljajew

Rom, [23.][1] Mai/4. Juni [1896]
Place Venice, 15, Hôtel du Capitole

Sehr geehrter Mitrofan Petrowitsch

Schon so lange habe ich keine Nachricht von Ihnen. Jeden Tag gehe ich zur Post in der Annahme, etwas von Ihnen vorzufinden, und jedesmal sehe ich mich getäuscht. Jetzt haben Sie wahrscheinlich schon meinen Brief aus Rom[2] erhalten und kennen meine gegenwärtige Adresse. Ich gehe hier sehr viel spazieren, besichtige Raritäten, gerate zuweilen in Begeisterung, während mich dann wieder Gefühle anderer Art heimsuchen. Im großen und ganzen bin ich mit meiner Reise sehr zufrieden, zumal auch das Wetter mir gewogen ist, heiße Tage (das heißt für Italien heiße) waren noch nicht, und abends ist es sogar kühl. Hier werde ich bleiben, bis ich von Ihnen Geld bekomme, das bei mir, muß ich gestehen, angesichts der Reisekosten und vieler kleiner unvorhergesehener Ausgaben höchstens bis zum 12. reicht. Dann gedenke ich mich nach Norden zu begeben. Ich arbeite immer ein bißchen – die Zeit vergeht nicht fruchtlos. Vielleicht (aber auch nur vielleicht, nicht sicher) sende ich Ihnen von hier aus die gis-Moll-Sonate;[3] allerdings werden Sie sie ja gleichwohl nicht herausbringen wollen. Sehr beunruhigt mich die Frage nach dem Erscheinen der Préludes. Die Zeit geht dahin, und sie kommen und kommen nicht heraus.[4] Ich verspreche Ihnen nochmals, lieber Mitrofan Petrowitsch, die Korrektur *mit größter Aufmerksamkeit* zu lesen. Ich kann mich sogar *verbürgen*, daß keine Fehler drin sein werden und genügend Bezeichnungen dastehen, nur geben Sie Ihre Zustimmung, daß mit dem Druck begonnen werden kann. Heute abend reist mein Vater ab, und ich *bleibe allein*, wovor ich mich ein wenig fürchte. Einstweilen auf Wiedersehen, lieber Mitrofan Petrowitsch! Bestellen Sie Maria Andrejewna und Walja einen Gruß von mir, und vergessen Sie nicht den Ihnen aufrichtig ergebenen

A. Skrjabin

1 Von Skrjabin infolge eines Umrechnungsfehlers mit 22. Mai datiert.
2 Der Brief ist nicht überliefert.
3 Siehe Brief 51, Anm. 2.
4 Hier bezieht sich Skrjabin wahrscheinlich auf seine von Beljajew nicht erfüllte Bitte, einige *Préludes* in Einzelausgaben herauszubringen (siehe Brief 67). Die *Préludes* und *Impromptus* op. 11–17 erschienen bei Belaieff 1897, und zwar op. 11 am 13./25. Februar und die übrigen am 29. April/11. Mai.

## 71. An Mitrofan Beljajew

Rome, (31. Mai) 12. Juni [1896]
Hôtel du Capitole, Place Venice, 15

Sehr geehrter Mitrofan Petrowitsch
Ich weiß nicht, was ich denken soll. Sind Sie mir vielleicht böse? Jeden Tag gehe ich zur Post, und nichts finde ich vor. Ich sitze mutterseelenallein in Rom, und, offen gesagt, manchmal langweile ich mich, aber nur manchmal, denn ich arbeite viel. In dieser Woche habe ich ein Sinfonisches Allegro für Orchester geschrieben, und jetzt instrumentiere ich es.[1] Die Sonate habe ich zwar beendet, doch bin ich damit *völlig* unzufrieden, obwohl ich sie siebenmal umgearbeitet habe. Ich muß sie anscheinend eine Zeitlang vergessen.
Wie geht es Ihnen denn, lieber Mitrofan Petrowitsch? Ich würde so gern etwas von Ihnen hören. In Rom wird das Wetter unerträglich heiß, ich werde irgendwohin weiterwandern müssen. Ich gestehe, es zieht mich nach Paris. Schreiben Sie mir nur recht bald, lieber Mitrofan Petrowitsch, ich erwarte mit Ungeduld eine Nachricht von Ihnen. Einen herzlichen Gruß von mir an Maria Andrejewna

und Walja. Nehmen Sie die besten Wünsche entgegen von Ihrem Ihnen aufrichtig ergebenen

A. Skrjabin

1 Es ist nicht ausgeschlossen, daß hier Skrjabins unvollendetes und bei Lebzeiten nicht veröffentlichtes erstes Orchesterwerk gemeint ist, das im Autograph keinen Titel aufweist. Nikolai Shiljajew und Leonid Sabanejew fertigten 1926 von dieser Partitur einen zweihändigen Klavierauszug an, der 1927 von Sabanejew bei Bessel und 1929 im Musiksektor des Staatsverlages, Moskau, und gleichzeitig in der Universal Edition, Wien, unter dem Titel *Sinfonische Dichtung für Orchester d-Moll* herausgebracht wurde. 1949 gab Alexander Hauck im Staatlichen Musikverlag, Moskau, unter dem gleichen Titel die Orchesterpartitur des Werkes heraus.

## 72. An Mitrofan Beljajew

Paris, (12.) 24. Juni [1896]
31, rue Vaneau, Pension de Famille

Sehr geehrter Mitrofan Petrowitsch
Heute erhielt ich Ihren Brief und den Scheck, beides wurde mir aus Rom nachgesandt, und nicht ohne einige Mühe erhielt ich auf selbigen das Geld, worüber ich Sie lieber gleich telegrafisch unterrichten wollte, damit es kein Durcheinander gibt. Sie werfen mir, lieber Mitrofan Petrowitsch, geringschätziges Verhalten gegenüber Ihren Briefen vor. Ihr Vorwurf wäre vielleicht beim gegenwärtigen Stand der Dinge einem anderen gegenüber gerecht, aber nicht mir gegenüber. Sie wissen, daß ich fast niemandem, selbst meinem Vater nicht, und fast nie schreibe. Ob ich damit gut oder schlecht handle, ist eine andere Frage; ich konstatiere nur die Tatsache. Niemandem habe ich im Leben jemals so oft geschrieben und so gewissenhaft geantwortet wie Ihnen, und wenn es einmal vorkam, daß ich mich mit der Antwort zwei Tage verspätete (dazu muß man wissen, unter welchen Umständen ich das Geld erhielt), dann habe ich mich doch entschuldigt, und außerdem liegt bei diesen großen Entfernungen ein Brief doch manchmal einfach irgendwo einen Tag länger. Ich verspreche Ihnen, *noch gewissenhafter* zu sein. Allerdings habe ich, soviel ich mich entsinne, diesen Winter alle Briefe von Ihnen immer sofort beantwortet, mit

Ausnahme von *10 Tagen*, an denen ich nicht zur Post ging, Briefe abzuholen. Was Ihre Fragen anbetrifft, so habe ich mit der Antwort vielleicht auf eine davon gezögert, und zwar: wann ich zurückkomme; denn ich *wußte es nicht*. Was mein Budget anbetrifft, so bleibt es dasselbe; im Gegenteil, bei allem *Widerwillen* gegen materielle Fragen tue ich *alles, was ich kann*, um weniger auszugeben. Wenn sich dann allerdings so eine unvorhergesehene Ausgabe ergibt wie die Reise nach Rom – sie hat 100 Rubel gekostet –, dann ist es natürlich, daß ich mein Budget etwas überschritt; das war aber nur 1 Monat. Wie kann man, wenn man sein Budget aufstellt, so etwas vorher wissen! Ach, lieber Mitrofan Petrowitsch, wenn ich nun schon mal mit 24 Jahren etwas Unüberlegtes, meinetwegen auch eine Dummheit angestellt hätte! Andere leisten sich doch Schlimmeres. Außerdem will ich Ihnen sagen: Wenn ich auf Ihre Liebenswürdigkeit rechne, dann deshalb, weil ich vorläufig arbeite und etwas in Aussicht habe, womit ich meine Schulden decken kann. Wäre das nicht der Fall, würde ich natürlich Stunden geben oder konzertieren oder schließlich, was das schlimmste wäre, in Salons spielen, was hier in Paris gut bezahlt wird. Ich sagen Ihnen das, damit Sie nicht denken, ich rechnete auf etwas anderes, als was ich mir selbst verdienen kann.
Auf Wiedersehen, lieber Mitrofan Petrowitsch! Bestellen Sie Maria Andrejewna und Walja einen herzlichen Gruß von mir, und vergessen Sie nicht, seien Sie aber auch nicht böse auf den liederlichen, aber Sie aufrichtig liebenden und Ihnen ergebenen

A. Skrjabin

Mein Geld reicht, wie ich schon schrieb, bis zum 12./1.[1]

1 Gemeint ist: bis zum 12. Juli nach dem modernen, 1. Juli nach dem alten Kalender. Skrjabin hat jedoch falsch umgerechnet, dem 12. Juli entspricht im 19. Jahrhundert der 30. Juni.

## 73. An Mitrofan Beljajew

Paris, (20. Juni) 2. Juli [18]96

Sehr geehrter Mitrofan Petrowitsch

Soeben erhielt ich Ihren Brief vom 16. Juni. Ich beeile mich, Ihnen die Fragen, die Sie gestellt haben, zu beantworten. Nach Petersburg komme ich, wenn Sie es möchten, *nach dem* 5. August. Ich hatte schon überlegt, jetzt gleich nach Rußland aufzubrechen, doch Sie verreisen ja, und aus Moskau fahren ebenfalls alle weg; und ich bin hier so dicht am Meer, daß ich es ausnutzen und baden kann. Nicht wahr? In Dieppe[1] habe ich eine Gelegenheit, zusammen mit Bekannten Quartier zu bekommen, folglich werde ich nicht vor Langerweile sterben. Schreiben Sie mir, was Sie davon halten. – Mein Paß ist 5 Jahre gültig; dabei werden nur jeweils halbjährlich 10 Rubel erhoben, die für das erste Halbjahr bei Aushändigung des Passes zu zahlen sind. Wenn ich also jetzt nach Rußland zurückkehre, habe ich an der Grenze 10 Rubel zu zahlen, da das erste halbe Jahr schon abgelaufen ist (Termin 15. Juni nach *unserem* Kalender). Das Allegro[2] befriedigt mich nicht. Es ist – ebenso wie die Sonate[3] – geschrieben, doch ich werde beide Werke stark umarbeiten. Das Sinfonische Allegro habe ich fast fertig instrumentiert. Ich nehme mir das alles für den Herbst vor. Schon diesen Monat will ich versuchen in Ruhe zu verbringen und mich zu erholen, denn ich fühle mich furchtbar matt, und zuweilen fällt mir das Gehen schwer. Bitte, lieber Mitrofan Petrowitsch, lassen Sie mich diesmal nicht auf das Geld warten: es ist so, daß mein Zimmer *winzig klein* ist, die Luft ist ganz schlecht, und dazu ist das Essen in dieser Pension abscheulich. Bis zum 12. werde ich es irgendwie aushalten, doch dann muß ich an die frische Luft. Ich will versuchen, eine billigere Unterkunft zu finden. Es wäre schön, wenn Sie mir für 2 Monate auf einmal schicken würden, da Sie doch verreisen; aber ich überlasse es Ihnen, Sie wissen selbst, wie es am besten ist, das war nur ein Gedanke von mir. Verzeihen Sie, daß ich Ihnen lästig falle, aber ich möchte mich so gern von allen Sorgen erholen. Schreiben Sie mir bitte, wo Maria Andrejewna und Walja diesen Sommer verbringen, auch, wie es mit ihren Augen steht, müssen Sie sie etwa immer noch behandeln lassen? Auch, wohin ich Ihnen schreiben soll, wenn Sie wegfahren; und ob Sie der liebe Anatoli Konstantinowitsch, dem ich die ganze Zeit schreiben will, begleiten wird. Fährt Kolja[4] auch? Bestellen Sie bitte an alle einen Gruß von mir. Doch ich werde Ihnen sicher schon lästig mit meinem Geschwätz. Auf Wiedersehen, lieber Mitrofan Petrowitsch, vergessen Sie nicht den Sie aufrichtig liebenden

A. Skrjabin

1 Französische Hafenstadt und Badeort am Ärmelkanal.*
2 *Allegro de concert* op. 18.
3 *Sonate Nr. 2.*
4 Sokolow, mit dem Beljajew eng befreundet war (siehe „Briefwechsel", S. 58).*

## 74. An Mitrofan Beljajew

[Moskau, vor dem 12./24. November 1896]

Sehr geehrter Mitrofan Petrowitsch
Eben kam ich nach Hause und fand die Benachrichtigung[1] vor, über deren Empfang ich Sie gleich unterrichten und für die ich Ihnen danken möchte. Die Korrekturen[2] will ich so gut und so schnell wie möglich erledigen. Mit dem Konzert[3] geht es vorwärts. Auf Wiedersehen, lieber Mitrofan Petrowitsch, es ist schon sehr spät. Übermitteln Sie Maria Andrejewna meine Hochachtung.
Ihr aufrichtig ergebener

A. Skrjabin

In op. 16 sind viele Fehler.

1 Über eine Postsendung.*
2 In diesem Zeitraum wurden – im Anschluß an die *Préludes* op. 11 – die *Impromptus* und *Préludes* op. 12–17 zum Druck vorbereitet.*
3 *Klavierkonzert* op. 20.*

## 75. An Mitrofan Beljajew

[Moskau,] 12. (24.) November [1896]

Sehr geehrter Mitrofan Petrowitsch
Übermorgen sende ich alle Korrekturen, sehr sorgfältig gelesen, an Sie ab. Eine zweite ist nicht nötig. Das Konzert habe ich fertig; bin beim Instrumentieren.[1] Wir haben es bei Wassili Iljitsch schon an zwei Klavieren ganz gespielt. Lange habe ich von Ihnen keine Nachricht, lieber Mitrofan Petrowitsch. Sie wollen wohl nichts mehr von mir wissen! Und ich habe sehr, sehr große Sehnsucht. An das Ausland denke ich (vorläufig) nicht mehr.[2] Einen Gruß von mir an Maria Andrejewna und Walja. Ihr aufrichtig ergebener

A. Skrjabin

1 Vgl. Brief 78 und Anm. 1 dazu.*

2 Vgl. Brief 56, Anm. 3. Zwei Tage später teilte Skrjabin Beljajew dazu mit, „daß das von mir früher Beabsichtigte nicht erfolgen wird. Diese Frage ist jetzt geklärt." Damit enden die diesbezüglichen kurzen, etwas verschlüsselten Bemerkungen in einer Reihe von Briefen dieser Zeit an Beljajew.

## 76. An Mitrofan Beljajew

[Moskau,] 1. (13.) Dezember [1896]

Lieber Mitrofan Petrowitsch
Soeben erhielt ich Deinen Brief, auf den ich gleich antworten möchte, um Dir noch einmal für die Gastfreundschaft zu danken.[1] Ich kam wohlbehalten an und fand alle bei guter Gesundheit vor. Ich selbst bin zur Zeit in hervorragender Stimmung. Ich schreibe nur ein paar Zeilen, da ich es schrecklich eilig habe. Bitte, wenn es Dir keine Mühe macht, laß mir den Pelzkragen schicken. Auf Wiedersehen, lieber Mitrofan Petrowitsch! Bestelle Maria Andrejewna und Walja einen Gruß von mir, und denk manchmal an den Dich aufrichtig liebenden und Dir ergebenen

A. Skrjabin

Meine Großmütter und meine Tante lassen grüßen.
Ich küsse Anatoli Konstantinowitsch herzlich.

1 Skrjabin hatte Beljajew zu dessen Namenstag am 23. November 1896 in Petersburg besucht. In diesem Brief erscheint in der Anrede zum erstenmal das „Du", was auf eine Vertiefung der freundschaftlichen Beziehungen deutet.

## 77. An Mitrofan Beljajew

[Moskau,] 17. (29.) Dezember [1896]

Lieber Mitrofan Petrowitsch

Gestern habe ich alle Korrekturen gelesen.[1] Wassili Iljitsch war bei mir zu Besuch, und ich bat ihn, die fragwürdigsten noch einmal anzusehen. Es ist jetzt also alles in Ordnung und kann gedruckt werden. Sicher ist es zu den Feiertagen nicht mehr zu schaffen, aber schön wäre es! Über das Konzert kann ich noch nichts sagen. – Mein Skeptizismus nimmt ab, die Stimmung ist ausgezeichnet, und wenn ich nicht in den Armen leichte Schmerzen hätte, stünde alles aufs beste. Das wäre erst einmal alles, lieber Mitrofan Petrowitsch, was ich von mir mitzuteilen hätte. Schrecklich, schrecklich leid tut es mir, daß Du nicht wenigstens auf einen Tag nach Moskau kommen kannst. Sei für Deine lieben Briefe bedankt. Manchmal kann mich niemand so trösten wie Du; wenn Du mich ausschiltst, wird mir leichter ums Herz. Bestelle Maria Andrejewna und Walja einen Gruß von mir, und denk manchmal an den Dich aufrichtig liebenden und Dir ergebenen jungen Freund

A. Skrjabin

Meine Großmütter und meine Tante lassen Maria Andrejewna und Dich grüßen. An Anatoli Konstantinowitsch will ich bald schreiben.

1 Die zweiten Korrekturen der *Préludes* op. 11, 13, 15, 16 und 17. Skrjabin hatte trotz der Versicherung, er habe sorgfältig gearbeitet (vgl. Brief 75), bei der ersten Korrektur zahlreiche Fehler übersehen. Dafür machte ihm Beljajew in diesen ersten Schaffensjahren häufig Vorhaltungen.

## 78. An Mitrofan Beljajew

[Moskau,] 6. (18.) Januar [1897]

Lieber Mitrofan Petrowitsch

Schon länger als eine Woche habe ich Dir nicht geschrieben, entschuldige bitte. Es gab in dieser Zeit mehrere Ereignisse, die mich hinderten, ein völlig normaler Mensch zu sein. Erstens, eine Erkrankung von Wera Iwanowna, zweitens ... zweitens weiß ich nicht, das heißt, ich fürchte, es zu sagen. Die ganzen letzten Tage ist mein Himmel wolkenlos, und das wohl zum erstenmal. Meine Stimmung ist ausgezeichnet, und ich habe mich ihr ganz hingegeben und konnte daher nicht ... also, mit einem Wort, verzeih mir. Wie geht es Dir? Wie gerne würde ich Dich sehen! und über vieles mit Dir sprechen. Übrigens, ich habe die Variationen des Konzertes fertig, vielleicht wird es auch bald ganz fertig.[1]

Auf Wiedersehen, lieber Mitrofan Petrowitsch! Bestelle Maria Andrejewna und Walja einen Gruß von mir, meine Gratulation zum neuen Jahr und meine besten Wünsche, und vergiß nicht den Dich aufrichtig liebenden und Dir ergebenen

A. Skrjabin

Sag bitte Anatoli Konstantinowitsch, daß es mir sogar peinlich ist, ihn um Entschuldigung zu bitten.[2] Ich denke sehr oft an ihn und küsse ihn herzlich.

1 Vgl. Brief 75. In einem der folgenden Briefe (vom 22. Januar/3. Februar 1897; „Briefe", S. 163) heißt es nochmals: „Jetzt kann ich Dir mitteilen, daß das Konzert ganz fertig ist; es ist nur noch zu instrumentieren." In Wirklichkeit existierte bereits eine Rohschrift der Partitur, auf Grund deren Skrjabins Braut Wera Issakowitsch die Übertragung für zwei Klaviere anfertigte. Der Komponist arbeitete jedoch, wie später noch bei vielen Werken, ständig daran weiter.

2 Ljadow – als Mitarbeiter des Verlages Belaieff – hatte bei der Überprüfung von Skrjabins Korrekturlesung der *Préludes* op. 11, 13, 15, 16 und 17 Fehler gefunden (vgl. Anm. 1 zum vorigen Brief).

## 79. An Mitrofan Beljajew

[Moskau,] 3. (15.) März [18]97

Lieber Mitrofan Petrowitsch

Gestern abend erhielt ich Deinen Brief mit der Nachricht, daß mir meine Kompositionen[1] zugeschickt werden. Sei aufrichtig bedankt für die Güte und das Gedenken. Das „Chamowniki-Werk“ habe ich nicht vergessen, aber alle, die ich gefragt habe, konnten mir nicht sagen, wie dieses Buch zu bekommen ist.[2] Mir blieben zwei Wege: Wassili Iljitsch abzuwarten, bei dem ich das Buch gesehen habe, oder nach dem Chamowniki-Werk hinzufahren, wo es sicher auch Exemplare davon gibt. Du machst mir Vorwürfe, lieber Mitrofan Petrowitsch, daß ich nichts von mir schreibe, aber erstens teilt Dir meine Tante vieles mit,[3] was ich dann wiederholen müßte, und zweitens ist dieses *„viele“* im Grunde so eintönig. Ich beschäftige mich jeden *Tag ein wenig.* Die Abende verbringe ich mit meiner Braut. Wie immer haben sich einige Kompositionen angesammelt, die ich zur Zeit nicht in Ordnung bringen kann, da ich mich sehr erschöpft fühle. Bis zum Sommer hoffe ich das Konzert und das Allegro in b-Moll[4] fertigzustellen. Und im Sommer möchte ich mich erholen. Über die Hochzeit kann ich ebenfalls nichts Positives schreiben; wahrscheinlich findet sie im Juli statt. Sobald diese Frage geklärt ist, gebe ich Dir Bescheid. Zunächst einmal auf Wiedersehen! Sei nochmals bedankt, und vergiß nicht den Dich aufrichtig liebenden und Dir ergebenen

A. Skrjabin

P. S. Bitte richte Maria Andrejewna und Walja Grüße von mir aus.

Denkt Anatoli Konstantinowitsch irgendwann einmal an mich? Küsse ihn von mir. Eben wurde mir der Band gebracht, den Du geschickt hast.[5] Reizend! Reizend! Ich küsse Dich herzlich und bin Dir unendlich dankbar.

1 Die *Préludes* op. 11 waren am 13./25. Februar 1897 in Leipzig erschienen.*

2 Beljajew hatte um ein Buch über dieses Werk (heute „Moskauer Bierbrauerei“) gebeten.

3 Einige Briefe von Ljubow Skrjabina an Beljajew wurden in die

Ausgabe „Briefwechsel" aufgenommen. Sie sind sehr aufschlußreich sowohl in bezug auf den Charakter des Komponisten als auch in bezug auf die liebevoll-besorgte Einstellung seiner Tante und Erzieherin zu ihm, darüber hinaus aber auch in bezug auf die Person Beljajews.*

4 *Allegro de concert* op. 18.

5 Siehe Anm. 1.

## 80. An Nikolai Rimski-Korsakow

[Moskau,] 19. April (1. Mai) [1897]

Sehr geehrter Nikolai Andrejewitsch!

Soeben erhielt ich Ihren Brief, der mich ganz mutlos machte.[1] Und es gibt nichts zu meiner Rechtfertigung, außer vielleicht einem kleinen Umstand, der mich daran hindert, mich zu konzentrieren – überhaupt und auf das Schreiben im besonderen –, das ist eine Neuralgie, die schon mehrere Tage anhält. Mir ist es so peinlich! Ich werde *alles von mir* Abhängende tun, um die nächsten Sätze gut zu korrigieren, obwohl ich mich dermaßen schäme, Sie zu belasten, daß ich Sie bitten würde, mir Ihre Aufmerksamkeit und Liebenswürdigkeit zu versagen, die ich gar nicht verdiene. Wenn Sie aber dermaßen gütig sein wollen, daß Sie das nicht tun, so werde ich Ihnen unendlich dankbar sein, und ich werde es *aktiv* zu beweisen versuchen mit dem Bestreben, die Unordentlichkeit in mir auszurotten. Ich bitte Sie, Nadeshda Nikolajewna meine Hochachtung zu übermitteln und nochmals den Dank entgegenzunehmen von Ihrem aufrichtig ergebenen

A. Skrjabin

1 Rimski-Korsakow und Ljadow begutachteten, wie es Beljajew mit ihnen vereinbart hatte, alle für den Verlag in Frage kommenden Werke und so auch in der ersten Hälfte des April 1897 die Partitur des *Klavierkonzertes* von Skrjabin. Rimski-Korsakows Brief, auf den Skrjabin hier antwortet, ist nicht nachweisbar. Nach der Antwort zu urteilen, enthielt er kritische Bemerkungen über Flüchtigkeitsfehler im ersten Satz des *Konzertes*.

## 81. An Anatoli Ljadow

[Moskau,] 19. April (1. Mai) [1897]

Lieber und teurer Anatoli Konstantinowitsch

Ich schreibe Dir diese wenigen Zeilen des Dankes[1] in einem sehr unangenehmen Zustand, in dem ich mich schon einige Tage befinde. Ich habe eine Neuralgie und sehe daher alles in den schwärzesten Farben. Ich schäme mich furchtbar vor Nikolai Andrejewitsch, aber was soll ich mit mir anstellen! Ich will versuchen, sorgfältiger zu sein.[2]

Ich würde Dir etwas erzählen, aber ich fürchte, Dich melancholisch zu stimmen; ich weiß einfach nicht, wie ich die furchtbare Stimmung loswerden soll. Vergiß nicht das gegebene Versprechen; mit Ungeduld erwarte ich Dich und Mitrofan Petrowitsch.[3] Einstweilen küsse ich Dich herzlich und verbleibe als Dein Dich aufrichtig liebender und ergebener

A. Skrjabin

1 Skrjabin bedankt sich für die Durchsicht des ersten Satzes des *Klavierkonzertes*, vgl. Anm. 1 zum vorigen Brief.

2 Als Antwort auf diesen und den vorigen, am gleichen Tage geschriebenen Brief schrieb *Beljajew* am 30. April/12. Mai an Skrjabin: „Deine Zerstreutheit ist phänomenal! Gerade haben Dir Tolja [Ljadow] und Nik[olai] And[rejewitsch] Briefe wegen der Unordentlichkeit Deines Manuskripts geschrieben, da steckst Du bei der Beantwortung ihrer Briefe Deinen Brief an Nik. Andr. in den Umschlag mit Toljas Adresse und umgekehrt! Wo hast Du Deinen Kopf?" („Briefwechsel", S. 86)*

3 Beljajew und Ljadow kamen Ende Mai 1897 nach Moskau. Sie logierten bei Skrjabins Onkel und besuchten auf Einladung von Tanejew Prüfungen am Moskauer Konservatorium.

## 82. An Anatoli Ljadow

Moskau, 14. (26.) Mai [18]97

Lieber Anatoli Konstantinowitsch

Gestern erhielt ich einen Brief von Nikolai Andrejewitsch, der mich ein wenig traurig gemacht hat.[1] Ich bin Nikolai Andrejewitsch für seine liebenswürdige Aufmerksamkeit sehr dankbar; aber hat er etwa nur deswegen so viel Zeit auf die Durchsicht des Konzertes verwendet, um hinterher sagen zu können, daß die Instrumentation schwach ist? Wenn er schon so liebenswürdig war, hätte er mir dann nicht wirklich ein bißchen helfen können, indem er mir wenigstens mit NBs die Stellen angibt, die ihm am schwächsten erscheinen, und warum?[2] Um ein bereits komponiertes Konzert zu instrumentieren, braucht man doch nicht vorher mehrere Sinfonien zur Übung zu komponieren. Nikolai Andrejewitsch schreibt, das Instrumentieren eines Klavierkonzertes sei eine sehr schwierige Sache, und es sei leichter, nur für Orchester zu schreiben; nehmen wir an, es stimmt, aber das gilt für eine *ideale* Instrumentation. Mir dagegen genügt für diesen meinen ersten Versuch eine *anständige* Instrumentation, und dieses Ziel erscheint mir erreichbar mit dem Rat und ein wenig Hilfe von Menschen, die etwas davon verstehen. Es ist ja leicht gesagt: Studieren Sie die Instrumentation; aber das geht ja nur auf *eine* Art: indem man seine Kompositionen *aufgeführt* hört, denn wenn nur darüber gesprochen wird, das ist der zehnte Teil dessen, was man braucht. Wenn ich jetzt meine Stücke nicht zu hören bekomme und mir niemand etwas sagt, wie kann ich denn dann etwas lernen? Ich habe Partituren studiert, studiere sie und werde sie natürlich auch in Zukunft studieren, aber daß ich genau auf einen solchen Fall stoße, wie ich ihn brauche, dazu müßte es mit seltsamen Dingen zugehen. Ich beschäftige mich zur Zeit jeden Tag damit, und es führt zu nichts. Phantasieren und kombinieren kann ich nach Herzenslust; ich werde ein Muster entwerfen, wie es selbst Nikolai Andrejewitsch noch nicht im Traum gesehen hat, aber *ohne Erfahrung* ist das alles nichts. Verzeih mir, daß ich so viel zusammengeschwatzt habe. Doch es ist mir ein bißchen unangenehm: Ich habe Nikolai Andrejewitsch für durch und durch gut gehalten, und jetzt sehe ich, daß er nur liebenswürdig ist. Auf jeden Fall ist es mir *peinlich*, daß ich es gewagt habe, ihn zu belasten, und künftig werde ich das natürlich *nicht mehr tun*.[3] Ich werde wie bisher alles selbst herauskriegen. Rate mir bitte, was ich tun soll; äußerstenfalls schick mir die Partitur (sie ist ja bei Dir), ich werde sie uminstrumentieren und selbst die Verantwortung übernehmen.[4] Sergej Iwanowitsch ist so gütig, daß er alles tun will, damit die Instrumentation gut wird; er wird mir Anleitung geben.[5] Nun verzeih mir, lieber Anatoli Konstantinowitsch, das lange Geschwätz, ich küsse Dich herzlich und *warte mit Ungeduld.* Unbedingt, unbedingt, unbedingt!!!!! Du bist ein abscheulicher, gemeiner, schlechter, ganz schlechter Kerl, wenn Du nicht Wort hältst. Herrgott, was soll ich machen?! Nochmals küsse ich Dich.

Was hat es zu bedeuten, daß Mitrofan Petrowitsch nicht schreibt?!

An Nikolai Andrejewitsch schreibe ich morgen, um die Umschläge nicht zu verwechseln.

Bitte, lieber Anatoli Konstantinowitsch, bemühe Dich nicht mit der Durchsicht. Ich möchte gerade *Dir* mit meinen Kompositionen keine unangenehmen Minuten bereiten. Schreib mir nur, was ich machen soll.

1 Der Brief von Rimski-Korsakow ist nicht nachweisbar.

2 Skrjabin kannte, als er diesen Brief schrieb, noch nicht die Verbesserungen, die Rimski-Korsakow im Autograph der Partitur vorgenommen hatte und durch die, ohne das Werk als Ganzes anzutasten, der Klang der Orchesterbegleitung etwas verbessert wurde.

3 Rimski-Korsakow war über die Nachlässigkeit in der Notierung des *Klavierkonzertes* sehr aufgebracht. Er schrieb an Ljadow auf den Umschlag des Autographs: „Lieber Anatoli! Sehen Sie diese Sudelei durch; ich habe es getan. Vieles verstehe ich nicht, und überhaupt geht es über meine Kräfte. Ich bin nicht in der Lage, mich mit diesem Schwachsinn abzugeben. Der Autor sollte dieses Konzert lieber für zwei Klaviere herausbringen, dann könnte es ihm irgendwer instrumentieren. [...] An Skrjabin habe ich geschrieben." Beim 2. Satz schrieb er ironisch: „In diesem Satz sind weniger Schreibfehler, da fast keine Modulationen."

4 Skrjabin erhielt die Partitur zurück und nahm vor der Drucklegung einige Änderungen und Verbesserungen vor. (Siehe auch Brief 88.*)

5 Einer Tagebuchnotiz Tanejews zufolge scheint dieser das *Klavierkonzert* von Skrjabin erst 1904 kennengelernt zu haben.

## 83. An Mitrofan Beljajew

Moskau, 19. (31.) Mai [18]97

Lieber Mitrofan Petrowitsch

Ich schreibe Dir ein paar Zeilen, erstens, um Dir zu danken für die freudige Nachricht über Dein Kommen, das ich mit Ungeduld erwarte. Und dann möchte ich mich nach dem Schicksal meines Konzertes erkundigen. Ich schrieb Anatoli Konstantinowitsch und bat ihn, es mir, wenn möglich, recht bald zur Überarbeitung der Instrumentation zu schicken; ich möchte sie in *eigene* Verantwortung übernehmen, da ich sehe, daß ich auf Hilfe nicht rechnen kann.[1] Ich habe mich in letzter Zeit mit Instrumentation beschäftigt und kann wahrscheinlich, wenn auch nicht glänzend, so doch einigermaßen damit umgehen. Sergej Iwanowitsch ist so gütig, daß er mir jegliche Unterstützung versprach. Aber er bleibt nicht lange in Moskau, und man muß die Zeit nutzen.[2]

Auf Wiedersehen, lieber Mitrofan Petrowitsch, auf ein baldiges und freudiges! Bestelle Maria Andrejewna und Walja einen Gruß von mir. Anatoli Konstantinowitsch küsse ich herzlich und bitte nochmals, ebenso wie auch Dich, das Versprechen nicht zu brechen. Dein Dich aufrichtig liebender

A. Skrjabin

Teil mit bitte die Adresse von Nikolai Andrejewitsch mit, ich kann seinen Brief nicht finden; aber sag ihm nichts davon, sonst ist er vielleicht gekränkt.

1 Vgl. den vorigen Brief.
2 Siehe Anm. 5 zum vorigen Brief.

## 84. An Mitrofan Beljajew

Moskau-Lefortowo[1], 11. (23.) Juni [18]97

Lieber Mitrofan Petrowitsch

Ich beeile mich, Dir den Empfang des Geldes[2] zu melden und Dir vielmals zu danken. Auf der Post kam es zu einem kleinen Mißverständnis: ich war dreimal umsonst da, man sagte mir, es sei nichts da. Dann sollte ich mich zwecks

Auskunft an die Geldversandstelle wenden, und da wurde eine Nachlässigkeit der Beamten festgestellt. Daher also konnte ich Dir bis jetzt nichts mitteilen. Du fragst nach meiner seelischen Verfassung. Ich will Dir sagen, daß sie täglich wechselt. Heute geht es mir gut, sehr gut, gestern war ich den ganzen Tag niedergeschlagen. Wera Iwanowna schrieb mir,[3] daß sie einen Brief von Dir erhalten hat, aber sie schreibt nichts von dessen Inhalt! Es wäre interessant zu wissen, worüber Du Dich mit ihr ausgetauscht hast!? Wie gütig und lieb Du doch bist! Glaube nur nicht, daß ich, wenn ich manchmal teilnahmslos erscheine und lakonisch bin, auch undankbar bin. Ich verstehe es nur nicht und liebe es nicht zu heucheln. Wie schön es heute ist, auf der Welt zu leben, lieber Mitrofan Petrowitsch! Auf Wiedersehen! Bestelle Maria Andrejewna und Walja einen Gruß von mir, und sei nochmals für alles bedankt. Dein Dich aufrichtig liebender und ergebener

A. Skrjabin

Meine Großmütter und meine Tante verreisen heute. Sie senden Dir einen herzlichen Gruß.
Meine Adresse: *Lefortowo,* 2. Kadettenanstalt, Wohnung des Erziehers Skrjabin.[4]

1 Siehe Brief 9, Anm. 5.*
2 Am 31. Mai/12. Juni hatte Beljajew Skrjabin mitgeteilt, daß er ihm unter anderem für das *Allegro de concert* 700 Rubel zahlen werde sowie für die *2. Sonate* 400 Rubel und für das *Klavierkonzert* 600 Rubel anbiete. Daraufhin hatte Skrjabin am 1./13. Juni um 800 Rubel gebeten („Briefwechsel“, S. 89f.).*
3 Sie hielt sich offenbar schon bei ihrem erkrankten Vater in Nishni-Nowgorod auf, wohin ihr Skrjabin gegen Monatsende folgte (siehe Brief 85).*
4 Wohnung des Onkels Wladimir Skrjabin.*

## 85. An Mitrofan Beljajew

Nishni[-Nowgorod][1], 30. Juni (12. Juli) [18]97

Lieber Mitrofan Petrowitsch
Nun bin ich schon den dritten Tag in Nishni. Jetzt kann ich Dir einiges mitteilen, erstens, ich bin bei prächtiger Laune

und bin endlich nach vielem Umherziehen zur Ruhe gekommen.
Die Hochzeit ist für den 15.–20. August vorgesehen. Mit Sicherheit steht es allerdings noch nicht fest. Immerzu habe ich von Dir in Moskau einen Brief erwartet, aber er kam nicht. Wie geht es Dir? Schreib mir recht bald einmal. Aber schreib bitte nichts, was Wera nicht wissen soll, ich zeige ihr die Briefe. Auf Wiedersehen, lieber Mitrofan Petrowitsch! Ich erwarte mit Ungeduld ein paar Zeilen von Dir. Denke manchmal an den Dich aufrichtig liebenden

A. Skrjabin

1 Heute Gorki. Hier fand auf Wunsch von Weras Vater die Hochzeit statt. Wegen seiner Erkrankung war der Termin eine Zeitlang ungewiß.*

## 86. An Mitrofan Beljajew

[Nishni-Nowgorod,] 15. (27.) Juli [1897]

Lieber Mitrofan Petrowitsch
Wir sind gerade aus Samara zurückgekehrt,[1] und ich will gleich auf Deine zwei Briefe antworten, die ich erhalten habe. Das „Allegro de concert“ werde ich bald erhalten, ich lese die Korrektur und schicke es ab.[2]
Das Konzert werde ich in Odessa am 5. *Oktober* unter dem Dirigat von Wassili Iljitsch spielen,[3] danach kann es dann gedruckt werden.
Die 2. Sonate ist noch nicht fertig.
Den Brief, in dem es um die Etüden geht, habe ich nicht erhalten. Wiederhole bitte im nächsten Deine Frage.[4]
Die Briefe brauche ich auch *nicht zu zeigen*, schreib mir alles, was Du willst.[5] Soviel zum Geschäftlichen – das ist wohl alles. Jetzt möchte ich Dir sagen, daß ich, obwohl es mir sehr, sehr gut geht, trotzdem oft bedaure, daß ich Dich und Anatoli Konstantinowitsch nicht sehen kann. Aber wer weiß, vielleicht kommen wir bald zusammen nach Petersburg, vielleicht auch im nächsten Winter.
Einstweilen auf Wiedersehen, lieber Mitrofan Petrowitsch! Bestelle Maria Andrejewna und Walja einen herzlichen Gruß von mir. Dich küsse ich ganz herzlich. Schreib mir von Dir, nie erfahre ich etwas!

Unsere Fahrt nach Samara verlief sehr gut, bei herrlichem Wetter, und wir haben genug frische Luft eingeatmet. Jetzt will ich allmählich anfangen zu arbeiten.
Wera Iwanowna bittet mich, einen Gruß von ihr auszurichten. Hast Du vielleicht Post von Anatoli Konstantinowitsch? Dann schreib mir. Nochmals auf Wiedersehen! Vergiß nicht den Dich aufrichtig liebenden

A. Skrjabin

1 Skrjabin und seine Braut hatten zusammen mit Verwandten und Freunden eine mehrtägige Dampferfahrt auf der Wolga von Nishni-Nowgorod (Gorki) nach Samara (Kuibyschew) und zurück unternommen.
2 Skrjabin hatte die Korrekturabzüge in Moskau vergessen und mußte sie sich nach Nishni-Nowgorod nachsenden lassen.*
3 Ursprünglich wollte Safonow Skrjabins *Klavierkonzert* im Frühjahr 1897 in einer „Probe“ unter Ausschluß der Öffentlichkeit mit dem Orchester der Studierenden des Moskauer Konservatoriums aufführen. Dann beschloß er jedoch in Absprache mit dem Komponisten, es statt dessen öffentlich in einem Sinfoniekonzert in Odessa aufzuführen, wo er als Gast zu dirigieren hatte (nicht am 5., sondern am 11. Oktober), und ließ Skrjabin den Solopart spielen.
4 Beljajew sandte an Skrjabin mit seinem Brief vom 18. Juli 1897 („Briefwechsel“, S. 97f.) eine Liste von Fehlern und Unklarheiten in den *Etüden* op. 8 zwecks Verbesserung in der 2. Auflage. Besonderen Wert legte er auf folgende Korrekturen: 1) *Etüde Nr. 2*, Takt 20, r. H., letztes Sechzehntel des 2. Viertels: Kreuz vor g; 2) *Etüde Nr. 4*, Takt 14 (Auftakt nicht gezählt), r. H., letztes Sechzehntel des 3. Viertels: Kreuz vor a (in den späteren Auflagen wurde im gleichen Takt auch vor die übernächste Note, g, ein Kreuz gesetzt); 3) *Etüde Nr. 6*, Takt 50: Skrjabin strich bei seiner Durchsicht vor der 2. Auflage die Auflösungszeichen vor c; Beljajew protestierte unter Hinweis auf den analogen Takt 54; entgegen Skrjabins Korrektur wurden in Takt 50 die Auflösungszeichen vor c in allen folgenden Auflagen beibehalten.
5 Vgl. Brief 85.

## 87. An Mitrofan Beljajew

[Nishni-Nowgorod,
vor dem 27. August/8. September 1897]

Lieber Mitrofan Petrowitsch
Wir sind in einem schrecklichen Durcheinander. Bereiten uns auf die Hochzeit vor, die am 27. August stattfinden wird. Nach der Trauung fahren wir auf die Krim, wohin, weiß ich noch nicht. Gestern erhielten wir schon ein Telegramm von Safonow. Er hat sicher die Einladung nicht erhalten,[1] da er sich im Kaukasus aufhält. Das Konzert in Odessa wird stattfinden; die erste Probe ist am 11. Oktober.[2] Das wären alle Neuigkeiten. Schreib mir bitte, ob Du meine Briefe erhalten hast. Ich küsse Dich herzlich und verbleibe Dein Dich aufrichtig liebender

A. Skrjabin

1 Skrjabin hatte, wie es üblich war, an seine Bekannten gedruckte Einladungen zur Hochzeit verschickt. Zu den Geladenen gehörte zum Beispiel auch Wladimir Stassow in Petersburg, der aber nicht teilnahm.
2 Für den 11. Oktober war das Konzert angesetzt.

## 88. An Mitrofan Beljajew

Odessa[1], 12. (24.) Oktober [18]97

Lieber Mitrofan Petrowitsch
Ich schreibe Dir ein paar Worte, um Dir meine erfolgreiche Mitwirkung in der sinfonischen Versammlung zu melden.[2] Einzelheiten wird Dir Wassili Iljitsch mitteilen. Er wird Dir auch die Partitur nach einer Änderung von vier Takten in der Instrumentation des Finales übergeben. (Ich habe mit ihm schon angestrichen, was nötig ist.) Das übrige klingt sehr gut. Das heißt, daß das Werk nun gedruckt werden kann.
Ich kann Dir noch nicht unsere Adresse mitteilen, da ich nicht weiß, wohin wir fahren werden.[3] Am Tag der Abreise schreibe ich Dir. Einstweilen auf Wiedersehen! Ich küsse Dich herzlich und verbleibe Dein Dich aufrichtig liebender

A. Skrjabin

Einiges haben wir an der Instrumentation nach der Probe geändert.

1 Nach einem zweiwöchigen Aufenthalt in Gursuf auf der Krim reiste Skrjabin mit seiner Frau am 21. September 1897 nach Odessa, wo er sich gründlich auf sein Auftreten als Solist seines *Klavierkonzertes* am 11. Oktober vorbereiten wollte. Diese erste Aufführung eines großen Werkes mit Orchester war für den Komponisten von außerordentlicher Wichtigkeit.

2 Die Sinfoniekonzerte der Russischen Musikgesellschaft wurden als „sinfonische Versammlungen" bezeichnet.* – Über die Uraufführung von Skrjabins *Klavierkonzert* berichtete Safonow in einem Brief an Cui von einem „riesigen Erfolg". Lokalzeitungen äußerten sich etwas zurückhaltend.

3 Skrjabin plante von Odessa aus eine Auslandsreise mit Konzerten in Berlin, Paris und Wien, von denen allerdings nur ein gemeinsamer Klavierabend mit seiner Frau am 31. Januar 1898 in Paris zustande kam.

## 89. An Mitrofan Beljajew

Paris, 26. [Oktober]/7. November [18]97

Lieber Mitrofan Petrowitsch

Ich beeile mich, Dir meine Adresse mitzuteilen sowie Dich zu bitten, mich recht bald über den Empfang der Sonate[1] zu informieren, die ich von Wien aus geschickt habe; denn ich bin diesmal aus irgendeinem Grunde mehr als je beunruhigt. Ich habe die Adresse auf französisch geschrieben.

Nun sind wir also endlich in Paris. Haben ein sehr schönes Zimmer gefunden, werden darin aber wohl leider nicht bleiben: wir haben lauter Musiker als Nachbarn. Im kommenden Monat wollen wir gemeinsam ein Konzert geben.[2] Ich arbeite ab und zu ein bißchen. Schreib mir bitte, ob Wassili Iljitsch Dir das Konzert übergeben hat oder nicht. Auf Wiedersehen! Ich küsse Dich herzlich. Dein Dir aufrichtig ergebener

A. Skrjabin

Adresse: Paris. Poste restante (la grande poste).

1 Manuskript der *2. Sonate*.

2 Siehe Brief 93, Anm. 1.

## 90. An Mitrofan Beljajew

Paris, 14./26. November [1897]

Lieber Mitrofan Petrowitsch
Die ganze Zeit konnte ich mich nicht entschließen, Dir meine richtige Adresse mitzuteilen, da ich nicht sicher war, daß ich in dieser Wohnung bleiben werde. Nun ist diese Frage aber entschieden; wir wohnen 5, rue de la Neva.
Ich habe in der letzten Zeit sehr viel gearbeitet und bin fast nirgendwohin gegangen. Wir waren nur am vergangenen Sonntag in einem „Concert Lamoureux" und hörten den „Sadko" von Nikolai Andrejewitsch in einer großartigen Aufführung von Chevillard. Er ist überhaupt ein wunderbarer Dirigent.
Natürlich habe ich Baudoux und einige Musiker gesehen.
Du fragst mich nach meinen Finanzen. Sie sind, offen gesagt, in einem ganz jämmerlichen Zustand. Wenn möglich, schick mir jetzt etwas.
Ein Konzert können wir vor Januar in Paris nicht geben.[1]
Einstweilen auf Wiedersehen! Ich küsse Dich herzlich.
Dein Dich aufrichtig liebender

A. Skrjabin

1 Siehe Brief 93, Anm. 1.

## 91. An Wladimir Stassow

Paris, 1. (13.) Dezember [1897]

Sehr geehrter Wladimir Wassiljewitsch
Ich bin natürlich einverstanden, den mir liebenswürdigerweise zugesprochenen Preis entgegenzunehmen,[1] doch möchte ich gern der unbekannten Person meinen aufrichtigen Dank für die zum Ausdruck gebrachten Sympathien bezeigen, was ich Sie hiermit ergebenst zu übermitteln bitte, da ich keine andere Möglichkeit habe. Verzeihen Sie, daß ich Ihnen ungewollt Unruhe bereitet habe, und nehmen Sie meinen Dank und die Versicherung meiner vollkommenen Hochachtung und Ergebenheit entgegen.

A. Skrjabin

1 Stassow hatte Skrjabin am 25. November/7. Dezember 1897 aus Petersburg mitgeteilt, er sei von einem anonymen „geheimen Liebhaber der russischen musikalischen Schule" beauftragt, dem Komponisten einen Preis im Betrag von insgesamt 1000 Rubeln für seine Kompositionen op. 3, 4, 6, 7 und 9 zu übermitteln. Dieser „Glinka-Preis" wurde seit 1884 jährlich am „Glinka-Tag", dem 27. November, an dem 1836 Glinkas Oper „Iwan Sussanin" und 1842 „Ruslan und Ludmila" uraufgeführt worden waren, durch Vermittlung Stassows an verschiedene Komponisten vergeben. Der anonyme Stifter war Beljajew, wie nach dessen Tode 1904 bekannt wurde.

## 92. An Wladimir Stassow

Paris, 13./25. Dez[ember 1897]

Sehr geehrter Wladimir Wassiljewitsch
Mit großem Vergnügen erfülle ich Ihre Bitte,[1] zumal ich Ihnen etwas für Sie Erfreuliches mitzuteilen habe, nämlich daß jetzt an der Spitze der Konzerte der Lamoureux-Gesellschaft ein Verehrer der russischen Musik, der wunderbare Dirigent Chevillard, steht.
Wir haben schon im vorangegangenen Konzert „Sadko" gehört und im letzten „Antar"[2] in einer sehr guten Aufführung.
Er (Chevillard) sagte, daß er „Tamara"[3] und viele andere Werke aufführen wolle.
Von mir kann ich Ihnen berichten, daß ich ziemlich viel mache, mich aber nicht ganz wohl fühle. Mit Vergnügen denke ich an die Reise nach Rußland im Frühjahr, nach meinem Konzert. Ich hoffe, dann auch Petersburg besuchen zu können.
Also auf ein erfreuliches Wiedersehen! Nehmen Sie meinen Dank für das Gedenken und freundliche Wohlwollen sowie die Versicherung meiner vollkommenen Hochachtung und Ergebenheit entgegen.

A. Skrjabin

1 Anläßlich der Übersendung des Glinka-Preises hatte Stassow Skrjabin gebeten, ihm kurz zu schreiben: „... wie geht es Ihnen, was sehen und hören Sie, was komponieren Sie, und wann gedenken Sie zurückzukommen?"

2 Beides Orchesterwerke von Rimski-Korsakow.*
3 Sinfonische Dichtung von Balakirew.*

## 93. An Mitrofan Beljajew

[Paris,] 20. [Januar]/1. Febr[uar 18]98

Lieber Mitrofan Petrowitsch
Entschuldige, daß ich es weder gestern noch vorgestern geschafft habe, Dir zu schreiben; ich war furchtbar beansprucht.
Das Konzert[1] kann man als gelungen im Sinne eines künstlerischen Erfolges betrachten.[2] Ich sende Dir das Programm mit, und wenn sie erscheinen, werde ich auch Rezensionen schicken. Die Korrektur der Sonate[3] habe ich erhalten, und gleich heute werde ich sie mir vornehmen. Ich will versuchen, alles sorgfältig zu machen, so daß eine zweite Korrektur *nicht* nötig wird. Im Moment bin ich mit der Komposition einer Sonate beschäftigt;[4] es ist noch schwer zu sagen, wann sie ungefähr fertig sein wird. Ich habe auch noch einige Préludes, doch möchte ich mit dem Herausbringen noch warten, wenn Du nichts dagegen hast. Das wäre vom Geschäftlichen alles. Übrigens noch eine Bitte: schreib mir bitte, wie meine Finanzen stehen, und entschuldige, wenn ich eine Weile in Deiner Schuld bleibe.
Schreib mir bitte etwas von Dir, nie, nie redest Du davon. Einstweilen auf Wiedersehen! Denke manchmal an den Dich aufrichtig liebenden

A. Skrjabin

Richte bitte Anatoli Konstantinowitsch meinen Dank für die Korrektur aus[5] und küsse ihn.

1 Am 31. Januar 1898 gab das Ehepaar Skrjabin im Erard-Saal in Paris einen gemeinsamen Klavierabend mit Werken von Skrjabin.
2 Der „materielle Erfolg“ des Konzertes betrug infolge außerordentlich hoher Vermittlungsgebühren, die vermeidbar gewesen wären, nur wenige Francs, wie Skrjabin am 2./14. Februar Beljajew auf dessen Rückfrage antwortete („Briefe“, S. 191).*
3 *2. Sonate.*
4 *3. Sonate.* (Zum erstenmal hatte Skrjabin die Arbeit daran in sei-

nem Brief an Beljajew vom 23. November/5. Dezember 1897 [„Briefe", S. 185] erwähnt.*)

5 Ljadow las bei vielen Werken, die bei Belaieff erschienen, nicht nur Werken Skrjabins, Korrektur.

## 94. An Mitrofan Beljajew

[Paris,] 27. Januar (8. Februar) [18]98

Lieber Mitrofan Petrowitsch

Heute morgen erhielt ich das Geld[1] und vorgestern abend den Brief[2]. Sei für beides bedankt, und entschuldige, daß ich Dir das Programm des Konzertes zu spät geschickt habe, aber ich hatte so sehr viele Scherereien.

Was die Polonaise anbelangt, so habe ich sie zwar im Konzert gespielt, sie aber noch längst nicht in endgültige Gestalt gebracht, und jetzt bin ich mit anderen Kompositionen beschäftigt.

Ich habe die Korrektur der Sonate[3] an Dich abgeschickt; da müssen anstelle von zwei Takten vier untergebracht werden; das ist doch möglich? Ich kann mich erinnern, daß bei den Variationen von Sokolow dasselbe gemacht wurde, auch in meinem „Allegro appassionato" (in der 2. Auflage).[4] Es wird nicht schwierig sein, zumal in der Zeile nur zwei Takte sind.

Schreib mir bitte, ob Du die Korrektur erhalten hast, und schreib mir, falls Du es nötig findest, noch einmal Korrektur zu lesen. Ich meinerseits habe alles aufmerksam durchgesehen, und wenn man garantieren könnte, daß alle Korrekturen ausgeführt werden, dann könnte sofort gedruckt werden. Einstweilen auf Wiedersehen! Ich küsse Dich herzlich. Dein Dich aufrichtig liebender

A. Skrjabin

Rezensionen, falls solche erscheinen, schicke ich.[5]

1 Beljajew schickte an Skrjabin während seines Auslandsaufenthaltes 1897/98 monatlich 200 Rubel, die mit den für die veröffentlichten Werke zu zahlenden Honoraren verrechnet wurden.*

2 In seinem Brief vom 21. Januar („Briefwechsel", S. 114) hatte sich Beljajew – in seiner charakteristischen, unumwundenen Art – darüber beschwert, daß Skrjabin ihm kein Programm des Pariser

Klavierabends geschickt hatte und daß er, als er es bei Pawel Schloezer (dem Wera es geschickt hatte) zu sehen bekam, darin die *Polonaise* entdeckte, von deren Existenz Skrjabin ihm nichts berichtet hatte.

3 *2. Sonate.*

4 In der 1. Auflage des *Allegro appassionato* wurde die ganze Exposition wiederholt. Später wurde die Wiederholung (4 Seiten) vom Komponisten gestrichen, wodurch sich größere Korrekturen im Notenstich ergaben.

5 Eine Rezension in „Le Guide Musical", 1898, Nr. 6, S. 126, spricht von einem Erfolg des Konzertes des Ehepaares Skrjabin.

## 95. An Mitrofan Beljajew

[Paris,] 9. (21.) Februar [18]98

Lieber Mitrofan Petrowitsch

Ich schreibe Dir die beiden Takte der Sonate heraus, wie sie gedruckt werden sollen:

Ich hoffe, daß diese Änderung auch Anatoli Konstantinowitsch gefällt.[1] Schreib mir bitte, wann ich ungefähr die Korrektur des Konzertes erwarten kann. Es handelt sich darum, daß sich bei mir jetzt sehr viel Arbeit angehäuft hat, und ich muß meine Zeit besser einteilen. Schreib mir auch bitte, wohin Du eigentlich mit Anatoli Konstantinowitsch ins Ausland fahren willst und ob wir uns nicht sehen können.[2] Ich küsse Dich herzlich und bleibe Dein Dich aufrichtig liebender

A. Skrjabin

P. S. Du kannst Dir nicht vorstellen, wie wir bei der Arbeit gestört werden. Nebenan übt jemand den ganzen Tag. Klavierspielen ist noch möglich, aber Komponieren entsetzlich schwer.

1 Skrjabin gibt genau den Änderungsvorschlag von Ljadow für die *2. Sonate* (erster Satz, T. 105f.), den ihm Beljajew am 3./15. Februar („Briefwechsel“, S. 118) mitgeteilt hatte, wieder.
2 Beljajew reiste erst im Juni und Juli (unter anderem in die Schweiz), als Skrjabin bereits wieder in Rußland war (siehe „Briefwechsel“, S. 126).*

## 96. An Mitrofan Beljajew

Paris, 24. Febr[uar] (8. März) [18]98

Lieber Mitrofan Petrowitsch
Entschuldige bitte, ich habe durch meine dumme Zerstreutheit vergessen, in der Sonate[1] Metronomzahlen anzugeben. Es fiel mir erst jetzt ein, als man mir die Korrektur des Konzertes brachte, und nun weiß ich nicht, was ich machen soll. Auf jeden Fall hat Anatoli Konstantinowitsch die Sonate mehrmals von mir gehört. Sei so gut und bitte ihn, die Metronomzahlen anzugeben, ich bin überzeugt, daß er das so machen wird, wie ich es mir denke, zumal das Tempo des 2. Satzes je nach Technik des Spielers geändert werden kann, so daß die mindeste und die höchste Metronomzahl sich sehr voneinander unterscheiden können. Da Du mir schon länger nicht mehr schreibst, nehme ich an, daß Du mir böse bist. Das ist aber nicht nötig, Du weißt doch, wenn ich mal etwas nicht so mache, wie es sich gehört, dann nicht willentlich, sondern aus Gründen, die nicht von mir abhängen (zum Beispiel Zerstreutheit).
Einstweilen auf Wiedersehen! Ich küsse Dich herzlich.
Dein Dich aufrichtig liebender

A. Skrjabin

1 *2. Sonate.*

## 97. An Mitrofan Beljajew

[Wien,] 7. (19.) Mai [18]98

Lieber Mitrofan Petrowitsch

Ich schreibe Dir aus Wien, wo wir auf dem Wege nach Moskau haltgemacht haben. Wera fällt die Reise nicht ganz leicht, sie wird furchtbar matt, ich weiß einfach nicht, wie wir hinkommen sollen. Wir müssen die Fahrt unterbrechen und übernachten, wo es möglich ist.[1]

Schreib mir trotzdem nach Empfang dieses Briefes nach Moskau an folgende Adresse: Twerskaja, Gnesdnikowski perëulok, Haus von Krumbügel, Wohnung von P. J. Schloezer zur Weitergabe an mich.

Wenn es Dir keine Mühe macht, so schreib mir bitte, wie mein Konto bei Dir steht. Diese Frage interessiert mich sehr und macht mir Sorgen. Auf ein hoffentlich baldiges Wiedersehen, wir werden ja jetzt wieder nahe Nachbarn.

Ich küsse Dich herzlich und bleibe Dein Dich aufrichtig liebender

A. Skrjabin

P. S. Daß wir nach Moskau fahren, soll eine Überraschung sein. Deshalb, wenn Du zufällig meinen Vater triffst, sag ihm nichts davon.

1 Da Wera Skrjabina ihr erstes Kind erwartete, wurde der Plan, den Sommer in der Schweiz am Vierwaldstätter See zu verbringen (Brief vom 28. Februar/12. März 1898, „Briefe", S. 194), aufgegeben, und das Ehepaar reiste in die Heimat.

## 98. An Mitrofan Beljajew

[Maidanowo,[1]] 14. (26.) Juni [18]98

Lieber Mitrofan Petrowitsch

Ich sende Dir die Polonaise und vier Préludes.[2] Sei so gut, mir den Empfang zu bestätigen. –

Du hast mich nicht ganz verstanden.[3] Ich habe nicht von Verpflichtungen Deinerseits gesprochen, und auf nichts habe ich gerechnet außer dem, was bis dahin war. Du hast mir viele Monate lang immer 200 Rubel geschickt, und es war von meiner Seite aus ganz natürlich, zu erwarten, daß Du, wenn Du daran etwas änderst, mich vorher informierst und nicht in eine peinliche Lage bringst. Was nun die von Dir vorgeschlagenen Bedingungen anbelangt, so weißt Du, daß Du mir immer so viel zahlen konntest, wie Du wolltest.[4]

Es tut mir sehr leid, daß Du kein Vertrauen zu mir hast. Wenn ich irgendwann einmal nicht gearbeitet habe, dann entweder wegen Krankheit oder wegen anderer wichtiger Umstände. –

Teil mir bitte mit, wohin Du ins Ausland fährst und für welche Zeit. – Bezüglich des Konzertes: Hast Du nicht Gelegenheit, Cui zu sehen und mit ihm noch einmal über meine Mitwirkung an den *Konzerten* (zwei) zu sprechen?[5] Ich weiß nicht einmal seine Adresse, und Wassili Iljitsch ist jetzt nicht aufzutreiben. Wir waren in diesen Tagen in Moskau und trafen ihn dreimal nicht an. Brieflich aber richtet man bestimmt Verwirrung an. Übrigens, könnte man das nicht möglichst *spät* ansetzen?

Auf Wiedersehen! Ich küsse Dich herzlich und bleibe Dein Dich aufrichtig liebender

A. Skrjabin

1 Dorf bei Klin, in der weiteren Umgebung von Moskau.*

2 *Vier Préludes* op. 22.

3 Wegen Skrjabins großer Verzögerung mehrerer neuer, fertiger Werke hatte Beljajew dem Komponisten nach der Rückkehr aus Paris die monatlichen Zahlungen auf 100 Rubel gekürzt. Skrjabin hatte sich daraufhin in seinem Brief vom 5./17. Juni 1898 („Briefe", S. 196) über eine schwierige finanzielle Lage, die dieser nicht vorher angekündigte Schritt für ihn und seine Frau bedeute, beklagt (offenbar vor allem im Hinblick auf die bevorstehende Geburt des ersten Kindes).*

4 Skrjabin will sagen, daß er, als diese Zahlungen vereinbart wurden, keine Forderungen gestellt hatte.*

5 Skrjabin hatte, wie er Beljajew bereits am 5./17. Juni schrieb, von Cui eine auf eine Anregung von Safonow zurückgehende Einladung erhalten, sein *Klavierkonzert* in Petersburg in einem Konzert der Russischen Musikgesellschaft zu spielen. Außerdem war die Idee aufgetaucht, dasselbe Werk ebenda eine Woche später in einem von Beljajew veranstalteten „Russischen Sinfoniekonzert" aufzuführen.

Moskau, 30. August (11. September) [18]98

Lieber Mitrofan Petrowitsch

Zunächst möchte ich Dich bitten, mir in einer sehr wichtigen Angelegenheit zu raten. Wassili Iljitsch fordert mich auf, ans Konservatorium zu kommen als Professor für Klavier[1] mit allen möglichen Vergünstigungen. Ich soll nur 12 Schüler (der höheren Studienjahre) haben, das heißt 12 Stunden in der Woche; das Honorar beträgt 1200 Rubel. Ich glaube, das kann kein Hindernis für das Komponieren sein. Auf jeden Fall übernehme ich diese Verpflichtung nur für ein Jahr oder sogar nur bis zum Mai der laufenden Saison, so daß ich mich nicht gebunden zu fühlen brauche. Die Perspektive, Klavierstunden zu geben, ist mir natürlich doch beängstigend, und gäbe es nicht ein ordentliches Honorar, würde ich keinesfalls darauf eingehen. Zur Zeit hat das aber für mich sehr große Bedeutung.

Schreib mir bitte recht bald Deine Meinung, und sag vorläufig *niemandem* etwas davon.[2] Ich sende Dir die Korrektur mit,[3] hoffentlich findet jetzt Anatoli Konstantinowitsch nichts. Wir sind dabei, nach und nach unsere Wohnung einzurichten; es wird sicher sehr gemütlich. Ich hoffe, daß Du bald selbst herkommst, um zu sehen, wie wir wohnen. Einstweilen nun auf Wiedersehen! Ich küsse Dich herzlich und bleibe Dein Dich aufrichtig liebender

A. Skrjabin

Bitte, sag auch im Vertrauen *niemandem* von der Angelegenheit.

Schreib mir bitte, wann ich Deiner Meinung nach ungefähr die 1. Korrektur der fis-Moll-Sonate erwarten kann.

1 Safonow suchte als Direktor des Moskauer Konservatoriums einen Nachfolger für den verstorbenen Professor Pawel Schloezer. Seine Wahl des 26jährigen Skrjabin rief unter Professoren und Lehrkräften des Konservatoriums Befremden und Spott hervor, womit übrigens auch Skrjabin selbst rechnen mußte.

2 Beljajew antwortete, er sei für gewisse regelmäßige Verpflichtungen, empfehle aber, die Frage im Hinblick auf Skrjabins Gesundheit zu überlegen („Briefwechsel“, S. 129). – Am 12./24. September teilte Skrjabin Beljajew mit: „Auf die Aufforderung von

Wassili Iljitsch bin ich eingegangen; in den nächsten Tagen beginnt wahrscheinlich der Unterricht" („Briefe", S. 200).*
3 Anscheinend die 2. Korrektur der *Polonaise* op. 21 und der *Préludes* op. 22.

## 100. An Wera Skrjabina

[Moskau, 13./25. November 1898]

Wuschka, ich bin Dir sehr böse: den ganzen Tag habe ich vergeblich auf ein Telegramm gewartet. Jetzt gehe ich mit Unruhe im Herzen schlafen und werde wahrscheinlich lange nicht einschlafen können. – Du hättest mir doch wenigstens gleich schreiben sollen, wie Villoin Dich empfangen hat und wie sich alles mit dem Konzert geregelt hat.[1]
Heute hatte ich vom frühen Morgen an Unannehmlichkeiten. Meine Schülerinnen[2] haben noch nie so schlecht gespielt, sogar die fleißige Babtschenko habe ich weggeschickt, ohne sie bis zum Schluß anzuhören, von den übrigen ganz zu schweigen. Nach der Stunde entschuldigten sie sich und waren sichtlich verlegen.
Ich ging mit Lewin zu Jürgenson, um ein Instrument auszuprobieren[3] – es kam mir matt und unausgeglichen vor, ich weiß nicht, was ich tun soll. Zu alledem kränkte mich auch noch Wuschka! Übrigens wird Dir alles verziehen, wenn ich morgen Post von Dir bekomme. Gib Papa von mir einen Kuß, und sag ihm, daß ich mit Ungeduld sein Kommen erwarte.
Rimmotschka küßt Dich und bittet Dich, bald zurückzukommen.
Sei vergnügt, aber vergiß Tuschka[4] nicht.

1 Wera Skrjabina weilte in Nishni-Nowgorod, wo sie am 14. November auf Einladung von Villoin, ihrem ehemaligen Klavierlehrer, in einem Sinfoniekonzert mitzuwirken hatte. Sie spielte Klavierkompositionen von Chopin, Liszt und Skrjabin.
2 Am Konservatorium.
3 Zu dem bekannten Musikverlag P. Jürgenson in Moskau gehörte anscheinend auch eine Musikalien- und Musikinstrumentenhandlung.*
4 Kosename Skrjabins.*

## 101. An Wera Skrjabina

[Petersburg, 24. November/6. Dezember 1898]

Guten Morgen, das heißt, eher guten Tag! Es geht schon auf 2 Uhr, ich bin gerade aufgestanden und habe gefrühstückt. Jetzt will ich Dir in Kürze von meiner Reise und dem gestrigen Gelage berichten.[1]

Sobald wir uns voneinander verabschiedet hatten, begann Dein Tukytsch[2] sich mächtig zu langweilen und nahm gar nicht wahr, in welcher Lage er sich befand, bis er müde wurde und gerne geschlafen hätte. Das aber geschah hinter Klin, gegen 12 Uhr nachts. Der Waggon war dermaßen überfüllt, daß man nicht nur nicht liegen, sondern auch nicht bequem sitzen konnte. Mit allen Schrecken malte ich mir das Bild einer schlaflosen Nacht mit all ihren Folgen aus. Nun stell Dir meine Freude vor, als der Schaffner erschien und sagte, daß ein Anwärter auf einen Schlafwagenplatz nicht gekommen sei und daß jemand, der es wünschte, ihn in Anspruch nehmen könne. Ich kam zum Glück allen zuvor, und der Platz war mein.

Mitrofan freute sich über Tukynjok[2] sehr. Bis zum Frühstück plauderten wir miteinander, aber danach legte ich mich doch hin und schlief durch bis 5 Uhr, so daß ich mich am Abend einigermaßen munter fühlte.

Nach 5 trafen nach und nach die Gäste ein, Personen, die Du kennst. Als letzter erschien natürlich Safonow, und, o Schreck! er mußte den freien Platz neben Arenski einnehmen.[3] Ich saß ihnen gerade gegenüber und konnte sie wunderbar beobachten. Der erste Moment war sehr peinlich. Sie begrüßten sich kühl, ohne einander anzusehen. Dann unterhielten sie sich aber doch. Beim Essen wurden einige mehr oder *weniger* gelungene geistreiche Sachen gesagt. Sokolow dichtete aus dem Stegreif etwas auf Safonow in altem Versmaß, natürlich mit dem Wortspiel mit Sappho und neu[4]. Letzterer antwortete ihm nach einer Weile mit einem Vierzeiler nach dem gleichen Prinzip, das heißt indem er den Namen Sokolow zerlegte in Saft und Pfiffigkeit[5].

Insgesamt war es nicht sehr vergnüglich.

Nach dem Essen bildeten sich wie immer Gruppen. Glasunow ging in den Saal hinüber, um sein Ballett vorzuspielen, und Korsakow, Sokolow, Safonow, Ljadow und ich blie-

ben im Speisezimmer. Du kannst Dir vorstellen, die Petersburger hielten es diesmal nicht aus und fielen über Mischenka[6] her. W[assili] I[ljitsch] verteidigte sich, so gut er konnte, aber letzten Endes mußte er ihnen recht geben. Ich muß Dir etwas Interessantes mitteilen. In meinem Prélude gab es – außer einigen divisi – keine Instrumentationsfehler. Es wird schon abgeschrieben und am 5. aufgeführt.[7]
Gib meiner Rimmotschka einen Kuß und segne sie von mir.
Ida Juljewna küsse ich herzlich; ich schreibe ihr diesmal deswegen nicht, weil ich jetzt sofort los muß. Teile ihr alle Neuigkeiten mit. Ich fahre zu Kolja[8], dem ich noch nicht Bescheid gegeben habe, daß ich hier bin.

1 Skrjabin beschreibt eine Fahrt von Moskau nach Petersburg zum Besuch bei Beljajew, der am 23. November seinen Namenstag feierte.*
2 Kosename Skrjabins.*
3 Arenski stand in sehr gespanntem Verhältnis zu Safonow, dem Direktor des Moskauer Konservatoriums, das ihn entgegen seinen Erwartungen nicht zum „Professor ersten Grades" ernannt hatte.
4 Russisch: now(y).*
5 Russisch: sok und lowkost.*
6 Spitzname von Safonow.
7 Das Prélude für Orchester, das später den Titel *Rêverie* erhielt, wurde in einem „Russischen Sinfoniekonzert" in Petersburg unter Leitung von Rimski-Korsakow am 5./17. Dezember 1898 uraufgeführt. Nach langen Verhandlungen (vgl. Brief 98, Anm. 5) war es zu der Einigung gekommen, daß das *Klavierkonzert* nur im Konzert der Russischen Musikgesellschaft am 28. November gespielt wird, während in dem von der Konkurrenz, nämlich Beljajew, veranstalteten „Russischen Sinfoniekonzert" eine Woche später dieses neue Orchesterwerk Skrjabins erklingt und der Komponist einige seiner Klavierstücke vorträgt.*
8 Gemeint ist Skrjabins ältester Halbbruder Nikolai.*

## 102. An Wera Skrjabina

[Petersburg,] Sonntag, 29. [November] (11. Dezember) [1898]

Meine Wuschuka, endlich habe ich das Konzert hinter mir.[1] Es verlief nicht ohne Zwischenfälle. Du weißt wahrscheinlich schon, daß Nastja Safonowa sehr krank ist. Am Tage des Sinfoniekonzertes erhielt Wassili Iljitsch zwei Telegramme mit höchst alarmierenden Nachrichten, und daher war er sehr aufgeregt.[2] Das wirkte sich natürlich etwas auf die Begleitung aus. (Sag ihm das nicht.) Beim ersten Satz mußten wir uns ständig gegenseitig einfangen; der zweite und der dritte gingen besser. Als Zugabe spielte ich ein Prélude (das zweite in Fis-Dur) und als zweite Zugabe das Nocturne für die linke Hand. Ich bin mit mir gar nicht zufrieden, nun ja, das ist nicht wichtig.
Morgen muß ich wahrscheinlich ins Schloß zum Großfürsten Konstantin Konstantinowitsch fahren, dem meine Sachen sehr gefallen haben. Er hat darum gebeten, ihm das im Konzert Gespielte zu schicken. Übermorgen gehe ich schon zur Probe, das Prélude anhören.[3] Wie geht es Dir denn, schreib mir, was Du so machst, ob Du viel übst und ob Du im Konzert warst (bei Pachulski). Ob Du meinen Brief mit der Nachricht erhalten hast, daß mir ein Preis zugesprochen wurde (500 Rubel).[4] – Für die Mitwirkung im Sinfoniekonzert zahlte man mir 200; das Autorenhonorar bekomme ich, wenn ich wieder in Moskau bin, über Jürgenson (50 Rubel). Außerdem, falls ich im Schloß spielen soll, wird man wahrscheinlich auch dort gut zahlen.
Segne und streichle unseren Engel von mir.
Der lieben Ida Juljewna danke ich für die guten Wünsche, ich küsse sie herzlich.

1 Gemeint ist das Konzert am Vortage, in dem Skrjabin sein *Klavierkonzert* selbst spielte.
2 Safonow dirigierte das Konzert nur bis zur Pause, danach dirigierte Leopold Auer. Safonow reiste nach Moskau, wo seine fünfzehnjährige Tochter Nastja plötzlich erkrankt war. Diese und seine zweite Tochter Sascha starben in den darauffolgenden Tagen.
3 Siehe Anm. 7 zum vorigen Brief.
4 Der Glinka-Preis für 1898.

## 103. An Mitrofan Beljajew

[Moskau,] 31. Dezember [18]98 (12. Januar 1899)

Lieber Mitrofan Petrowitsch

Ich gratuliere Dir zum anbrechenden neuen Jahr und wünsche Dir alles Gute. Eben habe ich die „Rêverie" für Orchester (das ehemalige „Prélude") an Dich geschickt, sie kann jetzt in Druck gegeben werden.

Gestern habe ich den ganzen Abend das Thema der Quartett-Variationen[1] gesucht, aber vergebens; wahrscheinlich ist es mir unterwegs aus der Tasche gefallen. Sei so gut, Anatoli Konstantinowitsch zu bitten, es mir aufzuschreiben, und schicke es mir dann.

Gerade erhielt ich die Benachrichtigung über das Geld, sei dafür bedankt. Auf Wiedersehen! Ich küsse Dich herzlich und bleibe Dein Dich aufrichtig liebender

A. Skrjabin

Meine Frau bittet mich, Dir ihre Gratulation und ihre besten Wünsche zu bestellen.

1 Zu Beljajews Namenstag am 23. November 1898 hatten neun Petersburger Komponisten, darunter Rimski-Korsakow, Ljadow und Glasunow, Variationen über ein russisches Volkslied für Streichquartett komponiert (Beljajew selbst spielte viele Jahre lang regelmäßig an den „Freitagen" in einem Liebhaberquartett Bratsche; vgl. Brief 60, Anm. 6; siehe auch: N. Rimski-Korsakow, Chronik meines musikalischen Lebens, Reclam, Leipzig 1968, S. 292f.*). Skrjabin schloß sich diesem gemeinsamen Geschenk nachträglich an.

## 104. An Mitrofan Beljajew

[Moskau,] 18. Februar (2. März) [18]99

Lieber Mitrofan Petrowitsch

Im nächsten Sinfoniekonzert will Wassili Iljitsch meine „Rêverie" aufführen (13. März).[1] Sei so gut, mir Bescheid zu geben, ob schon die erste Korrektur gekommen ist, und wenn nicht, ihren Druck etwas zu beschleunigen. Sollte es aber nicht möglich sein, sie bis zum 13. herauszubringen, so schreib mir das bitte recht bald. Dann kann sie vielleicht

auch nach den geschriebenen Stimmen aufgeführt werden.
Ich habe schon lange keine einzige Zeile von Dir. Bist Du gesund? Wie geht es Dir? Sind die Deinen alle gesund?
Von mir kann ich nichts Gutes schreiben, ich halte mich in letzter Zeit nur mit Mühe aufrecht, was mich aber nicht hindert, ziemlich viel zu arbeiten. Abgeschlossen habe ich vorläufig noch nichts, außer einem kleinen Andante für Streichorchester;[2] das schicke ich einmal zusammen mit etwas anderem. Das Konservatorium hindert natürlich doch am eigenen Arbeiten, und vor allem hindert es daran, sich zu konzentrieren. Man hört zuviel verschiedene Musik.[3]
Auf Wiedersehen, lieber Mitrofan Petrowitsch! Ich küsse Dich herzlich und bleibe Dein Dich aufrichtig liebender

A. Skrjabin

1 Die Aufführung fand am 12. (nicht 13.) März 1899 statt. Das Werk wurde wiederholt.
2 Das *Andante* und ein *Scherzo für Streichorchester* blieben zu Lebzeiten Skrjabins unveröffentlicht.
3 Wie die erhaltenen Programme der Schülerkonzerte und Abschlußprüfungen belegen, nahm Skrjabin mit seinen Schülern ein breites Repertoire durch, unter anderem Werke von Bach, Mozart, Beethoven, Liszt, Chopin, Schubert, Schumann, Tschaikowski, Arenski und Grieg.

## 105. An Mitrofan Beljajew

[Moskau,] 20. Mai (1. Juni) [18]99

Lieber Mitrofan Petrowitsch
Heute ist Donnerstag, deshalb wird dieser Brief wahrscheinlich gerade zu Deiner Ankunft in Petersburg eintreffen. Sei bedankt für das Geld; vorgestern erhielt ich die Benachrichtigung.
Ich bedaure es sehr, daß wir uns in diesem Frühjahr nicht sehen werden. Wie schön wäre es, wenn wir zusammen eine Dampferfahrt machen könnten!
Du fragst mich nach dem Allegro. Ich will dazu noch (habe sogar schon angefangen) die anderen Sätze komponieren und eine Sinfonie daraus machen.[1] –
Ein ausgereiftes Opus erwarte ich noch nicht.[2] – Heute

abend gehe ich zur Generalprobe meines Examens, das morgen früh um 9 Uhr sein soll.[3] Danach werde ich mehr oder weniger frei sein. Ich sage mehr oder weniger, da ich noch am künstlerischen Rat, an der Abschlußfeier, der Puschkin-Feier[4] usw. teilnehmen muß.
Ich habe ein Sommerhäuschen bei Podolsk, an der Kursker Bahnlinie, gemietet. Wann wir hinfahren, weiß ich noch nicht; ich teile Dir dann meine Adresse mit.
Nun habe ich eine Bitte an Dich. Da in den Sommermonaten alle Einnahmequellen versiegen,[5] werde ich vielleicht in einiger Zeit 200–300 Rubel extra brauchen (jetzt noch nicht). Sei so gut und teil mir mit, ob ich darauf rechnen kann (wenn es Dir *gar nichts* ausmacht). Schreib mir darüber recht bald. Entschuldige, daß ich Dich belästige.
Auf Wiedersehen! Ich küsse Dich herzlich und bleibe Dein Dir aufrichtig ergebener

A. Skrjabin

Ich danke Anatoli Konstantinowitsch für den Gruß und küsse ihn.

1 Beljajews Brief mit der erwähnten Frage ist nicht erhalten. Erstmals hatte Skrjabin in seinen Briefen die Arbeit an einem *Sinfonischen Allegro* 1896 erwähnt (siehe Brief 71). Dann berichtete er mehrfach im Laufe des Jahres 1898 und bis zum Januar 1899 davon. Das jetzt erwähnte (nicht verwirklichte) Vorhaben der Ausweitung zu einer Sinfonie wird uns noch einleuchtender, wenn wir bedenken, daß „Allegro" im Russischen auch „Allegrosatz" bedeutet, womit in der Fachsprache oft der erste Satz der mehrsätzigen Sonatenform gemeint ist. So kann die Bezeichnung „Sinfonisches Allegro" auch als „Sinfonie-Allegro", das heißt als „erster Satz einer Sinfonie", verstanden werden. Das erklärt, warum Skrjabin hier den Ausdruck „die *anderen* Sätze" gebraucht: er empfindet in diesem Moment das „Allegro" nicht als abgeschlossenes Werk, sondern nur als ersten Satz.*
2 Zu dieser Zeit hatte Skrjabin kein neues Werk fertig.
3 Im Frühjahr 1899 legte nur eine Schülerin von Skrjabin das Abschlußexamen des Konservatoriums ab.
4 Vom 26. Mai bis 9. Juni 1899 fanden in Moskau Feierlichkeiten anläßlich des 100. Geburtstages von Puschkin statt.
5 Für die Sommerferien erhielten die Lehrkräfte des Konservatoriums kein Gehalt.

## 106. An Mitrofan Beljajew

[Moskau,] 24. September (6. Oktober) [18]99

Lieber Mitrofan Petrowitsch

Sei bedankt für das Geld, das ich soeben erhielt.

Ich nenne Dir alle Werke, die an der Reihe sind. Das „Sinfonische Allegro" ist abgeschlossen und instrumentiert, soll aber noch lange liegenbleiben, da mich die Durchführung nicht ganz befriedigt, und vieles wird noch geändert. Im Laufe des Sommers habe ich eine Sinfonie (6 Sätze) komponiert, außer dem letzten Satz. Zur Zeit instrumentiere ich sie.[1]

Außerdem habe ich, wie ich Dir schon früher schrieb, ein kleines Andante für Streichorchester, das ich nicht einzeln herausbringen will,[2] ein kleines Prélude für Klavier,[3] und angefangen ist noch eine Etüde für Klavier[4].

Über die Sinfonie bitte ich Dich vorläufig niemandem etwas zu sagen. Die werde ich Dir zuallererst senden, und solange ich sie nicht fertig habe, kann ich mich an nichts anderes machen. Übrigens, ich habe noch die 4. Sonate für Klavier in gis-Moll[5] vergessen, nun, bis dahin ist es noch weit. Das wäre alles.

Auf Wiedersehen! Ich küsse Dich herzlich und bleibe Dein Dich aufrichtig liebender

A. Skrjabin

Wenn Du mir eine große Freude bereiten willst, schreib mir zwei Worte darüber, was Anatoli Konstantinowitsch macht, ob er gesund ist und ob er etwas geschrieben hat.

1 Von einer Ausweitung des *Sinfonischen Allegro* zu einer Sinfonie ist hier nicht mehr die Rede (vgl. Brief 105 und Anm. 1 dazu), aber nun ist unabhängig davon in verhältnismäßig kurzer Zeit eine andere, die *1. Sinfonie* op. 26 entstanden. Daß er daran – an einer „großen Komposition für Orchester" – arbeite, hatte Skrjabin erstmalig in einem Brief an Beljajew vom 18./30. Juni 1899 aus seinem Sommeraufenthaltsort Darjino bei Moskau geschrieben („Briefe", S. 218).*

2 Vgl. Brief 104 und Anm. 2 dazu.*

3 Anscheinend eines der beiden *Préludes* op. 27.

4 Eine der *Etüden* op. 42(?).

5 Die 1901 bis 1903 komponierte *4. Sonate* steht in Fis-Dur. Hier ist offenbar von einem anderen, nicht verwirklichten Vorhaben die Rede.*

## 107. An Wladimir Stassow

Moskau, 1. (13.) Dezember [18]99

Sehr geehrter Wladimir Wassiljewitsch

Seien Sie für Ihre Vermittlung vielmals bedankt, und entschuldigen Sie die Ihnen ungewollt verursachte Störung.[1]

Die „Überweisung" erhielt ich erst heute, da ich in den letzten Tagen nicht im Konservatorium war: ich bin mit der Instrumentation einer Sinfonie beschäftigt, die ich hoffentlich in Kürze selbst mitbringen werde.[2]

Ich würde mich freuen, Sie bei guter Gesundheit zu sehen, einstweilen aber bitte ich Sie, nochmals meinen Dank und die Versicherung meiner vollkommenen Hochachtung und Ergebenheit entgegenzunehmen.

A. Skrjabin

1 Skrjabin bedankt sich für die Vermittlung und Übersendung des Glinka-Preises für 1899.

2 Skrjabin hatte vor, die Partitur seiner *1. Sinfonie* persönlich nach Petersburg zu bringen (siehe Brief an Beljajew vom 27. November/9. Dezember 1899, „Briefe", S. 222); dabei hätte er Gelegenheit, Stassow, der sein Schaffen mit großem Interesse verfolgte, entweder bei Beljajew zu treffen oder ihn auch zu Hause aufzusuchen. Siehe auch den folgenden Brief.*

## 108. An Wera Skrjabina

[Petersburg, vor dem 7./20. Januar 1900][1]

Mein Liebes! Wie fühlst Du Dich? Mich beunruhigt sehr, daß ich so spät weggefahren bin. Sollte sich auch nur das kleinste Anzeichen der Annäherung des erwarteten Ereignisses einstellen, so telegrafiere, um Gottes willen, und ich komme sofort.[2]

Ich bin gut angekommen, schlief zwar wenig, aber sehr fest und fühlte mich daher gestern leidlich gut. Beljajew war sehr lieb zu mir wie eh und je und verwöhnt mich genauso.

Ich hatte schon Gelegenheit, Ljadow die Sinfonie vorzuspielen. Heute kommt er wieder, und wir nehmen sie noch einmal durch, um sie den anderen Musikern auf zwei Klavieren vorspielen zu können. Beim ersten Mal gefiel ihm natürlich am besten das Vorspiel und das Finale mit Chor, während er zu den anderen Sätzen sagt, daß er sie noch mehrmals hören muß, da sie sehr kompliziert sind. Einzelne Stellen gefielen ihm (fast alle eigentlichen Themen).

Jetzt will ich mich hinsetzen und das übrige eintragen. Gestern durfte ich nicht arbeiten. Bei Beljajew war Kartenspielabend statt Montag;[3] einige kamen; ich sah Onkel Mitja. Das wäre vorläufig alles, was ich von mir berichten kann. Morgen gibt Beljajew mir seine Kutsche, damit ich ein paar Besuche machen kann. Ich werde auch bei Stassow sein.

Ich muß mich beeilen. Mitrofan läßt mir die ganze Zeit keine Ruhe und sagt, er geht nicht weg, bis ich fertig bin. Es ist nicht auszuhalten!

Schreib mir noch mehr von Dir und von Ruschka!

Ist Iwan Christoforowitsch angekommen? Gib ihm von mir einen Kuß. Wolodja wird mein Brief wahrscheinlich nicht mehr antreffen. Wie geht es ihm? Also, Beljascha knurrt schon aus dem Nebenzimmer.

1 Für den 7. Januar war das im Brief erwähnte Vorspiel der *1. Sinfonie* angesetzt (laut Brief Skrjabins an seine Frau vom 7./20. Januar 1900, „Briefe", S. 255).*

2 Die Geburt des zweiten Kindes stand bevor.

3 Beljajew war nicht nur leidenschaftlicher Musikliebhaber und Quartettspieler, sondern auch leidenschaftlicher Kartenspieler („Briefwechsel", S. 94, Anm. 2).*

## 109. An Mitrofan Beljajew

Moskau, 6. (19.) Februar [1]900

Lieber Mitrofan Petrowitsch

Ich kann kein einziges Wort zu meiner Rechtfertigung sagen. Daß ich Dir nicht sofort geantwortet habe, ist eine Art von Bewußtseinstrübung. In Gedanken war ich sofort *einverstanden* mit den Bedingungen von Winkler,[1] und ich hatte vor, die Sinfonie so schnell wie möglich bereits endgültig durchgesehen zu schicken. Mit einem Wort: ich bekenne mich schuldig!!

Ein wenig wird meine Schuld vielleicht gemildert durch das

Durcheinander, das in der letzten Zeit im Hause herrschte. Meine Frau hat mir ein Töchterchen geschenkt;[2] Gott sei Dank, alles ging gut aus.
Hoffentlich ist es noch nicht zu spät, um meinen Fehler zu korrigieren. Ich bin also mit allen Bedingungen einverstanden und bitte Dich, dies Winkler zu übermitteln. Teil mir bitte seine Adresse mit. Vielleicht sollte ich ihm selbst ein paar Worte schreiben?!
Die Sinfonie schicke ich, sobald ich nur kann.
Deine Antwort erwarte ich mit Ungeduld. Nochmals bitte ich Dich, mich zu entschuldigen. Ich küsse Dich herzlich und bleibe Dein Dich liebender und Dir ergebener

A. Skrjabin

Ich möchte einige Wörter im Text des letzten Satzes ändern. Ist es schlimm, wenn ich den Satz *ohne Text* schicke? Man könnte ihn hinterher eintragen. Wegen solcher Kleinigkeiten sollte die Ausgabe nicht verzögert werden. Nicht wahr?

1 Alexander Winkler sollte auf Skrjabins Wunsch den vierbändigen Klavierauszug der *1. Sinfonie* anfertigen.
2 Jelena, geboren am 6./19. Februar 1900.

## 110. An Mitrofan Beljajew

Moskau, 9. (22.) April [1]900

Lieber Mitrofan Petrowitsch
Nimm meine Gratulation zum Fest[1] und meine besten Wünsche entgegen.
Den Klavierauszug der beiden Sätze der Sinfonie habe ich erhalten. Über die von Dir angestrichenen Stellen werde ich mit Safonow sprechen, und wenn sie völlig unspielbar sind, ändere ich sie, obwohl das Werk dadurch natürlich verliert. Wenn diese Takte aber nur *zu schwer* sind, dann sollte man wohl keine Umstände machen, manches ist heute schwer und kann in fünf Jahren leicht sein. Meine Klavierstücke sind ja auch schwer.
Ich hoffe, Du hast Deine Reise nach Moskau nur *verschoben*. Auf baldiges Wiedersehen! Richte Maria Andrejewna und

Valentina Mitrofanowna meine Gratulation und meine besten Wünsche aus. Dich küsse ich herzlich. Dein Dir ergebener

A. Skrjabin

Meine Frau bittet mich, Dir ihre Gratulation zum Fest auszurichten.

1 Der 9. April 1900 (nach dem alten Kalender) war in Rußland der Ostersonntag.*

## 111. An Mitrofan Beljajew

Moskau, 25. Apr[il] (8. Mai) [1]900

Lieber Mitrofan Petrowitsch!
Sei so gut, mir den 6. Satz der Sinfonie zu schicken. Ich mache mich unverzüglich an die Änderung und schicke ihn nach Fertigstellung sofort zurück.[1]
Allerdings wundere ich mich, daß die Stimmen schwer zu singen sein sollen; ich habe sie unserem Gesangsprofessor Mazetti gezeigt, und er fand daran nichts besonders Schwieriges, obwohl er als Virtuose in diesem Falle natürlich nicht maßgeblich ist.
Ich weiß nicht, ob ich Ende Mai noch lebe. Jeden Tag habe ich Prüfungen, manchmal von 9 Uhr morgens bis 7 Uhr abends. Außerdem muß ich meine eigene Klasse vorbereiten.[2] Aber was auch kommen mag, die Sinfonie mache ich fertig – ich möchte sie so gern im Herbst schon gedruckt sehen. Auf Wiedersehen! Ich küsse Dich herzlich und bleibe Dein Dich aufrichtig liebender

A. Skrjabin

Anatoli Konstantinowitsch danke ich sehr, ich schreibe ihm bald.

1 Beljajew hatte Skrjabin mitgeteilt, daß Rimski-Korsakow, Glasunow und Ljadow einmütig einige Stellen im Finale für die Sänger zu schwer finden (zu hoch bzw. zu tief) und den Druck des Satzes in dieser Form ablehnen („Briefwechsel“, S. 156).

2 Im Frühjahr 1900 nahm Skrjabin als Beisitzer an Prüfungen im Konservatorium teil. Er selbst hatte in diesem Studienjahr 21 Schüler, von denen fünf das Konservatorium absolvierten.

## 112. An Mitrofan Beljajew

Moskau, 30. Apr[il] (13. Mai) [1]900

Lieber Mitrofan Petrowitsch!
Ich sende Dir den 6. Satz. *Alle* schweren Stellen für den Tenor sind erleichtert. In zwei Takten, wo das hohe h vorkommt, habe ich jeweils zwei Noten geschrieben: h und eine andere für die, die es nicht schaffen.[1]
Der Chor ist auch geändert.
Gestern war bei uns eine Sängerin, eine sehr gute, eine gewisse Poljakowa, sie hat in Petersburg am Panajewschen Theater gesungen, vielleicht hast Du sie gehört. Sie sang die ganze Mezzosopranpartie durch und versichert, daß darin alles *sehr bequem* liegt. Schreib mir bitte, was Winkler in letzter Zeit gemacht hat, und schick mir auch, wenn möglich, die Partitur des 1. Satzes, damit ich die Änderungen vornehmen kann, die wir besprochen haben. Hast Du den Text zur Übersetzung weggeschickt?[2] Auf Wiedersehen! Ich küsse Dich und bleibe Dein Dich aufrichtig liebender

A. Skrjabin

1 In der bei Belaieff 1900 erschienenen Partitur der *1. Sinfonie* sind die Tenorstellen, die Skrjabin ursprünglich mit dem hohen h geschrieben hatte, als „ossia" in kleineren Noten gedruckt, während die auf Drängen Beljajews vorgenommene Änderung als Haupttext dargestellt ist (siehe Belaieff-Partitur S. 106, T. 1 und 2; S. 112, T. 3). Hierzu sei bemerkt, daß Skrjabin, als er in den Jahren 1910 bis 1913 dem Dirigenten Igor Miklaschewski Änderungen in dessen Exemplar der Belaieff-Partitur eintrug, nicht nur diese „erzwungene" Änderung der Tenorpartie S. 106 akzeptierte, sondern sie noch durch die Verdoppelung in Altposaune und Violen bekräftigte.

2 Der Gesangstext des 6. Satzes der *1. Sinfonie* wurde für die Partiturausgabe ins Französische und Deutsche übersetzt.

## 113. An Wera Skrjabina

[Bendlikon, nach dem 29. Juni/12. Juli 1900][1]

Meine Liebe, ich schreibe Dir bereits aus Zürich. Ich habe mich hier in einer Pension in dem kleinen Ort Bendlikon, 15 Minuten von der Stadt, einquartiert. Ich schrieb Dir

nicht gleich nach dem Konzert, da ich unbedingt am 12. aus Paris abfahren wollte und deshalb innerhalb eines Tages eine Menge Dinge zu erledigen hatte. Außerdem hat Deuxmesses mich sitzenlassen, er erschien nicht zur festgesetzten Zeit mit der Abrechnung. Ich mußte ihn ein paar Stunden in ganz Paris suchen. Allerdings wußte er nicht, daß ich abfahre. Nun, das Konzert verlief in künstlerischer Beziehung gut.[2] Nicht ganz gelungen war bloß die Polonaise, das heißt, nur die letzte Seite davon, die ich verschwommen spielte. In materieller Hinsicht dagegen gestaltete sich alles zu meinen Ungunsten. Von meinen Bekannten war fast niemand in Paris. Sogar Frau Samarina mußte eine Woche vor dem Konzert nach Moskau reisen, man hatte ihr mitgeteilt, sie müsse wegen des Verkaufs der Häuser kommen. Nur Familie Schaikewitsch nahm Eintrittskarten für 20 Francs und Oranowski ein paar. Insgesamt wurden für 240 Francs Karten verkauft, darunter einige zu 5 Francs. (Diesmal waren die Plätze billiger; nur die ersten acht Reihen kosteten 20 Francs.) Trotzdem war es gut, daß ich das Konzert gab, und die Ergebnisse sind für uns sehr wichtig. Deuxmesses wird sich wohl einverstanden erklären, von uns zwei Konzerte in Paris und einige in der Provinz zu kaufen. In den nächsten Tagen will er zu Blondel gehen, um mit ihm ein Abkommen über die Organisierung dieser Konzerte zu treffen und ihm vorzuschlagen, die Hälfte der Kosten zu übernehmen, selbstverständlich für den Fall eines Verlustgeschäftes. Dabei hofft er sehr, daß Blondel einverstanden ist. Sobald ich Antwort habe, teile ich sie Dir sofort mit.[3] Die Kosten waren diesmal geringer, da der „Journal"-Saal sehr klein ist (200 Plätze) und daher nur ein Drittel der Eintrittskarten und Programme gedruckt wurde.[4]
Ach so, ich habe vergessen, Dir zu berichten, daß am 10. in Paris 30 Grad Hitze waren, stell Dir vor, wie angenehm und leicht es sich spielte! Das hat wahrscheinlich viele abgehalten, ins Konzert zu gehen; trotzdem war viel Publikum da, allerdings nicht zahlendes. Auch viele Musiker. An Russen waren Schischkin, Korsow und Deline da. Letzterer lebt ständig in Nizza und ist Korrespondent mehrerer russischer (Petersburger) Zeitungen. Zum Schluß drängte sich viel Volk zu mir ins Zimmer und gratulierte Tuschka. Vor dem Konzert standen in den Zeitungen mehrere Notizen,

die es ankündigten, davon einige sehr freundlich. Leider habe ich sie in Paris vergessen; ich will versuchen, sie noch zu bekommen und Dir zu schicken. An Deuxmesses schreibe ich, daß er alles sammeln soll, was das Konzert betrifft. Übrigens bittet er Dich, alle meine Rezensionen mitzubringen, er braucht sie. Das wäre nun wohl alles; siehst Du, was für ein ausführlicher Bericht! Wie geht es Dir? Schreib mir jetzt öfter. Ich bin ganz allein und langweile mich, wenn ich keine Post von Dir habe. Versuch es zu bewirken, daß Ruschka mich nicht vergißt; jetzt habt Ihr nicht einmal mein Foto bei Euch. Es wäre doch für mich nicht schön, wenn sie mich nicht erkennen würde. Ist Ljalka gewachsen? Weißt Du etwas über meinen Papa? Hast Du Briefwechsel mit mamotchka? Schreib mir etwas über sie; auch über meine Großmütter. Ich Gewissenloser habe, seit ich weg bin, keinem auch nur einen einzigen Brief geschrieben. Erkundige Dich bitte nach Papas Adresse und schick sie mir gleich.

Nun, meine Wuschenka, meine Freude, vergiß uns nicht.

Meine Kinderlein küsse ich herzlich.

Warum schickst Du mir das Foto nur nicht! Jeden Tag war ich auf der Post: ich erwartete, Dich mit Ruschka zu sehen, und da kommt doch meine eigene Physiognomie!

Ich vergaß, Dir zu berichten, daß ich von Safonow ein rührendes Schreiben bekommen habe (wegen der Sinfonie).[5]

Ich hebe es für Dich auf. In den nächsten Tagen wird Beljajew auf Durchreise hier sein.

Papa richte einen herzlichen Gruß von mir aus. Hast Du das Geld von Groes erhalten?

Bald fange ich wieder an zu komponieren.

1 In der Ausgabe „Briefe" lautet die Datierung: „Nach dem 27. Juni/10. Juli 1900". Skrjabin war im Juni 1900 nach Paris gefahren, um während der Weltausstellung einen Klavierabend mit eigenen Werken zu geben. Dieser fand am 27. Juni/10. Juli statt. Danach reiste er in die Schweiz. – Seine Frau hielt sich unterdessen mit beiden Kindern in Nishni-Nowgorod bei ihrem Vater auf.*

2 Eine Meldung in der „Russischen Musikzeitung" spricht von einem Erfolg des Konzertes. Beim Publikum kamen besonders gut die *2. Sonate* und die *dis-Moll-Etüde* op. 8 Nr. 12 an.

3 Schon am 14./27. Juni hatte Skrjabin seiner Frau aus Paris ge-

schrieben, es seien für 1901 zwei Konzerte in Paris und weitere in Orleans, Lyon, Rouen und anderen Orten vorgesehen („Briefe", S. 235). Sie kamen alle nicht zustande.*

4 Verglichen mit dem gemeinsamen Klavierabend am 31. Januar 1898 im Erard-Saal in Paris.

5 Safonow drückte seine Freude über die *1. Sinfonie* und sein Bedauern über den mangelhaften Klavierauszug aus; er erwartete ein Korrekturexemplar der Partitur, um die „wundervolle Schöpfung" im Herbst für eine Aufführung zu studieren. („Briefe", S. 238, Anm. 4)*

## 114. An Wera Skrjabina

Bendlikon, (3.) 16. Juli 1900

Mein Liebes, eben war ich in Zürich, wo ich Dein Briefchen erhielt.
Schön ist es hier, Wuschenka, nur heiß, oh, wie heiß! Du würdest sicher darunter leiden. Bis 4 Uhr muß man, ohne sich zu rühren, im Schatten sitzen, etwas ansehen, lesen oder höchstens schreiben. Gehen ist gar nicht möglich. Am ersten Tag wollte ich auf einen Berg steigen und verbrannte mir dabei so das Gesicht, daß sich weiße Blasen bildeten; jetzt reibe ich mich mit Glyzerin ein.
Ich habe ein sehr gutes Quartier gefunden, vor allem billig, in einem echten Schweizer Dorf. Außer einem Amerikaner, zum Unglück Musiker (er übt trotz dieser Hitze vier Stunden hintereinander, davon eine Stunde lang die B-Dur-Tonleiter, ich übertreibe nicht), gibt es hier keinen einzigen Ausländer. Notgedrungen muß ich um 10 Uhr abends zu Bett gehen, was mich übrigens nicht daran hindert, auch erst um 10 aufzustehen. Abends gehe ich auf einen Berg, um den zauberhaften Blick auf die Alpen zu genießen. Die Landschaft ist hier nicht so majestätisch wie am Vierwaldstätter See, sondern ganz lieblich; die Berge sind weit in der Ferne und die Farben daher ganz zart. Erinnerst Du Dich an Neufchâtel? Im August fahren wir irgendwohin. Tuka wird Geld bekommen – wenigstens an die See nach Riga.[1]
Weshalb schreibst Du von Dir so wenig?! In zwei Tagen kommt Dein Freund Beljajew. Auch Oranowski. Auf Wiedersehen, Shutschenka, ich muß eilen, sonst bekomme ich kein Essen mehr. Schreib uns recht oft.

Warum schreibst Du von Ljalka kein Wort, liebst Du sie wirklich weniger als Ruschka? Wart nur, ich komme und werde Ljalka verwöhnen!
Ich vergaß, Dir zu schreiben, daß mir, als ich die zwei Sätze aus der fis-Moll-Sonate gespielt hatte,[2] aus dem Publikum zugerufen wurde: „Finale". Ich wollte eigentlich sagen, daß Du es im Dezember spielen wirst.[3] Schmitt (Du wirst Dich an ihn erinnern) kennt sie auswendig (er ist kein Pianist). Ich habe ein bißchen angefangen, Verse für eine Oper zu dichten.[4]

1 Skrjabin reiste Ende Juli (nach dem alten Kalender) nach Rußland zurück und war im August bei seiner Familie und seinem Schwiegervater in Nishni-Nowgorod.*
2 Im Programm des Pariser Konzertes vom 10. Juli 1900 standen aus der viersätzigen *3. Sonate* nur die beiden Mittelsätze.
3 Gemeint sind die für Januar 1901 geplanten, nicht zustande gekommenen Konzerte in Paris.
4 Der Schluß dieses Satzes hier nach „Letopiś žizni i tvorčestva A. N. Skrjabina" [„Chronik des Lebens und Schaffens von A. N. Skrjabin"], Moskau 1985, S. 102. In den „Briefen" heißt es: „... angefangen, eine Oper zu komponieren." – Das *Opernprojekt* wurde nicht verwirklicht; bekannt sind nur Teile des Librettos.*

## 115. An Mitrofan Beljajew

Moskau, 15. (28.) Sept[ember 1]900
Arbat[1], Mersljakowski- Ecke Chlebny-Gasse,
Haus von Hirsch, Wohnung 57

Lieber Mitrofan Petrowitsch
Die Korrektur[2] habe ich erst seit zwei Wochen, da sie *nicht* nach Nishni[-Nowgorod] geschickt worden war, wie ich gebeten hatte, sondern nach Moskau; ich wußte aber nichts davon. Jetzt liegt es an Wassili Iljitsch, der unbedingt selbst alles durchsehen will. Morgen oder übermorgen wird er fertig, dann schicke ich Dir die Sinfonie unverzüglich. Außerdem schicke ich zwei Klavierstücke (nächste Woche).[3]
Ich schrieb Dir nicht nach Paris, weil nichts Besonderes vorgefallen war; bis zum 1. September saß ich in Nishni, habe ein bißchen gearbeitet.
Die ganze letzte Zeit war ich mit dem Einrichten der neuen

Wohnung beschäftigt. Du kannst Dir nicht vorstellen, wie ich es satt habe umzuziehen, aber da ist nichts zu machen. Hoffen wir, daß wir in dieser Wohnung einige Jahre bleiben, sie ist etwas bequemer als die anderen.[4]
Ich küsse Dich herzlich und bleibe Dein Dich aufrichtig liebender

A. Skrjabin

P. S. Adressiere bitte keine Briefe an mich (und besonders Postkarten) ans Konservatorium. Dort liegen sie herum, und es ist möglich, daß meine Schüler sie lesen, das wäre mir peinlich.

1 Straße und Stadtviertel in Moskau.*
2 Partitur der *1. Sinfonie.*
3 Die *Préludes* op. 27.
4 In dieser Wohnung lebte Skrjabin mit seiner Familie bis zur Übersiedlung in die Schweiz 1904.

## 116. An Wera Skrjabina

[Petersburg, vor dem 11./24. November 1900]

Mein lieber Wuschenka, stell Dir vor, was für ein Glück, ich kam zur ersten Probe hin.[1] Obwohl ich nur zwei Sätze mitbekam, war meine Anwesenheit doch von Nutzen. Die Sinfonie klingt ausgezeichnet, sogar wenn sie schlecht, ganz lasch gespielt wird. Nur die Tempi waren alle zu langsam; nun ja, beim ersten Mal kann man es noch nicht beurteilen. Gestern gab ich Ljadow den ganzen Abend Hinweise. Bist Du gesund, meine Shutschka? Mit Ungeduld warte ich auf Post.
Wundere Dich nicht, daß ich so wenig schreibe: im Zimmer ist es vollkommen dunkel, obwohl es jetzt 1 Uhr ist.

Tuka

Was ist dieses Petersburg für ein elender Winkel, ehe man sich's versieht, ist man erkältet. Schreib mir gleich, ob Ihr alle gesund seid.
Gestern habe ich 16 Verse gedichtet.[2]

1 Geprobt wurde die *1. Sinfonie,* die am 11./24. November 1900 in

einem „Russischen Sinfoniekonzert“ in Petersburg unter Leitung von Ljadow zur Uraufführung gelangte. Von den sechs Sätzen wurde der letzte, der einen Chor erfordert, weggelassen.*

2 Vermutlich für die *Oper*, vgl. Brief 114, Anm. 4.

## 117. An Wera Skrjabina

[Petersburg, nach dem 11./24. November 1900]

Shutschonyschek, was soll ich nur mit Mitrofan machen, er läßt mich einfach nicht weg! Heute hatte ich mich schon ganz reisefertig gemacht – nein, um keinen Preis! Er sagt: Bei dir dort weinen die Kinder, und du mußt jetzt gleich wieder unterrichten, hier in der Stille wirst du dich besser erholen; vor Montag, sagt er, lasse ich dich nicht weg.

Wie fühlt Ihr Euch denn alle, meine Lieben? Daß Du Dich nicht schämst!! nicht zu schreiben!! Wäre nicht Brjantschaninow, ich wüßte nicht einmal, ob Ihr gesund seid! Wenn Du wüßtest, wie aufgeregt ich während der Aufführung der Sinfonie war. Zu meiner Schande muß ich gestehen, daß ich mich noch nicht in der Gewalt habe, und alle Gemeinheiten des Lebens wirken sich gleich auf meine Stimmung aus.[1] Trotzdem wird alles so, wie ich es will; und es wird gut! Tröstlich ist noch, daß mir das Schicksal neben Mißerfolg beim breiten Publikum einige wenige Verehrer schickt, und die sind es wenigstens mit Leidenschaft und Überzeugung! Ich erzähle Dir alles ausführlich, wenn wir uns wiedersehen! Ich küsse Dich, meine Gute, meine Liebe, ich küsse auch meine Schreihälse, die den Papa aus dem Hause vertreiben, und die teure Ida Juljewna.

Dein Nichtjammerer

Brjantschaninow hat sich ein Atelier gemietet, es phantastisch eingerichtet und stürzt sich nach wie vor bald auf dies, bald auf das wie ein richtiger Dilettant. Er hat noch ein Drama gedichtet! und mir schon ein Exemplar überreicht, stell Dir meine Qual vor! Aber er ist trotzdem ein Prachtkerl.

Jetzt fahre ich zu Nastasja Iljinitschna und bringe diesen Brief selbst zum Bahnhof. Morgen fahre ich noch einmal zu

der schöner gewordenen Blondine (Lisanka Frederiks). Sie hat mit ihrem neuen Drama großen Erfolg.
Mitrofan wollte es selbst übernehmen, Dir, wie er sagt, mein bescheidenes Benehmen zu bezeugen, aber er hat es jetzt eilig, in ein Sinfoniekonzert zu kommen.
Und ich fahre zu Tante Nastja.
Sag Wassili Iljitsch etwas Schmeichelhaftes, damit er nicht auf mich böse wird.[2]

1 Obwohl die *1. Sinfonie* bei der Uraufführung insgesamt positiv aufgenommen wurde, erschienen doch in einigen Petersburger Zeitungen abfällige Äußerungen, über die sich Skrjabin sehr erregte.
2 Wegen des Fernbleibens vom Konservatorium infolge dieses Petersburger Aufenthaltes.

## 118. An Mitrofan Beljajew

Moskau, 7. (20.) Dezember [1]900

Lieber Mitrofan Petrowitsch!
Die Chorstimmen hat Wassili Iljitsch gekauft; das Geld dafür wird Dir zusammen mit dem anderen geschickt, da jetzt gleich das gesamte Material für die Aufführung der Sinfonie bestellt wird.[1]
Morgen schicke ich Dein Partiturexemplar ab. Deinen Brief vom 20. November habe ich erhalten. Ich bin Dir sehr dankbar, daß Du offen Deine Meinung über mich geäußert hast, doch ich gestehe, daß mich Dein Wunsch sehr verwundert hat, meinen Geistesmut und Glauben an mich selbst ins Wanken zu bringen, *ohne den* nichts zu machen ist. Deine Meinung aber, ich wollte mich in allen Arten der Kunst versuchen in dem Verlangen, irgendwen zu übertreffen oder überhaupt mich mit jemandem, wer es auch sei, zu messen, ist vollkommen falsch. Ich tue alles aus innerem Drang und aus Neigung.[2] Verzeih, daß ich lange nicht geschrieben habe, ich war sehr beschäftigt.
Auf Wiedersehen, lieber Mitrofan Petrowitsch! Ich küsse Dich herzlich und bleibe Dein Dich aufrichtig liebender

A. Skrjabin

1 Für den 16./29. März 1901 wurde die Moskauer Erstaufführung der *1. Sinfonie* unter Leitung von Safonow vorbereitet.

2 Der Brief von Beljajew ist nicht nachweisbar. Offenbar enthielt er Vorwürfe, darunter den, Skrjabin wolle sich wohl mit Beethoven messen. Schon am 5./18. Mai 1900 hatte Beljajew zu Skrjabins *1. Sinfonie* geschrieben: „... Entschuldige mich (als Laien), daß mir schon Dein Finale mit Duett und Chor als Anspruch auf eine 9. Sinfonie vorkommt (obwohl es bei Dir die erste ist) ..." („Briefwechsel", S. 158f.). Auch noch im Herbst 1901 zeigte er sich mit dem Schlußchor grundsätzlich unzufrieden. Bezugnehmend auf eine Meldung in den Leipziger „Signalen für die musikalische Welt" (1901, Nr. 50, S. 792), daß Nikisch eine Aufführung der *1. Sinfonie* mit den Berliner Philharmonikern plane, schrieb Beljajew am 28. Oktober/10. November 1901 spöttisch an Skrjabin: „Von Nikisch erhielt ich Bescheid, daß Deine Sinfonie zwar im Programm seiner Berliner Konzerte steht, aber ihre Aufführung davon abhängt, ob er Chöre bekommt und welche. Da hast Du es anschaulich, welchen Vorzug das Komponieren von Neunten Sinfonien hat." („Briefwechsel", S. 172; die Aufführung in Berlin kam übrigens nicht zustande.)*

## 119. An Mitrofan Beljajew

Moskau, 15. (28.) Sept[ember] 1901
Chl[ebny]-Gasse, Haus von Hirsch
Habe ich mich etwa nicht gebessert?

Lieber Mitrofan Petrowitsch!
Vor der Abreise ins Ausland versprachst Du mir, aus Rom zu schreiben, ich glaube, am 1. Mai. Dieser Brief kam nicht, und ich dachte, Du wolltest Dich vielleicht eine Zeitlang vollkommen isolieren, um ganz auszuspannen, und schrieb Dir nicht. Das ist keine Ausrede, frag Wera, ich habe ihr dasselbe gesagt. Nun, jetzt weiß ich wenigstens, daß Du wohlbehalten zurückgekehrt und gesund bist. Im Sommer habe ich mich außer mit der Sinfonie[1] mit nichts beschäftigt, da sie sehr lang und ziemlich kompliziert ist. Obwohl sie nur fünf Sätze hat, nicht sechs wie die erste, ist sie wohl trotzdem größer als die erste. Übrigens, vielleicht sollte ich sie selbst dirigieren. Ich möchte nämlich sehr gern dirigieren lernen, und da muß man irgendwann anfangen. Wenn auch nichts dabei herauskommt, warum sollte ich es nicht einmal probieren?! Vielleicht geht es! das kann doch alles passieren! Schreib mir bitte Deine Meinung dazu.[2] Also mit der Oper und der 4. Sonate habe ich mich im Sommer nicht beschäftigt.

Andere Kompositionen (kleine für Klavier) habe ich in Skizzen.

Auf Wiedersehen! Ich küsse Dich herzlich und bleibe Dein Dich aufrichtig liebender

A. Skrjabin

P. S. Die Sinfonie schicke ich, sobald sie fertig ist. Dank Wassili Iljitsch! Wie schön er die 1. in Moskau aufgeführt hat! Wenn es Dich interessiert, kann ich Dir einige Rezensionen schicken, aber Du liest sie wohl nicht gern.

Schreib mir doch irgend etwas von Dir und den Deinen, seid Ihr alle gesund? Hat sich Valentina Mitrofanowna wieder vollkommen erholt? Was macht Anatoli Konstantinowitsch? Bei uns in der Philharmonie werden die Chöre aus seiner „Braut von Messina" aufgeführt! Endlich! Vor wieviel Jahren ist sie geschrieben?![3] Erst gestern hörte ich, daß er noch „Variationen" geschrieben hat![4] Aber nicht von Jürgenson! Bei dem erfährt man nie etwas!

1 *2. Sinfonie.*

2 Beljajew antwortete darauf erst am 11./24. November: Er sei dagegen, da Skrjabin nicht genug rhythmisches Gefühl besitze; wolle dieser aber unbedingt dirigieren, so solle er Safonow bitten, einige Male das Konservatoriumsorchester dirigieren zu dürfen, um Erfahrungen zu sammeln („Briefwechsel", S. 173). In einem undatierten Brief, der aus diesem Zeitraum stammen muß, teilte Skrjabin Beljajew mit, er werde demnächst regelmäßig ein Liebhaberorchester dirigieren („Briefe", S. 253f.). Das scheint sich jedoch zerschlagen zu haben.*

3 „Schlußszene aus der ‚Braut von Messina' nach Schiller" für Soli, Chor und Orchester, Ljadows Examensarbeit zum Abschluß des Petersburger Konservatoriums 1878.

4 „Variationen über ein polnisches Volksthema" für Klavier op. 51 (1901).

## 120. An Wera Skrjabina

[Petersburg, nach dem 12./25. Januar 1902][1]

Mitroscha hat mich gebeten, noch ein paar Tage zu bleiben, und ich möchte nach der ganzen Aufregung noch ein bißchen zur Ruhe kommen. Hier ist es so still, während dort in

Moskau zwei alte Meckertanten und drei Ferkel[2] den ganzen Tag herumschreien.
Shutschok, Du hast wahrscheinlich schon aus den Zeitungen von meinem Triumph erfahren. Das war vielleicht ein Fest! Na, Gott sei Dank, es ist gewesen und vorbei.[3]
Safonytsch war im Konzert und kann Dir ausführlich berichten, sowohl wie gespielt wurde als auch wie das Publikum es aufnahm. Es war annähernd eine Wiederholung dessen, was im vorigen Jahr los war, nur daß ein paar mehr klatschten und sogar 5–6 Stimmen laut riefen und den Komponisten verlangten. Ich ging natürlich nicht hinaus. Dafür aber, meine Liebe, verwöhnen mich meine Freunde nun so, daß es nicht zu beschreiben ist. Beljajew bestellt beinahe jeden Tag ein Essen nach meinem Geschmack, weckt mich erst zum Frühstück, läßt mich Gymnastik machen usw. Er war noch nie so freundlich.
Nun will ich Dir ruhig schon eine sehr wichtige Neuigkeit mitteilen: Mitrofan freute sich sehr, als ich anfing, von meinem Weggang vom Konservatorium zu reden;[4] er hat vor, für meinen Unterhalt zu sorgen (200 Rubel, notfalls auch mehr, *unbedingt*, und wenn ich mehr komponiere, dann selbstverständlich Abrechnung entsprechend der Anzahl der Kompositionen). Er stimmt mit mir völlig darin überein, daß ich möglichst bald aufhören und mich ganz der Komposition widmen muß. Man kann sich überhaupt felsenfest auf ihn verlassen, er ist ein wunderbarer Mensch!
Gibst Du Stunden?
Sei so gütig, mir *unverzüglich* über alles zu schreiben, *recht ausführlich*. Ich habe doch, wenn ich nicht bei Euch bin, Sehnsucht.
Ich komme in 2–3 Tagen, wenn ich es aber nicht aushalte, auch früher.
Ich küsse Euch alle ganz, ganz herzlich.

P. S. Ich war bei Familie Frederiks. Ihre kleine Tochter hat sich sehr herausgemacht und ist schöner geworden (soweit das möglich ist). Im Konzert war niemand von ihnen, sie beteuern, sie hätten es nicht gewußt, aber das stimmt natürlich nicht.
Schreib mir gleich. Ach so, sag bitte Safonow, wenn Du ihn siehst, daß ich noch ein paar Tage *geschäftlich* verhindert bin.

Wenn Du Geld brauchst, hol etwas von der Sparkasse. Ich selbst bringe das Gehalt für den nächsten Monat mit. Leb wohl, mein Guter!!

1 Am 12. Januar 1902 fand in Petersburg in einem „Russischen Sinfoniekonzert“ unter Leitung von Ljadow die Uraufführung der *2. Sinfonie* von Skrjabin statt, von der hier die Rede ist.
2 Gemeint sind Wera Skrjabina und Ida Schloezer, die zu dieser Zeit bei Skrjabins Familie wohnte, sowie die drei kleinen Töchter Rimma, Jelena und Maria.
3 Skrjabin äußert sich mit bitterer Ironie über die weitgehend negative Reaktion von Publikum und Presse auf die Aufführung seiner *2. Sinfonie*.
4 Da das Unterrichten am Konservatorium Skrjabin viel Zeit zum Komponieren nahm, reichte er im Frühjahr 1902 sein Entlassungsgesuch ein.

## 121. An Mitrofan Beljajew

Moskau, 18. (31.) März [1]902

Lieber Mitrofan Petrowitsch!
Ich kam noch nicht dazu, Dir nach dem Konzert[1] zu schreiben, das, wie Du sicher schon weißt, mit großem Erfolg verlief. Ich sende Dir einen Artikel mit, der am Tag des Konzertes erschien,[2] sowie Rezensionen, unter denen mehrere schmeichelhafte sind.
Die letzten zwei Wochen war ich sehr beschäftigt: Ich ließ viele Stunden am Konservatorium ausfallen, bei mir machen neun Studenten ihren Abschluß, so daß ich mich die ganze Zeit mit ihnen abgeben mußte.[3] Außerdem habe ich angefangen zu komponieren, und zwar viel.
Ich weiß nicht, ob ich Dir schrieb, daß meine älteste Tochter schon drei Wochen sehr schwer krank ist.[4] Morgen bringen wir sie in die Klinik, wo sie vielleicht operiert werden muß. Wir sind alle deswegen sehr beunruhigt.
Wann fährst Du weg, und wohin? Schreib es mir bitte, damit ich mich jederzeit mit Dir in Verbindung setzen kann.
Ich küsse Dich herzlich und bleibe Dein Dich aufrichtig liebender

A. Skrjabin

1 Am 5. März 1902 fand in Moskau erstmals ein Sinfoniekonzert statt, das ausschließlich Werke von Skrjabin bot. Safonow dirigierte die *1. Sinfonie* und die *Rêverie*, und Skrjabin spielte die *3. Sonate* und Klavierstücke. Das Scherzo aus der *Sinfonie* und die *Rêverie* mußten wiederholt werden; Skrjabin spielte vier Zugaben.

2 In seinem Artikel „Anläßlich des Konzertes von Skrjabin" wies Sergej Trubezkoi auf die überragende Begabung Skrjabins hin und drückte den Wunsch aus, daß das Konzert beim Publikum die Beachtung finden möge, die diese Musik verdiene.

3 1902 legten nicht neun, sondern sechs Schüler Skrjabins das Abschlußexamen am Konservatorium ab (siehe Abb. 11).

4 Sie hatte eine Blinddarmentzündung.

## 122. An Mitrofan Beljajew

Moskau, 26. März (8. April) [1]902

Lieber Mitrofan Petrowitsch!

Vorgestern erhielt ich das Geld, ich bin Dir sehr dankbar. Verzeih, daß ich Dir nicht sofort geantwortet habe. Für mich hat eine ganz schlimme Zeit angefangen: Am Institut[1] sind abends Prüfungen 12 Tage hintereinander (350 Schülerinnen), am Konservatorium habe ich ebenfalls viel zu tun, mit einem Wort, Musik von 2 Uhr nachmittags bis 12 Uhr nachts. Trotzdem komponiere ich nachts: ausgerechnet im Frühling kommen mir immer eine Menge Einfälle.

Wassili Iljitsch bittet mich ständig, noch ein Jahr zu bleiben; ich gebe aber um keinen Preis nach. Das Höchste, was ich tun kann, ist, drei Schüler zu behalten (300 Rubel im Jahr), die mir nicht allzuviel Zeit rauben können. Sie sollen nächstes Jahr ihren Abschluß machen und möchten es unbedingt bei mir.[2] Unsere Abmachung bleibt dann jedenfalls in Kraft.[3] Im Winter fahre ich drei Monate ins Ausland, um Konzerte zu geben.[4]

Wann fährst Du weg, lieber Mitrofan Petrowitsch? Schreib mir bitte! Schon lange habe ich keine Zeile von Dir!

Ich küsse Dich herzlich und bleibe Dein Dich aufrichtig liebender

A. Skrjabin

1 Skrjabin unterrichtete auch am Katharineninstitut, einer höheren Schule für adlige junge Mädchen.

2 Die Leitung des Konservatoriums stimmte Ende Mai der Entlassung Skrjabins zu. Dieser unterrichtete im Studienjahr 1902/03 noch drei Schüler bzw. Schülerinnen; zwei legten 1903 das Abschlußexamen ab.
3 Gemeint ist die regelmäßige Zahlung Beljajews nach Skrjabins Abgang vom Konservatorium, vgl. Brief 120.
4 In der Saison 1902/03 gab Skrjabin keine Konzerte im Ausland.

## 123. An Wera Skrjabina

Moskau, 25. M[ai] (7. Juni) [1902]

Shutschenka, meine Liebe, ich schreibe Dir am Tag nach dem Examen in ziemlich verdrießlicher Geistesverfassung, und zwar aus folgendem Grunde. Das Examen verlief wirklich glänzend; meine Schüler spielten einer immer besser als der andere. Nur Pomeranzew vergaß zweimal seine Fuge und griff ziemlich oft daneben; die übrigen waren tadellos. Gorowiz spielte das Konzert von Liszt[1] wie ein ganz erfahrener Virtuose. Malinowskaja und Nemenowa bezauberten geradezu die gesamte Versammlung. Über die Nemenowa hörte ich ringsum ganz begeisterte Stimmen. Aber als der größte Virtuose erwies sich natürlich doch Gorowiz, und ich hatte keinen Augenblick Zweifel daran, daß ihm die Goldmedaille verliehen wird.
Stell Dir meine Verwunderung und Wut vor, als am Abend im Rat die Goldmedaillen der Nemenowa und Malinowskaja verliehen werden und Gorowiz aus irgendeinem Grunde leer ausgeht. Ich brauste fürchterlich auf, sprang von meinem Platz auf und erklärte, der Rat handele ungerecht. Hřimalý tat zuerst beleidigt, indem er bemerkte, man müsse die Ansicht seiner Kollegen achten und er befinde sich in der gleichen Lage wegen seines Schülers Beloussow, der tatsächlich ebenfalls aus irgendeinem Grund übergangen worden war; aber ich unterbrach ihn, indem ich das Gespräch auf reine Grundsatzfragen lenkte und sagte, daß davon, was die Schüler und das Publikum von der Unfehlbarkeit des Rates halten, die Ehre der Anstalt abhänge. Safonow pflichtete mir bei, und wir beide versuchten, den Rat dazu zu bringen, daß noch einmal über die Medaille abgestimmt wurde. Schischkin und, stell Dir vor, Konstantin

Igumnow stemmten sich wie die Esel dagegen und beriefen sich auf die Bestimmung, daß es nicht möglich sei, ein zweites Mal abzustimmen. Der Streit artete fast in eine Schlägerei aus. Die Sitzung zog sich bis 1 Uhr nachts hin. Wir mußten nachgeben, da mit Stimmenmehrheit entschieden wurde, grundsätzlich über diese Fragen nicht ein zweites Mal abzustimmen. Was nun die Medaillenvergabe anbelangt, so soll in Zukunft anders verfahren werden, um derartige Meinungsverschiedenheiten auszuschließen.[2] Aber deswegen ist mir nicht wohler, man hat meinen Gorowiz beleidigt, und das geht mir sehr nahe. Er kam jetzt ganz niedergeschmettert und traurig an. Ich habe ihn getröstet, so gut ich konnte.
Nun, wie geht es Ihnen, mein Teurer? Ich danke Dir, Shutschenka, für Deine lieben Briefe. Deine Aufträge werde ich erledigen. Wie gern käme ich gleich in unser Sommerhaus. Gestern war ich so müde, daß ich beim Abendessen überhaupt nichts trinken mochte, worüber ich heute unsagbar froh bin.
Schreib mir doch noch einmal, und vergiß nicht zu berichten, wie jetzt das Befinden von Russinow[3] ist. Gib ja auf sie acht, und sei vorsichtig mit dem Essen.
Du weißt sicher, daß Dein Vater auf der Durchreise bei mir war. Er fuhr nach Petersburg zu Wladimir weiter. In einer oder anderthalb Wochen wird er Dich wahrscheinlich besuchen. Ich soll Dir eine ganze Menge und, wie es schien, lebhafteste Grüße ausrichten von Frau Trubezkaja. Ich war einmal einen ganzen Tag bei ihnen, aß dort zu Mittag und Abend – sie waren so sehr freundlich. Er kam zum Examen.[4] Einen etwas weniger lebhaften Gruß an Dich von Margarita, die ebenfalls gestern im Konservatorium war und von 2 bis 7 Uhr abends ausharrte. Jazymir läßt ständig anfragen, wann die Stunden stattfinden können, einmal kam sie auch selbst auf einen Augenblick vorbei, diese Widerwärtige. Monighettis verreisen in den nächsten Tagen, ich war am Dienstag den ganzen Abend bei ihnen, da ich an diesem Tag keinen Unterricht hatte. Erst jetzt merke ich, daß ich anfange, in der Art von Brjantschaninow zu schreiben, und zwar deswegen, weil ich mit Dir ein wenig plaudern möchte und zum Buchstabenmalen viel zu faul bin.
Ich weiß nicht, was ich mit dem Flügel machen soll. Ge-

stern sagte mir jemand, daß Schor nach der Krim gefahren ist. An wen kann man sich jetzt wenden?
Nun, Shutschenka, heute muß ich ins Grüne! Ich habe mich in den letzten Tagen sehr abgerackert.
Eben kam Nikita, und ich spielte ihm die Sinfonie vor.[5] Sie gefällt ihm besser als die 1. und 2. Überhaupt gefällt allen das Thema des Allegro-Satzes sehr; das schmerzt mich sogar ein wenig! –
Ich lerne Latein, Griechisch sowie *Englisch*. Im Sommer werde ich Dich damit peinigen. Frau Trubezkaja brachte mir eine gute Aussprache bei; sie spricht Englisch wie eine Engländerin.
Ich küsse Euch alle, meine Lieben, ganz herzlich.
Zum erstenmal im Leben bin ich bis zur 10. Seite gekommen! Das mußt Du zu würdigen wissen!

1 Klavierkonzert Es-Dur.
2 Weder im offiziellen Protokoll des Künstlerischen Rates des Moskauer Konservatoriums vom 24. Mai 1902 noch im Entwurf dieses Protokolls fand die beschriebene Auseinandersetzung ihren Niederschlag. Andererseits ist das Protokoll dasjenige Dokument, in dem erstmals offiziell Skrjabins Wunsch fixiert ist, seine Stellung als Professor des Konservatoriums aufzugeben. Möglicherweise gab dieser Konflikt den Anstoß dazu, die seit längerem gehegte Absicht zu verwirklichen.
3 Kosename für die Tochter Rimma.*
4 Vermutlich hatte S. Trubezkoi als Zuhörer an der Prüfung von Skrjabins Schülern am Konservatorium teilgenommen.
5 *3. Sinfonie.*

## 124. An Mitrofan Beljajew

Obolenskoje[1], 17. (30.) Juli [1902]

Lieber Mitrofan Petrowitsch!
Ich habe mich sehr gefreut, von Dir wenigstens ein paar Zeilen zu erhalten, aus denen ich aber nicht einmal etwas über Deine Gesundheit erfuhr.
Mir geht es einstweilen gut. Zur Zeit bin ich dabei, mich gesund zu machen, indem ich mich der Ruhe und körperlichen Übungen hingebe. Ich will damit eine neue Periode meines Daseins beginnen. Mich mit Musik zu befassen be-

ginne ich im September, und dann mache ich auch alle angefangenen Kompositionen fertig, von denen die Hauptsache die 3. Sinfonie ist. Ein Satz davon (das Allegro) ist schon fertig, die anderen sind skizziert. Es reizt mich ungeheuer zu arbeiten, doch ich darf es mir nicht erlauben, da ich riskiere, meine Gesundheit endgültig zu zerrütten. Im Frühjahr fühlte ich mich dermaßen unwohl, daß ich schon einige Zweifel hatte, ob ich je wieder gesund werden kann. Jetzt sehe ich zu meiner grenzenlosen Freude, daß ich große Kräfte erlangen und mich dann der Kunst widmen kann, wie ich es mir schon lange erträume. Obwohl ich mir die größte Mühe gebe, an nichts zu denken, zumal nicht an Musik, habe ich drei kleine Stückchen komponiert (Mazurka, Prélude und Etüde), die in eine Sammlung mit gleichen Titeln aufgenommen werden sollen. Zum erstenmal im Leben erhole ich mich im wahrsten Sinne des Wortes. Erst einen Monat nach dem Examen gab es einen Tag, an dem ich mich leidlich wohl fühlte. Die Erschöpfung ist die Folge der furchtbaren Anspannung vieler Jahre. Hätte ich mich nicht entschlossen, diese, wie ich es nenne, Tat der Untätigkeit zu vollbringen (ich sitze tagelang in der Hängematte), wäre ich sicher in 2–3 Jahren nicht mehr am Leben.

Der Klavierauszug ist mit wenigen Ausnahmen gut gemacht. Hoffentlich fühlt sich Kalafati nicht gekränkt, weil ich einige Korrekturen vorgenommen habe (größtenteils Erleichterungen).[2]

Ist denn nun die Partitur[3] schon zum Druck geschickt? Sei so gut, mir das zu schreiben.

Auf Wiedersehen! Ich küsse Dich herzlich und bleibe Dein Dich aufrichtig liebender

A. Skrjabin

P. S. Schreib mir bitte wenigstens kurz, wie es Dir geht. Hat Dir Karlsbad genützt?[4] Wie ist das Befinden von Maria Andrejewna und Valentina Mitrofanowna?

1 Dorf bei Malojaroslawez, südwestlich von Moskau.*

2 Kalafati fertigte im Auftrage Beljajews einen vierhändigen Klavierauszug der *2. Sinfonie* von Skrjabin an. Davon hatte Beljajew, um das Honorar an Kalafati zahlen zu können, die ersten Sätze zur Begutachtung an Skrjabin gesandt.

3 *2. Sinfonie.*
4 Beljajew war, wie er Skrjabin vorher mitgeteilt hatte („Briefwechsel", S. 181), zur Kur wegen seines Magengeschwürs nicht nach Karlsbad, sondern wie schon früher nach Bad Kissingen gefahren, das damals von vielen Russen aufgesucht wurde.*

## 125. An Wera Skrjabina

[Obolenskoje, 5./18. August 1902]

Shutschenka, Liebe, warum sind wir nicht zusammen gefahren, ich mache mir große Sorge um Dich,[1] meine Schwalbe. Ich hatte schon Petrowna gerufen und wollte anfangen zu packen, aber sie überredete mich, wenigstens 1–2 Tage zu warten, bis Du schreibst. Sie sagte, daß die Amme eine Bekannte hat – nimm die *unbedingt*, hörst Du, nimm sie *gleich*. Am meisten beunruhigt mich, daß Du kein Dienstmädchen hast.

Stell Dir vor, wie schade: Als ich nach Hause kam, fand ich einen Brief von mamotchka vor, die größte Sehnsucht hat, Dich zu sehen. Dieser Brief wurde also gerade in dem Moment gebracht, als wir am Bahnhof waren.

Wie findest Du mein Papachen?! Nun, nutze die Gelegenheit, schreib gleich an Mama und lade sie ein,[2] dann kann ich wenigstens einigermaßen beruhigt sein; Du wirst sehen, wie sie Dich versorgen wird.

Bei uns geht bis jetzt, Gott sei Dank, alles gut. Rimka[3] hat ein paarmal geweint: „Warum ist Mama weggefahren?" Mit Mühe und Not konnte ich sie beruhigen. In diesem Augenblick haben beide[4] etwas Süßes bekommen und trinken Tee.

Wuschenka, Liebe, wenn Du es willst, kommen wir sofort, Du brauchst nur ein Wörtchen zu schreiben. Gott mit Dir, meine Liebe, die ganze Zeit denke ich an Dich.

1 Vom Sommeraufenthalt der Familie war Wera zusammen mit der dritten, damals einjährigen Tochter Maria nach Moskau gefahren, um dort die Geburt des vierten Kindes, des Sohnes Lew (18./31. August 1902), abzuwarten.
2 Skrjabins Vater hatte anscheinend auf Bitten des Sohnes sein Einverständnis dazu gegeben, daß seine zweite Frau nach Moskau fuhr, um Wera nach der Entbindung zu helfen.

3 Kosename für Rimma.*
4 Die Töchter Rimma und Jelena.

## 126. An Wera Skrjabina

[Obolenskoje, nach dem 18./31. August 1902][1]

Wuschenka, mein liebes Kind, vielen Dank für Deine lieben, lieben Briefe. Als ich den ersten erhielt, freute ich mich so, daß ich mit Wolodja Majew den ganzen Tag herumhüpfte wie ein Gymnasiast der 1. Klasse.[2] Du kannst Dir nicht vorstellen, wie ich gelitten habe. Die letzten drei Tage habe ich mit den Kindern wirklich ausgenutzt. Das Wetter war herrlich, aber nicht sehr heiß. Heute hat es sich etwas bezogen, aber ich glaube, nicht für lange. Wie bin ich Mamachen dankbar, daß sie nach Moskau gekommen ist; sag ihr das von mir. Und auch Tante Ljuba. – Es ist mir sehr lieb, daß Safonow selbst von der Sinfonie angefangen hat. Sollte man ihm nicht das Bleistiftexemplar schicken, das wohl im Schrank im Gästezimmer liegt?[3] Was meinst Du? Dann müßten *sorgfältig* alle Bemerkungen von Ljadow an den Rändern ausradiert werden. Das müßtest Du natürlich selbst machen, falls Du dazu in der Lage bist; Mamachen oder Tante Ljuba oder gar Xenia darfst Du es nicht machen lassen!!! Dann ist es schon besser, ich mache alles selbst, wenn ich wieder in Moskau bin. Absenden kann es Tante Ljuba, sie hat das früher oft für mich gemacht.
Petrowna ist einverstanden, bei uns über den Winter zu bleiben, nur *ohne Waschen und Plätten*, zu den ursprünglichen Bedingungen. Sie sagt, ihr geht es nicht um eine Gehaltszulage, sondern sie möchte sich in ihrem Alter nicht mehr so anstrengen. Sie ist ja eigentlich nett.
Nun, Shutschenka, jetzt laufe ich zum 12-Uhr-Zug, um den Brief einzuwerfen.

Dein Tuka

Richte allen einen Gruß von mir aus.

1 Geburtsdatum des Sohnes Lew.
2 Skrjabin freute sich über die Geburt eines Sohnes.
3 Es kann nur die *2. Sinfonie* gemeint sein (die *1.* war bereits im Druck erschienen); Safonow brachte sie am 21. März/3. April 1903 zur Moskauer Erstaufführung.

## 127. An Mitrofan Beljajew

Krim, Gursuf, 4. (17.) September 1902

Lieber Mitrofan Petrowitsch!
Hierher hat mich das Schicksal verschlagen. Der Arzt sagte, daß für meine völlige Wiederherstellung Baden im Meer und eine Traubenkur notwendig sind.[1] Ich bleibe hier etwa zwei Wochen, und dann geht's an die Arbeit. Nur schade, daß ich mich nach der Ankunft in Jalta erkältet habe und zwei Tage im Bett liegen mußte. Den Schnupfen bin ich immer noch nicht los. Ich muß übrigens etwa zehnmal ins Meer tauchen – das soll mir guttun. Du hast mir nicht auf meine Bitte um zweite Abzüge von der Sinfonie geantwortet. Wenn es aus irgendeinem Grunde schwierig ist, so muß es auch nicht sein, da die Sinfonie in Moskau erst am 7. März aufgeführt wird.[2]
Wassili Iljitsch und ich haben vor, in Petersburg (und anschließend auch im Ausland) ein Konzert mit Werken von mir zu geben, in dem er die 1. Sinfonie aufführt und ich als Pianist mit der 3. Sonate und kleineren Stücken auftrete (wie im vergangenen Jahr in Moskau).[3]
Auf Wiedersehen, lieber Mitrofan Petrowitsch! Wenn Du mir sofort schreibst, erreicht mich Dein Brief noch in Gursuf. Schreib mir bitte wenigstens zwei Worte, Du bereitest mir damit eine große Freude. Ich küsse Dich herzlich und bleibe Dein Dich aufrichtig liebender

A. Skrjabin

1 Im August schrieb Skrjabin an Sinaïda Monighetti, er leide seit Jahren an „Übermüdung und Neurasthenie" („Briefe", S. 268).
2 Ein zweites Exemplar der Korrekturabzüge der *2. Sinfonie* hatte Skrjabin möglicherweise für Safonow erbeten (vgl. Anm. 3 zum vorigen Brief).
3 Dieses Vorhaben wurde nicht verwirklicht.

## 128. An Mitrofan Beljajew

Moskau, 23. Dezember [1]902 (5. Januar 1903)

Lieber Mitrofan Petrowitsch!
Nimm meine Gratulation zum Fest und zum bevorstehenden neuen Jahr und meine besten Wünsche entgegen.

Ich wollte gern für ein paar Tage zu Dir kommen, aber ich kann es zu meinem großen Kummer nicht, da ich vielleicht nach Prag fahren muß, wo Metzl für mich ein Konzert organisiert (mit Klavierwerken)[1] im Anschluß an das Sinfoniekonzert, in dem Wassili Iljitsch meine Sinfonie[2] aufführt. Ich weiß nicht, ob Du gehört hast, daß Nikisch sie schon in Berlin am 15. Januar (nach unserem Kalender) aufführt.[3]
Die 3. Sinfonie instrumentiere ich jetzt, jedoch langsam. Ich arbeite in diesem Monat überhaupt weniger und schlechter; die Sinfonie ist aber auch sehr kompliziert in der Instrumentation und erfordert große Anstrengung.
Wie geht es Dir, lieber Mitrofan Petrowitsch? Schon so lange habe ich von Dir keine Zeile. Schreib mir wenigstens zwei Worte. Ich küsse Dich herzlich und bleibe Dein Dich aufrichtig liebender

A. Skrjabin

Du fragtest, ob ich mit Safonow Streit hatte: nichts dergleichen.

1 Skrjabin gab keinen Klavierabend in Prag.
2 *1. Sinfonie.*
3 Diese Aufführung ließ sich nicht nachweisen. Weder am 13./26. Januar 1903 noch in einem vorangehenden oder folgenden Berliner Philharmonischen Konzert unter Nikisch erklang ein Werk von Skrjabin.*

## 129. An Mitrofan Beljajew

Moskau, 30. Dez[ember 1]902 (12. Januar 1903)
[–2./15. Januar 1903]

Lieber Mitrofan Petrowitsch!
Ich sende Dir die Korrekturbogen,[1] auf denen ich alle Fehler verbessert habe. Jetzt ist alles so gemacht, wie es gedruckt werden soll. Was den vierhändigen Klavierauszug anbetrifft, so wäre es schön, falls er noch nicht gedruckt ist, auch dort die entsprechende Stelle zu verbessern; sollte es aber zu spät sein, ist es kein großes Unglück.
Was für hervorragende Korrektoren in Leipzig sind![2]
Ich danke Dir für das Geld – gestern erhielt ich die Benachrichtigung. Hast Du etwa meinen Brief nicht erhalten? Ich

küsse Dich herzlich und bleibe Dein Dich aufrichtig liebender

A. Skrjabin

Du erhältst diesen Brief gerade zu Neujahr. Nimm meine Gratulation und besten Wünsche entgegen, und richte bitte Maria Andrejewna und Valentina Mitrofanowna einen herzlichen Gruß von mir aus.
Wie geht es Anatoli Konstantinowitsch? Ich würde Euch sehr gern besuchen. Vielleicht werde ich keine Geduld haben und nach Abschluß der Sinfonie für ein paar Tage herbeifliegen. Wirst Du mich auch nicht wegjagen?

31. Dezember

Gestern habe ich es nicht geschafft, den Brief abzuschicken. Gerade erhielt ich noch weitere Bogen.[3] Auch darauf verbessere ich die Fehler, und dann schicke ich alles zusammen. Sei bitte so gut, lieber Mitrofan Petrowitsch, dem Korrektor zu erklären, daß alles gemacht ist, wie es sein muß. Ich wollte eigentlich selbst schreiben, kann aber so schlecht Deutsch, daß ich fürchte, etwas falsch zu machen.

2. Januar

Gestern wurde ich den ganzen Tag am Arbeiten gehindert. Erst jetzt bin ich mit der Korrektur fertig.

1 Zwei Korrekturabzüge der *2. Sinfonie*, die Beljajew noch einmal zur Klärung fraglicher Stellen geschickt hatte.
2 Bezieht sich auf die Musikaliendruckerei C. G. Röder, bei der alle Belaieff-Ausgaben hergestellt wurden.
3 Eine Liste mit Fragen zur Korrektur der *2. Sinfonie*.

## 130. An Mitrofan Beljajew

Moskau, 25. Febr[uar] (10. März) 1903

Lieber Mitrofan Petrowitsch!
Ich danke Dir sehr für das Geld.
Du bist sicher beunruhigt, daß ich Dir so lange nichts schicke. Der Grund dafür ist die Sinfonie[1], die furchtbar lang ist (etwa 350–400 S. Partitur). Ich kann mir nichts anderes vornehmen, solange ich sie nicht fertig habe. Zu Weihnachten habe ich noch ein großes Orchesterstück angefangen,[2] doch bevor ich mir das vornehme, will ich erst ei-

nige kleine Klavierstücke in Ordnung bringen, die schon zu lange liegengeblieben sind. (Nach der Sinfonie.) Jetzt sitze ich ganze Tage an der Partitur.
Wenn Du möchtest, sende ich Dir Prager Rezensionen,[3] es sollen sehr gute dabei sein. Ich habe sie nicht selbst gelesen, aber Hřimalý hat es mir erzählt, er bekommt mehrere tschechische und deutsche Zeitungen.
Auf Wiedersehen, lieber Mitrofan Petrowitsch! Ich küsse Dich herzlich und bleibe Dein Dich aufrichtig liebender

A. Skrjabin

1 *3. Sinfonie.*
2 Unter den Skizzen und Entwürfen Skrjabins ließ sich kein entsprechendes Stück feststellen.
3 Über die Aufführung der *1. Sinfonie* unter Safonow in Prag am 14. Januar 1903.*

## 131. An Boris de Schloezer[1]

[Obolenskoje, 21. Juli/3. August 1903]

Ich bin buchstäblich in Arbeit versunken: ich instrumentiere die Sinfonie[2] und komponiere Klavierstücke, dagegen geht es mit dem Libretto nur langsam voran, und philosophisch beschäftige ich mich auch wenig, habe nur den Überweg[3] gelesen. Ich muß im August unbedingt 30 Kompositionen abschließen,[4] sonst kann meine Reise nach der Schweiz nicht stattfinden, ich denke aber nur noch daran![5]

1 Dieser Brief ist nicht im Autograph überliefert. Der wiedergegebene Text – offenbar nur ein Ausschnitt* – wurde erstmals von Julius Engel innerhalb seines „Biographischen Abrisses" über Skrjabin veröffentlicht (Zeitschrift „Musykalny sowremennik" [„Der musikalische Zeitgenosse"], Heft 4–5, 1916, S. 54 [russ.]).
2 *3. Sinfonie.*
3 Friedrich Überweg, Grundriß der Geschichte der Philosophie, 3 Teile, Berlin 1863–1866, spätere Auflagen bearb. von Max Heinze; der 3. Teil (Neuzeit) erschien 1890 in Petersburg in russischer Sprache mit Ergänzungen russischer Autoren über die Philosophie bei den Tschechen, Polen und Russen als „Geschichte der neueren Philosophie".*
4 Siehe Brief 135.*

5 Dies ist der früheste erhaltene Brief, in dem Skrjabin von dem Vorhaben schreibt, in die Schweiz zu gehen; die Verwirklichung dieses Vorhabens im Februar/März 1904 bedeutete einen insgesamt sechsjährigen (nur 1909 kurz unterbrochenen) Auslandsaufenthalt.* – Skrjabin war – ähnlich Rachmaninow, Gretschaninow und anderen russischen Komponisten – zu dem Schluß gekommen, daß er im Ausland bessere Bedingungen für seine künstlerische Arbeit finden könne als in Rußland. Vor der Abreise war er bemüht, mit der Ablieferung von Kompositionen seine Schulden bei Beljajew zu begleichen, die – durch dessen regelmäßige Vorschußzahlungen – im Sommer 1903 bereits mehr als 4000 Rubel ausmachten.

## 132. [An Tatjana de Schloezer][1]

[Obolenskoje, Juli oder August 1903?][2]

Wie häßlich! Weshalb so zweifeln und sich sorgen! Man muß brav sein und genau die Anordnungen des Arztes befolgen. Ich lebe einzig von dem Gedanken an die Fahrt nach der Schweiz und tue *alles*, was möglich ist, damit dieser Traum Wirklichkeit wird. Also, auf ein baldiges und freudiges Wiedersehen!

1 Der Brief ist ohne Anrede und Datum. Da er sich unter den Briefen Skrjabins an seine zweite Frau fand, muß er an sie gerichtet sein.

2 Kaschperow („Briefe“, S. 298) datiert den Brief auf „Ende 1903“, wozu er bemerkt, Skrjabin habe erst nach der im November 1903 erfolgten Abgabe der Manuskripte op. 30–42 die Möglichkeit gehabt, nach der Schweiz zu fahren. Den *Gedanken* daran hatte Skrjabin jedoch bereits im *Sommer* 1903, siehe die Briefe 131 und 133. Der Brief scheint eher im Juli oder August in Obolenskoje geschrieben zu sein; der ganze Satz: „Ich lebe einzig von dem Gedanken …“ erinnert stark an den letzten Satz von Brief 131; von einem „baldigen und freudigen Wiedersehen“ ist auch in Brief 133 die Rede.*

[Obolenskoje, 7./20. August 1903]

Lieber Boris Feodorowitsch!

Wie lange habe ich schon keine Nachricht von Ihnen! Wie geht es Ihnen? Sind Sie alle gesund? Schreiben Sie mir recht bald, ich bin sehr beunruhigt. Von mir kann ich nichts Interessantes berichten: Ich lese, schreibe, lese, schreibe – so geht es die ganze Zeit seit Ihrer Abreise. Mit Vergnügen und größter Leichtigkeit habe ich das Buch von Kuno Fischer[1] verschlungen. Ich will alle Bände lesen. Jetzt bin ich mit Klavierstücken beschäftigt, unter denen es eine Etüde gibt, die an Kraft und Majestät die 3. Sinfonie übertrifft.[2] Übrigens schicke ich Ihnen nicht die Themen, da ich sie (die Sinfonie) angefangen habe umzuarbeiten. Ich übergebe sie Ihnen persönlich in der Schweiz.[3] Also Ihre Reise ist beschlossene Sache! Ich freue mich unendlich! Wenn Sie wüßten, wie ich es manchmal *nötig* habe, mit Ihnen zu sprechen, sowohl über musikalische als auch über philosophische Fragen. Vorläufig können wir das nun nicht, deshalb schreiben Sie mir zu beidem wenigstens ein paar Zeilen.

Hält Tatiana Feodorowna die Vorschrift des Arztes ein? Ich fürchte, nicht sehr genau. Seien Sie in dieser Hinsicht etwas strenger! Also vielleicht auf ein baldiges und freudiges Wiedersehen!

Richten Sie Feodor Juljewitsch und Maria Alexandrowna einen herzlichen Gruß von mir aus, und vergessen Sie nicht den Ihnen aufrichtig ergebenen

A. Skrjabin

Schreiben Sie, wann Sie ungefähr zu fahren gedenken und wohin. Schreiben Sie zunächst noch in unser Landhaus. Ich gebe Ihnen Bescheid, wenn wir hier wieder wegfahren.

1 Geschichte der neuern Philosophie, Bd. 1–6, Mannheim und Heidelberg 1852–1877, weitere Bände später; in russischer Übersetzung Bd. 1–8 1901–1909.*

2 Wahrscheinlich ist die *Etüde* op. 42 Nr. 5 gemeint, deren Entwurf mit Juli 1903 datiert ist.

3 Hier schreibt Skrjabin von seinem Vorhaben, in die Schweiz zu gehen, zum erstenmal wie von einer beschlossenen Sache.

## 134. An Tatjana de Schloezer[1]

[Obolenskoje, 7./20. August 1903]

Die Stimmung muß ruhig sein, *ganz ruhig*. Das einzige, woran man denken *muß* und worauf man alle Zeit und alle Sorge wenden muß, ist die Gesundheit. *Alles* übrige wird dann. Ich will mit meinem ganzen Wesen, daß es wird – und es wird.

Borja wird alles sagen.

Wie wundervoll der Herbst wird!

1 Der Brief ist wie Brief 132 ohne Anrede und Datum. Da er sich unter den Briefen Skrjabins an seine zweite Frau fand und Borja (ihr Bruder Boris) erwähnt ist, muß er an sie gerichtet sein. Er ist vermutlich in Zusammenhang mit dem vorigen Brief geschrieben.

## 135. An Mitrofan Beljajew

[Obolenskoje,] 27. August (9. September) [1]903

Lieber Mitrofan Petrowitsch!

Gestern erhielt ich das Geld. Sei vielmals bedankt. Ich wollte Dir eigentlich einen Teil der Klavierstücke schicken, aber da es nicht schaden kann, wenn sie noch 2–3 Wochen liegenbleiben, habe ich mich dazu entschlossen, Dir alle (40)[1] persönlich Ende September abzugeben.

Ich küsse Dich herzlich und bleibe Dein Dich aufrichtig liebender

A. Skrjabin

Übermorgen fahren wir wieder nach Moskau.

1 Die Klavierwerke op. 30–42, die zusammen 36 (nicht 40) Stücke ausmachen.

## 136. An Wera Skrjabina

[Petersburg, 3./16. November 1903]

Ich bin wohlbehalten angekommen. Mitroscha schimpfte und war freundlich zugleich. Er ist unendlich liebenswert. Über das Geschäftliche haben wir noch nicht gesprochen, da es nicht schön gewesen wäre, mit einer so heiklen Frage zu beginnen.[1] Doch der Anfang ist gemacht. Die Dicke der Mappe bewirkte den gehörigen Effekt.[2] Heute abend gedenke ich alles zu klären. Wie geht es Dir? Mach Dir keine Sorge, und glaube daran, daß am Ende alles aufs beste in Ordnung gehen wird. Gestern (das heißt am Sonntag) habe ich Ljadow schon die Sinfonie[3] vorgespielt; sie gefällt ihm sehr, das heißt, er sagt es, ich merke ihm aber an, daß er nicht alles verstanden hat. Beljascha, stell Dir vor! hat der Satan gefallen!![4] Er bat mich dreimal, nur den Schluß zu wiederholen.

1 Gemeint sind Geldangelegenheiten: die Abrechnung über die Tilgung der Schulden durch die Honorare für die mitgebrachten Werke sowie die künftigen geschäftlichen Beziehungen.
2 Skrjabin lieferte die Manuskripte von 36 neuen Klavierkompositionen ab (op. 30–42), darunter vier umfangreiche Werke: *4. Sonate, Poème tragique, Poème satanique* und *Walzer* op. 38.
3 *3. Sinfonie.*
4 Gemeint sein dürfte das *Poème satanique.* Kaschperow hält aus Gründen des Zusammenhangs dieser Äußerung den Schluß der *3. Sinfonie* für wahrscheinlicher („Briefe", S. 392).*

## 137. An Wera Skrjabina

[Petersburg, 8./21. November 1903]

Shutschenka, Du bist sicher beunruhigt, daß ich so lange nicht schreibe, aber das hat folgenden Grund: Jeden Tag meine ich, die Kompositionen fertigstellen[1] und mit Beljajew die Abrechnung machen zu können – aber ich komme einfach nicht dazu, da ich ständig gestört werde: mal ist es Ljadow, der jeden Tag um 3 Uhr auftaucht und bis zum Essen sitzen bleibt, mal jemand anders. Das Geld, das ich Dir geschickt habe, hat Beljajew *selber* mir *vorläufig* angeboten;[2] ich möchte ihn vor dem Abschluß nicht um mehr bitten. Gedulde Dich ein paar Tage, meine Shutschoschka.
Alles steht sehr gut. Beljajew billigt meine Absicht, nach Dresden zu gehen,[3] vollkommen und hat Schäffer bereits angewiesen, eine Anzeige aufzugeben, daß eine 6-Zimmer-Wohnung in dem und dem Stadtteil gesucht wird (er kennt Dresden gut). Auch hat er angewiesen, genaue Auskünfte

darüber einzuholen, was das Leben in Dresden kostet. Da er weiß (ich habe es ihm gesagt), daß ich außer ihm (Beljajew) keinerlei Einnahmequellen haben werde, will er offenbar meinen Unterhalt tragen. Er ist überhaupt ein Engel.
Gerade wurde mir Dein Brief vom 6. November gebracht. Hast Du wirklich das Geld noch nicht erhalten? Was soll das bedeuten?!
Also, jetzt bringe ich den Brief weg, mache einen Spaziergang, und dann geht's an die Arbeit. Heute abend gehe ich zu Nikisch.[4]
Auf Wiedersehen, meine Liebe, lebe ruhig und vergnügt, vergiß aber auch Tuk nicht.
Daß die Kleider gestohlen sind – pfeif darauf!!![5]
Schreib mir bitte *sofort* in zwei Worten, ob Du das Geld erhalten hast. Bezahle *unbedingt* die Miete, und wenn es dann nicht für den Lebensunterhalt reicht, borge es vorläufig bei Tante. Ich bringe es nicht fertig, Mitrofan vor Beendigung der Arbeit zu bitten.
Ich küsse Dich ganz herzlich, ebenfalls meine lieben kleinen Kinder.

1 Skrjabin hielt es für notwendig, die Kompositionen op. 30–42 vor ihrer Abgabe an Beljajew nochmals durchzusehen.
2 Beljajew gab Skrjabin einen Teil des Honorars noch vor der Abgabe der Manuskripte und der Schuldenabrechnung.
3 Merkwürdigerweise spricht Skrjabin hier und im folgenden Brief an seine Frau sowie im Brief 139 an Beljajew, mit dem er bei seinem Petersburger Aufenthalt darüber gesprochen haben muß, von einer Übersiedelung nach Dresden statt in die Schweiz. War er in seinen Absichten so schwankend, oder wollte er diesen beiden Menschen seinen Plan, in die Schweiz zu gehen, noch nicht offenbaren?*
4 Das heißt zum Konzert der Petersburger Philharmonie, in dem Arthur Nikisch als Gast Werke von Beethoven, Weber, Wagner, Tschaikowski und Rimski-Korsakow dirigierte.
5 Wera hatte geschrieben, vom Dachboden seien zehn Kinderkleider gestohlen worden.

[Petersburg, 15./28. November 1903]

Garstiger Shutschen! Warum schreibst Du so lange nicht! Wenn ich nicht schreibe, ist das verständlich, ich bin ganz durcheinander, ganz schwindlig gemacht hat man mich, wie Ida immer sagt, ja, aber Du?!! Gestern abend habe ich endlich vor einer ganzen Menge von Petersburger Komponisten meine Sinfonie[1] vorgespielt, und, o Wunder! Glasunow ist begeistert, [Rimski-]Korsakow sehr wohlwollend. Beim Abendessen wurde sogar erörtert, daß es schön wäre, sie von Nikisch aufführen zu lassen. Lawrow tobt vor Wut. Also, Gott sei Dank, mir ist ein Stein vom Herzen! Ich freue mich auch für Beljajew, der sie jetzt gern herausbringen wird.[2]

Ja, die Morosowa! Wirklich ein liebenswerter Mensch![3] Gott gebe ihr Gesundheit, selbst wenn sie irgendeinen Idioten heiraten sollte! Ich würde es ihr wahrscheinlich verzeihen!

Hast Du mit ihr Brüderschaft getrunken? Sie nennt Dich im Brief Wera. Schreib mir bitte so bald *als möglich,* ich muß doch noch ein paar Tage bleiben. Beljajew hält mich mit den Zähnen fest.

Die Kompositionen sind immer noch nicht fertig![4] Heute oder morgen hoffe ich mich endlich davon zu befreien.

Bei Xenia war ich immer noch nicht! Ob Sonntag oder Donnerstag, durch irgend etwas bin ich bestimmt verhindert. Die Besuchszeit ist auch zu ungünstig: von 5 bis 7 abends, gerade zur Essenszeit bei Beljajews. Man sagte mir, daß ich als Auswärtiger um Einlaß außerhalb der festgelegten Zeit bitten kann. Was ich denn auch tun muß.[5] Gestern (Sonntag) vormittag waren wir im Theater zu einem ganz dummen Stück, und dann spielte ich vor, wozu alle extra zu mir kamen, und dadurch war es, wie Du siehst, wieder nicht möglich, zum Institut zu kommen.

Nun, Shutscha, leb wohl, bleib hübsch gesund und munter. Ich war so glücklich *Deinetwegen*, als ich von der Morosowa den Brief erhielt. Ich gratuliere Dir, mein Herzchen, und bitte Dich, dieses Geld als *Deines und das der Kinder* anzusehen. Aus Dresden kommen ziemlich günstige Nachrichten. Die Wohnung kostet 1200–1500 Mark. Teuer ist

nur das Dienstmädchen und, wie Schäffer schreibt, sehr verwöhnt! Nun, darüber zu schreiben habe ich keine Lust, ich erzähle Dir ausführlich beim Wiedersehen.
Schreib mir sofort!! Sind die Kinder gesund? Ich küsse sie.
Maria Andrejewna bittet, Dir einen Gruß von ihr auszurichten und die Kinder zu küssen.

1 *3. Sinfonie* (Klavierauszug).*
2 Beljajew war es lieber, Werke herauszubringen, die die Zustimmung der drei inoffiziellen redaktionell-künstlerischen Berater seines Verlages – Rimski-Korsakow, Ljadow und Glasunow – fanden, als solche, bei denen er anderer Meinung als sie war. Skrjabin wundert sich über Rimski-Korsakows Wohlwollen deshalb besonders, weil dieser sich seinerzeit gegenüber der *2. Sinfonie* ablehnend verhalten hatte.
3 Margarita Morosowa hatte Skrjabin in einem Brief nach Petersburg (über dessen wesentlichen Inhalt Wera bereits von ihr informiert war) materielle Unterstützung angeboten, damit der Komponist ins Ausland gehen und sich dort ausschließlich der Komposition widmen könne. In der Folge zahlte sie ihm (bis Ende 1908) nicht nur monatlich 200 Rubel „Rente" (wie Skrjabin es nannte), sondern gab ihm auch Geld, um die Kosten für Konzerte bestreiten zu können (Paris 1905), und organisierte für ihn auf eigene Rechnung Konzerte, in denen er auftrat (Frühjahr 1909 in Moskau).
4 Siehe Briefe 135–137.
5 Seine damals 14jährige Halbschwester wohnte und war Schülerin in einem Institut und konnte dort sonntags und donnerstags Besuch empfangen.

## 139. An Mitrofan Beljajew

Moskau, 7. (20.) Dezember [1]903

Lieber Mitrofan Petrowitsch!
Ich möchte Dir etwas für mich sehr Erfreuliches anvertrauen und mitteilen: Meine Angelegenheiten kommen in Ordnung, und vorgestern erhielt ich von M[orosowa] „das erste Unterpfand unserer Freundschaft", wie sie sich scherzhaft ausdrückte.[1] Da dies zeitlich mit einer anderen Freude zusammenfiel, dem Abschluß einer großen Arbeit,[2] und noch einer! so war ich die ganze Woche in Feststim-

mung, und ich benahm mich geradezu wie ein Gymnasiast der 2. oder höchstens 3. Klasse: ich lief von einem Bekannten zum anderen, schwatzte dummes Zeug und machte dermaßen viele Sprünge, daß ich mir fast den Rücken verrenkte; es tut mir jetzt noch weh. Doch nun bin ich des Nichtstuns schon überdrüssig, und ich habe wieder angefangen, mich mit Musik und Literatur zu beschäftigen. Das wäre alles, was ich Dir vorläufig von mir mitteilen kann.
Sei so lieb und gut und schreib mir wenigstens zwei Worte, wie Du Dich fühlst. Dein scheußlicher Magen! Möchte es bald Mai sein, und dann zu Lahmann![3]
Auf Wiedersehen, lieber Mitrofan Petrowitsch, ich küsse Dich herzlich und bleibe Dein Dich aufrichtig liebender und Dir ergebener

A. Skrjabin

P. S. Richte bitte Valentina Mitrofanowna aus, daß ich mein Versprechen bald einlösen werde.
Ich kann nicht umhin, Dir noch von der dritten Freude zu berichten: Ich erhielt zufällig einen Geldbetrag,[4] von dem ich fast *alle* Schulden bezahlen konnte, und es blieb noch etwas für die Fahrt nach Dresden übrig. Na, ist das Leben etwa nicht schön?!
Hast Du meinen Brief vom ..., ich glaube, 28., erhalten?[5]

1 Siehe Anm. 3 zu Brief 138.
2 Siehe Brief 140, 2. Absatz.
3 Beljajew litt jahrelang an einem Magengeschwür. Er suchte mehrmals das Lahmannsche Sanatorium in Dresden zur Behandlung auf.
4 Skrjabin hatte wieder den Glinka-Preis erhalten, der ihm diesmal 1500 Rubel einbrachte (davon 1000 Rubel für die *1. Sinfonie*). Er erriet tatsächlich bis an das Lebensende von Beljajew nie, daß dieser der Stifter des Preises war.
5 Am 28. November/11. Dezember 1903 hatte sich Skrjabin unmittelbar nach seiner Rückkehr aus Petersburg bei Beljajew für die erwiesene Gastfreundschaft und Gunst bedankt („Briefe", S. 295). Der Besuch war die letzte persönliche Begegnung beider gewesen.*

Moskau, 15.[–18.] (28.–31.) Dezember [1]903[1]

Lieber Mitrofan Petrowitsch!

Die Nachricht über Dein schlechtes Befinden hat mich sehr betrübt. Warum hast Du mir nicht geschrieben, woran Du leidest? Ist es wirklich wieder der Magen? Du wirst zwar böse werden, aber ich sage es trotzdem. Ich habe mich in diesen Tagen mit einem sehr guten Arzt unterhalten, dem ich von Deiner Krankheit und ihrer *Behandlung* erzählte sowie von Deiner Schwäche für *Piroggen.* Er war entsetzt und sagte, daß die Diät nicht nur in der Enthaltung von Speisen bestimmter *Qualität* besteht, sondern auch überhaupt in deren *mäßigem* Gebrauch. Und was Piroggen anbelangt ..., nein, mehr sage ich nicht, sonst gibt es ein Unglück. Übrigens habe ich ihm natürlich gesagt, daß es sich nicht um den Magen, sondern um die Därme handelt, aber er antwortete, das sei *nicht wichtig.* Essen darf man trotzdem nur *wenig.* Nun, nichts weiter dazu. Über die Morosowa schrieb ich Dir nicht ausführlich, weil ich selbst bisher nichts darüber weiß. Ich erhielt von ihr 200 Rubel, das ist alles. Wahrscheinlich wird sie das jeden Monat schicken?[2]

Die Arbeit, die ich abgeschlossen habe, ist *keine* musikalische; es sind die Worte zum 1. Akt der Oper. Allmählich werde ich mit der Instrumentation der 3. Sinfonie fertig.

Auf Wiedersehen, lieber Mitrofan Petrowitsch! Ich wünsche Dir völlige Genesung und küsse Dich herzlich. Dein Dich aufrichtig liebender

A. Skrjabin

P. S. *18. Dezember.* Schimpf mich ordentlich aus. Meine dumme Zerstreutheit – ich habe den Brief immer noch nicht abgeschickt. Ich begreife selbst nicht, wie das passieren konnte. Als ich ihn noch einmal durchlas, merkte ich, daß ich eine Frage nicht beantwortet habe. Anatoli Konstantinowitsch kannst Du es sagen, aber *im Vertrauen.*[3]

1 Der letzte erhaltene Brief Skrjabins an Beljajew mit der Antwort auf den letzten erhaltenen von Beljajew an Skrjabin vom 11./24. Dezember 1903. Zehn Tage nach Absendung vorliegenden Briefes, am 28. Dezember 1903/10. Januar 1904, starb Beljajew.*

2 Siehe Brief 138, Anm. 3.

3 Beljajew hatte geschrieben: „Wie abgemacht, sage ich von dem ‚Unterpfand der Freundschaft' niemand ein Sterbenswörtchen, aber findest Du nicht, daß man Tolja [Ljadow] davon sagen kann, da er sich wahrscheinlich mit mir zusammen darüber freuen wird" („Briefwechsel", S. 191).*

## 141. An Anatoli Ljadow

[Moskau, 15./28. Februar 1904]

Lieber Anatoli Konstantinowitsch!

Du hast mich sehr dadurch gekränkt, daß Du mir nicht vor der Zusendung dieser offiziellen Erklärung[1] in freundschaftlicherer Form über die Veränderung der Bedingungen, die für mich natürlich nicht erfreulich ist, Mitteilung gemacht hast. Du weißt, daß ich aus dem Konservatorium nicht nur mit dem Einverständnis, sondern auch mit starker Ermunterung von Mitrofan Petrowitsch ausgeschieden bin; er wollte mir den vollen Unterhalt im Ausland geben[2] (als ihm und mir natürlich noch nichts von der Prämie der Mor[osowa][3] bekannt war – dies nur unter uns), und als er davon erfuhr, behielt er dieselben Bedingungen bei, das heißt 200 Rubel im Monat, und wollte das mit einer schriftlichen Verpflichtung bekräftigen, wenn ich mich nicht dagegen gesträubt hätte. Du weißt auch, daß man mit einer sechsköpfigen Familie *selbst in der Schweiz* nicht von dieser Prämie leben kann und daß meine einzige Einnahmequelle daneben meine Kompositionen sind.

Ich verstehe, daß Ihr, wenn Ihr Euch an den Buchstaben des Statuts haltet, vollkommen recht habt und ich keinerlei Ansprüche stellen kann, aber zugleich ist Dir doch klar, daß Ihr bei Beibehaltung der bisherigen Bedingungen für mich den Willen von Mitrofan Petrowitsch genauer erfüllen würdet. Übrigens werdet Ihr wahrscheinlich nicht nur in bezug auf mich zuweilen vom Statut absehen, denn es gibt *kein* Verlagshaus in der Welt, das nicht zuweilen Vorschüsse zahlt. Und bei mir wird doch schon *zehn Jahre* so verfahren.

Ich hoffe, daß Du dies alles verstehst, wie auch das, was es heißt, *zum Termin* und *auf Bestellung* zu komponieren, und

daß Du mich unterstützen wirst, damit ich die bisherigen Bedingungen behalte, wenn nicht für immer, dann für einige Jahre, zumal es sich nur um die Termine handelt, während ich meine Schulden immer beglichen habe und begleichen werde.
Ich bitte Dich inständig, mir recht bald zu antworten, da ich am Donnerstag, dem 19., nach der Schweiz abreise. Die Sachen sind schon alle verkauft, und die Fahrkarte habe ich auch.
Solltest Du es nicht schaffen, in diesen Tagen noch einmal mit Nikolai Andrejewitsch und Alexander Konstantinowitsch zu sprechen, dann schreib mir nach Genf, *poste restante.* Gib mir auch Bescheid, an wen ich mich in Verlags- und Geldangelegenheiten wenden kann. Zum Beispiel: ich würde diesmal darum bitten, das Geld auf den Namen meiner Frau an die Moskauer Adresse zu schicken. Sie bleibt nach meiner Abreise noch ein paar Tage da. Bitte sei so gut und richte es aus, an wen es nötig ist. *Vergiß* es bitte *nicht.*
Entschuldige, daß ich Dir Unruhe bereite, aber Du wirst verstehen, wie wichtig es für mich ist, diese Frage zu klären. Die Sinfonie habe ich stark geändert, sie kann daher frühestens in ein bis zwei Monaten abgeschickt werden.[4] Für alle Fälle sende ich Dir anbei eine offizielle Erklärung an den Rat.[5] Wenn Du es für nötig hältst, zeig sie vor. Eigentlich weiß ich ja, daß Du von Dir aus alles tun wirst, was in meinem Interesse ist, und handeln, wie es nötig ist. Hast Du meinen Brief erhalten vom … ich weiß das Datum nicht mehr, ich glaube, vor zwei Wochen, nein, vor etwa zehn Tagen?[6]
Es wäre doch möglich gewesen, mir in Verbindung mit dieser Mitteilung zwei Worte zu schreiben!! Sehr, sehr kränkend ist so ein Verhalten. Wahrhaftig, man kann geradezu an der Freundschaft zweifeln!!! Und dann wirfst Du mir noch Kälte und Egoismus vor! Aber verzeih mir, ich höre schon auf. Ich küsse Dich herzlich und bleibe Dein Dich aufrichtig liebender und Dir ergebener

A. Skrjabin

Bitte, vergiß nicht, wegen des *Geldes* Bescheid zu sagen (daß es auf den Namen meiner Frau nach Moskau geschickt werden soll, Chl[ebny]-Gasse, Haus von Hirsch).

Wohin soll ich die Sinfonie und überhaupt Kompositionen schicken?
Meine Adresse für Post nach Genf: Suisse. Genève. Poste restante. Mons. A. Scriabine.

1 Die nicht überlieferte „Erklärung" des „Rates der Testamentsvollstrecker von M. P. Beljajew" (der sich aus Rimski-Korsakow, Ljadow, Glasunow und Beljajews Bruder Sergej zusammensetzte) enthielt offenbar die Festlegung, daß der Verlag Belaieff künftig an alle Komponisten das Honorar erst nach der ersten Autorenkorrektur (und keine Vorschüsse für künftige Kompositionen) zahlen werde.
2 Siehe Brief 120.
3 Siehe Brief 138, Anm. 3.
4 Die *3. Sinfonie* wurde erst im November fertig (vgl. Brief 147, Anm. 4).*
5 Das genannte Schreiben, datiert „15. Febr. 1904", enthält eine kurzgefaßte Darlegung von Skrjabins Einspruch („Briefe", S. 300).* – Dem wurde anscheinend teilweise stattgegeben: Skrjabin erhielt bis August 1904 die regelmäßigen Vorschußzahlungen.
6 Brief vom 1./14. Februar 1904 („Briefe", S. 299).

## 142. An Margarita Morosowa

Vésenaz[1], 8. (21.) März 1904

Liebe Margarita Kyrillowna!
Ich danke Ihnen für Ihren lieben, lieben Brief.[2] Ihre Befürchtung ist vielleicht nicht ganz unbegründet, doch mir scheint, Sie sehen die Gefahr von seiten M[arias] größer, als sie ist.[3] Wenn man schon Freunde und Feinde fürchtet, was man eigentlich nicht tun sollte, so habe ich gefährlichere, die allerdings mein Schaffen nicht stören können, aber die praktische Verwirklichung meiner Ideen aufhalten können, zum Beispiel Safonow. Ich will Ihnen übrigens eine sehr wichtige Mitteilung in bezug auf ihn machen und habe eine große Bitte. Es handelt sich darum, daß ich so unvorsichtig war, ihm etwas von einem ganz wichtigen Ereignis meines Lebens zu sagen; Sie erraten natürlich, was ich meine.[4] Obgleich ich, bei aller Enttäuschung, so sehr von seiner Anständigkeit überzeugt bin, daß ich nicht den Gedanken aufkommen lassen kann, er würde unter irgendwelchen

Umständen etwas von dem Vorgefallenen erzählen, möchte ich mich dennoch in meinem Vertrauen auf ihn in dieser Hinsicht noch mehr sichern und Sie bitten, ihn auf die Probe zu stellen, das heißt, bei einem Gespräch mit ihm zu beobachten, ob nicht von seiner Seite mindestens eine Andeutung des Wunsches kommt, Ihnen irgend etwas zu sagen, was diesen Fakt betrifft. Dabei darf er natürlich nicht einmal *ahnen*, daß Sie eingeweiht sind. Wenn er errät, daß Sie es wissen, ist es schlimm. Er hat mir ohnehin schon überflüssige Vertraulichkeit mit Ihnen vorgeworfen (als er von Wera erfuhr, daß Sie über M. Bescheid wissen). Meine Teure, Sie werden es tun, ja? Wenn es nur mich beträfe, wäre es mir egal, aber um *anderer* willen[5] möchte ich kein schmutziges Gerede.
Schreiben Sie mir nach Genf Poste restante A. N. S. (nur die Anfangsbuchstaben), und dann schreiben Sie *alles*, einfach *alles*. Ich möchte so gern etwas mehr über Sie wissen, über Ihre Beschäftigungen. Was lesen Sie jetzt? Haben Sie schon den Kuno Fischer angefangen?[6] Und Ihre Beschäftigungen mit der Musik?[7] Hat Ihnen Tanja etwas von meinen letzten Kompositionen vorgespielt? Es wäre schön, wenn sie mit Ihnen einige davon *harmonisch* analysieren würde. Und Sie selbst können die 3. Sonate analysieren, besonders das Finale. Nehmen Sie Stunden bei Morosow?[8] Vielleicht könnten Sie im Laufe dieses Monats etwas schaffen; wozu Zeit verlieren! Wie gern würde ich Ihnen alle meine musikalischen und philosophischen Gedanken anvertrauen, und ich bedaure unendlich, daß ich das noch nicht kann. Darum dränge ich Sie auch, sich mit allem zu beschäftigen.
Auf Wiedersehen, meine teure Freundin! Mit Ungeduld erwarte ich stets die Post von Ihnen. Schreiben Sie mir bitte möglichst bald und viel *über sich*.

Ihr aufrichtig ergebener
A. Skrjabin

Wir sind schon in ein Landhaus nach Vésenaz gezogen. Kennen Sie diesen Ort?

1 Skrjabin war am 19. Februar/3. März 1904 in die Schweiz abgereist. Seine Frau, Wera Skrjabina, folgte ihm mit den Kindern 10 Tage später. Sie mieteten ein Haus mit dem Namen „Villa les

Lilas" („Villa Flieder") in Vésenaz am Genfer See, unweit von Genf, worüber wir aus einem Brief von Wera an Sinaïda Monighetti (vom 11./24. März 1904) erfahren: „Wir haben ein ganz nettes Häuschen mit vollständigem Mobiliar und Geschirr, mit einem kleinen, aber hübschen Gärtchen und mit wundervollem Blick auf den See und die Berge des gegenüberliegenden Ufers. [...] Sascha hat ganz oben sein Zimmer; da steht ein Klavier (einen Flügel gibt es in ganz Genf nicht), und da kann er für sich allein sein."

2 In Skrjabins Nachlaß fand sich kein einziger Brief von Margarita Morosowa.

3 Anscheinend befürchtete Margarita Morosowa ein Bekanntwerden der engen Beziehungen zwischen Skrjabin und Maria Bogoslowskaja.

4 Skrjabin hatte mit Safonow über seine Absicht gesprochen, sich scheiden zu lassen und Tatjana de Schloezer zu heiraten. Aus freundschaftlichen Gefühlen für beide Ehepartner hatte Safonow dringend davon abgeraten, woraufhin Skrjabin ihn als seinen Feind ansah.

5 Gemeint ist Tatjana de Schloezer.

6 Siehe Brief 133, Anm. 1.*

7 Nach Skrjabins Abreise in die Schweiz nahm seine ehemalige Schülerin Klavierunterricht bei Nikolai Medtner.

8 Nikita Morosow unterrichtete sie in Musiktheorie.

## 143. An Tatjana de Schloezer

[Vésenaz, 15./28. März 1904]

Tanja, ich hatte geglaubt, Dir eine ganz ausführliche Beschreibung der Reise in die Schweiz geschickt zu haben,[1] und da stellt sich plötzlich heraus, daß sie nichts taugt! Was bin ich doch für ein unbegabter Mensch! Ich will es noch einmal versuchen, und wenn es wieder genauso schlecht gelingt, werde ich zu meinem größten Kummer auf die Hoffnung verzichten müssen, jemals einen guten Reiseführer zu verfassen! Also ich beginne:

In Moskau nimmst Du ein Billett 2. Klasse *bis Berlin* und eine Schlafwagenkarte, die für 1 Nacht gilt *(bis Warschau)*. In Warschau kommt der Zug abends an, ich glaube, um 10 Uhr. Vom Moskauer Bahnhof mußt Du zu dem Berliner (dem sogenannten Wiener) fahren, wofür es zwei Möglichkeiten gibt: 1) einen Verbindungszug, der in jeder Hinsicht

entsetzlich ist und überdies manchmal *Verspätung hat!!* (das ist unwahrscheinlich), und 2) die Droschke. Ich rate Dir, die zweite Möglichkeit zu wählen, sie ist angenehmer und vor allem sicherer. Auf dem Wiener Bahnhof nimm *unbedingt* einen Platz im Schlafwagen der *internationalen Gesellschaft;* er ist teuer, aber dafür wirst Du besser schlafen als zu Hause. Wenn Du Dich nach der Ankunft in Berlin (am frühen Morgen) in der Lage fühlst, die Reise fortzusetzen, dann fahr, nach einigen Stunden Wartezeit, mit dem Zug, der direkt nach Genf geht. Er fährt von Berlin am Tage ab, ich weiß nicht mehr, zu welcher Stunde (das sagt man Dir auf dem Bahnhof), und kommt in Genf am nächsten Tag um 7 Uhr abends an. Wenn Du aber in den ersten zwei Tagen sehr angestrengt bist, dann bleib in Berlin im Central-Hotel, gegenüber dem Bahnhof. Dort gibt es einen Lift und billige, sehr schöne Zimmer.
Tanja, meine Liebe, erfülle meine Bitte. Verbringe wenigstens ein paar Tage vor der Abreise *vernünftig!!* Beschäftige Dich mit *nichts*, geh spazieren (wenn es nicht feucht ist), geh früh zu Bett und *schlaf*!!! Denk daran, daß Du eine solche anstrengende Reise vor Dir hast. Ich werde die ganze Zeit in Unruhe sein, bis ich Dich in Genf erblicken werde, und deshalb schreib mir von unterwegs ein paarmal, wenigstens aus Warschau und Berlin. In Deutschland geh nicht aus dem Wagen – die Züge halten höchstens eine Minute, es kann einem passieren, daß man stehenbleibt!
Bitte fahr nicht los, wenn Deine Gesundheit nicht zufriedenstellend ist. Es ist besser, ein paar Tage zu warten. Gib mir *rechtzeitig* Bescheid, wann Du in Genf ankommst. Ich werde versuchen, Dich abzuholen, was nicht leicht sein wird, da Deine Ankunft bis zur Ankunft von Margarita Kyrillowna verborgen bleiben muß.
Also auf ein baldiges Wiedersehen! Ich tue vorläufig nichts, nicht einmal die Sinfonie[2] kann ich mir vornehmen. Und ich würde sie gern recht bald abschließen! Die Korrekturen häufen sich endlos![3]
Borja küsse ich herzlich, ich danke ihm für seinen Brief. Ich schreibe ihm, wenn ich ganz eingerichtet bin und zu mir komme.
Tanja, wie schön es hier ist, der Frühling, die Blumen!

Wir sind schon in ein Landhaus gezogen.[4]
Schreib nach *Genf* an A. N. S. Poste restante.

1 Brief vom 1./14. März 1904 aus Genf („Briefe", S. 302).
2 *3. Sinfonie.*
3 Skrjabin hatte von Belaieff aus Leipzig Korrekturabzüge und Entwürfe zu den Titelblättern von op. 38–41 sowie eine 2. Korrektur der *4. Sonate* erhalten.
4 Siehe Anm. 1 zum vorigen Brief.

## 144. An Margarita Morosowa

Vésenaz [vor dem 3./16. April 1904]

Liebe Margarita Kyrillowna
Nun ist schon fast ein Monat vergangen, seit ich Ihnen einen langen Brief schrieb, auf den Sie immer noch nicht reagiert haben! Was hat das zu bedeuten? Sind Sie gesund, und erinnern Sie sich noch an meine Existenz? So gern wüßte ich etwas von Ihnen. Seien Sie so lieb und gut und schreiben Sie mir recht bald wenigstens ein paar Zeilen.
Von mir kann ich Ihnen vorläufig nichts Neues melden, es sei denn, daß ich außer einem großen Werk[1] ein Poem für Orchester[2] schreibe. Wie schade, daß ich mich mit Ihnen nicht austauschen und Ihnen nicht die neuen Teile des Textes vorlesen kann.[3] Irgendwann werden wir uns wiedersehen. Noch interessanter ist die Frage, wo. Sicher sind Sie von Ihrer öffentlichen Tätigkeit so eingenommen, daß Sie Rußland lange nicht verlassen wollen.
Ich sage trotzdem auf Wiedersehen und hoffe auf ein baldiges! Aber vorläufig lassen Sie mich nicht ohne Nachricht, schreiben Sie mir öfter wenigstens ein paar Zeilen.
Empfangen Sie meine Wünsche für gutes Gelingen in allem, liebe Margarita Kyrillowna, und die Versicherung meiner aufrichtigen und tiefen Freundschaft.

A. Skrjabin

P. S. Haben Sie den Brief von Wera erhalten?

1 Möglich ist auch die Übersetzung „außer dem großen Werk". Skrjabin könnte ein Werk meinen, von dem Margarita Morosowa bereits Kenntnis hatte, zum Beispiel den Text der geplanten *Oper*

(zu der ein Titel nicht existierte); im Dezember 1903 schrieb er aus Moskau an Beljajew von dem „Abschluß einer großen Arbeit" (Brief 139), nämlich des Textes zum 1. Akt der *Oper*. – Kaschperow („Briefe", S. 307) nimmt an, daß hier die *3. Sinfonie* gemeint ist. Diese, von deren Existenz Margarita Morosowa ebenfalls längst wissen mußte, hätte Skrjabin jedoch beim Namen nennen können. – Eine weitere Möglichkeit ist, daß Skrjabin die Dichtung *Poem der Ekstase (Le Poème de l'Extase)* meint, die als selbständiges Werk neben dem gleichnamigen, hier anschließend erwähnten Orchesterwerk entstand und die er im Brief 162 als „großes Werk" bezeichnet.*

2 Bei der Komposition des *Poème de l'Extase* kann es sich zu dieser Zeit wohl nur um vorläufige Ideen handeln, vgl. Briefe 146 (wo Skrjabin immer noch von seinem „künftigen" Werk spricht) und 158.*

3 Diese letzten Worte lassen Kaschperow („Briefe", S. 307) vermuten, daß Skrjabin die Dichtung *Poem der Ekstase* bereits in Moskau begonnen und die fertigen Teile seiner Gönnerin vorgelesen hat.*

## 145. An Margarita Morosowa

Vésenaz, 3. (16.) Apr[il] 1904

Liebe Margarita Kyrillowna!
Nehmen Sie meine tiefe Anteilnahme an Ihrem Kummer entgegen.[1] Wie schade, daß wir nicht beieinander sind, ich wüßte Sie zu beruhigen. Unser ganzes Leben ist eine Reihe solcher Prüfungen, man muß darauf gefaßt sein. Und nur in ständigem Sich-selbst-Besiegen, in unablässigem Tätigsein, auf dessen höchstem Gipfel werden Sie Glückseligkeit und Befreiung finden. Sehen Sie nicht alles vom menschlichen, allzu menschlichen Standpunkt an. Betrachten Sie das Leben anders, und es wird sich Ihnen als ewige Freude zeigen. Es war für mich sehr erfreulich zu erfahren, daß Sie sich viel mit Philosophie beschäftigen. Sie müssen sich möglichst bald mit Kant vertraut machen und ein wenig Fichte, Schelling und Hegel kennenlernen, wenigstens anhand einer Geschichte der Philosophie. Das Lehrbuch von Fouillée taugt nichts. Die deutsche Philosophie ist darin sehr schlecht dargestellt. Besorgen Sie sich die Geschichte der neueren Philosophie von Überweg-Heinze. Dieses Werk ist zwar ziemlich stümperhaft, aber sehr vollständig

und, was die Hauptsache ist, übersichtlich, das ist für Sie im Moment das wichtigste. Mit Kant können Sie sich anhand von Kuno Fischer bekannt machen. Wenn Sie das alles kennen, wird es mir leichtfallen, mit Ihnen zu arbeiten, und Sie werden bald meine Lehre verstehen.[2]
Ich habe in den letzten Tagen sehr viel gearbeitet, bin müde und fühle mich schwach.[3] Auf ein baldiges Wiedersehen, meine teure, liebe, liebe Freundin. Geben Sie sich nicht der Schwäche hin, leben Sie im Glauben an sich selbst und Ihre Kräfte. Kommen Sie nur recht bald her, ich werde alle Ihre Leiden heilen.

Ihr aufrichtig ergebener
A. Skrjabin

Ich fahre jetzt gleich auf das andere Ufer und sehe für Sie eine Villa an.[4] Ich muß mich sehr beeilen, sonst verpasse ich den Dampfer.
Wera hat Ihnen über alles ausführlich geschrieben.[5]

1 Eine Tante von ihr war gestorben.
2 Skrjabin meint seine persönliche Weltanschauung und deren Widerspiegelung in seiner Dichtung *Poem der Ekstase*; vgl. auch den folgenden Brief und Anm. 5 dazu.*
3 Im Frühjahr 1904 las Skrjabin die Korrekturen der Klavierstücke op. 31–42.
4 Gemeint ist die gegenüberliegende Seite des Genfer Sees. Dort, in dem Städtchen Nyon, hielt sich Margarita Morosowa Ende 1904 und Anfang 1905 mit ihrer Familie auf.*
5 Wera Skrjabina hatte geschrieben, wo und wie die Familie derzeit lebt.

## 146. An Nikita Morosow

Vésenaz, 14. (27.) Juli [1]904

Lieber Nikita Semjonowitsch!
Sehr, sehr habe ich mich gefreut, Deinen Brief zu erhalten und zu erfahren, daß Ihr endlich wohlbehalten nach Moskau gelangt seid und Eure Angelegenheiten geregelt habt. Unnötigerweise hast Du Dich so beeilt mit der Übersendung des Geldes: mit unseren Finanzen steht es vorläufig glänzend.

Uns geht es genau wie bisher. Wir arbeiten jeden Tag. Trotz der schrecklichen Hitze schreiben wir und haben von der Partitur schon ein großes Stück geschafft.[1] Nur noch 40 S. sind übrig. In einer Woche sind wir hoffentlich fertig. Ich bin Dir sehr dankbar für Deine Mitteilungen über die Harfe. Das ist für mich sehr wichtig. Es ist mir sehr peinlich, daß ich Dich genötigt habe, vier Seiten von dieser für Dich natürlich langweiligen Materie zu schreiben.[2]
Gestern sah ich Engel, den ich ganz zufällig in Genf traf. Er ist für zwei Tage von Montreux aus dienstlich hergekommen. Ich habe ihm einiges über mein künftiges Werk[3] erzählt sowie Teile aus der 3. Sinfonie vorgespielt.
Ich kann Dir noch mitteilen, daß meine Konzerte zunächst (in diesem Herbst) nicht in Genf, sondern in Paris sein werden.[4] Ebenfalls im Herbst werden eine kurze Darstellung meiner Lehre[5] (in einem einzelnen Büchlein) und Kommentare zur 3. Sinfonie[6] erscheinen.
Auf Wiedersehen, Nikita Semjonowitsch! Falls Du mir schreiben solltest, würdest Du mir damit eine riesige Freude machen. Ich will auch versuchen, mich zu bessern, und Dir, wenn es etwas Interessantes gibt, dies mitteilen. Richte bitte Wera Alexandrowna einen Gruß von mir und beste Wünsche aus, und vergiß nicht den Dir aufrichtig ergebenen

A. Skrjabin

Meine Frau wird in den nächsten Tagen an Wera Alexandrowna schreiben. Sie bittet darum, Euch von ihr zu grüßen.

1 Wera Skrjabina fertigte die Reinschrift der vom Komponisten in dieser Zeit überarbeiteten Partitur der *3. Sinfonie* an.*
2 Anscheinend hatte Skrjabin bei Morosow angefragt, ob eine Stelle in der Harfenstimme der *3. Sinfonie* gut spielbar ist.
3 *Le Poème de l'Extase.*
4 Die Konzerte fanden in Paris erst im Frühjahr 1905 statt.
5 So sah Skrjabin seine Dichtung *Poem der Ekstase* an (sie wurde übrigens erst 1906 gedruckt*).
6 Kommentare zu seiner *3. Sinfonie* hat Skrjabin nicht geschrieben. Das Programm des Konzertes unter Nikisch in Paris am 29. Mai 1905 enthielt eine kurze Inhaltsbeschreibung des Werkes.

## 147. An Wera Skrjabina

[Vésenaz, 20. Oktober/2. November 1904]

Eben erhielt ich Deine Karte, liebe Wuschenka, und ich freute mich sehr, daß die Reise Dir Vergnügen macht.[1] Schade natürlich, daß dieser scheußliche Nebel den vollen Genuß beeinträchtigt, aber ich glaube, das wird nicht lange dauern, da Wind aufgekommen ist (von Norden), der auch nach Nizza klares Wetter bringen wird. Bei uns geht alles gut. Die Kinder sind gesund. Rimma geht schon den zweiten Tag nicht in die Schule wegen irgendwelcher Feiertage.[2] Heute fuhr sie mit Tatjana Fjodorowna in die Stadt.[3] Ich arbeite viel, werde aber einfach nicht fertig.[4] Gestern habe ich die Harfe durchgesehen und heute die Pauken eingetragen. Für morgen gibt es immer noch zu tun. Auf Wiedersehen, meine Liebe, Gute! Schreib mir recht oft und recht viel. Ich küsse Dich herzlich

Dein Sascha

Gib Großvater einen Kuß von mir.

1 Sie war mit ihrem Vater auf einer Reise über Nizza nach Italien. Diese für Nizza bestimmte Postkarte adressierte Skrjabin versehentlich nach Neapel.
2 Allerheiligen und Allerseelen.*
3 Genf.*
4 Skrjabin arbeitete an der endgültigen Fassung und an der Fertigstellung der größtenteils von Wera geschriebenen Reinschrift der Partitur der *3. Sinfonie*. Er entschloß sich, sie selbst fertigzuschreiben, da er, wie schon vor Weras Reise geplant, nach Paris fahren wollte. Am 24. Oktober/6. November teilte er Wera den Abschluß der Arbeit mit („Briefe", S. 315), und am 9./22. November sandte er die Partitur an Belaieff nach Leipzig ab („Briefe", S. 317).

## 148. An Wera Skrjabina

[Paris, 10./23. November 1904][1]

Ich fahre und denke ständig an Dich, meine liebe, gute Shutschenka! Die letzte Nacht habe ich Deinetwegen auch schlecht geschlafen! Ich werde so lange keine Ruhe finden, bis ich von Dir gute Nachricht habe, bis Du mir schreibst, daß Du *vernünftig* bist und Dich gut führst! Es ist für Dich Zeit, ein Mensch zu werden und Dich selbst in die Hand zu nehmen. Sieh mal, wieviel Unannehmlichkeiten und Unglück alle ringsum haben, und trotzdem finden sie nicht nur Kraft, es zu ertragen, sondern können sich sogar freuen!

Sei ganz brav, meine Liebe, Gute! Ich rate Dir, Dich *sofort* an Deine Besserung zu machen. Erstens fang ernsthaft an zu üben. Ich bin jetzt nicht da, *niemand* stört Dich. Mach Dir einen Stundenplan für den ganzen Tag, sieh dabei $3^1/_2$ oder noch besser 4 Stunden für das *Üben* vor. Lies auch unbedingt. Du kannst Dich in einer Bibliothek anmelden und Dir ausleihen, was Dir gefällt. Es ist nicht teuer, aber was es auch kosten mag. Etwa zwei Stunden täglich *geh spazieren.* Fahr ab und zu ins Theater oder in Konzerte. So wird die Zeit unmerklich vergehen, und dann werde ich eines Tages auftauchen und Dich streng prüfen, ganz streng! Und ich werde Dich für eine Konzertreise ausrüsten, wenn Du willst![2] Mein Bleistift ist abgeschrieben, notgedrungen muß ich aufhören. Auf Wiedersehen, mein lieber Schatz! Schreib mir![3]

1 Geschrieben auf der Fahrt von Vésenaz nach Paris. Diese zum Teil mit der Ehekrise zusammenhängende Reise deprimierte Wera Skrjabina sehr.

2 Am nächsten Tag ermunterte Skrjabin seine Frau noch nachdrücklicher, als Pianistin tätig zu werden, und versprach ihr, sie Safonow zu empfehlen und ihn zu bitten, ihr behilflich zu sein („Briefe", S. 316f.).*

3 Während dieses Pariser Aufenthaltes – er kehrte am 26. Dezember 1904/8. Januar 1905 nach Vésenaz zurück – schrieb er sehr häufig an seine Frau (vorwiegend Postkarten), während sie ihm anscheinend seltener schrieb.* – Ihre Briefe an ihn sind nur bis einschließlich 1903 erhalten.

## 149. An Alexander Glasunow

[Paris, 16./29. November 1904]

Lieber Alexander Konstantinowitsch!

Ich bin entsetzt! Eben fand ich in meiner Manteltasche den Brief, den ich als Antwort auf Deinen geschrieben und in meiner ewigen Zerstreutheit nicht abgeschickt habe. Entschuldige die nicht beabsichtigte Inkorrektheit und nimm meinen verspäteten Dank für Deine freundliche Unterstützung entgegen.[1] In dem Brief hatte ich Dir geschrieben, daß ich die Sinfonie in 4[2] gedruckt haben möchte, denn eine Ausgabe in kleinem Format wird wohl kaum möglich sein, da einige Seiten der Partitur, wenn ich mich nicht irre, bis zu 40 Zeilen haben. Jetzt habe ich einen neuen Kummer, und ich muß Dich wieder belästigen. Schon dreimal habe ich mich hingesetzt, um Schäffer zu schreiben, und es nicht zustande gebracht, ihm mein Anliegen auf deutsch verständlich auszudrücken, ich habe hier aber (ich schreibe Dir aus Paris) niemand, den ich fragen kann. Nun habe ich mich entschlossen, mich an Dich zu wenden und Dich zu bitten, so gut zu sein und Schäffer auszurichten, 1.) daß in den Stimmen, wie Du geraten hast, etwas mehr Stichnoten gedruckt werden sollen, und 2.) daß die „ossia", die ich zur Erleichterung der 1. Violinen an sehr schwierigen Stellen gemacht und unterhalb der Partitur hingeschrieben habe, *auch so unten gedruckt werden sollen*, und vor allem, daß nicht vergessen werden soll, *sie in den Stimmen anzubringen*. Entschuldige, daß ich Dir lästig werde, aber Du siehst, ich bin in einer ausweglosen Situation.[3] Wenn Du mir mit zwei Worten Dein Einverständnis, meine Bitte zu erfüllen, mitteilen willst, dann schreib mir nach Paris poste restante. Ich bleibe hier bis Weihnachten, um alles für die Konzerte vorzubereiten, die ich im *März* geben will.

Du hast nichts davon geschrieben, ob Du in diesem Jahr ins Ausland fährst oder nicht. Wenn Du nach London fährst, kommst Du natürlich auch nach Paris. Dann sehen wir uns ganz bestimmt. Auf Wiedersehen! Ich drücke Dir kräftig die Hand und wünsche Dir alles Gute.

Dein aufrichtig ergebener

A. Skrjabin

1 Glasunows Brief, auf den Skrjabin hier antwortet, ist nicht erhalten.
2 Das heißt die Partitur der *3. Sinfonie* in Quartformat.*
3 Glasunow fühlte sich durch dieses Anliegen tatsächlich belästigt und gab zunächst nur den Wunsch bezüglich des Formates weiter. Er meinte, Skrjabin hätte nach Leipzig französisch schreiben können, was dieser aber nicht wußte, denn Beljajew hatte ihm 1901 einmal ausdrücklich geschrieben: „Dorthin muß man auf deutsch schreiben" („Briefwechsel", S. 168).

## 150. An Tatjana de Schloezer

[Paris, 22. November/5. Dezember 1904]

Tanischtsche, mein Gutes, Liebes! Weshalb dieser Kleinmut! Tränen! Schämst Du Dich nicht!! Ich lasse nur Tränen des Mitleids gelten. Wir werden *kämpfen* mit der Gemeinheit, handeln und uns nicht der Schwermut hingeben. Wir sind immer zusammen, *vergiß das* nie!
Ich schreibe Dir heute nur wenige Zeilen, da es schon sehr spät ist und ich den Brief unbedingt sofort abschicken will.
Gestern war ich in der „Walküre". Der Eindruck war genau der gleiche wie vom „Siegfried". Die Absicht ist stets größer als die Ausführung. Es gibt wie im „Siegfried" zwei oder drei bezaubernde Momente, alles übrige ist furchtbar langweilig.
Auf Wiedersehen, mein Kleinod! Sei brav! Denk daran, daß schlechte Laune sehr gesundheitsschädlich ist.
Wenn Du Dich schlecht fühlst, geh in Dein Zimmer und schreib etwas oder spiel schließlich Klavier.
Ich will auch versuchen, keine Zeit zu verlieren, und alles tun, was möglich ist, um meine Absichten zu verwirklichen.[1]
Und dann!!
Möchtest Du denn die 3. Sinfonie hören?
Ich möchte ohne Ende mit Dir sprechen und kann es nicht! Was für ein Ärger! Leb wohl! Schreib mir an die Adresse, die auf dem Umschlag steht.[2]

1 Gemeint ist die Durchführung eines Konzertes mit eigenen Werken.
2 Auf der Rückseite des Umschlages befindet sich ein Stempelabdruck: „Hôtel Lord Byron, Paris, 16, rue Lord Byron".

## 151. An Wera Skrjabina

[Paris, 23. November/6. Dezember 1904][1]

Eben erhielt ich Briefe von Glasunow und der Morosowa, und von Dir keinen! Was ist bloß mit Dir los, Shutschocha! Du willst, daß ich oft schreibe, und Du selber?! Gestern war ich bei Blondel, der mich mit seiner Liebenswürdigkeit und Bereitschaft, mir in allem behilflich zu sein, dermaßen bezaubert hat, daß ich keine Worte finde. Er interessierte sich für alles *ungeheuer*. Nur schade, daß der Erard-Saal schon für den ganzen Winter vergeben ist. Aber er sagte, daß er für mich jemand hinausschmeißen will, da er unbedingt möchte, daß zumindest *eine* Sinfonie dort aufgeführt wird. Wie sich herausstellt, finden bei Erard Sinfoniekonzerte statt. Er will mich mit vielen wichtigen Persönlichkeiten bekannt machen. Ich küsse Dich, meine Gute.

Die Morosowa hat einen sehr netten Brief geschrieben und bietet mir Geld für die Konzerte an.[2] Vorläufig *sag ihr nicht*, daß ich ihn bekommen habe.

Schreib mir poste restante.

1 Postkarte.

2 Von diesem Angebot machte Skrjabin bald Gebrauch (siehe Brief 153*).

## 152. An Tatjana de Schloezer

[Paris, 23. November/6. Dezember 1904][1]

Von welch wunderbarer Schönheit ist der Monolog, den ich jetzt niedergeschrieben habe. Tanjuscha, weshalb bist Du nicht bei mir! Doch übrigens, es ist besser so. Wenn wir uns wiedersehen, wieviel Neues habe ich Dir dann zu zeigen! Ich bin wieder von einer unermeßlichen Welle des Schaffens auf eine solche Höhe gehoben! Es verschlägt mir den Atem, ich schwimme in Seligkeit, ich kann herrlich dichten. Von Zeit zu Zeit reiße ich mich von der Arbeit los, um an Dich zu denken und mich wenigstens in Gedanken mit Dir auszutauschen.

Weißt Du, womit ich jetzt beschäftigt bin? Ich arbeite einen neuen Stil aus, und, welche Freude, er gelingt so gut! Ne-

ben dem Inhalt ist allein schon das Versmaß erregend; manchmal ist seine Wirkung so stark, daß ein Inhalt gar nicht mehr nötig zu sein scheint. Ich stelle mir vor, was sein wird, wenn es sich mit der Musik verbindet![2]
Ich schreibe für Dich, meine liebe Freude! Du wirst alles verstehen, alles zu würdigen wissen! Wie keiner! Du wirst jede feinste Regung meiner wahnwitzigen Phantasie zu würdigen wissen.

*Abends*

Tanjuka, außer daß ich dichte, handele ich auch. Gestern war ich bei Blondel, der mich mit seiner Liebenswürdigkeit bezauberte und eine unendliche Bereitschaft zeigte, mich in allem zu unterstützen. Ich erzählte ihm von Dir, von dem Artikel, den Du schreibst;[3] das alles interessierte ihn in höchstem Grade. Er hat eine ungeheuer große Bekanntschaft in Paris, in der höchsten!!! Gesellschaft ebenso wie unter den ausübenden Künstlern, Malern und Literaten. Und er sagte mir, er werde alles Mögliche und Unmögliche tun, um meine Werke zu propagieren. Heute wollte ich einige Visiten machen, doch es erwies sich als völlig undenkbar, so ein furchtbares Wetter ist hier. Morgen fahre ich zu Chevillard. Ach so, ich habe vergessen, Dir zu schreiben, daß ein Konzert im Erard-Saal arrangiert werden kann, nur faßt das Podium dort nicht mehr als 60 Musiker, so daß es entweder vergrößert werden muß (was möglich ist) oder das Quartett verkleinert. Ob es nicht besser sein wird, ein Theater zu nehmen? Dort klingt das Orchester nicht übel. Nun, aber darüber zu reden ist noch verfrüht. – Morgen oder übermorgen wird mir ein sehr gutes Instrument von Erard geliefert, und dann fange ich sofort an, Klavierstücke zu komponieren.
Tanjuka, jetzt habe ich das, was ich heute am Tage geschrieben habe, noch einmal durchgelesen. Du wirst mit mir zufrieden sein.
Auf Wiedersehen, meine Liebe! Ich versuche zwar, mir nicht zu gestatten, mich ohne Dich zu langweilen, aber ... doch es ist besser, Dir einstweilen davon nichts zu sagen. Schreib mir alles *ausführlich*, langweile Dich nicht und arbeite mehr. Denk daran, daß jeder Augenblick kostbar ist. Es wäre gut, Deinen Artikel zum Jahresbeginn erscheinen

zu lassen. Dein zweiter Brief hat mich sehr erfreut. Ich bin glücklich über Dich, mein Schatz!
Schreib lieber poste restante.
Ich will die Amerikanerin[4] besuchen, mit ihr werde ich über Dich sprechen.

1 Kaschperow („Briefe", S. 326f.) datiert diesen Brief auf den 24. November/7. Dezember und beruft sich dabei auf den Poststempel: „7. XII. 04". Skrjabin schreibt hier jedoch genau wie in Brief 151: „*Gestern* war ich bei Blondel." Da er vorliegenden Brief „abends" beendet hat, dürfte dieser am nächsten Tag abgeschickt und gestempelt sein.*
2 In den frühesten Skizzen der Dichtung *Poem der Ekstase* sind einige Teile in Form eines Monologs geschrieben.
3 Der Artikel ließ sich nicht nachweisen.
4 Möglicherweise ist von ihrer gemeinsamen Bekannten, der amerikanischen Sängerin Florence Scarborough, die Rede.

## 153. An Margarita Morosowa

[Paris, etwa 25. November/8. Dezember 1904][1]

Liebe Margarita Kyrillowna!
Ihren Brief erhielt ich in einem sehr unangenehmen Moment, und er brachte mir doppelten Trost: erstens, und das ist das wichtigste, haben Sie mir erneut in so liebenswerter Weise Ihre Freundschaft bewiesen, und zweitens haben Sie mir die Hoffnung wiedergegeben, in Paris ein Konzert arrangieren zu können, und ich sage Ihnen gleich, warum. Denken Sie nicht, ich hätte auf Ihre Unterstützung gerechnet, als ich nach Paris fuhr. Sondern es handelt sich darum, daß ich jedes Jahr im November aus Petersburg einen Preis für meine Werke erhalten habe. Dieser Preis war von Beljajew ausgesetzt (der sogenannte Glinka-Preis). In den letzten beiden Jahren erhielt ich jeweils 1500 Rubel, und ich hatte Grund zu der Annahme, daß man mir auch in diesem Jahr ebensoviel gibt. Aber es kam anders, ich erhielt nur 500 Rubel. Die Kosten für die Veranstaltung eines Konzertes (mit Orchester) betragen 1700 Rubel. Ich wollte, als ich noch damit rechnete, 1500 zu erhalten, 200 dazulegen und das Konzert geben. Sehen Sie, ich erzähle Ihnen absichtlich alle Einzelheiten – klarer und aufrichtiger kann

ich nicht handeln. Wenn Sie mir helfen wollen, werde ich Ihre Unterstützung annehmen, aber ... mit großen Bedingungen.
Erstens, sollten Sie meinen, daß es Sie auch nur *im geringsten* in Verlegenheit bringt, dann sagen Sie mir ab, wenn aber nicht, so *leihen* Sie mir 1000 Rubel, die ich Ihnen im nächsten Jahr, wenn ich hoffentlich wieder den Preis bekomme, oder überhaupt, sobald es mir *möglich* ist, zurückgebe. Sie werden mir verzeihen, liebe Margarita Kyrillowna, und verstehen, daß mir diese Bedingungen nur mein Zartgefühl eingibt: ich fürchte, Ihnen Schwierigkeiten zu bereiten. Und ich möchte nicht, daß Sie sich mir gegenüber Zwang antun. Und doch schäme ich mich sehr! Wenn möglich, schreiben Sie mir sofort ein Wort, denn ich werde dementsprechend handeln. Ich hätte mich freilich mit der Abreise nach Paris nicht so beeilen und nicht auf den Preis hoffen sollen! Wegen Ihrer Stimmung bin ich Ihnen sehr böse! Sie haben anscheinend wieder alle unsere Gespräche vergessen! Wieder sprechen Sie von „Erkenntnis", von „Wissen" und nicht von „Schöpfertum". Man könnte meinen, jemand hätte Ihnen vorgeschlagen, sich für Ihr ganzes Leben in Ihre Studierstube einzuschließen, irgendwelches trockenes Zeug zu studieren und sich damit zufriedenzugeben.
*Woran* zweifeln Sie? Schreiben Sie mir Genaueres. Es lockt Sie doch zum Leben, daran zweifeln Sie doch nicht etwa? Das ist alles.
Nein, es ist doch zu schade, daß wir uns im Sommer so selten gesehen haben! Über Ihr Klavierspielen schreiben Sie auch wenig. Von den kleinen Stücken von Chopin und Schumann können Sie *alles* spielen, wählen Sie sich von den Préludes (von Chopin) etwa 10 aus und studieren Sie diese (außer dem *letzten* und dem in b-Moll). Üben Sie auch die Papillons von Schumann. Das ist ein sehr feines Werk, das aus kleinen Abschnitten besteht. Wie weit ist denn das Konzert von Liszt?
Also ich warte auf Nachricht. Ich danke Ihnen nochmals, liebe, liebe Margarita Kyrillowna, und bleibe Ihr aufrichtig ergebener

A. Skrjabin

Bitte richten Sie Sinaïda Nikolajewna einen ehrerbietigen Gruß von mir aus.

1 Kaschperow („Briefe", S. 327) datiert: „Vor dem 30. November/13. Dezember 1904". Der Brief ist offenbar die Antwort auf den in Brief 151 erwähnten Brief von Margarita Morosowa (die sich zu dieser Zeit in der Schweiz, am Genfer See, aufhielt). Da Skrjabin am 30. November/13. Dezember bereits an seine Frau schreibt: „M. K. gibt tausend" („Briefe", S. 330), ist anzunehmen, daß er schon eine zusagende Antwort auf vorliegenden Brief hatte, folglich muß er diesen kurz nach dem 23. November/6. Dezember 1904 geschrieben haben.*

## 154. An Tatjana de Schloezer

[Paris, 29. November/12. Dezember 1904]

Taninka, Tanjuka, warum ist denn heute von Dir keine Post da! Du bist wohl wirklich krank! Du *darfst* nicht, hörst Du – Du darfst nicht krank sein! Das hängt *nur von Dir* ab. Du weißt doch, wie ich Dich brauche, mein Schatz, der mir so lieb, so teuer ist! Ich muß mich bei Dir über die Franzosen beschweren. Stell Dir vor, was sie sagen, das heißt, wenigstens Schmitt und Genossen: Ja, Rußland, das ist das Land der Musik, da gibt es jetzt viele große Komponisten (nicht wahr, der Anfang klingt nicht übel, doch höre weiter), der erste Platz gebührt natürlich ...[1] Glasunow!!

Und in dieser Gesellschaft verbringe ich die Zeit. Widersprechen will ich ihnen nicht – es lohnt sich nicht! Worin ist das besser als Deine Verwandten![2] Das sagen immerhin *Künstler*!!

Trotzdem werde ich ihnen am Dienstagabend die 3. Sinfonie vorspielen (weil ich das einmal versprochen hatte, noch vor diesen Gesprächen).

Zweimal war ich bei Bekannten und spielte ein bißchen vor. Ach so, ich vergaß, Dir zu schreiben: Weißt Du, wieviel man braucht, um ein Konzert zu geben (1)? 3000 Rubel, nicht mehr und nicht weniger![3] Ich lasse trotzdem nicht alle Hoffnung fahren und führe Verhandlungen mit einem Veranstalter! *Es werden Konzerte stattfinden!*

Schreib mir, Tanjuka, wenn möglich, jeden Tag.

Ich habe drei kleine Klavierstücke komponiert (entworfen),

nicht übel.[4] *Du weißt nicht*, wie ich immer Deine Briefe erwarte und *wie sehr mich verlangt*, Dich recht bald zu sehen. Ich will nur nicht, daß Du herkommst, bevor Du wieder gesund bist. Ich habe Sorge, wie ich Dich unterbringe! Es ist alles so teuer und schlecht!
Mir fiel ein, daß der letzte Brief (mit der verstellten Handschrift) wieder ohne Briefmarke war! Ich stelle mir vor, welch tiefen Eindruck das auf Deine Verwandten gemacht hat! Beschreib es mir, es interessiert mich.[5]

1 An dieser Stelle stehen im Original des Briefes Punkte über drei Zeilen.
2 Tatjana de Schloezer hielt sich bei ihren Verwandten in Brüssel auf, zu denen jedoch ein gespanntes Verhältnis bestand; ihren Onkel nannte sie in einem Brief dieser Tage einen „verknöcherten Rentier und Bourgeois", er habe über die Kunst und die Schönheit gelacht („Briefe", S. 327).*
3 Vgl. Brief 153. Jetzt hatte Skrjabin erfahren, daß er diese bedeutend höhere Summe braucht. Darüber schrieb er im einzelnen am nächsten Tag an seine Frau („Briefe", S. 330), und am 1./14. Dezember bat er Margarita Morosowa um weitere „200 oder 300 Rubel" („Briefe", S. 331f.)*
4 Welche Stücke das waren, steht nicht mit Sicherheit fest. In Brief 155 ist von *vier* Stücken die Rede. Skrjabin komponierte Ende 1904 und Anfang 1905 op. 44–48.*
5 Betrifft den Brief vom 26. November/9. Dezember 1904 („Briefe", S. 329). Skrjabin hatte seine Handschrift verstellt, um Tatjana vor Vorwürfen ihrer Verwandten wegen ihrer Beziehungen zu ihm zu bewahren. Die Nachgebühr infolge des Fehlens der Briefmarke bereitete ihr allerdings noch größeren Verdruß …

## 155. An Wera Skrjabina

[Paris, 2./15. Dezember 1904]

Shutschenka, daß ich Dir zwei Tage nicht geschrieben habe, ist verständlich, daß Du nun aber die Briefe mit mir abrechnest, das ist nicht schön. Ich bin die ganze letzte Zeit wie besessen von einem Ort zum andern gerannt. Einen solchen Tag habe ich gestern Marg[arita] Kyr[illowna] beschrieben, frag sie, sie wird es Dir erzählen.[1] Es handelt sich darum, daß hier Doret aufgetaucht ist, der mich zu seinen

Bekannten schleppt und mich überhaupt lanciert, soviel nur möglich ist. Vorgestern ging ich mit ihm um 11 Uhr vormittags aus dem Hause und kam erst um 1 Uhr in der Nacht zurück. Die ganze Zeit waren wir zusammen, am Vormittag bei dem Konzertveranstalter, dann Frühstück, dann ins Geschäft von Belon, Vorspiel der 3. Sinfonie vor Komponisten (20 Personen), dann Essen bei einem französischen Maler (ich weiß nicht einmal seinen Namen) und schließlich Konzert, wo ich eine Menge Bekannte traf.

Gestern sah ich endlich Annuschka Solennikowa. Ich suchte sie im Laufe des Tages auf (die anderen[2] waren noch nicht da) – sie ließ nicht locker, ich sollte unbedingt am Abend zum Tee kommen. Dort traf ich einen russischen Geistlichen, mit dem sich sofort ein Grundsatzgespräch entspann. Ich erklärte ihm *unumwunden* den Zweck meines Aufenthaltes in Paris und interessierte ihn derart für meine Ideen, daß er *unbedingt* zum Konzert gehen will!! Es endete damit, daß ich ihn überzeugte: Väterchen, was tun Sie, mit einem Ketzer sind Sie so liebenswürdig! Er antwortete mir: Das hat nichts zu sagen, vielleicht fange ich hinterher an, gegen Sie in Büchern zu wettern, aber immerhin ist das, was Sie sagen, für mich äußerst interessant und *sympathisch*! – über das Endziel (allgemeines Aufblühen, allgemeines Heil). Nun, mit einem Wort, bis Mitternacht verplauderten wir die Zeit. Annuschka war an diesem Abend die Maria,[3] sie brachte uns Tee und Erdbeeren und schwieg natürlich bescheiden. Wahrhaftig, wie komisch das ist! Erzähle Du einstweilen hiervon, das heißt davon, daß der Geistliche mit mir sympathisiert, niemand etwas, er *deutete das an*. Jetzt werde ich wieder herumrennen. Zur Post vor allem, denn ich erwarte den *Preis*.[4] Also es ist genug geschwatzt. Auf Wiedersehen, mein Schatz. An Papa einen herzlichen Gruß von mir. Wie bin ich froh, daß er endlich bei Dir ist![5] Schreib mir, wie es Euch geht.

Ich weiß nicht mehr, ob ich Dir geschrieben hatte, daß ich vier Klavierstücke,[6] sehr schöne, komponiert habe. Mit Unterbrechungen arbeite ich immer. Jetzt auch.

Ich hätte sehr gern ein Bild von Dir, schick mir wenigstens das, wo Du mit Rimmotschka aufgenommen bist. Küsse alle Kinder. Ich freue mich sehr, daß Rimma gut lernt. Es macht nichts, daß sie zu Hause übermütig ist.

1 Brief vom 1./14. Dezember 1904 („Briefe", S. 331f.). Margarita Morosowa befand sich zu dieser Zeit anscheinend schon in Nyon (vgl. Anm. 4 zu Brief 145).*
2 Ihre Familienangehörigen.
3 Maria Magdalena, die stumm Dienende (nach den Evangelien).*
4 Die Überweisung des Glinka-Preises aus Petersburg.
5 Weras Vater war zu ihr nach Vésenaz gekommen.
6 Siehe den vorigen Brief und Anm. 4 dazu.*

## 156. An Wera Skrjabina

[Paris, 15./28. Dezember 1904]

Liebe Wuschenka!
Was macht Deine Gesundheit? Du hast mir schon lange nicht mehr geschrieben! Hast Du vorgestern meine Karte bekommen? Bei mir läuft alles gut. Ich habe einige wichtige Bekanntschaften gemacht. Ich glaube, ich schrieb Dir, daß ich in diesen Tagen zum Essen bei einem französischen Bühnenschriftsteller war, einem sehr reichen Mann und großen Wagnerverehrer. Er scheint etwas in meinen Werken begriffen zu haben und war so begeistert, daß er mir beim Arrangieren des Konzertes behilflich sein will. Gestern machte ich ihm eine visite de digestion[1] (ich weiß nicht, ob sich das so schreibt), und jetzt erwarte ich ihn bei mir. Ach so, ich vergaß, Dir seinen Namen zu nennen: Amic, hast Du von ihm gehört? Einen sehr wichtigen Dienst hat mir mein Hotelnachbar, der Vicomte Gisac, erwiesen. Stell Dir vor, er bot mir die Möglichkeit an, in einer gewissen Wochenzeitschrift „Idée" etwas zu bringen, *was ich will* und *wann ich will*.[2] Er schlug mir sogar vor, die philosophische Rubrik zu übernehmen, worauf ich natürlich nicht einging, da ich nicht genug Französisch kann. Dort sollen Artikel über meine Werke erscheinen, auch von Doret.
Überhaupt steht alles, wie Du siehst, gut. Nur eines ist unangenehm, nämlich, daß das widerwärtige Hotel eine Menge Geld frißt. Doch ich gerate nicht in Verzweiflung, werde schon einen Ausweg finden.
Wuschenka, meiner Meinung nach solltest Du Dich nicht durch einen Vertrag noch für ein ganzes Jahr binden![3] Viel-

leicht willst Du im Frühling nach Montreux oder woandershin fahren. Wenn Du in der Schweiz bleibst, ist Wohnraum leicht zu finden. Weißt Du noch, die Alte sagte einmal, daß ihre Bekannten für 700 Franken eine möblierte Wohnung auf der anderen Seite des Sees mieten? Mach es, wie Du willst, meine Liebe, nur ich an Deiner Stelle würde mich nicht binden. Notfalls kannst Du das Haus ja behalten, ich bin sicher, daß vor März *niemand* diese Villa mietet.
Was wollte ich Dir noch erzählen? Ja, gestern abend war ich bei Solennikows. Sie waren derart freundlich, daß sie mich alle drei bis an die Treppe begleiteten, wobei Maschenka mehrmals wiederholte, daß sie andere Männer nie auch nur bis in den Vorraum begleitet. Sie setzten mir zu, ich möchte sie mit meiner Lehre bekannt machen. Ich weiß gar nicht, ob sie viel verstanden haben, aber sie begeisterten sich die ganze Zeit. M[aria] D[mitrijewna] will Dir schreiben.
Von Sina[4] bekam ich einen Brief. So, das wären wohl alle Neuigkeiten.
Auf Wiedersehen, jetzt auf ein baldiges, lieber Shutschok! Jetzt habe ich $1^1/_2$ Stunden freie Zeit bis zum Essen, da setze ich mich hin und schreibe die schon komponierten Klavierstücke[5] ab.
In dieser Woche habe ich keine Note geschrieben!
Einen herzlichen Gruß von mir an Großvater. Die Kinder küsse ich ganz herzlich. Und Du Böse, warum willst Du mir kein Bild schicken?! Du kannst Dich fotografieren lassen! Ich dagegen werde das hier *keinesfalls* tun: 40 Francs!! oder es ist nicht zum Ansehen! Ich küsse Dich, meine Liebe, Gute. Ich habe für Dich einen Plan. Das schreibe ich nächstes Mal (von einem Konzert in Genf im Frühjahr).[6]

1 Sitte in der damaligen französischen Gesellschaft, am Tage nach einem Diner den Gastgeber zu besuchen.
2 Skrjabin hat keine Artikel für die Zeitschrift geschrieben und auch keine Vorträge gehalten, wofür Gisac ihm einen Saal angeboten hatte.
3 Wera hatte angefragt, ob sie das Haus in Vésenaz für das folgende Jahr wieder mieten sollte.
4 Abkürzung von Sinaïda. Wahrscheinlich ist S. I. Monighetti gemeint, mit der Skrjabin und seine Frau korrespondierten; zwei Wochen später sandte er ihr eine Neujahrsglückwunschkarte mit einem Dank „für die lieben Briefe“ („Briefe“, S. 340).*

5 Siehe Brief 154, Anm. 4.*
6 Skrjabin wollte, daß seine Frau in Genf ein eigenes Konzert gibt. Sie konzertierte jedoch im ganzen Jahr 1905 nicht.

## 157. An Tatjana de Schloezer

[Genf, 30. Dezember 1904/12. Januar 1905]

Tanjuschka, heute fand ich auf der Post keinen Brief von Florenzia vor.[1] Wenn Du wüßtest, wie ich beunruhigt bin! Bitte, meine Liebe, bitte sie, mir jeden Tag *nur zwei Worte* zu schreiben. Sag ihr, daß ich ihr für ihre Güte unendlich dankbar bin; im übrigen werde ich ihr selbst bald schreiben.

Wie schade, daß Du nicht bei mir bist, meine Gute! Die Schweiz ist im Winter in keiner Weise schlechter als im Sommer. Es gibt so ein feines Spiel zartester Farben. Die Umrisse der Berge sind kaum zu erkennen, alles ist in einem bläulichen Dunstschleier. Alles ist Andeutung, alles Versprechen, alles Traum. Und was für eine Luft!

Tanjuscha, ich möchte Dir so viel sagen und muß mich doch auf ganz kleine Briefchen beschränken! Allzuviel Zeit geht bei mir für den Weg nach Genf dahin, den ich zu Fuß mache,[2] da der Straßenbahnfahrplan jetzt ganz unsinnig ist. Daher läßt man mich, wenn ich nach Hause komme, keine Minute mehr allein. Gestern haben wir bis 2 Uhr nachts miteinander gesprochen. Wera vollbringt Wunder an Standhaftigkeit und Einsicht.[3] Sie wird natürlich alles machen, wie ich es will. Beim Wiedersehen erzähle ich Dir alles ausführlich.

Die Morosowa habe ich noch nicht gesehen; morgen fahre ich zu ihr,[4] und wir werden über die Tournee mit Nikisch sprechen. Ich bin fast sicher, daß sie stattfinden wird, da Astruc (ich habe Dir wohl gesagt, wer das ist) sich sehr eifrig der Sache angenommen hat und schon das Einverständnis von Nikisch erhalten hat.[5] Siehst Du, wie schön sich alles regelt! Fehlt nur eines! Das ist, daß Tanjuka gesund ist! Wie werde ich glücklich sein, wenn ich endlich einen Brief wieder von Dir selbst bekomme! Nur bitte ich Dich um alles, was Dir teuer ist, steh nicht zu früh auf, und wenn Du aufstehst, *nimm Dich in acht*, soviel Du kannst, und sieh zu, daß Du kräftiger wirst. Iß mehr Schokolade in jeder Form. Und *verzehre Dich nicht in Sehnsucht*. Jetzt werden wir uns schon bald sehen! Eine Woche ist fast vorbei! Die andere verfliegt noch schneller. Auf Wiedersehen, mein Glück, mein Traum!

Dein Sascha

Ich habe sehr viel komponiert.

1 Tatjana war von Brüssel nach Paris gekommen und blieb dort, während Skrjabin zwei Wochen bei seiner Familie weilte, mit starker Erkältung zurück. Sie wurde von Florence Scarborough betreut, die Skrjabin laufend über Tatjanas Befinden berichten mußte.

2 Etwa 6 bis 8 km.*

3 Etwas später, im März, schrieb Wera in einem Brief an Sinaïda Monighetti, sie habe den ganzen Winter in Einsamkeit verbracht, viel nachgedacht, viel Klavier gespielt und sei zu dem Schluß gekommen, daß sie von Skrjabin unabhängig werden müsse.

4 Vgl. Brief 145, Anm. 4.*

5 Nikisch hatte Astruc vorgeschlagen, Skrjabins *3. Sinfonie* in das Programm seiner Europatournee aufzunehmen. Astruc regte in seinem Brief, in dem er Skrjabin dies mitteilte, zugleich eine Tournee Skrjabins als Dirigent eigener Werke an. Skrjabin kombinierte daraus irrtümlich, Nikisch habe sich mit einer *gemeinsamen* Tournee einverstanden erklärt.

## 158. An Tatjana de Schloezer

[Vésenaz, 5./18. Januar 1905][1]

Tanjuko, es ist bald zwölf Uhr. Alle schlafen. Ich sitze allein im Speisezimmer und komponiere. Das heißt, richtiger, ich durchdenke zum tausendsten Mal den Plan meines neuen Werkes.[2] Jedesmal meine ich, das Grundgerüst ist fertig, das Weltall ist vom Standpunkt des freien Schöpfertums erklärt, und ich kann endlich zum Gott werden, der spielt und frei schafft![3] Aber morgen gibt es sicher wieder Zweifel, wieder Fragen! Bis jetzt sind alles nur Schemata und nochmals Schemata! Borja käme in Wut! Doch es geht nicht anders! Für dieses gewaltige Gebäude, das ich errichten will, ist die vollkommene Harmonie der Teile und ein festes Funda-

ment nötig. Vorerst kommt in meinem Denken nicht alles zur vollen Klarheit, vorerst werden nicht alle Erscheinungen von meinem Standpunkt aus erklärt – ich kann nicht fliegen. Aber diese Zeit kommt heran, ich fühle es. Meine lieben Flügelchen, entfaltet euch! Ihr werdet mich mit wahnwitziger Geschwindigkeit tragen! Ihr werdet mir ermöglichen, den mich verbrennenden Lebensdurst zu stillen! Oh, wie wünsche ich den Festtag herbei! Ich bin ganz Wunsch, ein unendlicher! Und der Festtag wird kommen! Er wird uns den Atem nehmen, wir werden verbrennen, und mit uns wird das Weltall verbrennen, in unserer Glückseligkeit. Meine Flügelchen, seid stark, ich brauche euch! Oh, wie brauche ich euch!
Nun werde ich schon bald selbst für Euch sorgen! Du bekommst dieses Briefchen am Freitag, meine Liebe, und Sonntagabend sind wir schon zusammen!
Auf Wiedersehen, ein baldiges, wahnsinnig freudiges!
Bitte, mach bis zu meiner Ankunft keine Dummheit, geh nicht ans offene Fenster oder dergleichen. Wie glücklich wäre ich, Dich gesund vorzufinden. Schlaf gut; lerne endlich, einzuschlafen, *indem Du Dich beruhigst*. Tanja, verstehst Du, was ich möchte?
Wie ist es, hast Du das große Zimmer gemietet?

1 Kaschperow („Briefe", S. 343) datiert: „Vor dem 7./20. Januar 1905". Am 5./18. Januar, am Tage, schrieb Skrjabin aus Genf an Tatjana: „... heute ist schon Mittwoch" („Briefe", S. 343). Hier heißt es: „Du bekommst dieses Briefchen am Freitag ..." Demnach kann vorliegender Brief nur am Mittwochabend geschrieben und am Donnerstag abgeschickt worden sein.*
2 Skrjabin begann zu dieser Zeit mit der Komposition des *Poème de l'Extase*.
3 Im Sinne des 3. Satzes der *3. Sinfonie*, der überschrieben ist: „Jeu divin", das heißt „Göttliches Spiel".*

## 159. An Margarita Morosowa

Paris, (15.) 28. Jan[uar] 1905

Liebe Margarita Kyrillowna
In der Hoffnung, von Ihnen eine Nachricht zu erhalten, habe ich heute noch einmal vergebens einen Spaziergang

zur Post gemacht. Sie haben anscheinend meine Existenz vollkommen vergessen. (Oh, Freundschaft!) Ich für mein Teil würde Sie nicht an die meinige erinnern, da ich weiß, daß man Liebe nicht erzwingen kann,[1] und es mir außerdem maßlos peinlich ist, Sie zu belästigen, aber ich bin dazu gezwungen, denn ich befinde mich in einer ganz ungeklärten Situation gegenüber Astruc und habe andererseits Ihr freundliches Versprechen, mich zu unterstützen. Er kann nichts unternehmen, solange er nicht das Geld für die Auslagen hat. Es ist aber an der Zeit, etwas zu unternehmen; die Saison geht bald dem Ende zu. Ich fürchte, er beginnt bereits an der Ernsthaftigkeit meiner Absichten zu zweifeln. Sie werden natürlich sofort verstehen, liebe Margarita Kyrillowna, wie mich diese Frage zum gegenwärtigen Zeitpunkt beunruhigt und daß ich sie möglichst bald klären muß. Nikisch hat die größte Bereitwilligkeit und, wie Astruc sagt, sogar „Freude" gezeigt, meine Kompositionen zu propagieren.[2] Astruc versichert auch, daß ich nichts riskiere (auch materiell), wenn ich das Schicksal meiner Werke im Anfangsstadium mit diesem Liebling des europäischen Publikums verbinde. Also, liebe Margarita Kyrillowna, ich hoffe, Sie versagen es mir nicht, mir sofort zu antworten und Bescheid zu geben, ob Sie mir die Ihnen schon früher genannte Summe (10000 Rubel) für ein Jahr oder zwei leihen können.[3]

Wie geht es Ihnen, und welchen Eindruck macht auf Sie die Revolution in Rußland[4]: Sie freuen sich, nicht wahr? Endlich erwacht auch bei uns das Leben!

Auf Wiedersehen! Empfangen Sie meine besten Wünsche und die Versicherung meiner aufrichtigen und unwandelbaren Freundschaft.

A. Skrjabin

P. S. Schreiben Sie mir per Einschreiben poste restante, Paris, weil ich noch nicht sicher bin, ob ich in dieser Pension bleibe.

1 Skrjabin mußte befürchten, Margarita Morosowa habe ihm ihre Gunst entzogen, nachdem er ihr von seiner Scheidungsabsicht erzählt hatte.

2 Skrjabin setzte nicht ohne Grund Hoffnungen auf Nikisch. Er wußte, daß der Verlag Belaieff Nikisch auf dessen Bitte eine

Partitur der *2. Sinfonie* gesandt hatte. Dieses Interesse Nikischs wog für Skrjabin vielleicht mehr als der Weltruhm des Dirigenten.

3 Diesen Betrag brauchte Skrjabin für das Projekt, *alle* seine *Sinfonien* von Nikisch während dessen Tournee aufführen zu lassen.

4 Knapp eine Woche vorher war mit dem „Blutsonntag", dem 9./22. Januar 1905, an dem in Petersburg auf einen friedlichen Arbeiterdemonstrationszug zum Winterpalais das Feuer eröffnet worden war, die erste russische Revolution ausgebrochen.*

## 160. An Wera Skrjabina

[Paris, 23. Januar/5. Februar 1905]

Liebe Wuschenka

Selten und wenig schreibst Du mir! Rechne nicht mit mir ab, meine Liebe! Ich habe so viel zu tun, daß der Tag vergeht wie eine Sekunde. Allein die Korrektur[1] raubt mir täglich 4–5 Stunden. Es scheint, das Komponieren war leichter, als die Fehler zu verbessern (das heißt, sie zu finden). Ich denke, daß ich kein einziges Zeichen vergessen habe. Außerdem spiele ich Klavier, da ich immer hoffe, in den Salons etwas zu verdienen.[2] Die Klavierstücke[3] habe ich noch nicht fertig; sobald ich die Sinfonie abgeschickt habe, mache ich mich gleich daran. Mach Dir keine Sorge, meine Liebe, ich denke ständig an Dich und daran, wie ich es für Euch alle am besten einrichten kann. In einer Woche oder 10 Tagen schicke ich 10 Stücke nach Petersburg. Das wird Euch die Möglichkeit geben, noch drei Monate zu bestehen. Und dann schreibe ich noch einige!

Die Morosowa schrieb mir einen Brief voller Herzensergüsse und ... Entschuldigungen, daß sie mir die erforderliche Summe nicht geben kann, da ihre Angelegenheiten durcheinandergeraten sind und sie ständig *mit Schulden* lebt!!!! Sie bot mir 3000 Rubel an, mit denen ich nun *ein* Konzert in Paris unter Leitung von Nikisch arrangieren werde. Astruc hat ihm einen Brief mit der Einladung dafür geschrieben, doch Antwort hat er noch nicht. Sobald etwas bekannt ist, teile ich es Dir mit. Ach so, bitte schick mir unbedingt das Prélude. Und schreib mir ein bißchen mehr! Ich weiß nicht einmal, ob Du Klavier spielst und die Sache in

Fluß kommt. Auf Wiedersehen, meine Liebe! Ich küsse Dich herzlich.

Dein Sascha

Fünf von den komponierten Klavierstückchen schicke ich am *Dienstag* ab, ich habe mir überlegt, daß ich das kann, folglich bekomme ich dafür schon in 2–3 Wochen das Geld und schicke es Dir.

1 Partitur der *3. Sinfonie*. Skrjabin rechnete mit der Aufführung unter Nikisch Mitte April und hoffte, daß bis dahin die Partitur bei Belaieff erscheinen könnte.
2 Die in den Salons auftretenden Künstler wurden für ihr Spiel bezahlt.
3 Siehe Brief 154, Anm. 4.

## 161. An Alexander Glasunow

Paris, (25. Januar) 7. Febr[uar 1]905

Lieber Alexander Konstantinowitsch!
Ich sende Dir 2 Poeme für Klavier.[1] Wenn es Dir keine Mühe macht, bestätige mir bitte den Empfang und teile mir auch mit, wohin ich im allgemeinen meine Kompositionen schicken und wie ich die Verhandlungen wegen der Bezahlung dafür führen soll. Für diese 2 Poeme hätte ich gern je 150 Rubel.[2] Gegenwärtig bin ich mit der Korrektur der Sinfonie, die im April in Paris aufgeführt wird, beschäftigt. Mit Bangen erwarte ich die erste Probe! Ich habe mir die Augen ausgesehen, kann mich aber trotzdem nicht dafür verbürgen, daß keine Zeichen fehlen. Wie geht es Dir, lieber Alexander Konstantinowitsch, was macht die Gesundheit? Eine unruhige Zeit hat Petersburg erlebt! Wahrscheinlich hattest auch Du viel Aufregung![3] Schreib mir an folgende Adresse: Paris, 5, rue de la Neva.
Auf Wiedersehen! Nimm die besten Wünsche entgegen von Deinem aufrichtig ergebenen

A. Skrjabin

1 Op. 44.
2 Siehe Brief 163.*
3 Skrjabin irrte sich nicht: Glasunow war in seiner Funktion als

1 Der Vater des Komponisten, Nikolai Alexandrowitsch Skrjabin, Diplomat

2 Die Tante und Erzieherin des Komponisten, Schwester seines Vaters, Ljubow Alexandrowna Skrjabina, bei der er den ersten Klavierunterricht erhielt

3 Sergej Tanejew, bei dem Skrjabin zunächst privaten Theorieunterricht nahm, dann sein Lehrer am Moskauer Konservatorium

4 Skrjabin mit 20 Jahren (1892)

5 Natalia Sekerina, Skrjabins Jugendgeliebte

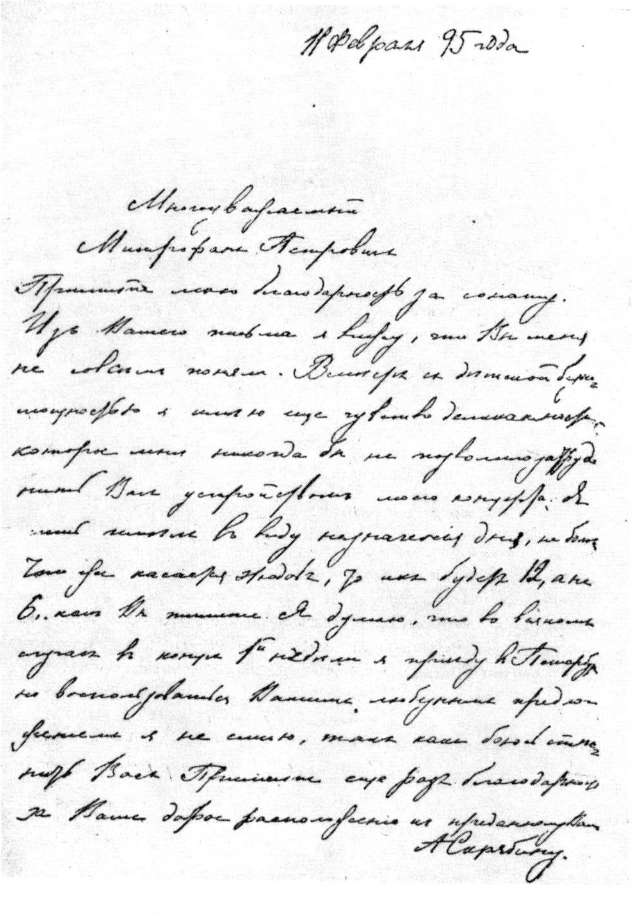
11 Февраля 95 года

Многоуважаемый
Митрофан Петрович

Примите мою благодарность за сонату. Из Вашего письма я вижу, что Вы меня не вполне поняли. Вместе с детской боязливостью я имею еще чувство деликатности, которое мне никогда бы не позволило затруднить Вас устройством моего концерта. Я имел только в виду назначение дня, не более. Что же касается Лядова, то их будет 12, а не 6, как Вы пишете. Я думаю, что во всяком случае в конце 1й недели я приеду в Петербург, но воспользоваться Вашим любезным предложением я не смею, так как боюсь стеснить Вас. Примите еще раз благодарность за Ваше доброе расположение к преданному Вам
А. Скрябину.

6 Die Handschrift des jugendlichen Skrjabin (Brief an Beljajew vom 11. Februar 1895)

7 Mitrofan Petrowitsch Beljajew, Gründer des Musikverlages „M. P. Belaieff, Leipzig“, Skrjabins Gönner und Freund

8 Die drei musikalischen Berater Beljajews und nach dessen Tode das Leitungsgremium des Verlages: Anatoli Ljadow, Alexander Glasunow und Nikolai Rimski-Korsakow (v. l. n. r.)

9 Skrjabin 1897, im Jahr der Heirat mit Wera Issakowitsch

10 Wera Skrjabina, die erste Frau des Komponisten, die sich als Pianistin bis an ihr Lebensende für sein Klavierschaffen einsetzte (1908)

11 Skrjabin mit seinen Schülern am Moskauer Konservatorium (Absolventenjahrgang 1902): Antonina Loiko, Alexander Gorowiz, Olga Essaulowa, Skrjabin, Juri Pomeranzew, Alexandra Malinowskaja, Maria Nemenowa (v. l. n. r.)

12 Programm des „Russischen Sinfoniekonzertes“ in Petersburg am 12. Januar 1902, in dem unter Leitung von Ljadow Skrjabins 2. Sinfonie uraufgeführt wurde

13 Skrjabin 1903

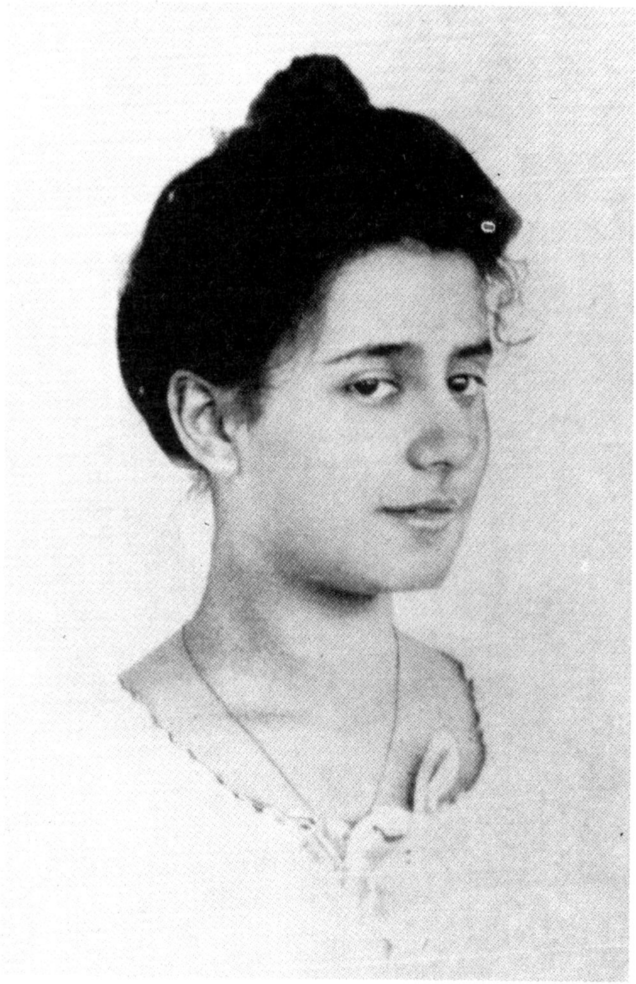

14 Tatjana de Schloezer, Skrjabins zweite Frau (1903)

15 „Villa les Lilas" („Villa Flieder") in Vésenaz am Genfer See, wo Skrjabin mit seiner ersten Familie 1904 lebte und die 3. Sinfonie vollendete

16 Margarita Morosowa, Skrjabins Gönnerin, die ihn mehrere Jahre lang finanziell unterstützte

17 Felix Blumenfeld, Dirigent, der die russische Erstaufführung der 3. Sinfonie von Skrjabin leitete

18 Skrjabin 1906 in Brüssel

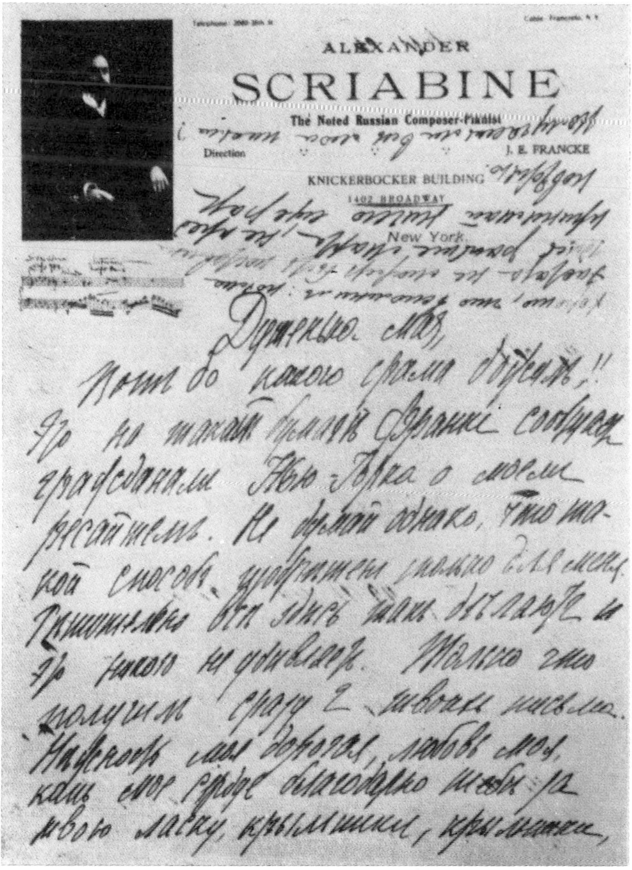

ALEXANDER
SCRIABINE
The Noted Russian Composer-Pianist
Direction J. E. FRANCKE
KNICKERBOCKER BUILDING
1402 BROADWAY
New York

19 Skrjabins Handschrift in reifen Jahren (Brief aus New York an seine zweite Frau vom 15./28. Dezember 1906, geschrieben auf einem für die Amerikatournee von dem Konzertunternehmer J. E. Francke gedruckten Werbebriefbogen)

20 Die russischen Dirigenten Modest Altschuler und Wassili Safonow, Skrjabins Freunde in Amerika (etwa 1907/08)

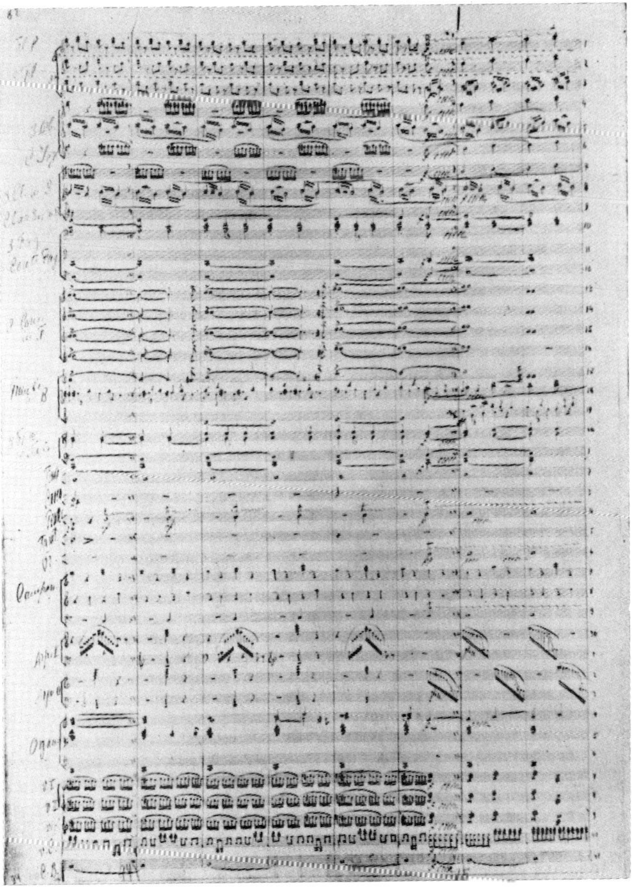

21 Partiturseite aus dem Autograph des „Poème de l'Extase“

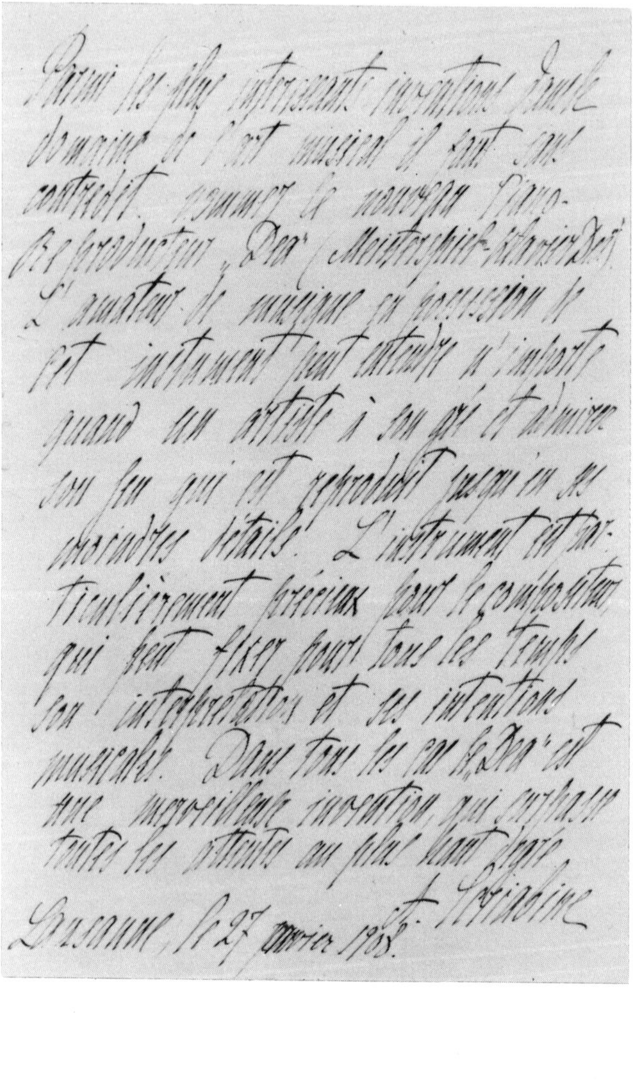

Parmi les plus intéressantes inventions dans le domaine de l'art musical il faut sans contredit nommer le nouveau piano-reproducteur „Dea" (Meisterspiel-Klavier Dea). L'amateur de musique en possession de cet instrument peut entendre n'importe quand un artiste à son gré et admirer son jeu qui est reproduit jusque dans ses moindres détails. L'instrument est particulièrement précieux pour le compositeur qui peut fixer pour tous les temps son interprétation et ses intentions musicales. Dans tous les cas la „Dea" est une merveilleuse invention qui surpasse toutes les attentes au plus haut degré.

A. Scriabine

Lausanne, le 27 janvier 1908.

22 Skrjabins Stellungnahme zu dem Reproduktionsklavier „Dea" der Leipziger Firma Hupfeld

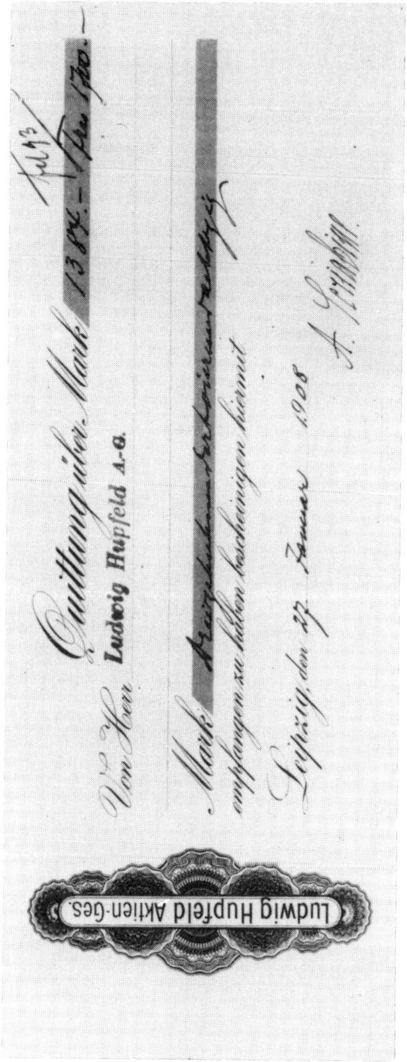


23 Quittung mit Skrjabins Unterschrift. Hupfeld hatte Skrjabins Klavierspiel auf Papierrollen für mechanische Reproduktionsklaviere aufgenommen

24 Skrjabin 1909. Zeichnung von Leonid Pasternak

25 Mark Mejtschik, einer der wenigen Pianisten, die Skrjabin als Interpreten seiner Werke anerkannte

26 Sergej Kussewitzky, Dirigent, Konzertunternehmer, Gründer des Russischen Musikverlages in Berlin, setzte sich mit Aufführungen und Ausgaben für Skrjabin ein

Concert-Direction Hermann Wolff, Berlin W. 35.

PHILHARMONIE.

Donnerstag, den 2. Dezember 1909, Abends 7½ Uhr

CONCERT

von

Dr. Alexander Chessin

ehemaliger Dirigent der Concerte der Kaiserlich Russischen Musikgesellschaft
in St. Petersburg und der Philharmonischen Concerte in Moskau

mit dem verstärkten Philharmonischen Orchester.

PROGRAMM.

1. Episode de la vie d'un artiste,
Symphonie phantastique*) . H. Berlioz
I. Träumereien, Leidenschaften. — II. Ein Ball. —
III. Auf dem Lande. — IV. Der Gang zum Hochgericht. —
V. Hexensabbath.

2. „Le Poème de l'Extase“**) . . A. Scriabine
(Zum ersten Male)

3. Vorspiel zu „Die Meistersinger
von Nürnberg“ . . . . R. Wagner.

Orgel: Herr Königl. Musikdirektor **Bernhard Irrgang.**

Orchester-Celesta: **Carl Simon**, Harmoniumhaus, Berlin W., Markgrafenstr. 101.

**Während der Vorträge bleiben die Saaltüren geschlossen.**

**Eintrittskarten** zu 5, 4, 3, 2 und 1 Mk. in der Hofmusikalienhandlung von **Bote & Bock**,
Leipzigerstr. 37, bei **A. Wertheim**, Leipzigerstr. u. Kantstr. 3, sowie Abends an der Kasse.

27 Programm eines Konzertes mit der Berliner Erstaufführung des „Poème de l'Extase“

28 Alexander Siloti, Dirigent bahnbrechender Aufführungen von Werken Skrjabins

29 Skrjabin 1909 in Brüssel

30 Skrjabin spielt während der Wolgatournee 1910 sein Klavierkonzert unter Leitung von Kussewitzky. Ölstudie von Robert Sterl (Original verschollen)

31 Skrjabin spielt während der Wolgatournee 1910 sein Klavierkonzert in Simbirsk. Ölstudie von Robert Sterl

32 Skrjabin 1910 in Berlin. Am Tisch sitzend links Skrjabin und Tatjana de Schloezer, rechts Arthur Nikisch, dahinter Fjodor Schaljapin; stehend ganz rechts Sergej Kussewitzky und seine Frau Natalie

33 Skrjabin 1911 in Dresden. Zeichnung von Robert Sterl, die im Russischen Musikverlag als Postkarte erschien

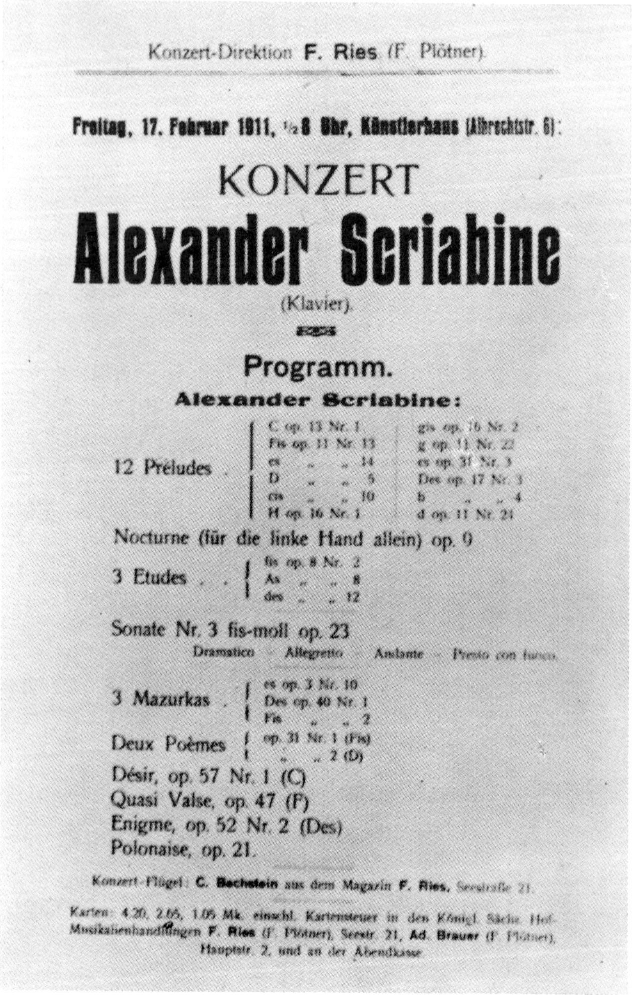

Konzert-Direktion **F. Ries** (F. Plötner).

**Freitag, 17. Februar 1911, ½8 Uhr, Künstlerhaus (Albrechtstr. 6):**

KONZERT

# Alexander Scriabine

(Klavier).

## Programm.

**Alexander Scriabine:**

12 Préludes . C op. 13 Nr. 1, Fis op. 11 Nr. 13, es " " 14, D " " 5, cis " " 10, H op. 16 Nr. 1, gis op. 16 Nr. 2, g op. 11 Nr. 22, es op. 31 Nr. 3, Des op. 17 Nr. 3, b " " 4, d op. 11 Nr. 24

Nocturne (für die linke Hand allein) op. 9

3 Etudes . . fis op. 8 Nr. 2, As " " 8, des " " 12

Sonate Nr. 3 fis-moll op. 23

Dramatico – Allegretto – Andante – Presto con fuoco.

3 Mazurkas . es op. 3 Nr. 10, Des op. 40 Nr. 1, Fis " " 2

Deux Poèmes op. 31 Nr. 1 (Fis), " " 2 (D)

Désir, op. 57 Nr. 1 (C)

Quasi Valse, op. 47 (F)

Enigme, op. 52 Nr. 2 (Des)

Polonaise, op. 21.

Konzert-Flügel: **C. Bechstein** aus dem Magazin **F. Ries**, Seestraße 21.

Karten: 4.20, 2.65, 1.05 Mk. einschl. Kartensteuer in den Königl. Sächs. Hof-Musikalienhandlungen **F. Ries** (F. Plötner), Seestr. 21, **Ad. Brauer** (F. Plötner), Hauptstr. 2, und an der Abendkasse.

34 Programm des Klavierabends in Dresden 1911

35 Skrjabin mit seiner zweiten Frau an der Oka 1912

36 St. Beatenberg (Schweiz). Hier verbrachte Skrjabin mit seiner zweiten Familie den Sommer 1912

37 Das von Alexander Moser konstruierte Modell eines „Farbenklaviers", das Skrjabin zu häuslichen Demonstrationen benutzte

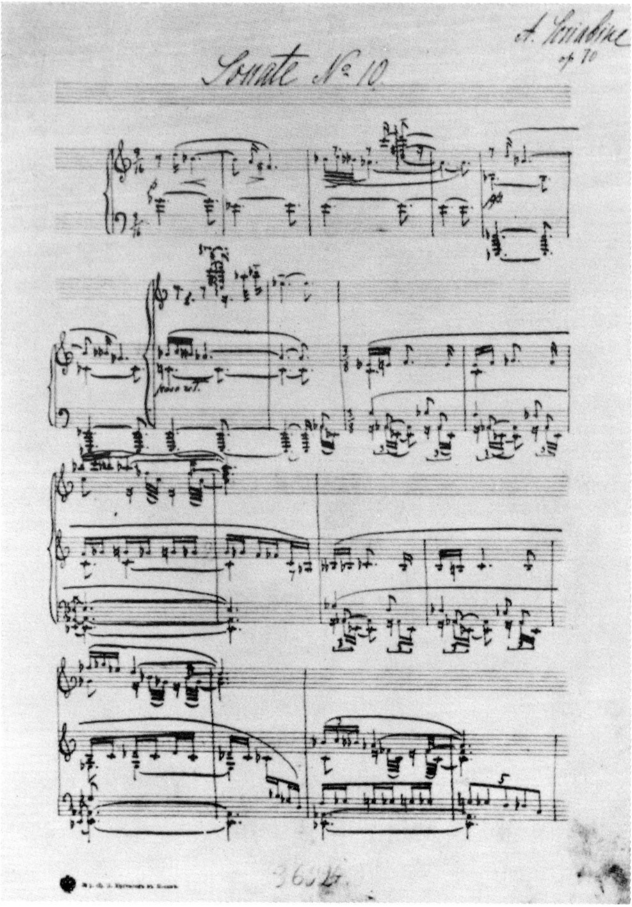


38 Erste Seite des Autographs der 10. Sonate

39 Programm eines Klavierabends in London, 26. März 1914

40 Skrjabin 1914

Professor in die revolutionären Unruhen am Petersburger Konservatorium verwickelt (siehe N. A. Rimski-Korsakow, Chronik meines musikalischen Lebens, Reclam, Leipzig 1968, S. 427–430).*

## 162. An Margarita Morosowa

[Paris, nach dem 3./16. Februar 1905]

Liebe Margarita Kyrillowna
Jeden Tag möchte ich mich mit Ihnen unterhalten und mit Ihnen von meinen Hoffnungen auf eine bessere Zukunft sprechen, doch immer hindert mich irgend etwas daran. Sie können sich nicht vorstellen, wie ich beschäftigt bin! Von 10 Uhr morgens, wenn ich aufstehe, bis 2 oder 3 Uhr nachts erfülle ich ununterbrochen manchmal langweiligste Verpflichtungen. Am meisten Zeit hat mir die Korrektur der Sinfonie[1] geraubt; erst vorgestern habe ich den letzten Satz davon nach Leipzig geschickt, ich kann mich gar nicht genug darüber freuen! Mein großes Werk[2] blieb deswegen vollkommen liegen und kam nicht ein Jota voran. Außerdem mußte ich fast jeden Tag zu Astruc und Erard gehen, um die jeden Augenblick auftauchenden Mißverständnisse zu klären. Endlich ist alles geklärt, und ich kann mit einiger Sicherheit allen mitteilen, was wird und wann. In den nächsten Tagen erscheint in verschiedenen Zeitungen eine Notiz über das „Nikisch-Konzert“ und über meine Sinfonie, die er aufführt,[1] wobei gesagt wird, daß sie einen philosophischen Inhalt hat. Ich bin es zufrieden, daß Nikisch das Konzert unter seinem Namen gibt, da auf diese Weise die Möglichkeit besteht, wenigstens einen Teil der kolossalen Auslagen wiederzubekommen. Außer diesem großen Konzert gebe ich eines oder zwei im Erard-Saal, wofür ich jeden Tag mindestens eine Stunde übe. Das Nikisch-Konzert findet am 29. Mai statt und die Recitals Anfang desselben Monats oder Ende April.[3] Was dabei herauskommt, ist schwer zu sagen. Ich tue alles, was ich kann, um einigermaßen bekannt zu werden, und lerne jeden Tag neue Menschen kennen. Mit unvorstellbarem Widerwillen spiele ich ab und zu in Salons, obwohl sich, um die Wahrheit zu sagen, unter den völlig ungebildeten Leuten bis jetzt immer zwei oder

drei Menschen befanden, die wenigstens ein bißchen Musikverständnis hatten und damit das Unangenehme der Lage milderten.
Das ist alles, was ich Ihnen einstweilen von mir mitteilen kann. Wie geht es Ihnen denn, liebe Margarita Kyrillowna? Vor drei Tagen erhielt ich von Ihnen die Postkarte, und gestern und heute wartete ich vergebens auf den versprochenen großen Brief. Schreiben Sie mir bitte über alles recht viel und ausführlich. In welcher Verfassung ist Ihr Geist? Was machen die Studien? Wie lange gedenken Sie noch in Nyon zu bleiben, und wohin fahren Sie dann? Können Sie es wirklich nicht so einrichten, daß Sie am 29. Mai bei dem Konzert sind? Ich würde es unendlich bedauern!! Aber eigentlich kann davon gar keine Rede sein! Sie werden das nicht tun!
Auf Wiedersehen meine Teure! Mit Ungeduld erwarte ich Post von Ihnen, erfreuliche natürlich. Ich wünsche Ihnen alles Gute und bleibe Ihr aufrichtig und unwandelbar ergebener

A. Skrjabin

P. S. Bis jetzt habe ich meine Sinfonie[1] an verschiedenen Stellen fünfmal vorgespielt; unter anderem dem besten Kritiker in Paris, Camille Bellaigue, der dafür mehr als interessiert war. Übermorgen werde ich sie bei Gagarins vorspielen (M-me ist eine geborene Trubezkaja, die Schwester von Sergej Nikolajewitsch), und ich werde ihnen auch einiges aus dem großen Werk[2] vorlesen.

1 *3. Sinfonie.*
2 *Le Poème de l'Extase.* Skrjabin arbeitete sowohl an der Dichtung als auch an dem Orchesterwerk.*
3 Einen Soloabend gab Skrjabin im Erard-Saal am 15. April 1905.

## 163. An Alexander Glasunow

Paris, (19. Februar) 4. März 1905
5, rue de la Neva

Lieber Alexander Konstantinowitsch
Ich bin mit den mir vom Kuratorium vorgeschlagenen Bedingungen einverstanden.[1] Um künftig unangenehme Auseinandersetzungen über die Honorierung zu vermeiden, bitte ich, daß das Kuratorium die Honorare für meine Kompositionen, entsprechend deren Größe, selbst festsetzt. Entschuldige, daß ich Dich belästigt habe, und sei aufrichtig freundschaftlich gegrüßt.

A. Skrjabin

1 Als Antwort auf Brief 161 hatte das „Kuratorium zur Förderung russischer Komponisten und Musiker", bestehend aus Rimski-Korsakow, Ljadow und Glasunow, das die von Beljajew gestifteten Einrichtungen und damit auch den Verlag zu verwalten hatte, Skrjabin für die beiden eingesandten *Poeme* op. 44 je 100 Rubel geboten, also weniger, als er verlangt hatte.

## 164. An Wera Skrjabina

[Paris, 19. Februar/4. März 1905][1]

Liebe Wuscha, die Geldangelegenheiten scheinen sich zu regeln. Ich erhielt von Glasunow einen Brief, in dem er mir mitteilt, daß das Kuratorium für die beiden Poeme, die ich hingeschickt habe, ein Honorar von 200 Rubel festgesetzt hat. Da ich befürchtete, das Kuratorium werde nicht ebenso großzügig zahlen wie Beljajew, hatte ich zur Probe die kleinsten und schwächsten von allen meinen neuen Stükken hingeschickt, für die ich nun, wie Du siehst, das gewohnte Honorar bekomme. Ich schrieb Dir neulich, daß ich dafür 300 Rubel angesetzt habe; das habe ich absichtlich so gemacht.[2] Nun werde ich in Kürze 5–6 Kompositionen hinschicken, und auf diese Weise werde ich in der Lage sein, Dir etwas mehr Geld zu senden. Du kannst Dir nicht vorstellen, wie froh ich bin. Ich bitte Dich, mir unbedingt und sofort *genau* zu schreiben, wie es mit Deinen Geldangelegenheiten aussieht. Wann muß für die Villa bezahlt werden? Hat Dir Iwan Christoforowitsch wenigstens ein biß-

chen geschickt? Gibst Du den Morosows Unterricht?[3] Ich muß das alles wissen und dementsprechend handeln. Ich möchte nicht, daß Du und die kleinen lieben Kinderchen auch nur einen Augenblick an irgend etwas Mangel leiden.
Hast Du Post von Mamachen und von Tante Ljuba? Ich bin ein ganz schlechter Mensch! Ich habe ihnen bis jetzt nicht eine Zeile geschrieben. Mein Briefwechsel ist überhaupt dermaßen vernachlässigt, daß es wahrscheinlich hoffnungslos ist. In diesen Tagen setzte ich mich hin, um an Monighettis zu schreiben, und natürlich gab ich es wie immer bei der zweiten Seite auf. Auf Wiedersehen, meine Gute! Mit Ungeduld erwarte ich Post von Dir (für diesmal einen *geschäftlichen Brief*) und küsse Dich herzlich, ebenso die Kinderchen.

Sascha

Die Frau von Frederiks ist ein altes Scheusal, höchst unsympathisch und allem Anschein nach böse; er hat sich verkauft, der Arme.[4] Aber sie leben gut, in reichen Verhältnissen. Hatte ich Dir geschrieben, daß Gagarins in Paris sind? Reizende Menschen.

1 Postkarte.
2 Siehe Briefe 161 und 163.
3 Wera Skrjabina gab den Kindern von Margarita Morosowa Klavierstunden.
4 In einem vorangehenden Brief an Wera hatte Skrjabin geschrieben, welche für ihn nützlichen Personen er in Paris aufsucht, darunter: „Übermorgen bei !!! Baron Frederiks!!! Saschenka, der natürlich mit einer ganz reichen Amerikanerin verheiratet ist und sich in Paris niedergelassen hat. Und was für eine Amerikanerin das ist!“ („Briefe“, S. 353.)

## 165. An Margarita Morosowa

Paris, (7.) 20. März 1905
5, rue de la Neva

Liebe Margarita Kyrillowna!
Endlich erhielt ich von Ihnen freudigere Nachricht! Es war mir unendlich angenehm, von Ihrer heiteren Stimmung zu

hören, von dem Auftrieb, den Sie erleben! Indessen mache ich, zu meiner Schande sei es gesagt, gerade das Gegenteil durch. Dieses inhaltslose und alberne Leben, das Besuchen der Salons und das Spielen vor „imbéciles“[1] hat mich in einen äußerst gereizten Zustand versetzt. Ich möchte so gern komponieren, mein großes Stück[2] fertigbekommen! Ich möchte Stille und reine Luft haben! Wenn man wenigstens noch wüßte, daß alle diese Mühen einmal von Erfolg gekrönt werden, wäre es einem leichter ums Herz. Aber diese Sicherheit hat man nicht. Man mag noch so viele Menschen kennenlernen, einen Konzertsaal füllt man damit trotzdem nicht einmal zur Hälfte! Das sagt jeder. Vielleicht geschieht durch irgendein Wunder das Gegenteil, aber eben nur durch ein Wunder! Astruc macht für mich gute Reklame. In einigen Zeitungen waren schon Notizen über das Nikisch-Konzert und über meinen Klavierabend, aber das ist nicht genug. Nun, was wird, das wird! Sicher haben Sie mein Gejammere schon satt, verzeihen Sie, liebe Margarita Kyrillowna.

Sehr, sehr dankbar bin ich Ihnen, daß Sie Wera besuchen. Wie wird es ihr, der Armen, langweilig werden, wenn Sie Nyon verlassen! Ich kann nicht vor Juni wieder in Vésenaz sein, da das große Konzert am 29. Mai ist.

Ich hoffe, daß das „ernste“ Hindernis, von dem Sie schreiben, nicht eintritt und daß Sie zu dem Nikisch-Konzert kommen. Sie werden kaum in naher Zukunft diese 3. Sinfonie irgendwo sonst, außer in Paris, zu hören bekommen! In Rußland wird die Zensur sie sicher wegen des Titels und Textes nicht zur Aufführung zulassen.[3] Hier in Paris aber wird dieses Konzert zugleich die erste Verkündigung meiner neuen Lehre sein, und es wäre für mich sehr schmerzlich, wenn Sie bei diesem Ereignis meines Lebens nicht dabei wären.[4]

Ich hoffe auf ein baldiges Wiedersehen, liebe, gute Margarita Kyrillowna. Empfangen Sie einstweilen die besten Wünsche von Ihrem aufrichtig und unwandelbar ergebenen

A. Skrjabin

Schreiben Sie mir unbedingt, wann und wohin Sie fahren.

1 Schwachsinnigen (franz.).
2 *Le Poème de l'Extase.*
3 Skrjabin nahm an, die geistliche (kirchliche) Zensur in Rußland werde die *3. Sinfonie* wegen ihres Titels „Göttliches Poem" und wegen des den Inhalt erläuternden Textes verbieten. Jedoch stieß die russische Erstaufführung (Petersburg, 23. Februar 1906, unter Leitung von Felix Blumenfeld) auf keinerlei Schwierigkeiten seitens der Zensur.
4 Sie kam nicht und enttäuschte Skrjabin damit nachhaltig, wie im Jahr darauf Bemerkungen in den Briefen 187 und 190 erkennen lassen.*

## 166. An Tatjana de Schloezer

[Paris, 24. April/7. Mai 1905][1]

Mein liebes Kindchen, warum hast Du mir denn nicht eher wegen des Geldes geschrieben! Deinen Brief erhielt ich um halb eins, als ich aufwachte. Ich zog mich sofort in aller Eile an und ging los, um 20 Francs in einen belgischen Schein umzutauschen,[2] konnte es aber nicht, da am Sonntag alle Banken und Wechselstuben geschlossen sind und auf der Post Einschreibbriefe nur bis eins angenommen werden. Daher habe ich mich entschlossen, Dir heute mit fremder Handschrift zu schreiben, damit Du nicht beunruhigt bist und mein Schweigen nicht so auslegst, als wollte ich Deine Bitte nicht erfüllen. Morgen schicke ich Dir dann 20 Francs in einem Einschreibbrief wieder mit meiner eigenen Schrift, und Du mußt Dir irgendein Märchen ausdenken, um die Spuren zu verwischen. Einen Tag mußt Du irgendwie ohne Geld auskommen.
Heute kann ich Dir nichts berichten, ich habe es furchtbar eilig. Ich muß den Frack anziehen und in das Konzert von Weingartner fahren, der außerordentlich liebenswürdig zu mir war und sich bereits mit der Partitur der 3. Sinfonie bekannt macht.[3] Heute habe ich wieder bei Gissac gefrühstückt, dann sind wir zusammen zur Urussowa und zu Gagarins gegangen. Mittag gegessen habe ich zu Hause. Den gestrigen Abend verbrachte ich mit Safonow. Mit ihm hatte ich ein langes und sehr interessantes Gespräch, von dem ich Dir beim Wiedersehen erzähle.[4]
Meine Tunja, meine liebe Freude, Sternchen, ich habe ohne

Dich Sehnsucht und möchte Dich sehr, sehr gern sehen. Noch sechs Tage, dann sind wir wieder beisammen! Was für ein Glück! Auf Wiedersehen!
Ich verstelle meine Handschrift doch gar nicht schlecht!
Ich mochte komponieren, komponieren, komponieren! Verstehst Du das, Tanjuschka?

1 Kaschperow („Briefe", S. 367f.) datiert auf Grund des Poststempels: 25. April/8. Mai 1905. Das war aber ein Montag, während der Brief am Sonntag geschrieben ist, siehe Brief 167 bezüglich der Sendung von 20 Francs.*

2 Tatjana verbrachte etwa zwei Wochen, seit dem 18. April/1. Mai, bei ihren Verwandten in Brüssel.*

3 Weingartner gab am 13. Mai 1905 die Partitur der *3. Sinfonie* zurück und schrieb dazu: „Sehr geehrter Herr! Mit bestem Dank folgt Ihr interessantes Werk zurück, das ich leider nur flüchtig durchsehen konnte. Mit hochachtungsvollen Grüssen Ihr ergebenster Felix Weingartner. Alles Gute zur Aufführung unter Nikisch, den ich herzlich von mir zu grüssen bitte." (Den vollständigen deutschen Wortlaut des Schreibens verdankt der Herausgeber der freundlichen Mitteilung des Skrjabin-Museums Moskau, wo sich das Original befindet.)*

4 Die Tatsache mehrfacher Begegnungen mit Safonow während seines Aufenthaltes in Paris nach dem Bruch im Vorjahr (siehe Brief 142, Anm. 4) ist bemerkenswert, doch ist der Inhalt der Gespräche leider nicht bekannt. Siehe auch Brief 167. In der nächsten Zeit verschlechterte sich das Verhältnis infolge der feindseligen Einstellung von Tatjana zu Safonow noch.

## 167. An Tatjana de Schloezer

[Paris,] (25. April) 8. Mai 1905

Njurotschka, ich schicke Dir diesen Brief vom Gard du Nord[1] ab, wohin ich gleichzeitig Safonow begleite; auf diese Weise bekommst Du ihn heute abend. Ich kann Dir jetzt nicht erzählen, wie ich mich mit Safonow nicht nur versöhnt, sondern sogar fast wieder angefreundet habe. Meinerseits besteht natürlich kein besonderes Vertrauen zu seinen Ergüssen, aber ich war nicht imstande, zu ihm unfreundlich zu sein. Er ist überhaupt ein ganz übler Schurke oder ein wunderlicher Kauz! Beim Wiedersehen gibt es viel zu erzählen.[2] Ich sende Dir, meine Garstige,

20 Francs. Wenn ich noch Reisegeld schicken soll, schreib es *sofort*, sonst kann es noch eine Verzögerung geben.
Ich kann mich wieder nicht mit Dir unterhalten, ständig bin ich in Eile, ständig komme ich überall zu spät, tue alles im Gehen und schreibe Dir im Stehen. Wenn Du kommst, sei so gütig, mir ein bißchen Ordnung beizubringen, so kann man nicht leben!
Auf Wiedersehen, meine Tanika, Tanila, bleib hübsch gesund und munter, und vergiß mich nicht. Heute kam kein Brief von Dir.
Gestern nacht habe ich komponiert.
La Clef de la Théosophie[3] ist ein bemerkenswertes Buch. Du wirst staunen, bis zu welchem Grade es mir nahesteht.
Ich muß schnell weg.

1 Pariser Nordbahnhof.*
2 Vgl. den vorigen Brief und Anm. 4 dazu.*
3 „Der Schlüssel zur Theosophie". – Schon drei Tage vorher schrieb Skrjabin an Tatjana: „Ich lese ein interessantes Buch: La Clef de la Théosophie von der Blawatskaja" („Briefe", S. 367). Siehe Personenregister: Blavatsky.*

## 168. An Wera Skrjabina

Paris, (13.) 26. Mai 1905
5, rue de la Neva

Liebe Wuscha
Ich habe Dir in der letzten Zeit nicht geschrieben, da ich sehr mit der Vorbereitung des Konzertes beschäftigt war. Heute war die Generalprobe der Sinfonie,[1] sie verlief zufriedenstellend. Die Musiker und Kritiker zeigen für die Sinfonie großes Interesse, obwohl einige sich durch deren Kompliziertheit bedrückt fühlen. Jetzt ist das wichtigste, möglichst viel Publikum zu haben. Es zeigt sich, daß Nikisch in Paris nicht die Popularität wie in Rußland und Deutschland genießt. Schön wäre es, wenigstens einen Teil der aufgewendeten Summe zurückzuerhalten. Nach dem Konzert schreibe ich Dir über die Ergebnisse und über den Erfolg oder Mißerfolg.[2]
Wie geht es Euch, seid Ihr gesund und genießt den Zau-

ber des Schweizer Frühlings? Hier war der Frühling ebenso wie der Winter schrecklich. Heute ist der erste warme Tag.
Auf Wiedersehen, liebe Wuscha! Ich küsse die lieben Kinderchen und Dich herzlich.

Sascha

Bestelle Mathilde Karlowna einen Gruß von mir.

1 Nach zwei Proben an den beiden Vortagen fand an diesem Tag die Generalprobe für das Konzert am 29. Mai statt (siehe Brief 169).*

2 Wera Skrjabina kam unerwartet selbst nach Paris; erst nach Schluß des Konzertes teilte sie ihm ihre Anwesenheit mit, und sie trafen sich.*

## 169. An Margarita Morosowa

Paris, (24. Mai) 6. Juni 1905
5, rue de la Neva

Liebe Margarita Kyrillowna
Nun ist schon eine Woche vergangen, seit ich Ihnen versprach, Ihnen Näheres über das Konzert zu schreiben,[1] und bis jetzt fand ich keine freie Minute, um nach der Feder zu greifen. Die verschiedenen gesellschaftlichen Verpflichtungen, Visiten und Diners sowie der Geschäftsverkehr quälten mich dauernd. Das Konzert verlief, wie Sie schon wissen, mit großem Erfolg. Nikisch war bei bester Verfassung und dirigierte hervorragend. Schwerlich hätte man vom französischen Publikum einen solchen Empfang erwartet; es ist doch sonst mit Zeichen der Zustimmung geizig, zumal bei einem so komplizierten und langen Werk wie der 3. Sinfonie. Zugegeben, es gab auch Proteste in Form einiger Pfiffe, aber sie weckten nur noch größere Sympathie des übrigen Publikums. Was die hiesigen Musiker anbelangt, so zeigten sie ungeheures Interesse für mein Werk, und ich bekomme immer noch Briefe, in denen sie mir ihre Begeisterung ausdrücken.[2] Ohne Zweifel wird dieses Konzert eine bedeutende Rolle für die Verbreitung meiner Musik und meiner philosophischen Ideen spielen, und obwohl das materielle Ergebnis ziemlich kläglich war (das Publikum

war zur Hälfte geladenes), kann man diesen Abend als sehr gelungen ansehen.
Es zeigt sich übrigens, daß in Paris auch der Name Nikisch nicht ausreicht, um ein Theater zu füllen. Ursache dafür ist teilweise die späte Jahreszeit, große Hitze und eine erschreckend große Zahl banaler Konzerte (von der Art eines Kubelik), die dem Geschmack des mittelmäßigen Publikums entsprechen. Nikisch gefällt die Sinfonie sehr, und er wird sie in der nächsten Saison in Berlin aufführen; er hat mich eingeladen, zu dem Konzert hinzukommen. Das wäre alles, was ich Ihnen erst einmal über meine künstlerischen Abenteuer berichten kann.
Auf Wiedersehen, meine teure Freundin, ich danke Ihnen nochmals für Ihren lieben, herzlichen Brief und freue mich von Herzen über den Auftrieb, den Sie erleben und den Sie anscheinend auch vielen anderen vermitteln. Richten Sie meinen Dank für das Gedenken und einen herzlichen Gruß von mir an alle meine Freunde aus, und seien Sie meiner tiefen und unwandelbaren Freundschaft versichert.

A. Skrjabin

1 Im Programm des Konzertes am 29. Mai 1905 standen Webers „Freischütz"-Ouvertüre, Skrjabins *3. Sinfonie* und mehrere berühmte Stücke aus Wagner-Opern. Im Programmheft war ein erläuternder Text zur *Sinfonie* abgedruckt. Aus einer Rezension („The Musical Courier", 1905, Nr. 26) geht hervor, daß nach Schluß der *Sinfonie* laut nach dem Komponisten gerufen wurde und das Publikum sich bei seinem Erscheinen in Applaudierende und Pfeifende teilte – „ein eher gutes Zeugnis".

2 Erhalten ist nur ein Brief von Gustave Doret vom 3. Juni 1905, in dem dieser Skrjabin seine „wärmste Gratulation" ausspricht und versichert, die Aufführung der *3. Sinfonie* habe seine Begeisterung für dessen Schaffen verstärkt.

## 170. An Wera Skrjabina

Paris, [30. Mai/12. Juni 1905]
5, rue de la Neva

Liebe Wuschenka
Ich erhielt Dein liebes Briefchen und danke Dir dafür sehr, sehr. Die arme Großmutter! Die Nachricht von ihrer Krank-

heit hat mich sehr betrübt. Ich erhielt einen Brief von Tante Ljuba, in dem sie schreibt, daß ihre Reise in die Schweiz auf den Herbst verschoben werden muß, eben weil sie nicht die arme liebe alte Frau allein lassen möchte. In den nächsten Tagen schreibe ich ihnen.

Liebe Wuschenka, achte auf Ljaljas Husten, übergehe ihn nicht, sie ist etwas schwächlich. Erst im Sommer wird sie sich erholen können. Rimma ist ein Prachtkerl, küsse sie herzlich von mir, und sag ihr, daß sie von mir für die guten Prüfungsergebnisse ein kleines Buch geschenkt bekommt. Mit Marussja schäkere ein bißchen in meinem Namen, und Ljowka gib einen Klaps.

Wie freue ich mich, daß Du nicht allein bist. Gib Ida Juljewna einen Kuß von mir, und bitte sie, noch länger dazubleiben. Ich mache demnächst eine kleine Reise, und Ende des Monats oder in den ersten Julitagen sehen wir uns.

Die ganzen nächsten Tage werden von Abschiedsvisiten in Anspruch genommen. Heute gibt die Urussowa ein Essen im Bois de Boulogne,[1] zu dem ich eingeladen bin, und am Abend spiele ich bei Apraksins. Jetzt fahre ich zu Pierné und bringe ihm eine Romanze (für Gesang), die ebenfalls in der „Illustration" erscheinen soll.[2]

Auf Wiedersehen, mein lieber Freund Shuk[3]! Ich küsse Dich und die Kinder herzlich und warte mit Ungeduld auf einen Brief von Dir.

Sascha

Wenn Du weißt, wo Monighettis sich aufhalten, schreib mir ihre Adresse. Auch die Adresse von Ljowa, ich muß ihm wegen der Klavierübertragung der Sinfonie schreiben.[4]

1 Großer Park in Paris.*

2 In der Pariser Zeitschrift „L'Illustration" erschien im Juli 1905 Skrjabins in den Tagen dieses Briefes komponiertes Klavierstück *Poème languide* op. 52 Nr. 3. Da dies ein anspruchsvolles Stück ist, ist nicht anzunehmen, daß Skrjabin hier mit der Romanze sein viele Jahre vorher komponiertes Jugendwerk meint. Es muß sich um eine neue Komposition gehandelt haben, die aber nicht erschien und verschollen ist.

3 Bedeutet Käfer, aber auch Schelm.*

4 Lew Conus sollte auf Skrjabins Bitte den vierhändigen Klavierauszug der *3. Sinfonie* anfertigen.

## 171. An Wera Skrjabina

Bogliasco[1], (6.) 19. Juni [1905]

Meine liebe Wuschenka

Ich schreibe Dir heute außer der Reihe, da ich mir erstens Sorge mache, warum Du nicht auf meine Briefe antwortest (ich habe Dir seit Deiner Abreise[2] 4 geschickt), und zweitens habe ich ein Anliegen an Dich (das allerdings nicht sehr eilig ist). Meine Bitte besteht darin: Du erhältst in den nächsten Tagen, wenn Du sie nicht schon erhalten hast, aus Petersburg 700 Rubel;[3] Du erhältst sie wahrscheinlich in Franken, davon behalte 1000 für Dich; und die übrigen verwahre für mich, *außer 100*, die Du mir sofort per Postanweisung schickst. Ich weiß nicht, ob es in Bogliasco eine Post gibt, ich werde mich erkundigen, und wenn *nicht*, mache ich am Schluß des Briefes noch einen Zusatz. Wenn kein Zusatz dasteht, heißt das, daß alles in Ordnung geht und Du das Geld schicken kannst.

Wie geht es Dir, meine liebe Freundin? Wie geht es Ida Juljewna? Habt Ihr Euch noch keinmal gestritten? Schreib mir mehr! Ich meinerseits halte mein Versprechen, während Du faul bist. Das ist nicht schön! Ich habe schon zu komponieren angefangen, und die Hitze stört mich gar nicht. Ich schreibe übrigens die 4. Sinfonie[4]. Auf Wiedersehen, liebes gutes Kindchen! Für alle Fälle schreibe ich Dir hier noch einmal meine Adresse: Bogliasco, près Gênes, via Avanzini, No. 38, S-ra Maria Canessa (presso la stazione) (schreib so in Klammern), an mich. Ich küsse Dich herzlich. Bestelle Ida Juljewna einen herzlichen Gruß von mir. Ich streichele die Kinderchen.

1 Kleiner Küstenort bei Genua, wo sich Skrjabin kurz vorher zusammen mit Tatjana de Schloezer für mehrere Monate niedergelassen hatte.*

2 Aus Paris, wohin sie zur Uraufführung der *3. Sinfonie* gereist war, wieder zurück nach Vésenaz.*

3 Honorar vom Verlag Belaieff für die Klavierstücke op. 44 sowie vermutlich für op. 45–47.

4 So nannte Skrjabin zeitweilig sein *Poème de l'Extase.*

[Genf, 20. Juni/3. Juli 1905][1]

Na, muß ich Dich nicht ausschimpfen, mein liebes Kindchen? Wer hat mir denn versprochen, vernünftig zu sein? Tanjuka, ich bin in Genf auf der Post, habe Deine lieben Briefe erhalten und den einen gelesen, den anderen erst überflogen; ich werde ihn auf dem Schiff lesen. Wie freue ich mich, daß mein kurzes Briefchen von unterwegs angekommen ist, und noch dazu so schnell. Mein Liebes, Gutes, ich bin verzweifelt, daß ich Dich in eine solche entsetzliche Hitze gebracht habe. Wie wirst Du diese zwei Monate überstehen? Denk Dir etwas aus, um wenigstens die Zimmer etwas kühler zu bekommen. Kann man nicht Eis beschaffen und auf Teller legen? Du mußt auch unbedingt die Fensterläden an der Sonnenseite geschlossen halten. Meine Tanjuka, liebe Freude, mein Sternchen, mach Dir nur keine Sorgen, ich liebe Dich doch, ich liebe Dich! Und wie ich Dich liebe! Nicht weinen sollst Du, sondern *Dich freuen*, weil uns nur Gutes erwartet. Meine jetzige Fahrt hierher ist für uns beide von großem Nutzen. Die Verhältnisse klären und festigen sich immer mehr. Wera spricht über alles viel ruhiger und erwähnt Dich oft.[2] Ida Juljewna habe ich gestern von Borja und Dir erzählt (absichtlich von beiden zusammen, es mußte sein) in solchen Ausdrücken und mit solcher Begeisterung, daß sie ganz beeindruckt war, da sie mich zum erstenmal im Leben in Ekstase *wegen eines anderen Menschen außer mir selbst*, wie sie sagte, gesehen hat. Na ja, meine Tussika, alles kann ich Dir nicht schreiben, ich erzähle es Dir beim Wiedersehen ausführlich. Einstweilen mußt Du Dich mit Kurzberichten begnügen und darfst Dich nicht wundern, wenn ich zwei oder drei Tage gar nicht schreibe. Erstens komme ich natürlich nicht so leicht nach Genf, weil Wera wie auch Ida Juljewna soviel wie möglich mit mir zusammen sein wollen. Zweitens ist die Hitze hier ebenfalls *mörderisch* (schlimmer als voriges Jahr), und eine Fahrt in die Stadt ist eine echte Folter. Übrigens ist das letztere natürlich unwesentlich, und ich würde gar nicht auf das Wetter achten, wenn es keine anderen Gründe gäbe. Ich sehe Tanjukas beleidigte Augen: „Du liebst mich nicht so wie ich dich“ – aber das stimmt nicht!

Auf Wiedersehen denn, mein Kleines! Sei vernünftig, nimm *Dich in acht*!! Laß Dir nicht einfallen, wenn Du erhitzt bist, Eis zu essen, und bitte, *um unserer Liebe willen* bitte ich Dich, *spare nicht* am Essen. Ernähre Dich gut. *Das ist notwendig.* Meine Liebe, erfülle mir diese Bitte![3] Also leb wohl, ich bin in Eile. Nadja mit ihren Kindern wohnt auch bei Frau Calendret. Ich bin sehr froh, daß Wera viel Gesellschaft hat. Ich weiß nicht, wie ich geschrieben habe, ist es leserlich? Ich mußte mich sehr beeilen.

1 Geschrieben nach Bogliasco während eines mehrtägigen Besuches bei Wera Skrjabina und den Kindern in Vésenaz.*

2 Was Wera selbst bei diesem Besuch empfand, kommt in einem Brief von ihr vom 21. Juni/4. Juli 1905 an Sinaïda Monighetti zum Ausdruck: „… Sascha ist zur Zeit hier, er kam nur ‚auf eine Woche'. Hier erhielt er auch Ihren Brief, der ihm aus Paris nachgesandt wurde; ich habe ihn nicht gelesen, er gibt ihn mir nicht, aber ich bin Ihnen auch ohnedies sehr dankbar dafür, weil ich weiß, in welchem Geist er geschrieben ist […]. Ich möchte gern […] glauben, wie Sie, daß Sascha eines Tages zu mir zurückkehrt. Aber das kann nur dann geschehen, wenn meine Nebenbuhlerin nicht mehr ist; zu stark und fest hält sie ihn, und sie wird ihn nie freigeben. Zu mir ist er zur Zeit, wie schon in Paris, sehr liebevoll und zärtlich, und er kümmert sich sehr um mich und die Kinder. […] Vielleicht gibt mir dies alles den Anstoß, mich aufzuraffen und selbst ein Mensch zu werden. Ich habe in diesem Jahr ständig Klavier geübt und ganz gute Fortschritte gemacht, so daß sogar Sascha mir rät, im Herbst öffentlich aufzutreten. Ich spiele natürlich nur seine Werke, und mein Ziel ist es, ihn bekannt zu machen. Ich weiß nur nicht, ob mir das gelingt" („Briefe", S. 377).

3 Skrjabin zeigt sich in diesem Brief so besorgt um Tatjana, weil sie ihr erstes Kind erwartete (Ariadna, geb. 13./26. Oktober 1905). Zwei Tage nach diesem Brief schrieb er ihr: „Ich habe Wera gesagt, daß Du in anderen Umständen bist. Sie hat es sehr herzlich und freundlich aufgenommen" („Briefe", S. 378).*

## 173. An Tatjana de Schloezer

[Genf, nach dem 20. Juni/3. Juli 1905]

Tanjuka, jetzt wirst Du mich aber beneiden! Du klagst darüber, daß Du keine neuen Worte der Liebe und Zärtlichkeit finden kannst, ich aber habe sie gefunden, und was für welche! Beim Wiedersehen werde ich sie Dir sagen, das heißt vorspielen. Noch nie war ich so zärtlich. Ich werde das 2. Thema des Poems[1] durch ein anderes ersetzen, ein leidenschaftlicheres und unglaublich schönes und breitangelegtes.

Wie freue ich mich, daß wir uns bald wiedersehen. Dienstag abend[2] oder Mittwoch früh komme ich unbedingt. Eher geht es nicht, warum, erzähle ich Dir, wenn ich da bin.

Otto hat nach Dir gefragt und gebeten, Dir einen ganz herzlichen Gruß auszurichten.

Ich schreibe Dir vielleicht noch einmal; sollte ich aber nicht dazu kommen, bitte *mach Dir keine Sorgen*!!

Bestelle einen Gruß an den Hausherrn, die Hausfrauen und Maria.

Sei vernünftig, mein Kind, reg Dich nicht wegen jeder Kleinigkeit auf. Daß man Dich gefragt hat, wieviel Jahre Du verheiratet bist, ist kein Drama. Zu dieser kleinen Lüge haben wir uns längst entschieden, um in Ruhe gelassen zu werden. Im großen und ganzen haben wir doch Glück mit den Leuten, ernsthafte Unannehmlichkeiten hatten wir bisher nicht. Ich küsse Dich.

1 *Le Poème de l'Extase.**

2 28. Juni/11. Juli 1905. Am Abend reiste Skrjabin von Vésenaz nach Bogliasco ab.*

## 174. An Tatjana de Schloezer

[Genf, 5./18. Juli 1905]

Gestern war Rimmas Beerdigung.[1] Wera bewies viel mehr Festigkeit, als man erwarten konnte. Ich kann Dir nicht ausführlich berichten, da ich sehr in Eile bin. Ich werde aber doch ein paar Tage hier bleiben müssen, wenigstens bis Sonntag.

Zu gern würde ich mich mit Dir unterhalten, kann es aber nicht, sonst verpasse ich die Pferdebahn.

Hast Du meinen Brief von unterwegs erhalten? Ich fühle mich nicht schlecht, mach Dir keine Sorgen ...[2] Keine Zeit, ich fange lieber gar nicht erst an.

1 Skrjabins älteste und von ihm besonders geliebte Tochter war am Tag nach seiner letzten Abreise (siehe Anm. 2 zum vorigen Brief) schwer erkrankt und drei Tage später im Krankenhaus in Genf an einer Darmverschlingung gestorben. Auf ein Telegramm hin kehrte er sofort nach Vésenaz zurück.

2 Hier sind im Original des Briefes mehrere Wörter gestrichen.

## 175. An Tatjana de Schloezer

[Genf, 9./22. Juli 1905]

Es gibt mehrere Gründe, aus denen ich noch drei Tage in Vésenaz bleiben muß. Erstens ist, wie ich Dir schon schrieb, am Sonntag für Rimmotschka der 9. Tag, darum wird in der Kirche eine Seelenmesse gelesen, und Wera hat mich inständig gebeten dabeizusein, da es ihr sehr schwerfällt, nach der Trennung von mir, die vielleicht für immer ist, diesen traurigen Tag allein zu überstehen. Das ist aber natürlich nicht die Hauptsache. Meine Anwesenheit hier ist deswegen nötig, weil ich helfen muß, die Kinder irgendwo unterzubringen, denn sie haben alle Keuchhusten, der wieder etwas stärker geworden ist und, wie der Arzt sagt, erst bei einem Ortswechsel weggeht. Ich muß mich unbedingt um die arme Wera und die Kinder kümmern. Wahrscheinlich bin ich zum letztenmal bei Wera, da sie sich *entschlossen* hat, im August nach Moskau zu fahren. Sie hat schon an Safonow geschrieben und ihn gebeten, sie ans Konservatorium zu holen, und ich bin sicher, daß sie es schafft.

Der Deine, Deine

Ich möchte zu gern alle gesund hinterlassen! …[1] Ich erzähle es Dir mündlich.

Bitte, Tanjuka, laß Dich vom Arzt gründlich untersuchen und halte Dich *genau* an seine Vorschriften. Du bringst *mich* um, wenn Du *Dich* nicht in acht nimmst und Deine Gesundheit nicht erhältst, vielmehr sie nicht wiederherstellst. Werde ruhiger, und blicke heiter in die Zukunft. Ich weiß nicht, ob das verständlich ist, was ich geschrieben habe, ich muß mich immer beeilen, außerdem ist es heute entsetzlich laut, hier sind sehr viele Menschen.

1 Hier ist im Original des Briefes eine ganze Zeile gestrichen.

## 176. An Wera Skrjabina

[Bogliasco, 21. Juli/3. August 1905]

Liebe Wuschenka, ich danke Dir sehr, sehr für Dein liebes Briefchen. Wie freue ich mich, daß Du von Freunden umgeben bist, die Dich zerstreuen. Geh soviel wie möglich spazieren, und sammle Eindrücke, vergiß aber auch nicht, was Du vorhast: übe recht viel. Du bist nämlich nicht abgeneigt, ein bißchen zu faulenzen! Ich rate Dir, es frühmorgens zu tun – das heißt zu üben, nicht zu faulenzen –, damit Du bis zum Frühstück schon 2–3 Stunden geübt hast. Ich arbeite sehr viel. An Ljowa habe ich vor ein paar Tagen die Partitur[1] geschickt, auch einen Brief. Der Amerikaner, dessen Brief Du mir nachgeschickt hast, ein Organist, nennt sich mein Verehrer und bittet mich inständig, etwas „Geistliches für Orgel" zu komponieren. Auf Wiedersehen! Ich schreibe Dir nur kurz, weil ich mich nicht vom Komponieren losreißen kann.[2] In den nächsten Tagen schreibe ich Dir etwas mehr. Ich küsse Dich.
Laß die Kinder *so lange wie möglich* in Corsier.[3]
An alle einen Gruß von mir.

1 Siehe Brief 170, Anm. 4.
2 Skrjabin arbeitete zu dieser Zeit intensiv am *Poème de l'Extase*.
3 Skrjabin irrte sich, die Kinder waren in Anières (beide Orte liegen ganz in der Nähe von Vésenaz*).

## 177. An Margarita Morosowa

Bogliasco, [nach dem 24. Juli/6. August 1905]
près Gênes (Genova),[1] via Avanzini, 38

Liebe Margarita Kyrillowna
Von hier aus also schreibe ich Ihnen diesmal. Bogliasco ist zur Zeit mein ständiger Wohnort. Das, was schon längst hätte geschehen müssen, ist erst jetzt erfolgt. Ich lebe nicht mehr mit Wera zusammen und besuche sie und die Kinder nur manchmal kurz. Sicher werden Sie sich sowohl für sie als auch für mich freuen. Ich hoffe, daß unser Leben endlich ins richtige Gleis kommt: Jeder von uns schafft sich eine Existenz, die seinen Neigungen mehr entspricht. Wir sind als Freunde geschieden und stehen im Briefwechsel.

Sie haben schon von Wera über Rimmotschkas Tod gehört. Es war entsetzlich, das Kind zu verlieren, für Wera besonders, doch dieses Unglück lenkte sie etwas von dem anderen ab. In letzter Zeit bin ich so erschöpft, und meine Nerven sind so angegriffen, daß ich ein ruhiges Leben brauche. Da habe ich nun hier in Bogliasco endlich Verhältnisse, die mich nicht nur nicht daran hindern, mich zu konzentrieren und zu arbeiten, wie es fast mein Leben lang der Fall war, sondern die die Phantasie zur Ruhe bringen und beflügeln. Bei mir ist meine Freundin Tatjana Fjodorowna. Sie hat ein ganz tiefes Verständnis für das, was meinem Schaffen nötig ist, und sorgt dafür so liebevoll und selbstlos und schafft eine Atmosphäre, in der ich frei atmen kann. Ich bedaure unendlich, daß Sie sich nicht näher kennengelernt haben; das hätte sicher zu gegenseitiger Achtung und tiefer Sympathie geführt. Ich bin überzeugt, daß es mit der Zeit unausweichlich dazu kommen wird. Ich arbeite sehr viel und gut. Außer dem großen Werk[2] habe ich mir ein Poem für Orchester[3] vorgenommen, das noch mehr als die 3. Sinfonie auf das Verständnis für den Geist meines nächsten Werkes vorbereitet.

Wenn Sie wüßten, liebe Margarita Kyrillowna, wie es mir leid tut, daß ich im Oktober nicht in Paris sein und Sie sehen kann! Ich wage es nicht, Sie nach Genua einzuladen, obwohl es von Moskau aus nicht viel weiter als Paris ist. Wie glücklich wäre ich, Sie wiederzusehen und mit Ihnen neue Gedanken auszutauschen. Wie angenehm würden wir in dieser zauberhaften Natur die Zeit verbringen. Der beste Monat ist hier der November, obwohl es auch schon im Oktober (Ende) ganz schön ist. Auf Wiedersehen, meine liebe Freundin! Empfangen Sie meine besten Wünsche und die Versicherung meiner aufrichtigen und unwandelbaren Ergebenheit.

A. Skrjabin

1 Das heißt bei Genua (franz. und ital.).*
2 Gemeint ist wahrscheinlich das *Mysterium*, über das Skrjabin viel nachdachte, ohne jedoch an seine Verwirklichung zu gehen.
3 *Le Poème de l'Extase.*

## 178. An Wera Skrjabina

Bogliasco [nach dem 12./25. September 1905][1]

Liebe Wuscha

Endlich habe ich Nachricht erhalten, daß Du mit den Kindern angekommen bist. Ehrlich gesagt, ich habe mir ihretwegen viel Sorge gemacht, und ich weiß auch jetzt noch fast nichts darüber, wie es ihnen gesundheitlich geht. Wie konnten die Ärzte so verschiedener Ansicht sein? Von dem zweiten hast Du mir gar nichts geschrieben. Bitte schreib mir, wenn Du nicht besonders oft schreiben willst, so doch *genau*. Such Dir einen Tag in der Woche aus und nimm Dir zehn Minuten Zeit, um mir zu berichten. Das macht Dir keine Mühe. Auch von Dir schreibst Du sehr wenig. Hast Du endlich eine Wohnung gemietet, und *wo*? Eine gute, eine teure? Sei bei der Suche bitte *vorsichtig*. In Moskau herrschen schreckliche Unruhen.[2] Vermeide es, in eine Menschenansammlung zu gehen. Ich vergaß, Dir zu sagen, daß Du Dir meinen Flügel von der Morosowa holen sollst; das gibt Dir die Möglichkeit, zwei Instrumente zu haben. Aber laß nicht die Schüler zuviel darauf spielen (natürlich nur wenn Du *zwei* Flügel hast). Er ist mir natürlich nicht zu schade, aber ich würde ihn als Andenken an Beljajew gerne recht lange in anständigem Zustand erhalten.[3] Von mir kann ich nichts Neues berichten. Ich arbeite sehr viel. Übrigens, hat Schäffer Dir vielleicht die fünf neuen Klavierstücke geschickt, die vor über drei Monaten erscheinen sollten?[4] Ich kann mich nicht aufraffen, ihm zu schreiben und anzufragen. Wenn sie bei Dir sind, schick mir vielleicht *zwei* Exemplare per Kreuzband. – Spielst Du Klavier, und viel? Beantworte bitte alle Fragen, und schreib noch etwas von Dir aus! Du brauchst nicht jeden Buchstaben so sorgfältig zu malen, sondern berichte mir lieber etwas mehr über alles. Auf Wiedersehen, meine Liebe, ich küsse Dich und die Kinder herzlich.

Dein Sascha

Richte Tante Ljuba aus, daß ich ihr bald antworten werde.
Küsse die Großmütter und alle von mir.
Schreib mir, wie das Wetter bei Euch ist und ob die Kinder spazierengehen.

Schick mir *unbedingt* Bilder von den Kindern! Ich hätte zu gern das, worauf Rimmotschka und Ljalja *zusammen* sind. Siehst Du Nadja und Ljowa oft?

1 An diesem Tag traf Wera Skrjabina mit den drei Kindern nach anderthalbjährigem Aufenthalt in der Schweiz wieder in Moskau ein.* Sie war auf Fürsprache von Safonow, der sich immer wohlwollend ihr gegenüber verhielt, mit Wirkung vom 1. September 1905 als ordentliche Lehrkraft für Klavier am Moskauer Konservatorium angestellt worden.
2 Im Verlauf der ersten russischen Revolution fanden im September 1905 in Moskau Massenstreiks statt, am 6. Oktober wurde der Generalstreik ausgerufen, und im Dezember erreichte die Revolution ihren Höhepunkt mit Aufständen im ganzen Land.*
3 Siehe Brief 50, Anm. 1.
4 *Drei Stücke* op. 45, *Scherzo* op. 46 und *Quasi Valse* op. 47.

## 179. An Wera Skrjabina

Bogliasco, près Gênes
(24. Oktober) 6. November 1905

Liebe Wuscha
Die ganze letzte Zeit mache ich mir große Sorgen um Dich und die Kinder, da alle Zeitungen voll von Schreckensmeldungen sind.[1] Sei bitte vorsichtig, geh nie in gefährliche Straßen und laß die Kinder nicht auf den Boulevard; sie können im Garten und in der Quergasse herumlaufen. Wenn das nur alles bald ein Ende hätte! Wie geht es den Großmüttern und Tante Ljuba? Von Großmutter Lisa hat mir geträumt; die Arme klagte mir, sie wäre furchtbar erschöpft. Ich kann mir vorstellen, wie sie sich aufregt! Wieviel hat sie im Leben schon mit ansehen und durchmachen müssen! Und wo ist Papa? Schreib mir bitte recht bald über alle. Es sind nun schon drei Wochen, daß die Verbindung mit Rußland abgerissen ist; jedenfalls habe ich in dieser Zeit von niemand auch nur eine Zeile erhalten. Ich weiß nicht einmal, wie Margarita Kyrillowna angekommen ist und ob sie nach Moskau gelangt ist. – Hier ist es tatsächlich schön geworden; die Luft ist rein, wir haben viel Sonne. Ich gehe immer etwa zwei Stunden spazieren, gewöhnlich nach Nervi[2], wo viele Ausländer sind, davon die Hälfte Russen,

denen ich aus dem Wege gehe. Ich arbeite viel, aber nicht sehr gut, da ich mich erschöpft fühle. Das „Poème Orgiaque"[3] bekomme ich einfach nicht fertig. Ich freue mich sehr, daß Du Klavier spielst und Erfolg hast.[4] Achte möglichst nicht darauf, das heißt, so meine ich es nicht, achte darauf und habe ein eigenes Urteil, aber laß Dich nicht von den traurigen Ereignissen in Rußland bedrücken, und übe möglichst viel. Das läßt Dich die Gegenwart vergessen und verspricht viel Schönes für die Zukunft. Nochmals bitte ich Dich, mir recht bald zu schreiben. Ich küsse Dich und die Kinder herzlich.

Dein Sascha

Bitte Tante Ljuba, mir zu schreiben, und küsse sie und die Großmütter.

1 Siehe Anm. 2 zum vorigen Brief.*
2 Vielbesuchter Kurort nahe Genua.*
3 Ursprünglicher Titel des *Poème de l'Extase*.
4 Wera Skrjabina spielte zunächst in Privathäusern, zum Beispiel bei Margarita Morosowa. Ihr erstes öffentliches Konzert nach der Rückkehr aus der Schweiz fand in Moskau am 2. März 1906 mit einem Skrjabin-Programm statt.

## 180. An das Kuratorium zur Förderung russischer Komponisten und Musiker[1]

Bogliasco, (24. Dezember 1905) 6. Jan[uar] 1906

Sehr geehrte Herren
Da ich das von Ihnen vorgeschlagene Honorar für meine letzten Kompositionen als beleidigend betrachte und in Ihrem Vorschlag den Wunsch der Firma Belaieff erblicke, mit mir alle Beziehungen abzubrechen, komme ich diesem Wunsch entgegen und bitte darum, mir die Manuskripte unverzüglich zurückzusenden.[2]

Mit vollkommener Hochachtung
A. Skrjabin

1 Das Kuratorium war auf Grund des Testamentes von Mitrofan Beljajew nach dessen Tode gebildet worden und führte die von diesem gegründeten Einrichtungen (Verlag, Vergabe der Glinka-Preise, Russische Sinfoniekonzerte und Kammermusikabende,

Quartettwettbewerbe) weiter. Die ersten Kuratoren waren Beljajews Berater Rimski-Korsakow, Glasunow und Ljadow.*

2 Das Kuratorium hatte Skrjabin für seine drei kurzen *Stücke* op. 49 je 50 Rubel angeboten. Vgl. Brief 182.

## 181. An Tatjana de Schloezer

[Turin, 25. Dezember 1905/7. Januar 1906][1]

Tanjuka, ich habe ein Blatt Papier aufgetrieben und benutze es, um noch einmal die Instruktionen zu wiederholen, die ich Dir schon gegeben habe. Kindern muß man immer alles mehrmals wiederholen. Also hör zu, erstens, sei *brav* und *nimm Dich in acht*. Das werde ich Dir noch 100mal wiederholen, auch wenn Du es schon nicht mehr hören kannst – das ist mir egal. Zweitens, *untersteh Dich nicht*!!! Du Biest, verdammtes Luder, meine Manuskripte zu lesen, andernfalls wäre es besser für Dich, Du wärest nie geboren!!! Drittens, solltest Du unter meinen Papieren irgendwelche Porträts finden, dann sei so gut, sie nicht in einem Anfall von Eifersucht zu vernichten. Eine Ausnahme kannst Du lediglich mit Postkarten von der Cavalieri machen (ich habe Dir wohl von der Herkunft dieser Karten erzählt), falls ich die ihnen gebührende Operation noch nicht selbst vorgenommen habe. Bald bin ich in Turin, da stecke ich diesen Brief ein. Im Moment stehen wir in Alessandria. Die Tunnel haben mir arg zugesetzt. Nochmals küsse ich Dich, mein kleiner Krümel.

1 Geschrieben unterwegs auf einer Reise, anscheinend von Bogliasco nach Genf, vielleicht zwecks Vorbereitung der Übersiedelung dorthin.*

## 182. An das Kuratorium

Bogliasco, près Gênes, via Avanzini, 38
[Mitte/Ende Januar 1906][1]

Lieber Nikolai Andrejewitsch, lieber Anatoli Konstantinowitsch, lieber Alexander Konstantinowitsch

Nach Ihrem Brief in Beantwortung des meinigen[2] war ich

sehr verwundert, die Korrektur meiner letzten Kompositionen zu erhalten.[3] Offensichtlich zweifeln Sie nicht an meinem Einverständnis mit den von Ihnen vorgeschlagenen Bedingungen. Da ich Ihnen mit der Ausgabe keine Schwierigkeiten bereiten möchte, bin ich gezwungen, der Firma diese Stücke trotz des nicht angemessenen Honorars zu lassen; ich kann jedoch nicht umhin, zum Ausdruck zu bringen, daß ich derartige Beziehungen zwischen Verleger und Komponist nicht in Ordnung finde. Ich verstehe nicht, von was für einer Erhöhung des Honorars Sie sprechen, wenn Sie es in Wirklichkeit auf die Hälfte herabsetzen. Im Verlaufe von zwölf Jahren zu Lebzeiten von Mitrofan Petrowitsch und zwei Jahren nach seinem Tode habe ich für kein einziges Stück, so klein es auch gewesen sein mag, weniger als 100 Rubel erhalten.

Wenn Sie sich vor der Öffentlichkeit für die Festlegung von Komponistenhonoraren verantwortlich fühlen, so kann gerade diese Verantwortung Ihnen nicht erlauben, meine Werke so zu bewerten. Ich bin sehr froh, daß ich mich in der Annahme, Sie wollten mich beleidigen, geirrt habe, aber angesichts der genannten Umstände muß ich Verbindungen mit einem anderen Verleger aufnehmen, der mir normalere Bedingungen bietet.[4] Ich bin überzeugt, daß diese Meinungsverschiedenheit betreffs der Bewertung meiner Werke nicht unsere guten Beziehungen zerstört.

Ich bitte Sie, meine Versicherung vollkommener Hochachtung und Ergebenheit entgegenzunehmen.

A. Skrjabin

Meine Adresse lautet in Zukunft: Genève, poste restante.

1 Entsprechend dem Eingangsdatum, das offenbar im Petersburger Kontor des Verlages Belaieff auf dem Brief vermerkt wurde, ist dieser in den „Briefen“ datiert: „Vor dem 23. Januar/5. Februar 1906“.*

2 Am 2./15. Januar 1906 hatte das Kuratorium geschrieben: „Lieber Alexander Nikolajewitsch! Bevor wir Ihnen offiziell auf Ihren Brief an das Kuratorium vom 6. Januar d. J. antworten, gestatten wir uns, uns als Kollegen an Sie zu wenden, die Ihre Kompositionen schätzen und es zu würdigen wissen, daß sie bei der Firma erscheinen, der wir vorstehen. Sie haben sich durch das Ihnen vorgeschlagene Honorar beleidigt gefühlt. Mitrofan Petro-

witsch war als Eigentümer der Firma berechtigt, das Honorar nach seinem Ermessen festzulegen. Wir dagegen als Verwalter seiner Firma fühlen uns vor der Öffentlichkeit für die Leitung des uns übertragenen Unternehmens verantwortlich. Wir finden es völlig gerechtfertigt, Ihnen 2000 Rubel für eine so komplizierte Komposition wie eine Sinfonie zu zahlen, sehen uns indessen nicht berechtigt, das Honorar für so kurze Stücke, wie Sie sie gesandt haben, zu erhöhen; wie sehr wir jedoch Ihre Kompositionen schätzen, können Sie aus der Verteilung der Glinka-Preise dieses Jahres ersehen. Daher bitten wir Sie sehr, uns nicht zu unterstellen, wir wünschten Sie zu beleidigen; wir bitten Sie, Ihre Entscheidung zurückzunehmen und die Geschäftsbeziehungen zu dem von uns verwalteten Verlag nicht abzubrechen. In Erwartung Ihrer Antwort gestatten wir uns, die Absendung Ihrer Manuskripte noch hinauszuschieben. N. Rimski-Korsakow, A. Glasunow, An. Ljadow." (Als Glinka-Preis hatte Skrjabin kurz vorher 1000 Rubel für seine *2. Sinfonie* erhalten.)

3 Op. 49.

4 Dies sollte sich als sehr schwierig erweisen, da Skrjabin unter dem Einfluß von Tatjana de Schloezer übertrieben hohe Honorarforderungen stellte. Vgl. Briefe 185; 187, Anm. 2; 196, Anm. 3; 208, Anm. 3; 222, Anm. 2; 243, Anm. 1; 249, Anm. 5.*

## 183. An Margarita Morosowa

Bogliasco, près Gênes, via Avanzini, 38 [ – Genf]
[vor dem und am 23. Januar/5. Februar 1906]

Liebe Margarita Kyrillowna
Seien Sie vielmals bedankt für das übersandte Geld. Ich bedauere unendlich, daß ich immer noch absolut nichts von Ihnen weiß. Sind Sie gesund? Was sonst könnte ich als Grund für dieses Grabesschweigen ansehen! Wir haben uns endlich entschlossen, Bogliasco zu verlassen, und bereits den Sonntag für die Abreise festgelegt, so daß Sie jetzt, falls Sie uns schreiben möchten, nach Genf, poste restante, adressieren müssen.
Auf Wiedersehen! Empfangen Sie nochmals meinen Dank und die Versicherung meiner aufrichtigen Freundschaft.

A. Skrjabin

Senden Sie für diesmal den Brief eingeschrieben, dann sind wir wenigstens sicher, daß er nicht verlorengegangen ist.

Genève, 5. Februar

Entschuldigen Sie bitte meine Zerstreutheit, liebe Margarita Kyrillowna; ich habe den Brief in Bogliasco nicht eingesteckt, sondern, wie Sie sehen, in der Tasche herumgetragen. Unendlich dankbar bin ich Ihnen für Ihren lieben Brief; ehrlich gesagt, ich hatte schon angefangen, mich beleidigt zu fühlen.

Wir sind hier mit einiger Mühe gut angekommen, allerdings hat Tanja sich etwas erkältet.

Gerade habe ich einen Brief von Wera erhalten, in dem sie die Scheidung ablehnt.[1] Seien Sie so lieb, Margarita Kyrillowna, und wirken Sie auf sie ein. Ihr Rat wird bei ihr großes Gewicht haben. Wir sprachen schon miteinander darüber, erinnern Sie sich? Machen Sie ihr klar, daß es sowohl für sie als auch für die Kinder besser ist, geschieden zu sein. Es muß auch ihre Eigenliebe befriedigen. Und für uns ist die Scheidung notwendig, das haben Sie selbst auch gesagt. Wenn Sie wüßten, wie mich dieser Alltagskram angestrengt hat, ganz zu schweigen von der armen Tanja. Erweisen Sie sich als Freundin, reden Sie mit Wera, meine Teure.

Verzeihen Sie, daß ich so schlecht schreibe, aber ich tue es auf der Post. Es ist hier ganz unbequem, und um mich herum wird geredet. Ich bin zu keinem Gedanken fähig.

Auf Wiedersehen! Empfangen Sie nochmals meinen Dank und die Versicherung meiner aufrichtigen Freundschaft.

A. Skrjabin

Schreiben Sie einstweilen: Genève, poste restante.

1 Wera Skrjabina blieb bis an ihr Lebensende bei ihrer Weigerung. Daraus ergaben sich für Skrjabin schwere Probleme. Über die Gründe für seine Verbindung mit Tatjana und seine Trennung von Wera schrieb er einen Monat später an Margarita Morosowa: „Die ganze Schuld Tanjas besteht lediglich darin, daß sie mich liebt, wie Wera nicht einmal in Gedanken lieben konnte" („Briefe", S. 411).*

## 184. An das Kuratorium

Genève, (1.) 14. Februar 1906
2, Chemin de la Fontaine, Servette

Geehrte Herren
Nikolai Andrejewitsch, Anatoli Konstantinowitsch
und Alexander Konstantinowitsch
Mit dem von Ihnen vorgeschlagenen Honorar von hundert Rubel je Stück bin ich einverstanden.[1] Die Annahme dieser Bedingungen kann allerdings kein Hindernis für mich sein, mit anderen Verlegern in Verbindung zu treten.

Mit vollkommener Hochachtung
A. Skrjabin

1 Als Antwort auf Skrjabins Brief (182) hatte sich das Kuratorium in seinem Brief vom 23. Januar/5. Februar 1906 dafür entschuldigt, daß es die *Stücke* op. 49 zum Stich gegeben hatte, und es Skrjabin freigestellt, entweder die gestochenen Platten einschmelzen zu lassen (falls der Komponist dabei bliebe, daß die Stücke nicht bei Belaieff erscheinen sollen) oder das verlangte Honorar von je 100 Rubel anzunehmen.

## 185. An Boris Jürgenson

Genève, (14.) 27. Febr[uar] 1906
2, Chemin de la Fontaine, Servette

Sehr geehrter Boris Petrowitsch
Ich hörte durch meine Bekannte Maria Solomonowna Lunz von dem von Ihnen geäußerten Wunsch, meine Kompositionen herauszubringen.
Ich meinerseits würde mich sehr freuen, einen Verleger in Rußland zu haben und zu Ihrer Firma zurückzukehren, die vor 14 Jahren meine ersten Werke gedruckt hat.[1] Ich sende Ihnen hiermit eine Liste der Stücke, die fertig oder fast fertig sind und herausgebracht werden könnten, sowie der Honorare, die ich dafür zu erhalten wünschte.

1. Ein großes Poem für Orchester über ein philosophisches Programm – 4000 Rubel.
2. Zwei kleinere Stücke für Orchester zu je 300 Rubel – 600 Rubel.
3. Mehrere kleinere Klavierstücke zu je 200–300 Rubel, je nach Länge.[2]

In Erwartung Ihrer Antwort[3] bitte ich Sie, die Versicherung meiner vollkommenen Hochachtung entgegenzunehmen.

A. Skrjabin

1 Siehe Brief 5, Anm. 7.

2 In Skrjabins Nachlaß fand sich ein etwa Ende 1905/Anfang 1906 von Tatjana de Schloezer geschriebener Zettel mit einer Aufstellung, welche Honorare Skrjabin bei Belaieff bekommen hatte und wieviel er für seine neuen Werke verlangen sollte:

| | |
|---|---|
| „Für eine kleine Komposition | 100 R. |
| Für die 8 Etüden | 150 R. |
| Für die 2. Sinfonie | 1500 R. |
| Für die 3. Sinfonie | 2000 R. |

Das sind die offiziellen Belaieff-Preise.

| | | |
|---|---|---|
| Anzustreben: | Für das Poem Org[iaque] 120 S. Partitur | 5000 R. |
| | Für ‚Prélude [Poème] languide' und ‚Caresse dansée' [geplante Orchesterfassungen] (ca. 8–10 S. Partitur) | je 400 R. |
| | Préludes (kleinere) | je 300 R." |

Die letzteren Beträge hielt Skrjabin selber bei seinen Forderungen gegenüber Jürgenson offenbar für zu hoch.

3 Jürgenson antwortete am 18. Februar/3. März 1906, er würde gern Werke von Skrjabin herausbringen, die Bedingungen überstiegen jedoch seine finanziellen Möglichkeiten.

## 186. An Maria Nemenowa-Lunz

Genève, [14./27. Februar 1906]
2, Chemin de la Fontaine, Servette

Liebe Maria Solomonowna

Zunächst bitte ich Sie, meinen aufrichtigen und herzlichen Dank für Ihre Freundschaft und Anteilnahme entgegenzunehmen, die Sie so freundlich mit Ihrer Sorge um unser materielles Wohlergehen beweisen.[1] Ich habe Ihnen gestern noch nicht geantwortet, weil ich selbst noch schwankte, was ich in bezug auf Jürgenson unternehmen soll. Jetzt habe ich ihm einen Brief geschrieben, dessen Inhalt ich Ihnen vollständig wiedergebe.

Sehr geehrter B[oris] P[etrowitsch]

Ich hörte durch meine Bekannte (für Jürgenson ist es besser, wenn ich Sie einfach eine Bekannte nenne, nicht Freundin oder Schülerin) Maria Solomonowna Lunz von dem von

Ihnen geäußerten Wunsch, meine Kompositionen herauszubringen. Ich meinerseits würde mich sehr freuen, einen Verleger in Rußland zu haben und zu Ihrer Firma zurückzukehren, die vor 14 Jahren meine ersten Werke gedruckt hat. Ich sende Ihnen eine Liste der Stücke, die fertig oder fast fertig sind und herausgebracht werden könnten, sowie der Honorare, die ich dafür zu erhalten wünschte.
Es folgt die Aufstellung von beidem. Schreiben Sie mir, liebe Maria Solomonowna, was Sie von diesem Brief halten. Ihr langer, lieber Brief erfreute und interessierte Tanja und mich sehr. Nur schade, daß Sie uns nicht, wie versprochen, Meinungen verschiedener Leute über verschiedene Stücke mitgeteilt haben.[2] Sie brauchen nicht zu fürchten, daß Sie uns damit Kummer bereiten – das alles ist nur amüsant, nicht mehr. Tanja wird Ihnen sehr bald schreiben; die Ärmste war schon wieder krank und lag sogar einen ganzen Tag im Bett. Heute ist sie endlich wieder ganz fröhlich, wahrscheinlich weil wir den ersten Frühlingstag haben. Ganz zauberhaft wird es hier in etwa zwei Wochen aussehen; zu schade, daß Sie nicht bei uns sind. Können Sie wirklich im Sommer nicht kommen? Bis dahin wird vielleicht schon etwas organisiert sein. Ich habe einige Visiten bei Professoren des Genfer Konservatoriums gemacht und bin von ihnen sehr freundlich empfangen worden. Es sind – größtenteils – Deutsche, einige, zum Beispiel Herr Schulz, sehr gebildete Menschen, die sich für Philosophie interessieren und die philosophische Literatur gut kennen. Ich weiß noch nicht, wie es weitergeht, aber zunächst einmal zeigen sie großes Interesse für mein Unternehmen. Heute will ich meine Visitentournee fortsetzen, und demnächst muß ich sie mit Tanja wiederholen, da alle Professorenfrauen sie sehr gern kennenlernen möchten. – Wir haben auch eine große Dummheit fertiggebracht und sind hier in der Oper gewesen, es gab „Louise“[3]. Über die bemerkenswerte Aufführung wird Tanja Ihnen selber ausführlich schreiben. – Jetzt muß ich mich aber beeilen. Nochmals vielen herzlichen Dank, liebe Maria Solomonowna. Ich bitte Sie, Roman Ossipowitsch einen herzlichen Gruß von uns zu bestellen und die Versicherung meiner aufrichtigen und unwandelbaren Ergebenheit entgegenzunehmen.

A. Skrjabin

1 Die Empfängerin war Skrjabin nach seinem Bruch mit dem Verlag Belaieff behilflich, einen neuen Verleger zu finden. Sie hatte sich an Boris Jürgenson gewandt, der ihr sein prinzipielles Interesse geäußert, aber um einen Vorschlag vom Komponisten persönlich gebeten hatte.
2 Maria Nemenowa-Lunz hatte Skrjabin in ihren Briefen Äußerungen von Moskauer Musikern über ihn als Musiker und Mensch mitgeteilt.
3 Oper von Gustave Charpentier.

## 187. An Margarita Morosowa

Genève, [2./15. März 1906]
2, Chemin de la Fontaine, Servette

Liebe Margarita Kyrillowna
Ich schreibe Ihnen nur ein paar Worte, um Ihnen für die Freundlichkeit und Güte zu danken.[1] Sie haben mich aus ganz großen Unannehmlichkeiten und sehr gedrückter Stimmung, in die ich in der letzten Zeit versunken war, erlöst. Ich will diese Monate zur energischen Suche nach einem Verleger benutzen und hoffe, etwas zu arrangieren. Ich bin schon mit mehreren in Verhandlungen, habe aber noch keine Antwort.[2] Bitte, liebe Margarita Kyrillowna, senden Sie mir *so bald wie möglich* die Kritik von Lalo über die 3. Sinfonie. Seien Sie so lieb und vergessen Sie es nicht, ich brauche sie sehr nötig. Ist sie wirklich abhanden gekommen? Und haben Sie noch nicht die Nummer der „Illustration", in der mein Poem für Klavier und meine Biographie steht?[3] Wenn ja, dann schreiben Sie mir bitte, welches Heft das ist. Sehen Sie, ich habe mich nie im Leben mit dem Sammeln von Kritiken befaßt. Das ist hoffentlich nur eine vorübergehende Schwäche. Bald habe ich den Text zum „Poème Orgiaque"[4] fertig. Ich will ihn hier als gesonderte kleine Ausgabe drucken lassen.[5] Die Kosten sind nicht der Rede wert. Ich schicke ihn Ihnen dann sofort.
Entschuldigen Sie, meine Teure, daß ich Ihnen lästig werde und Ihre Freundschaft so ausnutze. Ich werde mich später für alles erkenntlich zeigen. Aber die Sinfonie wollte immerhin jemand nicht hören!! Das werde ich Ihnen nie vergessen![6] Auf Wiedersehen, liebe Margarita Kyrillowna!

Nochmals danke ich Ihnen vielmals herzlich und bitte Sie, an meine unwandelbare Freundschaft zu glauben.

A. Skrjabin

Tanja bittet, Sie zu grüßen.
Schreiben Sie, wo Sie im Sommer sein werden.
Tanja beendet gerade einen Brief an Sie. Übrigens muß man an sie schreiben: à M-me Scriabine; anders ist es hier in der Schweiz undenkbar. Ein andermal schreibe ich Ihnen ausführlich, wie es uns geht. Diesen Brief will ich schnell abschicken. Ich habe ohnehin schon Ihre Aufmerksamkeit mißbraucht. Dann schreibe ich Ihnen auch ausführlich über meinen Bruch mit dem Verlag Belaieff. Das war natürlich auch ein Grund für meine schlechte Stimmung. Ich bitte Sie, vorläufig *niemand* etwas davon zu sagen.[7]

1 Das heißt für die Sendung der fälligen „Rente".
2 Zu dieser Zeit stand Skrjabin nur mit Jürgenson in Verhandlung, siehe Brief 185. Etwas später verhandelte er erfolglos mit der Moskauer Musikalienhandlung Eberg und dem bekannten Verlag Julius Heinrich Zimmermann in Moskau und Petersburg.
3 Siehe Brief 170, Anm. 2.*
4 Ursprünglicher Titel des *Poème de l'Extase.*
5 Die Dichtung *Poem der Ekstase (Le Poème de l'Extase)* erschien im Mai 1906 in russischer Sprache in Genf im Selbstverlag.
6 Skrjabin erinnert daran, daß seine Gönnerin im Vorjahr nicht zur Uraufführung seiner *3. Sinfonie* nach Paris gekommen war.
7 In dieser Zeit, als Skrjabin in großen finanziellen Schwierigkeiten steckte, bekam er vom Kuratorium auch noch eine Mahnung, 200 Rubel an Lew Conus für die Anfertigung des Klavierauszuges der *3. Sinfonie* zu zahlen, was seine Stimmung nicht verbesserte.

## 188. An Wladimir Stassow

Genève, (7.) 20. März 1906
2, Chemin de la Fontaine, Servette

Sehr geehrter Wladimir Wassiljewitsch
Ich bin Ihnen unendlich dankbar für Ihren so liebenswürdigen Brief sowie für Ihre darin zum Ausdruck kommende Anteilnahme am Erfolg meiner 3. Sinfonie.[1] Ich war sehr gerührt, daß Sie so gut waren, sich die Mühe zu machen, die

Rezensionen auszuschneiden und mir zu schicken; Sie waren der Bote meines ersten offenkundigen Erfolges in Petersburg. Den Zeitungsstimmen nach zu urteilen, hat Felix Michailowitsch die Sinfonie sehr gut gemacht, was bei zwei Proben etwas heißen will. Ich finde es sehr schade, daß in den Programmen nicht der Text stand; ich konnte ihn nicht schicken, da ich nicht rechtzeitig informiert war, daß die Sinfonie zur Aufführung vorgesehen war.
Ich denke auch sehr oft, sehr geehrter Wladimir Wassiljewitsch, an unsere schönen Begegnungen und hoffe, daß diese Augenblicke sich noch öfter wiederholen. Nehmen Sie nochmals meinen aufrichtigen Dank und die Versicherung meiner tiefen und unwandelbaren Ergebenheit entgegen.

A. Skrjabin

1 Gemeint ist die russische Erstaufführung in Petersburg in einem „Russischen Sinfoniekonzert" am 23. Februar 1906 unter Leitung von Felix Blumenfeld. Sowohl das Publikum als auch die Kritik waren über das Werk geteilter Meinung. Stassow schrieb am 28. Februar an Skrjabin einen Brief, in dem er sich begeistert äußerte und auf den Skrjabin hier antwortet. Wir drucken diesen Brief Stassows unter den Dokumenten im vorliegenden Buch ab.*

## 189. An Felix Blumenfeld

Genève, [vor dem 15./28. März 1906]
2, Chemin de la Fontaine, Servette

Lieber Felix Michailowitsch
Sei aufrichtig und herzlich bedankt für die schöne Aufführung meiner Sinfonie, über die ich in mehreren Zeitungen sowie in Briefen einiger Freunde las. Du hast ein Wunder vollbracht, indem Du sie mit nur zwei Proben aufgeführt hast. Es ist fast unwahrscheinlich. Sehr schade, daß ich nicht beizeiten wußte, daß Du sie spielen willst; ich hätte Dir den erläuternden Text geschickt.[1] Du weißt sicher, daß die Sinfonie ein philosophisches Programm hat. Wie geht es Dir, lieber Felix Michailowitsch, was machst Du so? Schade, daß eine so riesige Entfernung uns trennt und daß es für mich zur Zeit schwierig ist, bei Euch in Petersburg zu weilen. Du lebst aber nicht so weit weg von mir wie ich von Dir, denn die Schweiz liegt für jeden, der sich erholen und

im Sommer eine Reise machen will, am Wege. Und Du hast schließlich Erholung nötig, da Du wahrscheinlich Deine Lebensweise nicht geändert hast und maßlos zu tun hast. Solltest Du Dich tatsächlich entschließen, durch Europa zu spazieren, so würdest Du *natürlich* an meiner bescheidenen Behausung nicht vorübergehen; Du würdest mir damit ein unendliches Vergnügen bereiten. Nochmals danke ich Dir aufrichtig und drücke Dir fest die Hand. Stets Dein ergebener

A. Skrjabin

1 Im Programm zur Pariser Uraufführung war ein den Inhalt erläuternder Text abgedruckt.

## 190. An Margarita Morosowa

Genève, [22. März/4. April 1906]
2, Chemin de la Fontaine, Servette

Liebe Margarita Kyrillowna

Heute ist der Tag der Eifersucht und der Vorwürfe! Ihr Freund hatte Sie gebeten, ihm unverzüglich die Adresse von Metzel mitzuteilen; Sie wissen, in welch prekäre Lage dieser Ihr Freund geraten ist, da er keinen Verleger hat, und Sie haben bis heute seine kleine Bitte nicht erfüllt. Sie schrieben mir, Sie wünschten, daß ich mir Bedingungen schaffen kann, die der Verwirklichung meines Vorhabens förderlich sind. Der einzige Weg, eine wenn auch nicht gerade glänzende, so doch leidlich gute Atmosphäre für mein Wirken zu schaffen, ist der, einen guten Verleger zu suchen, ohne den ich auch keine Konzerte veranstalten kann, da das in der ersten Zeit einen großen Kostenaufwand verlangt. Daran haben Sie sicher nicht gedacht, liebe Margarita Kyrillowna, sonst hätten Sie sich nicht so verhalten können. Heute will auch ich offen und grausam sein wie Sie mit mir. Es geht nun schon mehrere Monate, daß ich meinen Platz nicht finde und nicht nur mein Hauptwerk nicht weiterschreiben kann, sondern überhaupt nicht das Geringste arbeiten kann. Ich setze mich am frühen Morgen an das Komponieren kleiner Stücke; die Arbeit kommt nicht vom Fleck, die Gedanken wandern hin und her und kehren immer wieder zu dem einen zurück, nämlich der überaus bedrückenden Perspektive der allernächsten Bedürfnisse. Ich weiß, daß ich irgendwann einmal alles haben werde. Diese Zeit kommt, und schon wagt es kein Zeitungskritiker mehr, mich nicht anzuerkennen. Aber im Moment wird mir davon nicht besser. Übrigens, um weiter von meinen Erfolgen zu reden: Da haben Sie mir von Wera Iwanownas Konzert[1] geschrieben, das, ungeachtet vielleicht einer gewissen propagandistischen Bedeutung, unter den augenblicklichen Umständen (das heißt ohne die Scheidung) nur ein öffentlicher Skandal für Tanja und mich und für die ganze Familie Schloezer ist; denn das *mindeste*, was wir verlangen können, ist, daß Wera sich *nicht affichieren* läßt als meine *Frau*. Meine Kompositionen spielen kann sie auch ohne dies. Wahrhaftig, wäre ich nicht von Ihrer Freundschaft so überzeugt, müßte ich denken, Sie machen sich über mich lustig, indem Sie eine derartige Anteilnahme an diesem Unternehmen bekunden. Auf den armen Fjodor Juljewitsch, der ohnehin krank ist, wirkte das Konzert endgültig niederschmetternd, und er ist sehr gefährlich erkrankt. Man muß schon den Egoismus und die Herzlosigkeit von Wera haben, um das nicht zu begreifen. – Doch Sie haben mir nichts über ein anderes, für meine Zukunft wirklich wichtiges Ereignis geschrieben, nämlich über die Aufführung und den riesigen Erfolg meiner 3. Sinfonie in Petersburg.[2] Ich sende Ihnen eine Kritik mit, wie es dergleichen in Rußland über meine Werke noch nicht gegeben hat. Offen gesagt, ich hatte angenommen (oh, wie naiv und selbstgefällig!), Sie würden von dieser zweiten Gelegenheit, „le Divin Poème" zu hören,[3] Gebrauch machen; ich war mir dessen sogar sicher! Als sich herausstellte, daß nicht Sie der Bote dieser wirklichen Freude sind, war ich ein wenig gekränkt und verdächtigte Sie der Gleichgültigkeit gegenüber meinem Schaffen. Es wird die Zeit kommen, liebe Margarita Kyrillowna, da jeder Mensch (nicht Freund), um eine einzige Pause aus meinen Schöpfungen zu hören, von einem Pol zum anderen eilen wird, während jetzt leider, um mein bestes Werk vollständig zu hören, selbst ein mir so nahestehender Mensch wie Sie nicht in einem komfortablen Coupé erster Klasse übernachten kann. Wie kränkend! Aber da ist nichts zu machen, Liebe läßt sich nicht erzwingen! – Und nun, liebe Margarita Kyrillowna, nachdem ich Ihnen einen Haufen unangenehme Dinge gesagt und Sie gegen mich aufgebracht habe, komme ich mit einer Bitte. Zahlen Sie mir bitte die für mich festgesetzte Rente im voraus, das heißt, anstatt das Geld am 1. Juli zu schicken, schicken Sie es mir jetzt und sogar möglichst bald, da der Zahlungstermin näherkommt und mir alle möglichen Unannehmlichkeiten drohen; Sie wissen doch, was ein Schweizer proprietaire[4] ist! Es geht alles in Ordnung, wenn Sie mir nächstesmal die Rente am 1. Dezember schicken, das heißt zur gewohnten Zeit.[5] Es ist mir maßlos peinlich und schmerzhaft, Sie darum zu bitten, aber da ich im Moment keinen Verleger habe, bin ich in einer völlig ausweglosen Lage. Entschuldigen Sie, meine Teure, und empfangen Sie die Versicherung meiner vollkommenen Freundschaft.

A. Skrjabin

P. S. Tanja bittet, Sie zu grüßen.

1 Am 2. März 1906 gab Wera Skrjabina im Kleinen Saal des Moskauer Konservatoriums ihr erstes Solokonzert. Das Programm enthielt nur Werke von Skrjabin und zeigte seine Entwicklung von der Jugend bis 1903. Ein Kritiker nannte Wera in einer positiven Rezension „eine einmalige Interpretin der Kompositionen ihres Gatten".
2 Siehe Brief 188, Anm. 1.
3 Die erste Gelegenheit war die Uraufführung 1905 in Paris unter Nikisch.
4 Propriétaire: Eigentümer, Hausbesitzer (franz.).
5 Am 2./15. September 1906 mußte Skrjabin seiner Gönnerin von vielen Schulden berichten und sie erneut bitten, die nächste Zahlung vorzuverlegen („Briefe", S. 429).*

## 191. An Margarita Morosowa

Genève, [18. April/1. Mai 1906]
2, Chemin de la Fontaine, Servette

Liebe Margarita Kyrillowna
Ich freue mich unendlich, daß meine Vermutungen bezüglich Ihrer Gleichgültigkeit gegenüber meinem Schaffen sich als falsch erwiesen haben, und bitte Sie tausendmal um Entschuldigung für die ungerechten Vorwürfe. Sie wissen, wie mißtrauisch ich bin, und werden deshalb mein eifersüchti-

ges Verhalten verstehen und mir verzeihen. Zu meiner Reise nach Rußland: Ist Ihnen wirklich nicht klar, daß ich gerade jetzt nicht dort sein darf? Die *politische* Revolution in Rußland in ihrer gegenwärtigen Phase und die Umwälzung, die ich möchte, sind verschiedene Dinge, obwohl diese Revolution natürlich, wie jede Gärung, das Eintreten des erwünschten Augenblicks näherbringt. Wenn ich das Wort *Umwälzung* gebrauche, so ist das falsch. Ich will nicht die *Verwirklichung von irgend etwas,* sondern die unbegrenzte Steigerung der schöpferischen Aktivität, die durch meine Kunst bewirkt werden soll. Das heißt, zunächst muß mein Hauptwerk fertiggestellt sein.[1] Überhaupt, liebe Margarita Kyrillowna, habe ich auch die praktische Seite meiner Sache gründlich durchdacht. *Mein* Augenblick ist noch nicht gekommen. Aber er naht sich. Der Festtag wird stattfinden! Bald! Ich schrieb Ihnen schon, daß ich den Text zum „Poème Orgiaque"[2] fertig habe und hier drucken lassen will, da ich mich fürchte, das Manuskript nach Rußland zu schikken, denn zur Zeit gehen alle Augenblicke Briefe und Kreuzbandsendungen verloren. Übrigens ist es gar keine große Sache, etwa 10 Seiten, und das Herausbringen kostet nur ein paar Franken. Auf Wiedersehen, liebe Margarita Kyrillowna! Mit Ungeduld erwarte ich einen Brief und die Kritik, falls sie nicht abhanden gekommen ist, und einstweilen bitte ich Sie, die Versicherung meiner aufrichtigen und unwandelbaren Freundschaft entgegenzunehmen.

A. Skrjabin

Haben Sie meinen *eingeschriebenen* Brief, den ich nach Empfang des Geldes abgeschickt habe, erhalten? Nochmals danke ich Ihnen herzlichst.

1 Vermutlich ist hier das Projekt des *Mysteriums* gemeint.
2 Ursprünglicher Titel des *Poème de l'Extase.*

## 192. An Sinaïda Monighetti

Genève, [27. April/10. Mai 1906]
2, Chemin de la Fontaine, Servette

Liebe Sinaïda Iwanowna
Ich bedauere es unendlich, daß Sie mich mit Ihrem letzten Brief der Möglichkeit berauben, Ihnen auf die Sachfragen, so wichtig sie für mich im Moment auch sind, zu antworten.[1] Empfangen Sie meinen Dank für den Wunsch, mir zu helfen, und die Versicherung meiner vollkommenen Hochachtung. Meine Ehrerbietung an Jelisaweta Alexejewna und Olga Iwanowna.

A. Skrjabin

1 Diesem Brief war am 28. März/10. April ein anderer, langer vorausgegangen („Briefe", S. 420ff.), in dem Skrjabin unter anderem seiner Jugendfreundin ähnliche Vorwürfe in bezug auf seine erste Frau wie im Brief 190 macht. Die Familie Monighetti pflegte mit Wera Skrjabina freundschaftlichen Umgang und sah in der Trennung von ihr einen Fehler, den es rückgängig zu machen galt. Die im Brief erwähnten „Sachfragen" betrafen offenbar außer finanzieller Hilfe und der Gewinnung eines Verlegers auch die Aufführung von Werken Skrjabins in Rußland.*

## 193. An Ljubow Skrjabina

Genève, [nach dem 17./30. Mai 1906][1]
2, Chemin de la Fontaine, Servette

Liebe Tante
Hast Du meine Postkarte erhalten? Ich danke Dir nochmals herzlichst für Deine Güte und die liebevolle Sorge um mich. Natürlich werde ich alles, was ich kann, tun, um Dir meine Schulden so bald als möglich zurückzuzahlen.[2] Mach Dir keine Sorgen um mich, liebe Tante, und denk nicht mehr an die aufgeregten Worte, die in einem Moment gesagt wurden, der für mich wirklich unangenehm war. Jetzt ist meine Stimmung schon viel besser, und ich hoffe, daß die Konzerte, die ich im Herbst vorhabe, mir die Möglichkeit geben, meine materielle Lage in Ordnung zu bringen.[3] Überhaupt habe ich für die Zukunft keine Bedenken, und das gibt mir Kraft, die nicht ganz erfreuliche Gegenwart zu

ertragen. Im Winter hoffe ich in Paris Orchesterkonzerte zu veranstalten, in denen die Sinfonien und Ausschnitte aus meinem letzten Werk gespielt werden.[4] Ich sende Dir den Text des „Poems der Ekstase". Auf Wiedersehen, meine liebe Tante! Bestelle bitte den Großmüttern einen herzlichen Gruß von mir, und küsse sie recht herzlich. Dich umarme ich ganz fest, wie ich Dich lieb habe.

Sascha

Tanja läßt Dich vielmals grüßen. Ariadnotschka ist gesund.

1 Erscheinungsdatum der Dichtung *Poem der Ekstase.*
2 Skrjabins finanzielle Lage war zu dieser Zeit so schlecht, daß er sogar seine Tante um Hilfe bat, obwohl er wußte, daß sie mittellos war.
3 Ursprünglich plante Skrjabin Konzerte in Europa, vor allem in Paris. Er sagte sie ab, als er von Modest Altschuler die Einladung zur Amerika-Tournee erhielt (siehe Brief 197). Trotz aller Bemühungen – auch mit dieser Tournee – gelang es ihm nicht, sich von den ständigen Existenzsorgen zu befreien.
4 Dazu kam es nicht.

## 194. An Margarita Morosowa

Genève, [27. August/9. September 1906]
2, Chemin de la Fontaine, Servette

Liebe Margarita Kyrillowna
Endlich, nach viermonatigem Schweigen, haben Sie sich an meine Existenz erinnert. Ich hatte schon angenommen, Sie wollten alle Verbindungen zu uns abbrechen. Jetzt wird mir alles klar: Die Ereignisse in Rußland haben meine bescheidene Gestalt in den Hintergrund gedrängt. Was willst du denn, Saschenka, sitz still und mucks dich nicht! Ich will mich nun aber nicht rächen und – obgleich alle meine Fragen und Bitten eine Stimme des Rufers in der Wüste geblieben sind – der Reihe nach alle Fragen, die Sie stellen, beantworten. Also, erstens, ich freue mich sehr, daß mein Büchlein[1] gefallen hat, und zwar um so mehr, als darin in großen Zügen meine Weltanschauung niedergelegt ist. Nur schade, daß ich es ohne Kommentare herausgebracht habe,

sie sind für das volle Verständnis eigentlich notwendig. – Mit meinem großen Werk geht es voran, soweit das in meiner jetzigen Lage möglich ist. Und diese Lage ist schlimm. Es ist immer dasselbe! Immer noch habe ich keinen Verleger! Immer noch keine Mittel. Es fällt mir sehr schwer, dies Ihnen zu sagen, die Sie mich finanziell unterstützen; aber Sie verstehen, liebe Margarita Kyrillowna, daß das für meine Existenz ohne einen Verleger nicht reicht, und außerdem bedrückt es mich sehr, ständig etwas von Ihnen anzunehmen. Das war auch der Grund, weshalb ich Sie, als Sie in Bogliasco waren, bat, etwas zu tun, was mir die Möglichkeit verschafft, mein Geld selbst zu verdienen. Ich habe dazu alle Mittel und brauche sie nur einzusetzen, das heißt, ich brauche einen Verleger und einen Impresario. Mein Ruf hat sich schon so verbreitet, daß ich damit sehr viel anfangen kann. Wäre ich nicht dank Wera Iwanowna in einer so schiefen familiären Lage, dann wäre ich schon längst auf dem Wege und könnte mich mit der Verbreitung meiner Ideen befassen. So aber gehen meine Kräfte für ich weiß nicht was drauf. Seien Sie so lieb und sprechen Sie mit jedem, bei dem es angebracht ist, über eine Regelung meiner Angelegenheiten, damit können Sie mir wirklich einen freundschaftlichen Dienst erweisen. Vielleicht kauft irgendein wohlhabender Mensch mir noch unveröffentlichte Kompositionen ab, er würde übrigens auch für sich ein Geschäft dabei machen. Wenn ich nur eine ganze Serie von Konzerten geben könnte (nicht nur eines, wie ich es in Paris getan habe), dann wäre schon alles gut, da bin ich ganz sicher. Meine Technik ist zur Zeit glänzend, da ich den Sommer über jeden Tag geübt habe. Im Juli gab ich ein Konzert in Genf[2] mit riesigem Erfolg und einem Ertrag von … 70 Franken!! Im Oktober will ich auf Anraten hiesiger Musiker noch ein Konzert in einem großen Saal geben, falls ich die Möglichkeit dazu habe.[3] Alle sagen, wenn ich schon im Sommer, wo alle Genfer in ihren Sommerhäusern sind, diesen Reinertrag erzielen konnte, kann ich während der Saison mit einem vollen Erfolg rechnen. Die Genfer Zeitungen sind des Lobes über mich voll. – Damit wissen Sie nun alle Einzelheiten. Entschuldigen Sie, wenn es Ihnen unangenehm war, das alles zu hören, aber Sie baten darum, Ihnen über alles zu berichten, und zur Zeit ist dies für mich die brennendste Frage. Auf Wiedersehen, liebe Margarita Kyrillowna! Schreiben Sie mir recht bald und recht viel, wie es Ihnen geht, was Ihre Kinder machen und ob Semjon Nikolajewitsch immer noch bei Ihnen ist. Wie geht es Jelena Kyrillowna, und wo ist sie? Empfangen Sie die Versicherung aufrichtiger Freundschaft von Ihrem ergebenen

A. Skrjabin

Tanja ist wirklich verwundert, daß Sie ihr nicht schreiben. Sie läßt Sie grüßen.

1 Die Dichtung *Poem der Ekstase.*

2 Skrjabin gab am 30. Juni 1906 einen Klavierabend im Saal des Genfer Konservatoriums. Aus einem Brief von Tatjana de Schloezer geht hervor, daß dieses Konzert unter Mitwirkung von Georgi Plechanow und dessen Frau organisiert worden war und daß ein Teil des Ertrages der „Befreiungsbewegung", das heißt russischen politischen Emigranten, zur Verfügung gestellt wurde. Skrjabin erhielt viel Beifall, doch waren die äußeren Umstände ungünstig (Saisonschluß und große sommerliche Hitze).

3 Das zweite Konzert fand infolge des Weggangs Skrjabins von Genf (siehe Brief 195, Anm. 2) nicht statt.

## 195. An Margarita Morosowa

Genève, [vor dem 29. September/12. Oktober 1906]
2, Chemin de la Fontaine, Servette

Liebe Margarita Kyrillowna
Seien Sie herzlichst bedankt für die so schnelle Hilfe.[1] Man kann nicht alles beschreiben, aber irgendwann einmal erzähle ich Ihnen, von welchen Unannehmlichkeiten Sie mich erlöst haben. Sie sind sehr, sehr freundlich, und ich kann Ihnen gar nicht sagen, wie dankbar ich Ihnen bin. Wir bereiten uns jetzt auf die Abreise nach Amsterdam vor,[2] wo wir unser Töchterchen zu Tanjas Tante bringen, und von da aus fange ich dann an, Konzerte zu geben. In Genf läßt sich ein Konzert nicht vor November arrangieren. Ich übe viel und bin mit meiner Technik sehr zufrieden, sie war nie so glänzend. Nur schade, daß man doch für die Aufrechterhaltung seiner Klaviertechnik ziemlich viel Zeit aufbringen muß; nun ja, das macht nichts, wenn es mir wenigstens

Glück bringt. Ich warte auf einen Brief von Ihnen, in dem Sie mir schreiben, wo Sie sind und wie es Ihnen geht. Werden Sie diesen Winter im Ausland sein, und wo? Ich werde Sie au courant[3] halten, wo wir zu finden sind und was wir machen.

Auf Wiedersehen, liebe Margarita Kyrillowna! Lassen Sie sich nochmals herzlich danken und alles Gute wünschen.

Ihr aufrichtig ergebener

A. Skrjabin

1 Gemeint ist die vorfristige, eigentlich erst am 1. Dezember fällige Übersendung der „Rente" (siehe Brief 190, Anm. 5).

2 Als einen Grund für das Vorhaben, Genf zu verlassen, schrieb Skrjabin am 2./15. September 1906 an Margarita Morosowa: „... unsere Lage ist hier sehr schwierig geworden, da einige Musiker Gerüchte in Umlauf gesetzt haben, daß wir nicht verheiratet sind. Und Sie kennen ja die Schweizer Sitten!" („Briefe", S. 429.)*

3 Auf dem laufenden (franz.).*

## 196. An das Kuratorium

Amsterdam, [29. September/12. Oktober 1906]

145, van Bree Straat, chez M-me Boty

Geehrte Herren, Nikolai Andrejewitsch, Anatoli Konstantinowitsch und Alexander Konstantinowitsch

Ich sende Ihnen vier Kompositionen für Klavier[1] und setze Sie ferner davon in Kenntnis, daß in einigen Wochen mein großes Poem für Orchester druckfertig sein wird.[2]

Ich bitte Sie, meinen Dank und die Versicherung meiner vollkommenen Hochachtung entgegenzunehmen.[3]

A. Skrjabin

1 Op. 51.

2 Die Partitur des *Poème de l'Extase* sandte Skrjabin erst am 20. November/3. Dezember 1907 an den Verlag Belaieff nach Leipzig ab.

3 Mit diesem und einem am gleichen Tag an Ljadow gesandten längeren persönlichen Brief stellte Skrjabin die Verbindung zum Verlag Belaieff zunächst wieder her. Er ging damit auf zwei entsprechende Briefe aus Petersburg, von Ljadow und vom Kuratorium, vom 18. September/1. Oktober 1906 ein, mit denen ihm die Wiederaufnahme der Verlegertätigkeit für seine Werke ange-

boten wurde. Ljadow hatte ihm in sehr herzlichem Ton geschrieben, er sei immer als ein ganz naher Freund angesehen worden und das seinerzeit strittige Honorar sei wegen Geldknappheit des Verlages so niedrig angesetzt gewesen. Skrjabin antwortete verständlicherweise hocherfreut und versicherte, wenn man ihm etwas von den finanziellen Problemen des Verlages gesagt hätte, wäre er wegen des geringen Honorars nicht beleidigt gewesen („Briefe", S. 430ff.).*

## 197. An Modest Altschuler

Bruxelles, [Oktober 1906]
45, rue de la Longue-Haie, Pension Weeckers

Soeben erhielt ich Deinen freundlichen Brief, lieber Freund, und war sehr gerührt von Deiner Sorge um meinen Erfolg in Amerika.[1] Sie vielmals bedankt. Ich werde gleich ein Telegramm an Deinen Bruder schicken, daß er nach eigenem Ermessen handeln kann, denn ich bin ganz sicher, daß er tun wird, was er kann, um meine Interessen zu wahren. Ich möchte nur ein paar Fragen klären. Erstens, zu meiner Mitwirkung an einem Kammermusikkonzert. Ich kann mich daran nur mit einer Sonate von mir beteiligen, da ich nichts für Kammermusikensemble komponiert habe und andere Komponisten nie spiele. Zweitens, ich brauche natürlich keine Honorare zu nehmen, die mich kompromittieren könnten, aber Du verstehst schon. Drittens. Ich möchte, daß meine Konzerte nach Möglichkeit kurz nacheinander stattfinden, damit ich nicht so lange in Amerika zu bleiben brauche. – Die Porträts sind bestellt, aber noch nicht fertig; auf jeden Fall kommen sie bald. Die Rezensionen habe ich zu meinem größten Bedauern an verschiedene Konzertdirektionen verschickt (in Paris, Amsterdam und Deutschland). Die, die ich habe, schicke ich Dir, die meisten sind russisch, müssen also übersetzt werden. Vielleicht kann ich die Nummer der „Illustration" (Paris) beschaffen, in der mein Lebenslauf und eins meiner kleineren Poeme für Klavier steht.[2] Es gibt auch deutsche Rezensionen, ich weiß nicht, ob Du sie gebrauchen kannst. Sei nochmals bedankt und der aufrichtigen Ergebenheit versichert. Bestelle bitte einen ganz herzlichen Gruß an Deinen Bruder, an den ich mich natürlich gut erinnern kann.

Dein A. Skrjabin

Ich habe nicht verstanden, ob ich Dir Partitur *und Stimmen* schicken soll oder nur die Partitur.[3] Für alle Fälle gebe ich Dir die Adresse meines Verlegers, bei dem Du alle meine Kompositionen bestellen kannst (*ohne Kostenaufwand:* das geht wohl über jede Musikalienhandlung). Hier jedenfalls hat Breitkopf in Zusammenhang mit meinem Konzert alle meine Stücke bestellt. Ich kann mich übrigens auch selbst um die Beschaffung des Materials, das Du brauchst, kümmern. Schreib mir nur, welche *Besetzung* der *Streicher* Du brauchst.
Die Adresse des Verlegers: M. P. Belaieff. Leipzig, Allemagne.
Gib recht bald Antwort.

1 Altschuler hatte Skrjabin eingeladen, in einem Konzert des New-Yorker Russischen Sinfonieorchesters mitzuwirken, und ihm Unterstützung bei der Organisierung einer Konzerttournee durch amerikanische Städte zugesagt.
2 Siehe Brief 170, Anm. 2.
3 Vermutlich ist das *Klavierkonzert* op. 20 gemeint, das Skrjabin in seinem ersten Konzert in Amerika (New York, 20. Dezember 1906) spielte.

## 198. An Anatoli Ljadow

Bruxelles, [vor dem 23. Oktober/5. November 1906]
45, rue de la Longue Haie, Pension Weeckers

Lieber Anatoli Konstantinowitsch
Ich bin verzweifelt, daß ich Dich schon wieder mit einer Bitte belästigen muß. Du ahnst sicher schon, daß es ums Geld geht, das ich im Moment keineswegs für verachtungswürdig halte, denn ich brauche es dringend. In diesem Jahr sind meine Verhältnisse völlig aus den Fugen geraten, und ich habe zu einem verzweifelten Mittel gegriffen: einer Reise nach Amerika, wo ich schon ein Engagement habe. Es handelt sich jetzt nur darum, über den Ozean zu kommen und eine gewisse Summe für die erste Zeit dort zur Verfügung zu haben. Nun denke ich mir, daß Du vielleicht so gut sein könntest, mich darin zu unterstützen, daß man mir erstens das Honorar für die Stücke[1], die ich geschickt habe, zukommen läßt, ohne die erste Korrektur abzuwar-

ten, und zweitens einen kleinen Vorschuß von etwa 500 Rubel gibt. Ich stelle demnächst zwei kleinere Orchesterstücke[2] fertig, die hoffentlich diese Anleihe oder den größten Teil davon decken werden (auch das große Poem wird bald fertig[3]). Entschuldige bitte, lieber Anatoli Konstantinowitsch, daß ich vielleicht Deine Freundlichkeit mißbrauche, aber Du siehst, ich mache eine kritische Zeit durch. Irgendwann einmal erzähle ich Dir, wieviel Entsetzliches ich in diesem Jahr aus Mangel an Mitteln ausgestanden habe.
Ich sende Dir eine komische Reklame, die man in New York ohne mein Wissen gemacht hat.[4] Ich bitte Dich nochmals um Entschuldigung und umarme Dich fest.

Dein A. Skrjabin

P. S. Tu mir bitte den Gefallen, mir möglichst bald zu antworten.
Bestelle bitte Nikolai Andrejewitsch und Alexander Konstantinowitsch sowie allen Petersburger Freunden einen herzlichen Gruß von mir. Übrigens hat Felix Michailowitsch meinen Brief erhalten?[5] Etwa nicht?

1 *Vier Klavierstücke* op. 51.
2 Hier könnten zwei Stücke (Tänze) gemeint sein, die Skrjabin für Orchester geplant hatte (vgl. Anm. 2 zu Brief 185), aber dann als Klavierstücke herausbrachte.
3 Siehe Brief 196, Anm. 2.
4 Auf einem Werbezettel, mit dem das Konzert der New-Yorker „Russischen Sinfonie-Gesellschaft" am 20. Dezember 1906 angezeigt wurde, wurde Skrjabin als der „russische Chopin" bezeichnet.
5 Brief 189.

## 199. An das Kuratorium

[Brüssel,] (28. Oktober) 10. November 1906

Lieber Nikolai Andrejewitsch, lieber Anatoli Konstantinowitsch, lieber Alexander Konstantinowitsch
Ich war sehr glücklich zu erfahren, daß mir ein Preis für meine 3. Sinfonie verliehen wurde. Ich bitte Sie, meinen aufrichtigen Dank entgegenzunehmen für das liebenswür-

dige Angebot, ihn sowie das Honorar für meine Klavierstücke jetzt gleich zu übersenden; das befreit mich aus großen Verlegenheiten. Ich werde natürlich Ihren Wunsch erfüllen, über die Verleihung des Preises an mich Stillschweigen zu wahren.[1]

Ihr aufrichtig ergebener

A. Skrjabin

1 Skrjabins Brief an Ljadow (198) veranlaßte die Mitglieder des Kuratoriums, in Verletzung des Statuts Skrjabin nicht nur das Honorar für die Klavierstücke bereits vor der ersten Korrektur zu zahlen, sondern ihm auch die vorfristige Auszahlung des Glinka-Preises in Höhe von 1000 Rubel anzubieten. Das Kuratorium bat lediglich darum, über die vorfristige Auszahlung des Preises nichts verlauten zu lassen.

## 200. An Tatjana de Schloezer

Dampfer [→ New York],
(27.–28. November) 10. (–11.) decembre 1906

Tassinka, mein gutes Kind! Nun sind es nur noch 24 Stunden bis zur Neuen Welt! Die Zeit zieht sich in die Länge! Jede Stunde ist eine Ewigkeit. Die Gesellschaft auf dem Dampfer ist eine erlesene in Hinblick auf Liebenswürdigkeit und ... Dummheit. So etwas habe ich in meinem Leben noch nicht gesehen und gehört, weil ich noch nie in so nahe Berührung mit der „privilegierten" Klasse der satten Idioten gekommen bin. Die Gespräche sind natürlich ganz banal, man vermeidet es sorgfältig, Fragen aufzuwerfen, die irgendeine Beziehung zur Religion oder Philosophie haben. Über Kunst wird natürlich nichts als dummes Zeug geredet, und meistens wird sie nur mit Ausrufen abgetan. Es ist nur gut, daß es schaukelt und einem schlecht wird. Dieser Zustand ist immerhin angenehmer als der Umgang mit Degenerierten. Er ist ein Vorwand, um in die Kajüte zu gehen und das größere gegen das kleinere Übel einzutauschen. Ich bin natürlich sehr böse. Mir haben diese Leute nichts als größte Aufmerksamkeit und Liebenswürdigkeit erwiesen. An einem Abend spielte ich im Salon auf einem hervorragenden Steinway-Klavier und wurde danach das „Opfer" endloser Ovationen und Begeisterungsstürme. Jeder hielt

es für seine Pflicht, mir auf seine Art seine Bewunderung auszudrücken und mir einige Fragen „nach meinem Schaffen“ zu stellen. Dabei merkte ich, daß ein Erfolg nicht immer etwas Erfreuliches ist. Aber das hat nichts zu sagen. Möge es so während meines ganzen Aufenthaltes in der Neuen Welt sein, dann können wir uns hundertfach schadlos halten. Eigentlich ist alles, was um mich herum geschieht, dermaßen uninteressant, daß ich gar keine Lust habe, davon zu reden. – Es ist vorbei, weiter! Wenn wir uns doch recht bald, Tassinka, recht bald wiedersehen könnten. Halt Dich nur aufrecht, meine Kleine, Du brauchst nicht zu verzagen; entspanne Dich, sammle ein bißchen Kräfte, die Zeit vergeht, und schon sind wir wieder zusammen und fliegen wieder; wir fliegen doch?! Wenn man eine Reise macht, sieht man besonders deutlich, wie sehr das Einerlei des Alltags die Welt in einen grauen Schleier gehüllt hat. Wie sehne ich den Feiertag herbei!
Tassjuscha, es ist 10 Uhr abends, und wieder möchte ich vor der rauhen Wirklichkeit zu Dir fliehen. Nimm mich, Liebste, und beruhige mich, wiege mich ein. Wie schön, daß Du da bist! Sei immer da und liebe mich! Hüte unsere Liebe – sie ist der schönste Stern!
Ich verlasse Dich, Tassinka, und gehe jetzt, mein Köfferchen packen und bezahlen. Morgen früh um 9 Uhr sind wir schon beim amerikanischen Zoll, da muß alles bereit sein. Auf Wiedersehen, mein Engel! Gib Mamachen und den Tanten einen herzlichen Kuß. Was macht wohl Ariaschetschka?
Eben bin ich angekommen. Ich wurde von Altschuler und einem Amerikaner[1] abgeholt, und beide waren unendlich nett und freundlich. Ich will diesen Brief schnell abschikken. Mit größter Spannung erwarte ich Antwort auf das zweite Telegramm. Hast Du das erste erhalten?[2]
Schreib, wohin Du willst: entweder Steinway Hall oder *hierher*, die Adresse steht auf dem Umschlag.

1 J. E. Francke.
2 Skrjabin hatte Tatjana de Schloezer nach Amsterdam, wo sie in der ersten Zeit seiner Reise bei ihrer Tante wohnte, seine wohlbehaltene Ankunft in Amerika gemeldet und sich nach ihrem Befinden erkundigt.

## 201. An Tatjana de Schloezer

Mittwoch
[New York, 29. November/12. Dezember 1906]

Endlich bin ich ein wenig beruhigt: Eben wurde mir das Telegramm gebracht. Ein Briefchen von Dir ist heute aber noch nicht da! Ich habe solche Sehnsucht! Wie magst Du Dich führen? Bist Du ein kluges Kind? Sieh zu, daß Du mir recht oft schreibst! Wenn heute abend keine Post da ist, werde ich böse! – Ich bin hier in einem furchtbaren Durcheinander. Ich schrieb Dir schon, daß Altschuler mich zusammen mit einem Amerikaner abholte, der, wie sich dann herausstellte, mein Adjutant sein wird.[1] Er begleitet mich überallhin, gestern abend hat er mich sogar selbst zu Safonow gebracht und ist dort geblieben, um mich hinterher nach Hause zu bringen. Apropos Safonow. Er ist freundlich wie noch nie.[2] Er schlug mir selbst vor, das Klavierkonzert zu begleiten, wozu er Altschulers Platz beim Russischen Sinfonieorchester einnimmt[3] (er dirigiert sonst die Philharmonie). Falls das Klavierkonzert Erfolg hat, spiele ich es noch einmal im Sinfoniekonzert der Philharmonischen Gesellschaft. Wie Du siehst, läuft es bis jetzt nicht schlecht. Mich belagern Korrespondenten. Heute morgen waren schon zwei da. Sie stellen mir idiotische Fragen, wie: „Was halten Sie von der Oper“ oder „Hatte die Revolution Einfluß auf die russischen Komponisten“. Und vor allem: alle diese Dinge bringen sie so überraschend vor, sie springen ohne jede Logik von einem Thema zum nächsten. Ein bißchen ordentlicher war eine Korrespondentin, eine schon ältere Frau, die hier als Dichterin bekannt ist. Sie stellte gescheitere Fragen als die anderen und interessierte sich sehr für meine Philosophie. In den nächsten Tagen erscheint ein langer Artikel von ihr, in dem sie in groben Zügen über die 3. Sinfonie und das „Poème de l'Extase“ schreibt. Safonow sagte mir, man brauche die Amerikaner nicht zu fürchten, man könne sagen, was einem beliebt, wenn es nur nicht direkt und unverblümt ihr bürgerliches Wohlergehen angreift. Übrigens, Tassinka, wie weit sie in der Wahrung von Ruhe und Ordnung gehen: Stell Dir vor, Gorki wurde aus dem Hotel, in dem ich jetzt wohne, *ausgewiesen*!!! als man aus den Zeitungen erfuhr (seine russischen Freunde sorgten eifrig dafür), daß die Person, mit der er angereist kam, mit ihm nicht verheiratet ist!! Andere Hotels wollten ihn nicht aufnehmen! Du kannst Dir denken, wie es uns ergehen würde. Aber was für Sitten hier herrschen! Unglaublich! Altschuler sagt, wenn derselbe Gorki jeden Tag mehrere Kokotten mit auf sein Zimmer gebracht hätte und wenn *alle* davon gewußt hätten, wäre niemand auf den Gedanken gekommen, ihm etwas anzuhängen, so selbstverständlich findet man das hier. Dagegen gilt das ständige Zusammenleben mit einer geliebten Frau, ohne verheiratet zu sein, als Verbrechen. Aber, Tassjok, ich muß jetzt schnell los. Morgen berichte ich noch mehr. Ich küsse Dich, mein Kleinod, und liebe Dich wahnsinnig.

Mamachen und die Tanten küsse ich herzlich. Bestelle Francine und Morello einen herzlichen Gruß von mir und sag ihnen, daß ich bei der erstbesten Gelegenheit die Sache in Angriff nehme.[4]

Ich bringe jetzt die Partitur zu Safonow.[5]

Tassjunaja, wann bekomme ich endlich Deine Handschrift zu sehen?

Schreib mir von Mamachen.

1 Siehe Brief 200, Anm. 1.

2 Safonow hatte nach seinem Ausscheiden aus dem Moskauer Konservatorium das Angebot erhalten, das Orchester der New-Yorker Philharmonischen Gesellschaft zu leiten, und wirkte dort von 1906 bis 1909. Während Skrjabins Aufenthalt in New York bemühte er sich freundschaftlich um ihn und vermittelte ihm auf Grund seiner Autorität verschiedene musikalische Kontakte, was Skrjabin mit ihm aussöhnte (vgl. Brief 166, Anm. 4).

3 Siehe Brief 202, Anm. 1.

4 Was er für das Ehepaar Morello in Amerika erledigen sollte, ist nicht bekannt.

5 Offenbar ist die Partitur des *Klavierkonzertes* gemeint, das Safonow dirigieren sollte.

## 202. An Tatjana de Schloezer

[New York, 10./23. Dezember 1906]

Herzchen, ich verstehe selbst nicht, wie es gekommen ist, daß ich Dir zwei Tage nicht geschrieben habe. Es war so,

daß ich nach dem Konzert[1] mit Safonow und den Brüdern Altschuler in einem Restaurant fast bis zum Morgen zusammensaß, wir tranken tüchtig, und am nächsten Tag stand ich ganz zerschlagen nachmittags auf. Gleich schnappte man mich wieder und brachte mich irgendwohin. Ich bin ständig in verschiedenen Häusern und Klubs, ich weiß gar nicht, bei wem, manchmal weiß ich nicht einmal, wie die Gastgeber heißen. Immer sind es entweder Direktoren der Philharmonie und der Russischen Sinfonie-Gesellschaft oder Musiker oder einfach Leute, die mir nach Altschulers Meinung für künftige Konzerte von Nutzen sein können. Gestern schickte ich zwischen zwei Besuchen ein Telegramm[2] an Dich ab, und vor dem Mittagessen wollte ich Dir einen Brief schreiben, daraus wurde aber nichts, ich aß schließlich überhaupt nicht und ging halbtot vor Hunger zur Carnegie Hall zu einem Konzert der Philharmonie, zu dem ich von einem Direktor in seine Loge eingeladen worden war. Ich finde mich überhaupt nicht zurecht, und sobald ich mir selbst überlassen bin, komme ich mit Sicherheit irgendwo zu spät. Es ist einfach schlimm. Nun, Tassjuschenka, mein liebes Goldstück, im großen und ganzen läuft alles so einigermaßen. Ich weiß noch nicht, wie es weitergeht; außer dem Recital in New York[3] ist noch nichts Bestimmtes abzusehen, aber der Erfolg, den ich hatte (ein riesiger), ist nach Safonows und Altschulers Meinung Garantie für Engagements in der kommenden Zeit. Ich war zwar wahnsinnig aufgeregt, wie ich es noch nie war, spielte aber doch gut. Der Flügel soll phantastisch geklungen haben. Außer dem Konzert[4] spielte ich nach der Pause noch das Nocturne für die linke Hand, eine Mazurka und die dis-Moll-Etüde. Mein Herzchen, schon wieder werde ich gestört und ans Telefon gerufen. Ich will diesen Brief nicht länger liegenlassen und schreibe Dir morgen mehr.
Ich küsse alle herzlich.

1 Am 20. Dezember 1906 fand in der Carnegie Hall ein Sinfoniekonzert der Russischen Sinfonie-Gesellschaft in New York statt. Zwei Werke (von Glasunow und Rachmaninow) wurden von Modest Altschuler dirigiert. In der Mitte des Programms spielte Skrjabin sein *Klavierkonzert* unter Leitung von Safonow.
2 Es enthielt die kurze Mitteilung: „Grand succès" („Großer Erfolg") („Briefe", S. 447).*

3 Am 3. Januar 1907 gab Skrjabin in der Mendelssohn Hall in New York einen Klavierabend (ein zweiter folgte am 30. Januar*).
4 *Klavierkonzert* op. 20.*

## 203. An Tatjana de Schloezer

[New York, 15./28. Dezember 1906]

Mein Herzchen
So eine Schande muß ich erleben!! Auf solchem Papier zeigt Francke den Bürgern von New York mein Recital an.[1] Glaube aber nicht, daß diese Methode extra für mich erfunden wurde. Absolut alle machen es hier so, und niemand wundert sich darüber. Gerade erhielt ich Deine beiden Briefe auf einmal. Aber, Tassinka, sei doch ein bißchen vernünftig, denk daran, daß wir, je mehr ich hier verdiene, desto länger und sorgloser die Früchte dieser Reise genießen können. Beunruhige Dich nicht, mein lieber, einziger Schatz. Du mein Zauber, ich bewundere ehrfürchtig die Größe des Gefühls, das Du dem entgegenbringst, *der in mir ist.* Du glaubst an ihn! *Er* ist groß, auch wenn ich zuzeiten recht erbärmlich, klein, schwach und müde bin. Du kannst es mir verzeihen, weil Du ja weißt, daß Er in mir lebt. Ich bin noch *nicht Er,* doch bald werde ich *Er* werden! Gedulde Dich ein wenig, und glaube, glaube. Er wird mir gleich werden. Ich arbeite, ich bin schon stärker geworden. Aber Du mußt mir auch helfen. Werde stark!! Tassinka, meine Freude, Du Liebe, ich weiß nicht, wie ich Dich dazu bewegen soll, nichts Dummes anzustellen. Nimm schon Deinen lieben gesunden Menschenverstand zu Hilfe! Was ich zur Zeit tue, ist doch *notwendig,* damit wir beide sorgenfrei leben können! Die kurze Zeit fliegt schnell dahin, und schon werde ich wieder bei Dir sein, immer, immer! Wenn Du aber ständig in Unruhe bist, wirst Du noch herzkrank; so geht es doch nicht, Deine lieben Kräfte werden nicht reichen, mein Schätzchen. Nimm Dir irgend etwas vor, was Dich aber nicht anstrengt, such Dir Zerstreuung, geh ab und zu mit Mamachen aus, ich würde ja sagen, ins Theater, aber ich habe so wahnsinnige Angst, daß Du Dich erkältest, daß ich es Dir gar nicht raten möchte. Lieber zu Bekannten oder ins Museum. Lies etwas nicht zu Schwieriges, und

– um alles, was Dir teuer ist – *laß Dir nicht einfallen,* das „Poem der Ekstase" *zu übersetzen.*[2] Das würde Dich zugrunde richten. Nun auf Wiedersehen, mein Sternchen, es ist schon 2 Uhr. Heute abend waren Safonow und Altschulers bei mir zum Essen, und danach kam Francke und brachte dieses Papier. Es gibt auch Umschläge mit Bild, aber ich möchte an Dich so einen nicht schicken. Ich küsse Dich, mein Engel!
Küsse Mamachen und die Tanten herzlich. Einen ganz herzlichen Gruß an Morello und Francine. Altschuler hat die Leute, die er sprechen muß, noch nicht gesehen.
Wie nett von Morello, daß er Dich ein bißchen [zerstreuen?][3] will. Ich streichle zärtlich mein Töchterchen.
Gut, daß mir noch einfiel: Das „Poème de l'Extase" kann hier nicht vor März aufgeführt werden, unternimm *nichts*, ich wiederhole es noch einmal.
Bekommst Du alle meine Briefe?

1 Siehe Abb. 19. Die Noten unter dem Porträt stellen den Anfang des *Nocturnes* op. 9 Nr. 2 (für die linke Hand) dar. Diesen Briefbogen benutzte Francke zur Werbung für Skrjabins Klavierabend (siehe Brief 202, Anm. 3).
2 Die französische Prosaübersetzung der Dichtung *Poem der Ekstase* (ohne Orts- und Jahresangabe erschienen) stammt von Joseph Belleau. Eine Übersetzung von Tatjana de Schloezer ist nicht bekannt.
3 Das Wort ist im Original des Briefes unleserlich.

## 204. An Tatjana de Schloezer

Cincinnati [29. Dezember 1906/11. Januar 1907]

Tussiki
Nur zwei Worte, um Dir etwas Liebes zu tun, Du meine einzige Freude, und Dir zu sagen, daß ich gestern und heute hier kolossalen Erfolg hatte.[1] Van der Stucken sagte, so einen hätte hier noch nie jemand gehabt. Um so besser. Morgen bringe ich Kritiken nach New York mit, dort wird Francke sie für weitere Konzerte verwenden. Es scheint wirklich Geld zu geben! Verstehst Du, wie glücklich wir sein werden, dummes kleines Mädchen![2]
Mein Herzchen, heute kann ich nicht mit Dir plaudern, ich

packe jetzt meine Sachen, und morgen früh spiele ich hiesigen Musikern zwei Sinfonien vor (die 1. und 3.). Vielleicht gibt es eine Aufführung.[3] Auf Wiedersehen, mein Engel! Gib allen einen Kuß von mir. Von New York aus schreibe ich alles ausführlich.
Hast Du meinen Brief von hier erhalten?

1 Skrjabin trat in Cincinnati als Solist seines *Klavierkonzertes* unter Leitung von Frank van der Stucken auf. Das Konzert wurde zweimal an aufeinanderfolgenden Tagen gegeben.
2 Skrjabin sollte sich täuschen. Dadurch, daß Tatjana ihm nachreiste (siehe Anm. 1 zum folgenden Brief), wurde von seinen Konzerteinnahmen so viel Geld verbraucht, daß es nicht einmal mehr für die Rückreise reichte und er dafür den Verlag Belaieff telegrafisch um 600 Rubel bitten mußte.*
3 Es kam nicht dazu.

## 205. An Tatjana de Schloezer

[Chicago, vor dem 19. Februar/4. März 1907][1]

Tassjuk!
Na, jetzt bin ich also in Chicago! Ich kam wohlbehalten an, habe mich unterwegs sogar ausgeruht, da ich prächtig schlief. Meine Erkältung scheint etwas besser zu sein. Es wäre alles nicht so schlimm, wenn ich mich nicht um Dich sorgte! Wann werde ich Dich endlich von diesem Leben befreien können! Nun, gedulde Dich ein bißchen, nur noch ein kleines Tröpfchen. Mit mir geht es wieder aufwärts, ich komme bald ganz zu mir und ... Du wirst sehen, was dann wird! Bald werden wir die 3. Sinfonie hören![2] Für nächstes Jahr bereite ich außer dem „Poème de l'Extase" einen kürzeren Teil des letzten Stückes vor.[3] Ich bin schon beim Komponieren! – Tatja, als ich abfuhr, vergaß ich Dir zu sagen, daß Du nicht vergessen sollst, zur Nacht *beide Türen* abzuschließen. Wenn Du Dich schon hingelegt hast und vergessen hast nachzusehen, *sei nicht zu faul, noch einmal aufzustehen.* Außerdem kaufe alles, was Du für die *Zähnchen* brauchst, Pulver und Mundwasser. Seife müssen sie Dir geben; wenn nicht, kaufe sie unbedingt! Auf Wiedersehen, mein liebes Dummerchen! Schreib mir jetzt nach Detroit,[4] Cadillac Hôtel, ich weiß bloß nicht, ob es Codillac oder Ca-

dillac heißt, frag mal Altschuler. Wenn Du Geld brauchst, telegrafiere mir oder borge es bei Modest.
Wenn Du das Fenster aufmachst, zieh den Mantel an!!
Ich habe das Thema der Sonne!!
Für den Sommer habe ich große Pläne! Wir werden in einer ganzen Kolonie leben, und wenn mir alle helfen, kommt die Arbeit schnell zum Abschluß. Heute nacht bin ich aufgewacht, da fielen mir Deine Verse ein. Wie schön sie sind! Wie geht es Deliberté[5]? Hast Du ihm das Empfehlungsschreiben geschrieben?

1 Skrjabin hatte Tatjana in seinen Briefen aus New York unter Hinweis auf die Landessitten (siehe Brief 201), das rauhe Klima und die Strapazen der Überfahrt ständig abgeraten, ihm nachzureisen. Im Januar schrieb er ihr: „... Ich habe übrigens Engagements nach Chicago, aber für März. Deswegen zwei Monate hierzubleiben lohnt sich nicht, [...] Wenn ich nicht noch weitere Angebote bekomme, lasse ich alles sein und komme, wenn aber doch, dann kommst Du her, obwohl ich um Dich *wahnsinnig Angst habe*" („Briefe", S. 462). Trotz aller Warnungen kam sie schließlich nach New York, und zwar anscheinend vor seiner Fahrt nach Chicago, wo er am 4. März 1907 einen Klavierabend gab. Dieser Brief könnte nach New York geschrieben sein, worauf unter anderem die Erwähnungen Altschulers hinzudeuten scheinen.*

2 Die *3. Sinfonie* erklang in einem Konzert des New-Yorker Russischen Sinfonieorchesters unter Leitung von Altschuler am 14. März 1907.

3 Welches Werk Skrjabin meint, ist nicht bekannt. Es ist nicht anzunehmen, daß irgendwelche Teile des *Prometheus* gemeint sind.

4 Von Chicago reiste Skrjabin nach Detroit, wo er sein *Klavierkonzert* spielte.

5 Ein Versehen Skrjabins, muß Laliberté heißen.

## 206. An Margarita Morosowa

Paris, (10.) 23. Apr[il] 1907
24, rue de la Tour

Liebe Margarita Kyrillowna
Von New York aus sandte ich Ihnen einen eingeschriebenen Brief, auf den ich bis jetzt keine Antwort habe. Da mir

aus Nachlässigkeit mehrere Briefe von Amerika nicht nachgeschickt worden sind, nehme ich an, daß auch Ihren Brief das gleiche Geschick ereilt hat; anders kann ich mir Ihr Schweigen nicht erklären. Solange ich nicht erfahre, daß es Sie interessiert, will ich Ihnen keine Einzelheiten meiner Reise schreiben.[1] Ich will Ihnen nur sagen, daß der künstlerische Erfolg groß war, unter anderem wurden zwei Sinfonien von mir, die 1. und die 3., in zwei Sinfoniekonzerten hintereinander aufgeführt.[2] Ich wäre überhaupt mit meiner Reise völlig zufrieden, hätte ich nicht in Amerika zu meiner Überraschung Leute vorgefunden, die, obwohl sie sich meine Freunde nannten, nicht nur von mir nicht so sprachen, wie es sich gehörte, sondern auch meinen künstlerischen Ruf untergruben und sogar danach trachteten, mich mit meinen wirklichen Freunden zu entzweien. Im übrigen ist es mir zuwider, davon zu reden.[3] Dank schulde ich den lieben Brüdern Altschuler, die sich wie wahre Engel verhalten haben. Modest Altschuler dirigierte die Sinfonien wunderbar. Doch ich komme unwillkürlich auf Einzelheiten, deren ich mich enthalten wollte. Entschuldigen Sie, wenn Sie dies alles wenig interessiert, und empfangen Sie die Versicherung aufrichtiger Ergebenheit.

A. Skrjabin

1 Kurz darauf erhielt Skrjabin von M. Morosowa die Nachricht, sie komme nach Paris (zum Besuch der „Russischen Konzerte“, die vom 16. bis 30. Mai 1907 unter Mitwirkung prominenter russischer Musiker sowie Nikischs veranstaltet wurden und in denen auch das *Klavierkonzert* und die *2. Sinfonie* von Skrjabin aufgeführt wurden).*

2 In Konzerten des Russischen Sinfonieorchesters erklangen in New York am 28. Februar 1907 die *1.* und am 14. März die *3. Sinfonie.*

3 In New York war verbreitet worden, Tatjana de Schloezer sei nicht Skrjabins legitime Ehefrau. Daraufhin brach das Paar den Aufenthalt in Amerika kurzfristig ab.

[St. Beatenberg[1], vor dem 17./30. Juli 1907]

Ich kann einfach nicht verstehen, was das zu bedeuten hat! Ich habe Dir zwei Briefe geschrieben, einen nach Petersburg, den anderen nach Moskau[2] (an Tanejew[3] zur Weiterleitung an Dich). Auch ein Telegramm mit meiner Adresse habe ich Dir geschickt! Ich bin schon über eine Woche hier! Komm unbedingt und so bald als möglich! Hier ist es wundervoll, und das Leben ist ziemlich billig! In dem Chalet, wo wir wohnen, ist ein freies Zimmer. Weiß der Teufel, es ist zu dumm mit dem Briefwechsel! Du saust wie ein Meteor herum und vergißt sicher, die richtige Adresse anzugeben. Wir erwarten Dich mit Ungeduld. Tanja läßt Dich grüßen, sie drängt mich, diesen kleinen Brief abzuschließen, sie will jetzt mit Maria Solomonowna Lunz[4] nach Beatenberg zur Post gehen. Telegrafiere recht bald, daß Du kommst.

A. Skrjabin

Adresse: St. Beatenberg, Oberland, Suisse. Chalet Schmokker.

1 Höhenkurort bei Interlaken in der Schweiz. Hier hielt sich Skrjabin mit Tatjana de Schloezer von Anfang Juli bis Ende September 1907 auf.*

2 Altschuler befand sich auf einer Europareise, um vor allem in Rußland finanzielle Unterstützung für das New-Yorker Russische Sinfonieorchester zu erwirken. Skrjabin, der ihm in New York viel verdankte, hatte ihm dafür einige Hinweise gegeben (siehe „Briefe“, S. 467–470).*

3 Alexander Tanejew.*

4 Im August schrieb Skrjabin an M. Morosowa: „… Sie wissen sicher, daß Maria Solomonowna Lunz mit ihrem Mann hier den Sommer verbringt, ein Umstand, der uns das Leben natürlich sehr verschönt. Maria Solomonowna benutzt den Aufenthalt hier, um mit mir alle meine letzten Werke durchzugehen, um sie in Moskau im richtigen Licht vorzustellen. Meine letzten Stücke sind stimmungsgemäß so vielschichtig, daß ich mich über die Möglichkeit freue, einem begabten und meiner Musik gegenüber so hingebungsvollen Menschen persönlich einige Hinweise zu ihrer Darbietung geben zu können“ („Briefe“, S. 475).

## 208. An Margarita Morosowa

[St. Beatenberg,] (22. August) 4. September 1907

Liebe Margarita Kyrillowna

Schon seit einer Woche will ich Ihnen schreiben, aber immer wieder wird nichts daraus. In der letzten Zeit haben uns einige Bekannte besucht,[1] darunter Altschuler, mit dem ich viel am „Poème de l'Extase" gearbeitet habe. Er will es mit allem nur denkbaren Komfort aufführen und sogar zum erstenmal Lichteffekte verwenden.[2] – Als Antwort auf Ihren freundlichen Vorschlag wegen eines Verlages kann ich Ihnen folgendes mitteilen. Nach Ihrem letzten Brief, der nichts Ermunterndes in dieser Hinsicht enthielt, habe ich, um keine Zeit zu verlieren, mich nach vorheriger Beratung mit einigen Musikern entschlossen, zwei kleinere Klavierstücke zum Druck zu geben, die in diesen Tagen in einer Anzahl von 500 Exemplaren erschienen sind.[3] Maria Solomonowna Lunz war so freundlich, die Mühe auf sich zu nehmen, mit Musikalienhandlungen zu reden, die bei einem zentralen Lager in Lausanne bestellen werden, wo wir uns ab Oktober niederlassen wollen. Letzteren Entschluß haben wir deswegen gefaßt, weil das Leben in Paris furchtbar teuer ist, das Klima, das heißt die Luft in den Stadtteilen, in denen wir eine etwas größere Wohnung zum gleichen Preis finden könnten, schrecklich ist, und vor allem, weil das Arbeiten in den Pariser Häusern, in denen man nach 10 Uhr anscheinend verpflichtet ist, Pantoffeln anzuziehen, ganz unmöglich ist. In Lausanne dagegen lebt man billiger, gesünder und ruhiger. Außerdem liegt es sehr günstig (7 Stunden von Paris), was die Möglichkeit erleichtert, Konzerttourneen zu organisieren. Noch einmal zur Verlagsfrage. Wenn Sie außer dem, was bereits unternommen wurde, zur Verbreitung der Kompositionen, die ich herausgebracht habe, beitragen möchten, wäre ich Ihnen natürlich für Ihre freundliche Unterstützung sehr, sehr dankbar. Sie werden sich ja mit Maria Solomonowna sehen und mit ihr noch einmal darüber sprechen.

Wir werden Beatenberg bald verlassen müssen, und solange unser Bekannter in Lausanne eine Wohnung für uns sucht, werden wir etwa zwei Wochen in Bellotte[4] bei Otto sein. Dorthin bitte ich Sie, liebe Margarita Kyrillowna, uns bis zum 1. Oktober zu schreiben. Die neue Adresse schreibe ich Ihnen sofort nach der Ankunft in Lausanne. Werden Sie Ihr Vorhaben, in diesem Herbst ins Ausland zu reisen, durchführen? Ich hoffe, daß der Wechsel unseres Wohnsitzes kein Hindernis für Sie ist, uns zu besuchen. Also bis zum hoffentlich baldigen Wiedersehen, und seien Sie einstweilen herzlich gegrüßt. Tanja bittet, Ihnen einen Gruß zu bestellen. Meine Porträts sind in Paris geblieben, daher habe ich im Moment keine Möglichkeit, sie zu schicken.

Ihr ergebener
A. Skrjabin

P. S. Seien Sie so gut, das Geld diesmal an folgende Adresse zu schicken: Mr. A. Scriabine chez Mr. Otto Hauenstein. La Bellotte, près Genève. Suisse. Und wenn es Ihnen keine Mühe macht, nicht zum 1. Oktober, wie vereinbart, sondern 5 Tage früher, also zum 25. September.

1 Die Pianistin Maria Nemenowa-Lunz, der Dirigent Modest Altschuler und andere Musiker (vgl. Brief 207).

2 Altschuler brachte das *Poème de l'Extase* am 10. Dezember 1908 in New York zur Uraufführung. Ob dabei Lichteffekte Anwendung fanden, ist nicht bekannt. Diese Briefstelle zeigt aber, daß Skrjabin die Idee, Musik mit farbigem Licht zu verbinden, lange vor der Komposition seines *Prometheus* hatte.

3 Da Skrjabin der Meinung war, der Verlag Belaieff zahle ihm zu niedrige Honorare, erwog er 1907 eine Zeitlang, seine Werke im Selbstverlag herauszubringen. Auf diese Weise erschienen die ersten beiden Stücke von op. 52, *Poème* und *Enigme* (das bereits 1905 in der Pariser Zeitschrift „L'Illustration" erschienene Stück *Poème languide* fügte er diesem Zyklus erst bei der Zweitausgabe im Russischen Musikverlag 1910 als Nr. 3 an), sowie 1908 die *5. Sonate.* Diese Ausgaben verursachten ihm jedoch viel Arbeitsaufwand und finanzielle Verluste.

4 La Belotte am Südufer des Genfer Sees, unweit von Vésenaz.*

## 209. An Nikolai Arzybuschew

Lausanne, [21. September/4. Oktober 1907]
Square de la Harpe, C, Suisse

Sehr geehrter Nikolai Wassiljewitsch
Eben habe ich an das Kuratorium ein Telegramm[1] geschickt, in dem ich Ihnen mitteilte, daß ich die Partitur in fünf Tagen nach Leipzig[2] abschicken werde.[3] Ich schreibe Ihnen diese Zeilen für den Fall, daß das Telegramm aus irgendeinem Grund nicht angekommen ist. Entschuldigen Sie, daß ich das „Poem" verzögert habe, aber ich hatte in der letzten Zeit bemerkt, daß die Instrumentation in vieler Hinsicht vervollkommnet werden kann, und wollte gern alle Absichten verwirklichen. Es kommt hinzu, daß ich sehr überanstrengt bin und dadurch die Arbeit langsamer geht.
Ich sende Ihnen aufrichtige Grüße.

Ihr ergebener
A. Skrjabin

Sagen Sie dem Kuratorium bitte wegen der Absendung der Partitur Bescheid, falls das Telegramm nicht eingegangen ist.

1 Siehe „Briefe", S. 480. Gemeint ist *Le Poème de l'Extase.**
2 An das Kontor des Verlages Belaieff zum Stich und Druck bei C. G. Röder.*
3 Vgl. die beiden folgenden Briefe.*

## 210. An Nikolai Arzybuschew

Lausanne, (2.) 15. Okt[ober] 1907
Square de la Harpe, C, Suisse

Sehr geehrter Nikolai Wassiljewitsch
Mir wurde aus Paris der Brief des Kuratoriums nachgesandt, und ich beeile mich, Ihnen zu antworten und mitzuteilen, daß das „Poème de l'Extase", das ich infolge großer Änderungen in der Instrumentation noch zurückgehalten habe, in etwa acht Tagen nach Leipzig abgehen wird. Zugleich mit der Absendung werde ich Sie benachrichtigen.

Ihr ergebener
A. Skrjabin

P. S. Briefe bitte ich hierher zu adressieren.

## 211. An Nikolai Arzybuschew

Lausanne, (21. November) 4. Dezember 1907
Square de la Harpe, bâtiment C, Suisse

Sehr geehrter Nikolai Wassiljewitsch

Es ist mir maßlos peinlich, daß ich die Partitur des „Poème de l'Extase" einige Tage zurückgehalten habe.[1] Das kam so: An dem Tage, als ich sie nach Leipzig schicken sollte und schon das Telegramm an Alexander Konstantinowitsch „expédie partition" aufgegeben hatte, stellte ich beim Durchblättern mit Schrecken fest, daß mir ein ganzer Abschnitt in der Instrumentation nicht gefiel. Ich war überzeugt, ich würde ihn in ein paar Stunden ändern, doch in Wirklichkeit zog es sich viel länger hin.[2]

Bitte entschuldigen Sie meine unbeabsichtigte Inkorrektheit, und denken Sie nicht schlecht von mir. Durch Erfahrung klug geworden, werde ich nie wieder genaue Termine festlegen. Bei der Kunst ist das ganz unmöglich.

Zudem bin ich in der letzten Zeit, wie ich Ihnen schon schrieb, furchtbar erschöpft, und alles fällt mir schwer. Ich habe buchstäblich 16 Stunden täglich gesessen *(ohne Übertreibung)*. Ich war so müde, daß ich nach der Absendung der Partitur 12 Stunden hintereinander fest geschlafen habe. Jetzt hoffe ich, mich ordentlich zu erholen.[3] Wenn Sie mir eine Freundlichkeit erweisen wollen, seien Sie so gut, mir wenigstens mit zwei Worten zu schreiben, daß weder Sie noch Glasunow, noch Ljadow mir böse sind.

Ihr aufrichtig ergebener
A. Skrjabin

1 Sie wurde am Tag vor diesem Brief an den Verlag nach Leipzig abgesandt.

2 Auch an vielen anderen Kompositionen arbeitete Skrjabin sehr gewissenhaft und lange. So stellte er die *2. Sonate* erst nach fast fünf Jahren und die *3. Sinfonie* nach rund drei Jahren fertig.

3 Tatjana de Schloezer berichtete über diese Zeit in einem Brief an Maria Nemenowa-Lunz vom 22. November/5. Dezember 1907: „Sascha erhielt ein Telegramm aus Petersburg mit der Bitte, die Partitur der ‚Ekstase' so schnell wie möglich zu schicken, und da begann bei uns eine solche Hektik, daß ich gar nicht daran denken mag! Ich sage ‚uns', weil sich zum Glück herausstellte, daß es da auch für mich viel zu tun gab. Wir saßen bis 5 Uhr morgens

und standen um 7 auf! Sie können sich vorstellen, wie wir aussahen! Endlich vorgestern wurde die Partitur abgeschickt, und wir sind jetzt noch so zerschlagen, daß wir nur an eines denken: schlafen, schlafen, schlafen!" („Briefe", S. 484.)

## 212. An Margarita Morosowa

Lausanne, [zwischen dem 25. November/
8. Dezember und 1./14. Dezember 1907]
Square de la Harpe, bâtiment C, Suisse

Liebe Margarita Kyrillowna
Endlich haben Sie sich an unsere Existenz erinnert. Ihr Brief machte uns große Freude. Er kam in der Zeit, als ich buchstäblich Tag und Nacht an der Beendigung des „Poème de l'Extase" saß. Endlich ist es nach Leipzig abgeschickt! Es nahm mir viel Kraft und Geduld. Sicher werden Sie jetzt annehmen, ich widme mich der so lange erwarteten Erholung! Aber nein! Heute habe ich die 5. Sonate fast vollendet, das heißt ein großes Poem für Klavier, und ich finde sie das beste von allen meinen Kompositionen für Klavier. Ich weiß gar nicht, durch welches Wunder das gekommen ist. – Sie fragen, wie wir uns eingerichtet haben. Im großen und ganzen nicht übel. Die Wohnung ist hübsch und ziemlich geräumig. Für denselben Preis wie in Paris haben wir zwei Zimmer mehr, ganz zu schweigen von der Größe der Zimmer selbst. Außerdem viel Komfort, zum Beispiel ein Bad und Elektrizität. Das Leben ist hier überhaupt unvergleichlich viel billiger als in Paris, und was das wichtigste ist, ich werde nicht beim Arbeiten gestört. Ich kann, wenn ich will, die ganze Nacht Klavier spielen. Zur Zeit ist Mama bei uns, was uns das Leben ungeheuer angenehm macht und erleichtert. Sie hat alle Sorgen um die Hauswirtschaft übernommen, so daß Tanja endlich Muße hat und mir helfen und sich der Musik und Literatur widmen kann. Sie hat mit der Übersetzung des „Poems der Ekstase" begonnen.[1] Sie wissen sicher, daß ich in Lausanne mit großem künstlerischen Erfolg ein Konzert gegeben habe.[2] Ich bekam Beifall wie nirgends. Wir haben einige hiesige Musiker kennengelernt, es gibt hier sehr sympathische Menschen. Inwieweit sie interessant sind, kann ich noch nicht beurteilen. Eigent-

lich sind wir bis jetzt fast nicht aus dem Haus gekommen, da wir keine einzige Minute freie Zeit hatten. Ich wollte schon lange ein hiesiges Sinfoniekonzert besuchen. Der Dirigent Birnbaum soll nicht unbegabt, aber ein Dilettant sein. – Jetzt zur Hauptsache. Ich bin sehr gerührt, liebe Margarita Kyrillowna, von Ihrer Absicht, ein Konzert mit Werken von mir und unter meiner Mitwirkung zu veranstalten.[3] Hoffen wir, daß keine Hindernisse für die Verwirklichung dieses schönen Planes auftreten. Abgesehen von der Freude eines Wiedersehens mit Ihnen, verspreche ich mir von dieser Reise viel künstlerische Befriedigung. Also vielleicht auf ein baldiges und sehr erfreuliches Wiedersehen! Ich bin ganz gespannt auf die versprochenen Einzelheiten zu all dem. Tanja bittet, Ihnen einen herzlichen Gruß auszurichten. Ihr aufrichtig ergebener

A. Skrjabin

P. S. Schreiben Sie uns, liebe Margarita Kyrillowna, recht oft, diesmal hatten wir *wirklich* schon angefangen zu glauben, Sie hätten uns vergessen!

1 Siehe Brief 203, Anm. 2.
2 Klavierabend am 1. November 1907.
3 Das zunächst für das Frühjahr 1908 geplante Konzert fand schließlich am 21. Februar 1909 in Moskau statt.

## 213. An Nikolai Findeisen

Lausanne, [30. November/13. Dezember 1907]
Square de la Harpe, bâtiment C, Suisse

Sehr geehrter Nikolai Feodorowitsch

Ich bin Ihnen gegenüber in großer Schuld, aber ungewollt, da ich Ihre Bitte bisher nicht erfüllen konnte. Wie Sie sehen, bin ich von Paris nach Lausanne übergesiedelt, das heißt, anstatt von Beatenberg nach Paris zurückzukehren, bin ich direkt hierher gefahren und habe mir meine Sachen schicken lassen, worauf ich über einen Monat warten mußte. Als ich sie dann sichtete und ordnete, mußte ich feststellen, daß das Porträt, an das ich gedacht hatte, absolut nichts taugt. Ich mußte neue bestellen. Ich konnte mich aber nicht fotografieren lassen, da ich buchstäblich nicht

eine Minute Zeit hatte wegen des „Poème de l'Extase", an dem ich in der letzten Zeit Tag und Nacht saß. Der hiesige Fotograf, zu dem ich jetzt gegangen bin, kann mir Porträts frühestens in einer Woche machen, deshalb habe ich an meinen Fotografen in Paris geschrieben, er soll mir unverzüglich einige Exemplare von meiner letzten Aufnahme schicken. Davon schicke ich Ihnen sofort eines. Die biographischen Angaben füge ich diesem Brief bei.[1] Jetzt habe ich, so unglaublich das in Anbetracht meiner entsetzlichen Nachlässigkeit auch ist, ebenfalls eine Bitte an Sie; ich hoffe, daß Sie sich nicht an mir rächen und mir Gleiches mit Gleichem vergelten. Sie besteht in folgendem: Ende Dezember kommt hierher, in die Schweiz, mein beau frère[2] Boris Feodorowitsch de Schloezer, ein sehr fähiger Journalist und ausgezeichneter Musiker, wenn auch nicht Fachmann. Er würde gern an Ihrer geehrten Zeitschrift von hier und von Italien aus, wohin er im Winter eine Reise unternehmen will, als Korrespondent mitwirken. Besonders gut kann er musikphilosophische Artikel schreiben (er ist Doktor der Philosophie). Ich empfehle ihn Ihnen in der festen Überzeugung, daß es für Ihre Zeitschrift eine wertvolle Bereicherung ist. Ich teile Ihnen seine Adresse für den Fall mit, daß sich bei Ihnen eine Möglichkeit ergibt und Sie den Wunsch haben, mit Boris Feodorowitsch persönlich zu sprechen.[3]
Seien Sie so freundlich, mir den Empfang dieses Briefes und der Fotografie zu bestätigen (letztere kann ich wahrscheinlich in etwa vier Tagen, sobald ich sie selbst erhalten habe, abschicken). Entschuldigen Sie nochmals meine Inkorrektheit. Ich bitte Sie, sehr geehrter Nikolai Feodorowitsch, die Versicherung meiner vollkommenen Ergebenheit entgegenzunehmen.

A. Skrjabin

P. S. Die Adresse von B. F. de Schloezer ist: Bolschaja Masterskaja 10, Wohnung 21.
Wenn Sie ihm freundlicherweise zwei Worte schreiben würden, käme er zu Ihnen in die Redaktion.

1 Nach Skrjabins Tod erschien in der „Russischen Musikzeitung", deren Herausgeber Findeisen war, eine Autobiographie Skrja-

bins (1915, Nr. 17–18, S. 327f.). Die große Zahl sachlicher Fehler darin läßt es Kaschperow („Briefe", S. 487) zweifelhaft erscheinen, daß Skrjabin sie selbst verfaßt hat, zumal das Manuskript nicht nachweisbar ist. (Allerdings zeigt Brief 216 – siehe dort Anm. 2 und 3 –, daß bei Skrjabin Irrtümer und Ungenauigkeiten nicht auszuschließen sind.*)

2 Schwager (franz.).*

3 Auf diesen Brief hin trat Findeisen in Korrespondenz mit Boris de Schloezer und forderte ihn zur Mitarbeit an seiner Zeitschrift auf. 1908 erschienen darin von Schloezer ein Artikel „A. N. Skrjabin" und eine Artikelserie „Musik in Italien".

## 214. An Alexander Glasunow

Lausanne, [vor dem 1./14. Dezember 1907]
Square de la Harpe, bâtiment C, Suisse

Lieber Alexander Konstantinowitsch

Ich wende mich mit einer großen Bitte an Dich. Es ist mir sehr peinlich, Dich zu belästigen, doch habe ich keinen anderen Ausweg. Mir ist alles Geld ausgegangen (ich habe vielleicht noch 2 Franken), und ich kann zur Zeit nirgends etwas bekommen. In ein paar Tagen muß ich für die Wohnung für drei Monate bezahlen, sonst gibt es eine Katastrophe. Ein Preis[1] ist mir in diesem Jahr offenbar nicht verliehen worden, und das Geld für das „Poème de l'Extase" kann ich erst im Januar oder vielleicht sogar erst Anfang Februar bekommen, wie mir N. W. Arzybuschew mitteilte. Schlag es mir bitte nicht ab, mir 300–400 Rubel bis zum März zu borgen oder zu verschaffen, ich wäre Dir unendlich dankbar. Sprich, wenn Du selbst nicht kannst, mit Nikolai Andrejewitsch oder Anatoli Konstantinowitsch. Sei mir bitte irgendwie behilflich. Und wenn möglich, schick mir das Geld telegrafisch.[2]

Du kannst Dir vorstellen, in welcher nervlichen Verfassung ich bin und wie ich mir Sorgen mache. Überdies erwarten wir Familienzuwachs, und das in sehr naher Zukunft, so daß die Umstände noch komplizierter werden.[3] Ich bin entsetzlich abgespannt, denn ich habe die letzte Zeit gearbeitet wie ein Neger, manchmal mehr als 15 Stunden am Tag. Zur Zeit beende ich ein großes Poem für Klavier.[4] Für diesmal will ich nichts weiter schreiben, ich bin in mörderischer

Laune, furchtbar aufgeregt. Sei so lieb, mich *in jedem Fall* sofort zu benachrichtigen, womit ich rechnen kann. Entschuldige mich nochmals wegen der Belästigung, und empfange die besten Wünsche von Deinem aufrichtig ergebenen

A. Skrjabin

P. S. Wenn ich diese Zeit überstanden habe, schreibe ich Dir ausführlicher und schicke auch zwei neue kleine Stücke für Klavier.[5] Mich interessiert Deine Meinung dazu sehr. Und Du schreib mir recht viel über Dich.
Meine Frau bittet, Dir einen Gruß auszurichten.
Warum wurde mir das Telegramm über das „Poème de l'Extase" nach Paris geschickt? Wir sind von Paris nach hier übergesiedelt, da hier das Leben bedeutend billiger ist und ich besser arbeiten kann.

1 Glinka-Preis der Belaieff-Stiftung.*
2 Skrjabin erhielt, nachdem er auch noch Margarita Morosowa sicherheitshalber um einen Vorschuß gebeten hatte („Briefe", S. 489), binnen einer Woche 300 Rubel von seinem Honorar für das *Poème de l'Extase* – allerdings in Verbindung mit einer Erinnerung an die 600 Rubel, die ihm nach New York gesandt worden waren (siehe Brief 204, Anm. 2).*
3 Am 30. Januar/12. Februar 1908 wurde der Sohn Julian geboren.
4 *5. Sonate* (vgl. Brief 212).
5 *Poem* und *Enigme* op. 52, die Skrjabin 1907 im Selbstverlag herausgebracht hatte (siehe Brief 208, Anm. 3).

## 215. An Nikolai Arzybuschew

Lausanne, (10.) 23. Dez[ember] 1907
Square de la Harpe, C, Suisse

Sehr geehrter Nikolai Wassiljewitsch
Endlich erhielt ich Ihren liebenswürdigen Brief, der mich sehr erfreute; ich hatte schon gedacht, der meinige an Sie sei verlorengegangen.
Den Text möchte ich nicht zusammen mit der Partitur gedruckt haben. Den Dirigenten, die das „Poème de l'Extase" aufführen wollen, kann man jederzeit mitteilen, daß es einen solchen gibt, doch eigentlich möchte ich, daß sie sich

zunächst mit der reinen Musik auseinandersetzen.[1] Was meinen Sie dazu? Übrigens, wenn der Text gebracht wird, muß er wenigstens ins Französische übersetzt werden. Meine Frau fängt zur Zeit damit an, aber ich bezweifle, daß sie es so bald schaffen kann.[2]
Sehr dankbar bin ich Ihnen für Ihre Bereitschaft, mir das Geld baldigst zu schicken, und ich will Ihnen nicht verhehlen, daß mir das sehr angenehm sein wird. Ich bitte Sie, meine besten Wünsche für das neue Jahr, das bei uns schon bald anbricht, entgegenzunehmen sowie Ihrer Gattin meine Hochachtung zu übermitteln. Meine Frau dankt Ihnen für Ihr Gedenken und bittet, Ihnen einen Gruß auszurichten.

Ihr aufrichtig ergebener
A. Skrjabin

P. S. Ich habe dem Kuratorium bereits von meiner Absicht, Petersburg zu besuchen, Mitteilung gemacht. Es wäre mir natürlich sehr angenehm, wenn Sie meine Bitte bezüglich einer späteren Aufführung des „Poems" erfüllen könnten, aber ich möchte Ihnen keinesfalls Schwierigkeiten bereiten und den Programmablauf stören, wenn es für irgend jemanden ungünstig ist. Vielleicht auf baldiges Wiedersehen![3]

1 Vgl. hierzu aber das Postskriptum zu Brief 218.*
2 Siehe Brief 203, Anm. 2.
3 Skrjabin plante eine Konzertreise nach Moskau für das Frühjahr 1908 (vgl. Brief 212, Anm. 3). Er hoffte, damit die Teilnahme an der Einstudierung und Uraufführung seines *Poème de l'Extase* unter Felix Blumenfeld in Petersburg verbinden zu können, und hatte deshalb das Kuratorium (das für das betreffende Konzert verantwortlich war) gebeten, die Aufführung vom Februar auf den März zu verschieben („Briefe", S. 490). Skrjabins Reise fand 1908 nicht statt, und Blumenfeld, der das schwierige Werk nicht ohne den Komponisten einstudieren wollte, setzte es ab und führte statt dessen die *1. Sinfonie* auf.*

## 216. An Nikolai Findeisen

Lausanne, (13.) 26. Dez[ember] 1907
Square de la Harpe, C, Suisse

Sehr geehrter Nikolai Feodorowitsch
Zunächst seien Sie vielmals bedankt, daß Sie so schnell auf meine Bitte bezüglich Boris Feodorowitsch de Schloezers[1] reagiert haben. Ich meinerseits würde mich sehr freuen, Ihnen dienen zu können, indem ich Ihnen die Sie interessierenden Einzelheiten über mich mitteile. Das „Poem der Ekstase" (den Text) schicke ich Ihnen gleich in den nächsten Tagen. Es ist in Genf als gesonderte Broschüre erschienen und noch nicht einmal im Verkauf. Wenn Sie schon mit Boris Feodorowitsch zusammengetroffen sind, wird er sie Ihnen wahrscheinlich schon gezeigt haben. –
Beljajew lernte ich 1892 kennen,[2] und Mitrofan Petrowitsch bezeigte mir sofort die herzlichste Freundschaft und geradezu väterliche Fürsorge. Meine erste Konzertreise (mit dem Ziel, das Publikum mit meinen Kompositionen bekannt zu machen) unternahm ich mit ihm zusammen,[3] und diese Reise brachte uns einander noch näher. Insgesamt bewahre ich an Beljajew die freundlichsten Erinnerungen, und sein Verlust war für mich ein schwerer Schlag. –
Die Ergebnisse meiner ersten Auslandsreise waren für mich sehr gut. Überall hatte ich Erfolg und beste Pressestimmen. Den größten Erfolg hatte ich in Paris. –
Als Professor an das Moskauer Konservatorium ging ich nach langem Schwanken aus rein materiellen Erwägungen, da ich damals keine Neigung zur Lehrtätigkeit hatte und es außerdem mit meiner Gesundheit nicht zum besten stand. Ich verließ das Konservatorium, um mich ausschließlich meiner Idee zu widmen. Über sie in wenigen Worten etwas mitzuteilen ist nicht möglich. Ich will nur bemerken, daß, was ihren Inhalt anbelangt, gewissermaßen eine schwache Andeutung dessen, was ich in meinem Hauptwerk geben will, das „Poème de l'Extase" ist. (Der Text dazu erfordert seinerseits Erläuterungen, die ich vielleicht noch extra herausbringe.[4]) –
Im Ausland zu leben zog ich deshalb vor, weil das russische und besonders das Moskauer Leben mit unserer Unfähigkeit, uns in der Zeit zu orientieren, der Entwicklung jener

Disziplin, die für die Erfüllung meiner Aufgabe notwendig ist, wenig förderlich war. –
Von Amerika erhielt ich einen sehr guten Eindruck, meiner Meinung nach sind die üblichen Ansichten der Europäer von Amerika oft sehr unausgereift und einseitig. Die Amerikaner sind bei weitem nicht so trocken und künstlerisch unbegabt, wie man gewöhnlich annimmt. –
Zu den Poemen: Die meisten davon haben einen bestimmten psychologischen Inhalt, aber nicht alle brauchen ein Programm. Die 4. Sonate besitzt einen Text, der nicht gedruckt ist, er wurde anhand der Musik verfaßt, nachdem sie komponiert war. Die 3. Sinfonie ist in Petersburg unabsichtlich ohne das Programm aufgeführt worden. In Paris war auf den Programmen der Text gedruckt. (Sehr knapp.)
Das wäre im Moment wohl alles. Gestatten Sie, Ihnen meinen Dank für das von Ihnen bezeigte Interesse an meinem Schaffen auszusprechen und Ihnen alles Gute zu wünschen. Ihr aufrichtig ergebener

A. Skrjabin

P. S. Heute schicke ich Ihnen auch meine Fotografie, erst jetzt erhielt ich sie aus Paris.

1 Siehe Brief 213.
2 Skrjabin irrt sich eindeutig. Er wurde erst nach seinem ersten Konzert in Petersburg am 11. Februar 1894 mit Beljajew bekannt.
3 Gemeinsam machten sie nur den ersten Teil der Reise von 1896, siehe Brief 56, Anm. 1.
4 Skrjabin schrieb keine Erläuterungen.

## 217. An Tatjana de Schloezer

[Leipzig[1], 13./26. Januar 1908][2]

Tatuk, eben komme ich von einem Quartettabend,[3] zu dem ich in der Hoffnung gegangen war, Leipziger Musiker zu treffen und kennenzulernen. Aber vergebens, wie zum Trotz war keine bekannte Seele da. Ich schrieb Dir nicht gleich nach der Ankunft (um 4 Uhr), da ich vielleicht eine Stunde vorher den im Zug geschriebenen Brief abgeschickt hatte und Du dann zwei auf einmal bekommen hättest.

Meine Dussja, wie geht es Dir? Die ganze Zeit denke ich an Dich und lebe von dem Gedanken, recht bald zurückzukommen. *Nimm Dich in acht.*[4]
Das Schloß mußte ich aufbrechen.
Ich wohne im Hôtel Central, Peter-Strasse.
Hoffentlich bekomme ich morgen einen Brief.
Ich küsse alle.

1 Skrjabin war von Lausanne für einige Tage nach Leipzig gereist, um hier auf Einladung der „Fabrik für Klavier-Kunstspiel-Instrumente" Ludwig Hupfeld A.-G. eine Anzahl eigener Klavierstücke auf Papierrollen einzuspielen. Das Klavierspiel wurde auf diesen Rollen mit großer Vollkommenheit festgehalten und konnte durch eine pneumatische Apparatur, das Reproduktionsklavier „Phonola" bzw. dessen Weiterentwicklung „Meisterspiel-Piano Dea", wiedergegeben werden. Die von Hupfeld gemachten Aufnahmen wurden vervielfältigt und unter der Bezeichnung „Künstlerrollen" in den Handel gebracht. Von Skrjabins Besuch bei Hupfeld befinden sich drei bisher unbekannte Dokumente im Staatsarchiv Leipzig (StAL, Fa. Hupfeld-Zimmermann, 3), von denen wir hier zwei mit freundlicher Genehmigung des Staatsarchivs Leipzig erstmals veröffentlichen (Abb. 22 und 23). Der französische Text von Abb. 22 lautet in der Übersetzung:
„Unter den interessantesten Erfindungen auf dem Gebiete der Musik ist zweifellos das neue Reproduktionsklavier ‚Dea' (Meisterspiel-Klavier Dea) zu nennen. Der Musikliebhaber, der dieses Instrument besitzt, kann jederzeit einen Künstler nach seinem Belieben hören und sein Spiel bewundern, das bis in die geringsten Details wiedergegeben wird. Das Instrument ist besonders für den Komponisten wertvoll, der seine Interpretation und seine musikalischen Eingebungen für alle Zeiten fixieren kann. Jedenfalls ist ‚Dea' eine wunderbare Erfindung, die alle Erwartungen in höchstem Grade übertrifft. A. Scriabine. Lausanne, den 27. April 1908."
Das hier nicht veröffentlichte Dokument ist eine ähnliche, aber kürzer gefaßte, in deutscher Sprache mit Schreibmaschine geschriebene und von Skrjabin unterschriebene Empfehlung der „Phonola". Die Ortsangabe unter diesen beiden offenbar auf Wunsch von Hupfeld für Reklamezwecke aufgesetzten Schriftstücken nennt nicht den Aufenthaltsort, sondern den Wohnsitz des Unterzeichners.
2 Postkarte.
3 Es spielten u. a. das namhafte „Böhmische Streichquartett" und Leonid Kreutzer (siehe „Signale für die musikalische Welt", 1908, Nr. 6, S. 179). Am nächsten Tag schrieb Skrjabin darüber

an Tatjana: „Oh, wie habe ich mich in dem Konzert gelangweilt beim Anhören von Beethoven, Brahms und Mendelssohn! Wie fremd ich allem und allen, außer Dir, geworden bin!" („Briefe", S. 496.)

4 Die Geburt des zweiten Kindes stand bevor, siehe Brief 214, Anm. 3.*

## 218. An Nikolai Arzybuschew

Lausanne, (5.) 18. Febr[uar] 1908
Square de la Harpe, C, Suisse

Sehr geehrter Nikolai Wassiljewitsch
Ich muß Felix Michailowitsch zwei Worte wegen der Aufführung des „Poème de l'Extase" sagen,[1] aber da ich seine Adresse nicht weiß, wende ich mich an Sie mit der Bitte, so freundlich zu sein und ihm folgendes auszurichten: Auf S. 93 der Partitur habe ich vergessen, für die Hörner hinzuzuschreiben „pavillon en l'air". An dieser Stelle müssen die Hörner mit der Stürze nach oben gehalten werden. Die Partie der Campanelli ist auf der letzten Seite ziemlich schwer, wird man nicht zwei Spieler, für jedes System einen, brauchen? – Auf S. 84 sind zwei Druckfehler, nämlich: corno inglese 2. Takt *es*, und clarinetto basso 1. Takt 2. Triole

*(c mit Auflösungszeichen)*.[2]

Seien Sie so gut, meine Bitte zu erfüllen sowie Felix Michailowitsch einen herzlichen Gruß von mir auszurichten. Entschuldigen Sie bitte, daß ich Sie behellige, und seien Sie meiner aufrichtigen Ergebenheit versichert. Ihrer Gattin bitte ich meine Hochachtung zu übermitteln.

A. Skrjabin

P. S. Ich würde es sehr wünschen, daß die Broschüre des „Poems der Ekstase" am Saaleingang verkauft wird. Die Broschüren werden höchstwahrscheinlich bei Jürgenson zu haben sein, ich habe mit ihm Verhandlungen darüber eingeleitet.[3] Seien Sie so gut, mir darauf zu antworten. Falls nötig, kann ich selbst Ihnen einige hundert Exemplare schicken.

1 Blumenfeld sollte ursprünglich die Uraufführung in Petersburg dirigieren (siehe Brief 215, Anm. 3).

2 Die Korrekturen beziehen sich auf die damals bereits erschienene Belaieff-Partitur. Die erstgenannte Korrektur, die Skrjabin schon Anfang Januar an das Leipziger Kontor des Verlages gemeldet hatte, wurde mit Hilfe eines extra angefertigten Stempels in den gedruckten Partiturexemplaren ausgeführt („Briefe", S. 494).*

3 Die von Skrjabin in russischer Sprache in Genf herausgebrachte Dichtung *Poem der Ekstase* sollte zusammen mit den beiden anderen im Selbstverlag erschienenen Ausgaben (siehe Brief 208, Anm. 3) als Kommissionsware in den Geschäften des Musikverlages P. Jürgenson zum Verkauf kommen.

## 219. An Margarita Morosowa

Lausanne, [18./31. März 1908]
Square de la Harpe, C, Suisse

Liebe Margarita Kyrillowna

Ich bedaure es sehr, freue mich aber noch mehr, daß ich unrecht hatte.[1] Entschuldigen Sie mich Sünder! Seien Sie aufrichtig bedankt für Ihren lieben, lieben Brief, der mir viel Freude machte. Nur ein Vorwurf von meiner Seite bleibt, das ist der, daß Sie gar zu selten schreiben! Wenn Sie wenigstens ab und zu eine Postkarte geschickt hätten! Tanja und ich danken Ihnen sehr für die guten Wünsche für unser Söhnchen. Es war bei der Geburt etwas schwächlich, aber jetzt nimmt es allmählich zu. – Mit großer Freude erfuhr ich von der vorgesehenen Aufführung meiner beiden Sinfonien,[2] und ich will sehr gern an dem Kammermusikabend mit der 5. Sonate mitwirken. Bezüglich der Zeit gibt es nur einen Umstand, mit dem ich rechnen muß, das ist die Aufführung der „Ekstase" in Petersburg und meine Mitwirkung in demselben Konzert als Pianist.[3] Ich weiß noch nicht, wann dieses Konzert stattfindet, wahrscheinlich wie gewöhnlich im Februar. Sobald ich Näheres darüber erfahre, schreibe ich Ihnen gleich. Ich würde auch gern bei der Aufführung der Sinfonien in Moskau dabeisein. Aber bis zum Herbst ist ja noch viel Zeit, und ich hoffe, daß sich das alles miteinander abstimmen läßt. Bei den Proben zur „Ekstase" ist meine Anwesenheit geradezu notwendig, Blumenfeld besteht ebenfalls darauf. Es ist für den Dirigenten unheimlich schwierig, sich in allen Einzelheiten dieser komplizierten Komposition zurechtzufinden. Altschuler sagte mir, er hätte sich kein bißchen in der Partitur zurechtgefunden, wenn ich sie ihm nicht mehrmals selbst vorgespielt hätte.[4] Die Instrumentation ist neuartig, es gibt viel Polyphonie, manchmal, wenn man nicht weiß, was der Komponist meint, ist schwer zu entscheiden, welche Stimme gerade hervorgehoben werden soll; es ist undenkbar, alles in der Partitur anzugeben. Ich rede deswegen so viel davon, weil der Erfolg der „Ekstase" zur Hälfte von der Aufführung abhängt. Wenn es irgend möglich ist, liebe Margarita Kyrillowna, versuchen Sie, es so einzurichten, daß meine Mitwirkung beim Kammerkonzert nicht zu weit ab ist von der Aufführung der „Ekstase". – Wirklich auf baldiges Wiedersehen? Vielleicht auch auf ein noch baldigeres, wenn Sie diesen Sommer zu uns kommen? Wie lieb das von Ihnen wäre!

Es war mir furchtbar peinlich, Ihren Brief zu lesen! Ich will es nie wieder tun! Aber schreiben Sie doch recht oft! Denken Sie an unsere Gespräche darüber in Paris! Sie dürfen mich nicht lange ohne Post lassen. Auf *baldiges* Wiedersehen! Tanja bittet, Ihnen einen herzlichen Gruß auszurichten, und ich sende Ihnen tausend gute Wünsche.

Ihr aufrichtig ergebener

A. Skrjabin

Kommen Sie im Sommer unbedingt!

1 Offenbar hatte Skrjabin ihr wieder einmal vorgeworfen, sie schreibe zu selten und interessiere sich nicht für sein Schaffen.

2 Margarita Morosowa hatte Skrjabin anscheinend mitgeteilt, sie wolle seine *3. Sinfonie* und das *Poème de l'Extase* (das Skrjabin damals seine *4. Sinfonie* nannte) in der nächsten Spielzeit in Konzerten der Russischen Musikgesellschaft in Moskau aufführen lassen, und ihn gebeten, seine *5. Sonate* in einem Kammerkonzert zu spielen. Skrjabin konnte nicht wissen, daß sie ihm diese Aufführungsmöglichkeiten bieten konnte, weil sie sich verpflichtet hatte, alle eventuellen finanziellen Verluste bei den Sinfoniekonzerten der Russischen Musikgesellschaft in der Saison 1908/09 selbst zu tragen.

3 Die im Februar 1908 nicht zustande gekommene Aufführung des *Poème de l'Extase* in Petersburg unter Blumenfeld wurde auf 1909 verschoben. (Damit wurde es nicht mehr die Uraufführung – sie fand im Dezember 1908 in New York statt – und auch nicht die russische Erstaufführung, denn diese erfolgte kurz vor Blumenfelds neuem Termin, am 19. Januar 1909, mit dem Petersburger Hoforchester unter Hugo Warlich.) Als Pianist wollte Skrjabin mit der *5. Sonate* und einigen neuen Klavierstücken auftreten (Brief an Arzybuschew, „Briefe“, S. 502).*

4 Siehe Brief 208. Altschuler hatte die Erstfassung des Werkes kennengelernt.

## 220. An Nikolai Arzybuschew

Lausanne, [nach dem 21. April/4. Mai 1908]
Square de la Harpe, C, Suisse

Sehr geehrter
Nikolai Wassiljewitsch

Es war mir sehr angenehm zu hören, daß das Kuratorium über mein Kommen nach Petersburg seine Zufriedenheit geäußert hat, und ich sehe diesem freudigen Tag mit Ungeduld entgegen. Natürlich bin ich mit den von Ihnen vorgeschlagenen Bedingungen einverstanden, und wenn ich mit der Antwort ein paar Tage gezögert habe, so nur deswegen, weil ich Nachricht aus Moskau über das Datum meiner Mitwirkung in einem Kammerkonzert und über die Aufführung von zwei Sinfonien von mir erwarte. Leider habe ich diese Nachricht bisher nicht. Da ich die Antwort nicht länger hinausschieben möchte, habe ich beschlossen, für die Mitwirkung in Ihrem Konzert den 31. Januar zu wählen, und hoffe, daß das keine Mißhelligkeiten mit Moskau zur Folge hat, da ich jetzt gleich auch dorthin schreibe. In Petersburg werde ich die 5. Sonate in einem Satz mit einer Menge Änderungen im Tempo spielen, was natürlich nicht auf große Plakate zu drucken ist. Was nun den zweiten Teil des Abends, nach der Pause, anbelangt, kann man vielleicht vorläufig einfach „Solo“ schreiben und Näheres dann in die Programme setzen. Falls ich im Laufe des Sommers etwas Neues schreibe, wäre es mir lieb, das zu spielen, und deshalb möchte ich jetzt nicht gleich alle Brücken hinter mir abbrechen. Für den Fall, daß dieser Wunsch von mir nicht berücksichtigt werden kann, seien Sie so gut und schreiben mir, dann lege ich sofort das Programm fest. – Mit dem vierhändigen Klavierauszug der „Ekstase“ werde ich nach und nach anfangen. Ich hoffe, ihn etwa im Oktober fertigzustellen, was es ermöglichen würde, ihn im November herauszubringen. Haben Sie den gekürzten Text des „Poems“ etwa nicht erhalten? Oder habe ich ihn vielleicht an Felix Michailowitsch geschickt? Sollte er verlorengegangen sein, würde ich gerne noch einmal eine Kurzfassung zusammenstellen. Nun habe ich wohl alle Fragen beantwortet. Also auf ein sehr erfreuliches Wiedersehen!

Ihr aufrichtig ergebener
A. Skrjabin

## 221. An Margarita Morosowa

Lausanne, [15./28. Juni 1908]
Square de la Harpe, C, Suisse

Liebe Margarita Kyrillowna
Vorgestern erhielt ich Ihren lieben Brief. Ich danke Ihnen vielmals dafür, aber ich werde mich trotzdem immer wieder beleidigt fühlen, wenn ich vier Monate lang keine Zeile von Ihnen bekomme! Seien Sie auch sehr bedankt, daß Sie den liebenswerten Wunsch haben, etwas zu einer glänzenden Aufführung der Sinfonien beizutragen.[1] Sie sind zu freundlich! Für die „Ekstase“ braucht man wirklich ziemlich viele Proben. Es ist eine vollkommen neue Musik und neue Instrumentation. Auch die 3. Sinfonie bietet dem Dirigenten manche Schwierigkeit. Ich würde mich sehr freuen, im Sinfoniekonzert zu spielen, aber auf keinen Fall mein Klavierkonzert. Am passendsten wäre die 5. Sonate. Man könnte sie auch noch einmal in dem Kammerkonzert spielen, so ein kompliziertes Werk muß man mehrmals hören. Bezüglich des Termins für meine Mitwirkung kann ich Ihnen nun sagen, daß es für mich am günstigsten *zwei Wochen* vor dem 31. Januar wäre (am 31. ist das Petersburger Konzert) oder am 21. Februar, nicht später.
Jetzt, liebe Margarita Kyrillowna, habe ich eine große Bitte an Sie. Es handelt sich darum, daß wir bis zum 1. August mit unseren Kapitalien in keiner Weise hinkommen, da wir

in letzter Zeit wegen der Amme viele zusätzliche Ausgaben hatten. Wir haben nur noch wenige Franken in der Kasse. Vielleicht können Sie so gut sein, mir statt am 1. August das Geld jetzt gleich zu schicken, damit würden Sie mich aus großen Schwierigkeiten erretten. Es ist mir sehr peinlich, Sie zu belästigen. Ich hoffe, daß der nächste Winter einige Veränderungen in meine materielle Situation bringt und ich in der Lage bin, nicht ständig Ihre Liebenswürdigkeit in Anspruch nehmen zu müssen. Auf Wiedersehen! Ich bitte Sie nochmals um Entschuldigung und wünsche Ihnen alles Gute. Tanja bittet, Ihnen einen herzlichen Gruß auszurichten.

Ihr aufrichtig ergebener
A. Skrjabin

P. S. Cooper ist noch nicht da.[2] Dafür ist Laliberté gekommen, wissen Sie noch, der Kanadier, und Mejtschik[3], beide sind unendlich liebenswert. – Ich bin mit dem Text des Mysteriums ein ganzes Stück weiter, bin schon beim Ausarbeiten von Details.
Meine Lehre will ich gern einmal darlegen.[4]

1 Hier und im folgenden sind die für 1909 geplanten Moskauer Konzerte gemeint.
2 Cooper kam im Sommer 1908 nach Lausanne, um mit Skrjabin die *3. Sinfonie* und das *Poème de l'Extase* durchzusprechen, die er 1909 in Moskau dirigieren sollte.
3 Skrjabin war von Mejtschiks Spiel begeistert. Er sprach mit ihm die *5. Sonate* und andere Werke durch, die Mejtschik dann in der neuen Saison in Rußland und im Ausland spielte.
4 Margarita Morosowa beabsichtigte, Skrjabin zu veranlassen, einmal kompetenten Persönlichkeiten seine weltanschaulichen Auffassungen mündlich darzulegen. Wera Skrjabina, mit der sie in Verbindung stand, meinte dazu in einem Brief an sie, Skrjabin hätte das nötig, denn wenn die Zuhörer fänden, er sage etwas Neues und Bedeutendes, könnte ihn das bestärken, andernfalls würden ihm die Augen geöffnet. Ein solches Gespräch kam jedoch nicht zustande, vielleicht weil Skrjabin im März 1909 die Verbindungen zu seiner Gönnerin abbrach.

## 222. An Margarita Morosowa

Biarritz[1], (12.) 25. Aug[ust] 1908

Liebe Margarita Kyrillowna

Ich schreibe Ihnen aus Biarritz, wo wir nun schon drei Wochen zu Gast bei Kussewitzkys sind.[2] Ich wollte Ihnen aus Lausanne schreiben, schaffte es aber nicht, so viel gab es vor der Abreise zu tun. Es handelt sich darum, daß wir beschlossen haben, nach Brüssel zu ziehen, das die Vorzüge der Hauptstadt mit fast ländlicher Ruhe und Billigkeit verbindet. Außerdem liegt es nicht weit von Paris und London, wo ich oft sein muß. Wir gedenken, uns in Belgien für längere Zeit niederzulassen, und hoffen, daß unsere Leiden ein Ende haben. Brüssel hat außerdem noch für sich, daß es für Mama, indem sie dort zu Hause ist, besonders bequem ist, mit den Kindern bei ihrer Familie zu bleiben, während wir unterwegs sind, und wir können beruhigt wegfahren. Hier bleiben wir bis zum 28. August. Wir haben uns schon ein bißchen erholt und schreiben dies weniger dem Klima als der wunderbaren, überaus herzlichen Gastlichkeit unserer Freunde zu, die uns mit rührendster Fürsorge umgeben. – Und wie geht es Ihnen, liebe Margarita Kyrillowna? Haben Sie den Landaufenthalt genossen und sich erholt? Schreiben Sie recht bald und recht viel nach *Brüssel* poste restante. Auf Wiedersehen! Tanja und ich senden Ihnen aufrichtige herzliche Grüße.

Ihr aufrichtig ergebener

A. Skrjabin

P. S. Haben Sie meinen Brief erhalten mit der Bitte, Doktor Orlow bei der Suche nach einer Arztstelle zu unterstützen? Für alle Fälle bitte ich Sie nochmals, für ihn das Mögliche zu tun, wenn er sich an Sie wenden sollte. Er ist ein sehr sympathischer Mensch und ausgezeichneter Arzt, er hat uns in Lausanne behandelt.

1 Berühmter und vornehmer Badeort im Süden der französischen Atlantikküste.*

2 Kussewitzky bereitete damals die Gründung des „Russischen Musikverlages" und seines eigenen Sinfonieorchesters vor. Auf Anregung von Olga Monighetti, die ihn um Unterstützung für Skrjabin bei der Herausgabe seiner Werke gebeten hatte, führte er im Juni 1908 in Lausanne und im August in Biarritz mit Skrjabin Ver-

handlungen, um ihn an seinen Unternehmungen zu beteiligen. Es wurde mündlich vereinbart, daß Skrjabin künftig seine Werke bei Kussewitzky verlegt und auf seine Autorenhonorare zunächst jährlich 5000 Rubel Vorschuß erhält. Die Vereinbarung umfaßte auch die Veranstaltung von Konzerten, überdies beanspruchte Kussewitzky später das Erstaufführungsrecht an Skrjabins neuen Werken. Das Fehlen eines schriftlichen Vertrages trug bald zu Mißverständnissen bei, die 1911 zum Zerwürfnis führten.

## 223. An Margarita Morosowa

Bruxelles, (23. Oktober) 5. November 1908,
45, rue de la Réforme

Liebe Margarita Kyrillowna
Heute will ich Ihnen ein paar Worte wegen der Rente schreiben. Es handelt sich darum, daß meine Verhältnisse sich nunmehr zum Besseren wenden müssen und ich Sie vom 1. Januar an nicht mehr mit dem Übersenden von Geld an mich zu belasten brauche.[1] Ich wollte Ihnen davon schon früher schreiben, doch ich mußte meine finanzielle Lage allseitig klären. Es stellt sich heraus, daß ich, da es durch das Einrichten am neuen Ort noch vieles zu bezahlen gibt, noch ein (letztes) Mal Ihre Liebenswürdigkeit in Anspruch nehmen und Sie sogar bitten muß, mir 1000 Rubel statt am 1. Januar jetzt sofort zu schicken.
Ich möchte Ihnen meinen aufrichtigsten und tiefempfundenen Dank aussprechen für die mir in den letzten Jahren erwiesene freundschaftliche Unterstützung, die, wie Sie selbst wissen, für mich sehr wesentlich war. Nie werde ich Ihr freundliches Verhalten mir gegenüber vergessen. Ich hoffe, liebe Margarita Kyrillowna, daß die Einstellung unserer „geschäftlichen" Beziehungen Ihnen nicht Veranlassung gibt, mir noch seltener zu schreiben, als Sie es schon bisher getan haben, und daß Sie dies mit der Tat und sofort beweisen, indem Sie mir auf meine beiden Briefe antworten! Ich kann die Vorwürfe nicht lassen! Unausstehlicher Mensch! Also auf Wiedersehen! Tatiana Feodorowna bittet, Ihnen einen herzlichen Gruß auszurichten, und ich bitte Sie, tausend gute Wünsche entgegenzunehmen.

Ihr ergebener
A. Skrjabin

1 Siehe Anm. 2 zum vorigen Brief und Anm. 3 zu Brief 138.

## 224. An Margarita Morosowa

Bruxelles, 4./17. [Dezember][1] 1908,
45, rue de la Réforme, Belgique

Liebe Margarita Kyrillowna
Es tut mir sehr leid, daß Sie in meinem Brief etwas Offizielles zu bemerken glaubten.[2] Wahrscheinlich liegt es daran, daß es immer schwer ist, sich in Briefen völlig verständlich zu machen, und erst recht für einen so schlechten Briefschreiber, wie ich es bin. Allerdings haben Sie mir mehr als einmal Veranlassung gegeben, an Ihrem Interesse für das, was mir teuer ist, zu zweifeln; wann und womit, wissen Sie sicher selber. Wenn Sie alles direkt sagen, will ich das auch tun, aber beim Wiedersehen, da ich fürchte, wieder nicht verstanden zu werden. Nun zu meinem letzten Brief: Ich hatte nicht nur nicht die Absicht, offiziell zu sein, sondern ich wollte so gut wie möglich meine echte und große Dankbarkeit für die materielle Unterstützung, die Sie mir so freundlich angeboten hatten, zum Ausdruck bringen. Wie wenig mir das gelungen ist, zeigt Ihr Brief. Es tut mir sehr leid! Aber es gibt auch in Ihrem letzten Brief Veranlassung, Ihnen etwas vorzuwerfen. Er ist nach dem Konzert von Mejtschik geschrieben, das heißt nach der ersten Aufführung meiner *5. Sonate* in Moskau durch einen hervorragenden Pianisten;[3] und über dieses Ereignis kein Wort! Was soll ich davon halten? Aber ich will mich darüber jetzt nicht verbreiten. Von Herzen wünsche ich, daß dies und vieles andere, Wichtigere nicht absichtlich war und sich alles klärt, wenn wir nach Moskau kommen.[4] Es ist gar keine Frage, wie froh ich bin, an Ihre Freundschaft und folglich an Ihre Anteilnahme an allem, was mir und meiner Kunst teuer ist, glauben zu können. Wir senden Ihnen herzliche Grüße.

Ihr ergebener
A. Skrjabin

1 Skrjabin schrieb versehentlich „Oktober".
2 Siehe den vorigen Brief.
3 Klavierabend am 18. November/1. Dezember 1908 mit Werken von Bach, Schumann und Liszt sowie in der Mitte des Programms vier Werken von Skrjabin.
4 Skrjabin reiste im Januar 1909 nach Berlin zu einer Aufführung seiner *3. Sinfonie* unter Oskar Fried, dann, wie geplant (siehe

Brief 220), weiter nach Petersburg und im Februar nach Moskau. Hier fanden – außer einem von ihm selbst organisierten Klavierabend (am 12. März nach dem alten Kalender) – zwei Sinfoniekonzerte (21. Februar und 8. März) und ein Kammerkonzert (21. Februar) mit Werken von ihm statt. In beiden Sinfoniekonzerten wurden unter Leitung von Emil Cooper die *3. Sinfonie* und das *Poème de l'Extase* aufgeführt, dazwischen spielte Skrjabin verschiedene Klavierkompositionen, darunter einmal die *5. Sonate*. Letztere spielte er auch in dem Kammerkonzert. Das Zustandekommen dieser drei Konzerte verdankte er der hohen Einsatzbereitschaft von Margarita Morosowa (siehe Brief 219, Anm. 2). Die ganze Konzertreise (die noch einen weiteren Klavierabend in Petersburg auf der Rückreise nach Brüssel umfaßte) war für Skrjabin ein hervorragender künstlerischer Erfolg. Sie war aber auch mit dem Abbruch der langjährigen freundschaftlichen Beziehungen zu seiner Wohltäterin verbunden; dieser erfolgte kurz nach dem zweiten Moskauer Sinfoniekonzert, weil sie sich weigerte, ihre Verbindungen zu Wera Skrjabina abzubrechen.*

## 225. An Olga Monighetti

[Brüssel,] (15.) 28 avril [April] 1909

Liebe Olga Iwanowna
Wir haben uns sehr gefreut, von Ihnen Post zu erhalten. Entschuldigen Sie, daß ich Ihnen nicht gleich geantwortet habe, aber ich war sehr, sehr beschäftigt und fühlte mich außerdem vor großer Erschöpfung nicht wohl. In den nächsten Tagen fahren wir nach London, wo meine 1. Sinfonie aufgeführt wird und ich außerdem spiele (am 14. Mai).[1] Wie wir den Sommer verbringen werden, ist noch nicht entschieden, jedenfalls bleiben wir bis Juli neuen Stils[2] in Brüssel. Im Herbst kommen wir nach Rußland[3] und nehmen wahrscheinlich unsere kleine Tochter mit. Wenn Sie im Sommer im Ausland sind, kommen Sie vielleicht bei uns vorbei, auf diese Weise könnten wir uns noch vor Rußland sehen. Auf Wiedersehen, liebe Olga Iwanowna, seien Sie aufrichtig gegrüßt.

Ihr A. Skrjabin

1 Die Reise kam nicht zustande.
2 Das heißt nach dem modernen Kalender.*
3 Skrjabin ging Anfang 1910 endgültig wieder nach Rußland.*

## 226. An Anatoli Ljadow

[Brüssel,] (15.) 28 avril [April] 1909

Lieber Anatoli Konstantinowitsch
Entschuldige, tausendmal entschuldige! Du weißt schon von Felix Michailowitsch, wie es zu dem Mißverständnis mit den Eintrittskarten kam. Ich meinerseits habe mich so geärgert, so gewundert über Dein Ausbleiben, daß ich Tatiana Feodorowna deswegen die ganze Zeit zugesetzt habe, sie kann es Dir erzählen, wenn wir uns wiedersehen.[1] Ich muß gestehen, ich war sogar beleidigt! Nun, das ist jetzt gewesen und vorbei.
Wie geht es Dir, lieber Anatoli Konstantinowitsch, schreib doch mal, Du machst uns eine große Freude. Wir sind zu unserem stillen Leben zurückgekehrt, ich arbeite viel[2] und fühle mich vor Erschöpfung nicht besonders gut. Ich habe noch eine Reise nach London zu einer Probe der 1. Sinfonie und zu einem Konzert (Klavier) vor mir.[3] Ich weiß nicht, wie ich es durchstehen werde. – Wahrscheinlich habe ich bald einen Teil des Textes zu meinem Mysterium fertig, wenn Du willst, lasse ich ihn abschreiben und schicke ihn Dir.[4]
Einstweilen verlasse ich Dich! Sei von uns aufrichtig herzlich gegrüßt!

Dein Dich aufrichtig liebender

A. Skrjabin

P. S. Sei doch so gut und schreib!

1 Anscheinend hatte Skrjabin bei seinem letzten Petersburger Konzert es versäumt, dafür zu sorgen, daß Ljadow eine Eintrittskarte bekam.
2 Skrjabin arbeitete nach der Rückkehr nach Brüssel am *Prometheus* weiter.
3 Siehe Anm. 1 zum vorigen Brief.
4 Der Text zum *Mysterium* ist nicht bekannt.

## 227. An Mark Mejtschik

[Brüssel, 9./22. Juni 1909][1]

Sie haben genug in Weimar bei Liszt, Wagner und Goethe gesessen; ich versichere Ihnen, Mark Naumowitsch, wir sind viel besser als die! Wir senden Ihnen herzliche Grüße.

A. Scriabine – er schreibt bald.

1 Postkarte, gemeinsam mit Tatjana de Schloezer und drei weiteren Personen geschrieben.

## 228. An Sergej Tanejew

Brüssel, (13.) 26. Juni 1909

Lieber Sergej Iwanowitsch
Aufrichtig danke ich Ihnen für das freundliche Gedenken und die Aufmerksamkeit. Gespannt erwarte ich das Buch, und mit größtem Interesse werde ich es studieren.[1] Wir werden leider über Sommer in Brüssel bleiben, da in Beatenberg, wo wir sein wollten, Keuchhusten aufgetreten ist, und das ist für die Kinder sehr gefährlich. Ein anderes Sommerquartier aber zu suchen, dazu ist es schon zu spät.
Ich stelle mir vor, wie schön es jetzt in einem russischen Dorf ist! Denken Sie hin und wieder an uns Arme!
Allerdings ist Brüssel ja im Sommer doch nicht Moskau, und zudem haben wir ein kleines Gärtchen – ein Trost für uns.
Ich wünsche Ihnen alles Gute, lieber Sergej Iwanowitsch. Tatjana Fjodorowna bittet, Ihnen einen herzlichen Gruß auszurichten.

Ihr aufrichtig ergebener
A. Skrjabin

P. S. Sehr, sehr würden Sie mich erfreuen, wenn Sie mir schrieben, irgendwann! Was komponieren Sie zur Zeit?

1 Tanejew hatte Skrjabin ein Exemplar seines gerade im Erscheinen begriffenen Buches „Der bewegliche Kontrapunkt im strengen Satz“ angekündigt.

## 229. An Alexander Goldenweiser

[Brüssel,] (2.) 15 novembre [November] 1909

Lieber Alexander Borissowitsch

Soeben erhielt ich Deinen Brief, und ich beeile mich, Dir meine Meinung zu Wera Iwanownas Beteiligung an Konzerten des Zirkels mitzuteilen.[1] Meiner Meinung nach ist es in diesem Falle ganz natürlich, sie nicht einzuladen, und trägt keineswegs demonstrativen Charakter, während ihre Beteiligung an Konzerten des Zirkels, der eine so enge Beziehung zu mir hat, gerade eine Demonstration mir gegenüber wäre, da sicher jeder in Moskau weiß, daß Wera Iwanowna und ich uns schon lange getrennt haben und daß die von ihr veranstalteten Konzerte mit meinen Werken für mich, da wir nicht geschieden sind, mehr als unangenehm sind. Wenn jemand nicht Bescheid weiß und sich wundert, daß Wera Iwanowna nicht beteiligt ist, wird man ihm erklären, was los ist, und das kann nur gut sein. Daß man Wera Iwanowna nicht einlädt, wird sie nicht übelnehmen. Sie kann nicht damit rechnen, denn der Zirkel ist von M. S. Lunz unter Beteiligung anderer mir und Tatiana Feodorowna nahestehender Personen gegründet worden. Wendet man sich aber an Wera Iwanowna mit der Bitte, sich an den Konzerten zu beteiligen, so würde dieser Umstand sie sehr beflügeln und der Scheidungsangelegenheit natürlich im Wege stehen. Ich würde es sehr bedauern, sollte meine Meinung irgendwelche Schwierigkeiten heraufbeschwören, doch nehme ich nicht an, daß es dazu kommt.[2] Ich benutze die Gelegenheit, Dir für Deine Anteilnahme, lieber Alexander Borissowitsch, herzlich zu danken und Dir meine Freude über Deinen Beitritt zu dem Zirkel auszusprechen. Ich schließe Dich fest in die Arme und bitte Dich, Anna Alexejewna einen herzlichen Gruß von mir auszurichten. Meine Frau läßt Euch beide herzlich grüßen.

A. Skrjabin

1 In Moskau hatte sich 1909 ein „Zirkel der Skrjabinisten" gebildet, dem Maria Nemenowa-Lunz, Konstantin Saradshew, Wladimir Dershanowski, Alexander Goldenweiser, Mark Mejtschik, Alexander Chessin, Emil Cooper, Jelena Beckmann-Schtscherbina und andere Musiker angehörten. Sein Ziel war die Verbreitung der Musik Skrjabins.

2 In einem Brief vom 14./27. November 1909 an Maria Nemenowa-Lunz brachte Skrjabin seine Verwunderung und seinen Ärger darüber zum Ausdruck, daß in dem Zirkel die Beteiligung seiner ersten Frau überhaupt diskutiert wurde, und lehnte es ab, mit dem Zirkel zusammenzuarbeiten, falls sie auch nur vertretungsweise in einem von dessen Konzerten auftreten sollte („Briefe", S. 540).*

## 230. An Alexander Chessin

[Brüssel,] (3.) 16 novembre [November] 1909

Sehr geehrter Alexander Borissowitsch
Ihren liebenswürdigen Brief habe ich erhalten, und ich war sehr erfreut über die Nachricht von der baldigen Aufführung der „Ekstase" durch Sie in Berlin.[1] Sehr gern käme ich für ein paar Tage hin, wenn mich nicht eine dringende Arbeit (ein Poem für Orchester mit Klavier[2]) noch für mindestens drei Wochen an den Schreibtisch fesselte. Das bedaure ich sehr! Einen Text in deutscher Sprache habe ich leider nicht![3]
Ich wünsche Ihnen Erfolg in jeder Hinsicht und sende Ihnen herzliche Grüße.

Ihr ergebener
A. Skrjabin

P. S. Sie würden mir eine große Freude machen, wenn Sie mir zwei Worte über das Konzert schreiben und das Programm schicken könnten.[4] Ich bin wieder zerstreut! Ich habe noch vergessen, Ihnen zu schreiben, daß sich Ihre Partitur meiner 3. Sinfonie bei mir befindet, ich nahm sie versehentlich aus Moskau mit. Schreiben Sie mir bitte, wohin ich sie schicken oder ob ich sie vielleicht nach Moskau mitbringen soll, wenn Sie sie jetzt nicht gleich brauchen. Teilen Sie mir bitte Ihre Moskauer Adresse mit; ich hatte sie verlegt, dann fand ich sie in Berlin in einer Tasche wieder! Und jetzt habe ich sie wieder verlegt! Und kann mich nicht erinnern! Entschuldigen Sie bitte meine Zerstreutheit.

A. S.

1 Das Konzert fand in Berlin am 2. Dezember 1909 statt (siehe

Abb. 27). Die deutsche Erstaufführung von Skrjabins *Poème de l'Extase* wurde eingerahmt von der „Fantastischen Sinfonie" von Berlioz und dem „Meistersinger"-Vorspiel von Wagner.*

2 *Prometheus.*

3 Eine kurze Inhaltsbeschreibung des *Poème de l'Extase* mit einer thematischen Analyse gab Chessin auf der Rückseite des Programms.

4 Chessin meldete Skrjabin in einem Telegramm einen „großen Erfolg". In den „Signalen für die musikalische Welt" erschien eine ziemlich skeptische Rezension, die wir unter den Dokumenten im vorliegenden Buch abdrucken.*

## 231. An Wladimir Dershanowski

Bruxelles, [November 1909]
45, rue de la Réforme

Sehr geehrter Wladimir Wladimirowitsch

Zunächst möchte ich Ihnen und den Mitgliedern des Zirkels[1] aufrichtig danken für die zum Ausdruck gebrachten Sympathien gegenüber meinem Schaffen und für den Wunsch, die Aufführung meiner Komposition so großartig zu organisieren. Ich bedaure es unendlich, daß meine persönliche Teilnahme an dem Konzert am 15. Februar aus dem von Ihnen schon genannten Grund wirklich nicht möglich ist. Was nun Pianisten anbetrifft, die ich als Interpreten meiner Kompositionen empfehlen könnte, so muß ich vor allem M. N. Mejtschik nennen, den ich im vorigen Sommer gehört habe und der über eine ganz große künstlerische Veranlagung verfügt. Was J. W. Gwosdkow anbetrifft, so hatte ich nicht das Vergnügen, ihn zu hören, doch die Berichte über sein Spiel, die mich erreichten, waren ausgezeichnet. Im übrigen bitte ich Sie, M. S. Lunz zu übermitteln, daß sie unnötig bescheiden ist: Diejenigen meiner Kompositionen, die keine große Hand erfordern, spielt sie entzückend.

Ihre Bitte, ein Porträt und Autogramm zu schicken, will ich erfüllen;[2] zugleich werde ich eine Partitur der 3. Sinfonie mit Bemerkungen von mir schicken. Ich hoffe, das Vergnügen zu haben, bei dem Konzert und vielleicht auch bei der Probe anwesend zu sein, da ich zu der Zeit wahrscheinlich schon in Moskau sein werde. Ich wäre sehr glücklich, Sie kennenzulernen, und bitte Sie, die Versicherung meiner vollkommenen Hochachtung entgegenzunehmen.

A. Skrjabin

1 Siehe Brief 229, Anm. 1.
2 Ein Foto mit Autogramm Skrjabins wurde in der Zeitschrift „Musyka“ 1915, Nr. 219, abgedruckt.

## 232. An Alexander Koptjajew

[Brüssel,] (22. November) 5 décembre [Dezember] 1909

Lieber Alexander Petrowitsch

Ihren freundlichen Brief habe ich erhalten; von Herzen danke ich Ihnen für Ihr stetes und so reges Interesse für mein Schaffen, wie es Ihr letzter Artikel über mich erneut beweist. Ich habe ihn noch nicht erhalten und erwarte ihn gespannt. Es freut mich sehr, daß Sie ein neues Stück komponiert haben und meiner Musik die Steigerung Ihrer schöpferischen Energie zuschreiben; was kann für mich erfreulicher sein, als Schöpfertum anzuregen! Es wäre mir sehr interessant, Ihr Werk kennenzulernen, und ich hoffe, es von Ihnen zu hören! Ich arbeite zur Zeit wie ein Wahnsinniger am „Prometheus“ – in den letzten Tagen bin ich gut vorangekommen, bin allerdings tüchtig erschöpft. – Wegen des nicht gesandten Porträts schäme ich mich sehr, verzeihen Sie! Jetzt werden Sie es in Kürze erhalten! Ich hatte es Ihnen zunächst nicht geschickt, weil ich hoffte, daß ich es schaffe, mich neu aufnehmen zu lassen; aber ich merke jetzt, daß es besser ist, das alte noch einmal zu bestellen, da ich absolut keine freie Minute habe, ich komme nun schon bald zwei Wochen überhaupt nicht mehr aus dem Hause. Auf Wiedersehen, lieber Alexander Petrowitsch! Ich sende Ihnen herzliche Grüße und die besten Wünsche. Meine Frau bittet, Ihnen einen Gruß auszurichten.

Ihr aufrichtig ergebener
A. Skrjabin

P. S. Ich habe eine große Bitte an Sie, lieber Alexander Petrowitsch. Seien Sie so gut, A. Nikisch, der am 11. in Petersburg meine 3. Sinfonie dirigiert,[1] Ihre Partitur dieser Sinfonie zu geben, damit er sich in die seinige die von mir vorgenommenen Änderungen eintragen kann. Ich wäre Ihnen sehr verbunden![2]

1 In einem in Leningrad aufbewahrten Brief an Constantin von Stackelberg vom 19. Februar 1908 lobt Nikisch die *3. Sinfonie* von Skrjabin und bemerkt dazu, sie habe gar nichts Russisches an sich („Briefe", S. 542).

2 Diese Bitte zeigt, daß dem Komponisten an den Änderungen sehr gelegen war. Sie wurden deshalb anhand des seinerzeit Koptjajew gehörenden Partiturexemplars und anderer Quellen bei der Neuausgabe von 1962 (Musgis) berücksichtigt.

## 233. An Nikolai Skrjabin

[Brüssel,] (2.) 15 décembre [Dezember] 1909

Lieber Papa

Als ich nach so langer Pause Deinen Brief erhielt, freute ich mich sehr, doch wie gewöhnlich dauerte die Freude nicht lange. Immer das gleiche trockene und kalte Verhältnis zu mir. Ich nehme an, als Du mir schriebst und rietest, allein nach Rußland zu fahren, bestand für Dich kein Zweifel daran, daß ich diesen Rat nicht befolgen werde. Meine Ansichten zu dieser Frage kennst Du, da ich sie Dir vor anderthalb Jahren bei uns in Lausanne ausführlich genug gesagt habe. Seitdem konnte ich meine Meinung nur befestigen. Ich weiß nicht, mit welchen mir wohlwollenden Leuten Du gesprochen hast; wahrscheinlich hast Du Dich geirrt und waren es Neider; die haben wir genug. Zur Ehre Rußlands muß ich sagen, daß es mich empfangen hat, wie es sich geziemte, und ich hatte auch, obwohl ich pedantisch genau darauf achtete, nicht ein einziges Mal Veranlassung, mit dem Verhalten gegenüber Tatiana Feodorowna unzufrieden zu sein. Was nun das Mißachten einer fremden Meinung anbetrifft, so sind Deine Vorwürfe völlig ungerechtfertigt, in dieser Hinsicht habe ich, glaube ich, nichts falsch gemacht. Ich bedaure es sehr, wenn unsere Anwesenheit in Moskau irgend jemanden beleidigt; dagegen kann ich nichts machen, ebenso wie ich viele Personen nicht aus Rußland ausweisen kann, die mich mit ihrer Anwesenheit beleidi-

gen. Wir werden nicht nur nach Moskau fahren, sondern wir werden uns dort sogar vom nächsten Jahr an niederlassen, vielleicht auch jetzt gleich dableiben. Mein künstlerisches Wirken ruft mich dorthin.[1] – Mit allem, was Du schreibst, lieber Papa, gibst Du mir zu verstehen, daß Du für Dich und für Deine Familie ein Wiedersehen mit uns vermeiden möchtest wegen unserer *ungewollt* illegalen Situation, anstatt uns zu helfen, aus ihr herauszukommen, und anstatt dem echten Gefühl Rechnung zu tragen, von dem Du Dich überzeugen konntest und das in unserer Zeit sehr selten ist. Außerdem hast Du nicht nur für die überdurchschnittliche Persönlichkeit Tatiana Feodorownas keine Achtung, Du beleidigst sie auch doppelt, indem Du auf sie als auf meinen Feind, der mir schlechte Ratschläge gibt, anspielst und indem Du ihr keine Grüße von Mama und meiner Schwester bestellst. Du bringst Deine Familie gegen mich auf, anstatt sie zu lehren, in meiner Person die russische Kunst zu ehren. Du sprichst mir ständig von Familie, doch mit allen Deinen Handlungen gibst Du mir zu verstehen, daß ich keine Familie habe. Tatiana Feodorowna und Deinen Enkeln mit offenen Armen entgegengehen, wenn wir uns trauen lassen – das wollen viele – Fremde; von meinem Vater und meiner Familie hätte ich und habe ich auch (naiv, wie ich war) etwas mehr erwartet! in bezug auf den Menschen, der über fünf Jahre das Leben und alle Leiden, von denen es, wie Du weißt, nicht wenige gab, selbstlos mit mir teilt. Wenn ich mich nicht irre und es das Ziel Deines Briefes war, mir das alles zu verstehen zu geben, dann will ich Dich ganz schnell beruhigen und Dir sagen, daß, wie ich es bisher als meine Pflicht angesehen habe, Euch einmal mit meiner Frau zu besuchen, ich dasselbe jetzt als Taktlosigkeit erachten würde.
Auf Wiedersehen, lieber Papa!

Dein Dich liebender Sohn Sascha

P. S. Du regst Dich auf, wenn Du mir schreibst, und ich werde krank, wenn ich Deine Briefe lese. Und dabei muß ich 14 Stunden am Tag an einer dringenden Arbeit sitzen!

1 Am 1./14. Januar 1910 reiste Skrjabin mit Tatjana de Schloezer von Brüssel nach Moskau ab und kehrte damit endgültig in die Heimat zurück.*

## 234. An Maria Nemenowa-Lunz

[Twer, 26. April/9. Mai 1910][1]

Bestellen Sie Moser[2], bedauern, bitten um Entschuldigung, auf dem Dampfer keine Plätze. Großer Erfolg.[3] Gruß.

Kussewitzky, Skrjabin

1 Telegramm, einziges bekanntes Briefdokument Skrjabins von der Wolga-Tournee, die Kussewitzky mit seinem Orchester auf einem eigens gemieteten Dampfer im April und Mai 1910 veranstaltete und an der Skrjabin als Solist seines *Klavierkonzertes* und Tatjana de Schloezer teilnahmen. Außer den Musikern, darunter noch drei Solisten, fuhren auch Musikkritiker und Berichterstatter sowie einige Ehrengäste mit, darunter der Dresdner Maler Robert Sterl, der Skrjabin mehrfach malte (siehe Abb. 30 und 31). Vielen weiteren Interessenten mußte die Teilnahme abgeschlagen werden. Die Fahrt ging von Twer (heute Kalinin, nordwestlich von Moskau) die ganze Wolga abwärts bis Astrachan mit Konzerten in allen größeren Städten.*

2 Dieser hatte sich über Maria Nemenowa-Lunz an Skrjabin mit der Bitte gewandt, für ihn die Teilnahme an der Fahrt zu erwirken.

3 Gemeint ist das an diesem Tag gegebene erste Konzert der Tournee, die allen Beteiligten großen Erfolg brachte und bedeutend zum Bekanntwerden von Skrjabins Musik in Rußland beitrug.

## 235. An Tatjana de Schloezer

[Petersburg, nach dem 22. November/5. Dezember 1910]

Tatussik, liebes Engelchen, mit welcher Freude lese ich Deine Zeilen! Ich hatte mir schon Sorgen gemacht. Hast Du die *drei* Telegramme erhalten, die ich Dir gestern und vorgestern geschickt habe? Wenn ja, dann weißt Du schon, wie großartig das Konzert verlief.[1] Es war viel Publikum da, und welches Publikum! Den meisten Erfolg hatte der 3. Teil!![2] Denk nicht, die Polonaise, nein, das „Poème", „Enigme", alle kleinen Stücke! Ist das nicht erstaunlich? Die Sonate[3] habe ich gut gespielt – warum? ... Am Abend vorher ging sie überhaupt nicht.

– Man ließ mich nicht zu Ende schreiben, es erschienen die Herren Mitarbeiter irgendwelcher Zeitungen und fingen ein Verhör an. Jetzt fahre ich zu Papa zum Frühstück und

von da aus zu einer Verabredung mit Chessin, der meine 3. Sinfonie spielt. Dann zu Borja zum Mittagessen und von ihm zum Beljajew-Konzert[4]. Morgen schreibe ich, heute muß ich mich auf diesen Schriebs beschränken. Ich küsse Dich ganz herzlich, meine Teure, Geliebte, Kindchen, ständig denke ich an Dich. Schreib mir unbedingt *jeden Tag*. Küsse Mama und die Kinderchen. –
Wieder habe ich nicht zu Ende geschrieben, ich sitze bei Borja, der wird den Brief zum Bahnhof bringen, damit er heute noch ankommt.
Bis morgen!

1 Klavierabend in Petersburg am 22. November 1910.
2 Das heißt die nach der zweiten Pause gespielten Stücke:* die drei *Stücke* op. 52, *Poème fantasque* op. 45 Nr. 2, *Désir* op. 57 Nr. 1 und die *Polonaise* op. 21.
3 *4. Sonate.*
4 Gemeint sein dürfte ein „Russisches Sinfoniekonzert" anläßlich des am 23. November (Beljajews Namenstag) 1910 begangenen 25jährigen Jubiläums dieser Konzertreihe und des Verlages M. P. Belaieff.*

## 236. An Matwej Presman

Moskau, 8. (21.) Dezember 1910
Maly Tolstowski (Arbat), Haus von Frau Oltarshewskaja

Lieber Matwej Leontjewitsch
Ich sende Dir das Programm meiner Konzerte.[1] Ich vergaß, Dir mitzuteilen, daß ich jetzt immer auf einem *Bechstein* spiele. Deshalb sei bitte so gut zu veranlassen, daß mir in allen drei Städten gute Instrumente (Bechstein natürlich) bereitgestellt werden. Sollte das nicht möglich sein, telegrafiere sofort, damit ich Andrej Andrejewitsch Diederichs in Petersburg Bescheid geben kann, der Bechstein in Rostow am Don vertritt und natürlich alles tun wird, um mir einen guten Flügel zu beschaffen. – Ich freue mich sehr bei dem Gedanken, Dich bald zu sehen. Einstweilen sende ich Dir aufrichtige herzliche Grüße und meine besten Wünsche.

Dein ergebener
A. Skrjabin

1 Presman hatte Skrjabin zu einer Konzerttournee im Januar 1911 nach Nowotscherkassk, Rostow am Don und Jekaterinodar (heute Krasnodar) in Südrußland aufgefordert und um Mitteilung des Programms gebeten.

## 237. An Tatjana de Schloezer

[Dresden, 3./16. Februar 1911][1]

Guten Tag, meine Tussinka! Ich bin eben aufgestanden und möchte mich wenigstens einen Augenblick mit Dir unterhalten, solange noch niemand kommt. Gestern habe ich Dir nicht geschrieben, da Sterl[2], der mich am Bahnhof abholte, mich danach nicht eine Minute allein ließ. Wir aßen zusammen Mittag, tranken dann Tee in einem Café, und danach spielte ich ihm bis zum Umfallen bei mir im Zimmer vor. Er war kaum gegangen, als ich schon im Bett war, völlig zerschlagen vor Müdigkeit; ich dachte an mein liebes Kindchen und schlief ganz fest ein. Heute verbringe ich den Tag wieder mit diesem sympathischen Menschen. Wir gehen jetzt sein Atelier ansehen, dann wollen wir auch zusammen den Flügel für das Konzert[3] auswählen und von da aus zum Mittagessen gehen, wohin, weiß ich nicht. Wir unterhalten uns die ganze Zeit (auf deutsch!![4]) über Kunst und Theosophie (genauer gesagt, das Mysterium); für letzteres interessierte er sich außerordentlich, er ist überhaupt ein begeisterungsfähiger und recht feinsinniger Mensch. – Wann höre ich denn endlich etwas von Dir?! Weder heute noch morgen besteht Hoffnung, selbst wenn Du gleich am Tag nach meiner Abreise geschrieben hast. Wie öde das ist! Wie geht es Marotschka[5]? Ich kann mich sehr gut an ihr liebes Gesichtchen erinnern und werde sie wahrscheinlich gar nicht mehr wiedererkennen, wenn ich zurückkomme – so wird sie sich in den zwei Wochen verändert haben. Sag Ariascha[6], daß ich sie sehr bitte, der Mama keinen Kummer zu machen und lieb zu sein, und gib ihr einen herzlichen Kuß, auch dem Mouton[7]. Sag Mama, daß ich, auch wenn sie es nicht nötig hat, sie trotzdem herzlich küsse. Auf Wiedersehen!

Ich habe aus Versehen die Schlüssel vom Schrank und Schreibtisch mitgenommen.

1 Skrjabin machte im Februar 1911 eine Konzertreise nach Dresden, Leipzig und Berlin.
2 Skrjabin war mit Sterl im Vorjahr bei der Wolga-Tournee bekannt geworden (siehe Brief 234, Anm. 1).
3 Klavierabend am 17. Februar 1911 im Künstlerhaus, Albrechtstraße 6.*
4 Skrjabin sprach nur mangelhaft deutsch.
5 Kosename für Marina, das dritte, zwei Wochen vor der Abreise, am 17./30. Januar 1911, geborene Kind.*
6 Ariadna, damals 5 Jahre alt.*
7 So wurde der Sohn Julian, damals 3 Jahre alt, in der Familie scherzhaft genannt.

## 238. An Tatjana de Schloezer

[Dresden, 5./18. Februar 1911]

Denkst Du an mich? Sehnst Du Dich genauso, wie ich mich nach Dir sehne? Gestern verlief das Konzert glänzend, aber ich habe gar kein Vergnügen daran: Mein kleines Engelchen ist nicht bei mir.
Ich bin noch einen Tag in Dresden geblieben, da Sterl ein Porträt von mir macht.[1] Alle Wolgaskizzen[2] stehen gerahmt bei ihm im Atelier und sollen auf eine Ausstellung geschickt werden (ich glaube, nach Berlin); und die Chopyti[3] figurieren dort in dem hübschen goldenen Kleid. Wenn sie durch die Ausstellungen gereist und zu einer Berühmtheit geworden sind, werden sie (die Chopyti) zu mir in mein Arbeitszimmer kommen![4] –
Es klopft, das ist Sterl. Auf Wiedersehen, küsse herzlich Mama und die Kinderchen.
Wir gehen zusammen nach poste restante fragen.
Sterl läßt grüßen.

1 Sterl zeichnete – wie übrigens auch schon 1909 von Rachmaninow – auf Anregung Struves ein Porträt von Skrjabin, das später im Russischen Musikverlag als Postkarte erschien (siehe Abb. 33). Das Original befindet sich heute in den Städtischen Kunstsammlungen Karl-Marx-Stadt.*
2 Siehe Brief 234, Anm. 1. Eine dieser Ölstudien (Skrjabin am Flügel in Simbirsk während eines Konzertes unter Kussewitzky, Abb. 31) befindet sich im Skrjabin-Museum Moskau. Einige wei-

tere Bilder Sterls, auf denen Skrjabin dargestellt ist, befinden sich in der Dresdner Gemäldegalerie Neue Meister, im Museum der bildenden Künste Leipzig sowie im Robert-Sterl-Haus in Wehlen (Sächsische Schweiz) (siehe: H. Zimmermann, Robert Sterl, Werkverzeichnis der Gemälde und Ölstudien, Kunsthalle Rostock 1976; N. Kardinar, Die russischen Reisen von Robert Sterl, Diss. Leipzig 1978).*

3 Kosename für Tatjana de Schloezer.

4 Gemeint sein könnte ein heute nur als Schwarzweißreproduktion bekanntes Bild, das Skrjabin und Tatjana de Schloezer (diese im Mittelpunkt in einem prächtigen Kleid), als Zuhörer in der Loge sitzend, und Kussewitzky im Hintergrund dirigierend zeigt.*

## 239. An Tatjana de Schloezer

[Dresden, 6./19. Februar 1911]

Katjussinka, ich bin natürlich sehr böse auf Dich, daß Du den Brief zerrissen hast![1] Tu das bitte *niemals*! Nun danke ich Dir aber für den lieben Brief, den Du mir geschickt hast. Was für ein Porträt Sterl gemacht hat! Ich weiß, daß Du restlos zufrieden sein wirst. Er hat so viel hineingelegt! Das Ergebnis ist ein gewisses Idealwesen mit weichem Gesichtsoval und sehr vielsagendem Augenausdruck; so möchte ich gern sein![2] Ich habe es sehr eilig, fahre jetzt nach Berlin. Ganz herzlich küsse ich Dich, Mama und die Kinderchen.

1 Tatjana hatte Skrjabin geschrieben, sie habe einen langen Brief an ihn zerrissen, weil er ihr „sehr hochgestimmt und lyrisch" erschien und sie fürchtete, Skrjabin könnte ihn, wenn er ihn in anderer Stimmung erhielte, nicht verstehen.

2 Siehe Anm. 1 zum vorigen Brief.

## 240. An Tatjana de Schloezer

[Berlin, 12./25. Februar 1911]

Was für eine Freude, fünf Briefe von Dir auf einmal! Wie ist mein kleines Herz Dir dankbar, wie werde ich alle Deine Liebkosungen erwidern, wenn ich Dich endlich wiedersehe! Wie ist mir traurig zumute, wie gern möchte ich bal-

digst nach Hause. Ich komme gerade aus Leipzig.[1] Hatte dort sehr großen Erfolg, obwohl ich schlechter spielte als in Dresden. Meine rechte Hand tat mir etwas weh. Das Publikum hat es wohl nicht gemerkt.
Ich habe Dir viel zu sagen und zu berichten, werde es aber erst tun, wenn ich wieder da bin. Jetzt muß ich zu Bechstein fahren,[2] will aber den Brief nicht liegenlassen. Ich küsse Dich heiß, meine Liebe. Auf baldiges Wiedersehen! Gib Mama und unseren prächtigen Kinderlein einen Kuß. Ich wollte an Tante schreiben, hatte aber absolut keine Zeit. Sag ihr das, und gib ihr und Großmutter einen Kuß. Ich habe mich verspätet und muß mich beeilen.
Die Fahrkarte habe ich schon.

1 Am Vortage war Skrjabin von Berlin nach Leipzig gefahren und hatte dort einen Klavierabend mit dem gleichen Programm wie in Dresden gegeben.

2 Offenbar wieder, wie auch vor anderen Konzerten, zum Ausprobieren eines Flügels. Im Bechstein-Saal gab Skrjabin am 27. Februar 1911 einen Klavierabend wieder mit dem gleichen Programm. Michail Gnessin schrieb darüber in seinen unveröffentlichten „Erinnerungen an Skrjabin“: „Skrjabin war 1911 in Deutschland überhaupt noch nicht bekannt, und sein Konzert fand in einem schwach gefüllten Saal statt, vor einem Publikum größtenteils mit Einladungskarten, die die Konzertdirektion Wolff großzügig verschickt hatte. Dazu muß man aber wissen, daß drei Viertel hervorragender Konzerte in Berlin vor halbleerem Saal stattfinden, nur damit man einmal in diesem bedeutenden Konzertzentrum spielen und sich eine Rezension erhoffen kann! Das deutsche Publikum hörte ein wenig kühl zu. Die ‚russische Kolonie‘ war natürlich begeistert. [...] Und doch war am Schluß des Konzertes zu spüren, daß es auch unter dem deutschen Publikum eine Anzahl von Zuhörern gab, die in Begeisterung gekommen waren.“ (Zit. nach: Chronik des Lebens und Schaffens von A. N. Skrjabin, Moskau 1985, S. 191f. [russ.].)*

## 241. An Matwej Presman

Moskau, 12. (25.) [Mai][1] 1911

Lieber Freund Matwej Leontjewitsch
Mit großem Vergnügen teile ich Dir mit, daß ich frei bin von der Beteiligung an Konzerten von K[ussewitzky] und

daher Gespräche mit Alexander Iljitsch aufnehmen kann.[2] Wenn wir uns wiedersehen, erzähle ich Dir alles, was in den letzten Tagen los war.[3] Vorläufig bitte ich Dich sehr, es so einzurichten, daß Du wenigstens einen ganzen Tag in Moskau sein kannst. Wenn Du bei uns absteigen willst, machst Du uns eine große Freude. Tu das *unbedingt*! Wir sind bis Dienstag nächster Woche in der Stadt. Richte Alexander Iljitsch aus, daß ich ihm sehr dankbar bin für seinen Wunsch, die Aufführung des „Prometheus" so gut zu organisieren, und sag ihm herzliche Grüße von mir. Zur Aufführung will ich versuchen zu kommen. Schreib mir recht bald oder telegrafiere.
Ich umarme Dich herzlich und danke Dir vielmals für Deine freundlichen Bemühungen. Tatiana Feodorowna und Maria Alexandrowna lassen Dich grüßen.

Dein ergebener
A. Skrjabin

K[ussewitzky] ist zur Zeit in Petersburg. Ich kann mir vorstellen, was für Unsinn er jetzt über mich redet.

1 Skrjabin schrieb versehentlich „Juni".
2 Siloti hatte sich bereits 1908 über Margarita Morosowa bemüht, Skrjabin für seine Konzerte zu gewinnen. Nach Skrjabins Bruch mit Kussewitzky (vgl. Brief 222, Anm. 2) wandte er sich in Verbindung mit Presman an den Komponisten und bot ihm die Aufführung des *Klavierkonzertes* und des *Prometheus* und die Mitwirkung dabei als Pianist sowie die Veranstaltung von Klavierabenden an (siehe den folgenden Brief).
3 Gemeint sind die Auseinandersetzungen mit Kussewitzky.

## 242. An Alexander Siloti

[Moskau, 15./28. Mai 1911]

Lieber Alexander Iljitsch
Als Antwort auf Ihre freundliche Begrüßung sage ich: Wie angenehm ist es für einen Künstler, Gast eines Künstlers zu sein! Hoffentlich sind auch Sie nicht bei näherer Bekanntschaft mit mir zu sehr enttäuscht.
Von den zwei Daten, die Sie nennen, wäre für mich der 22. Oktober am günstigsten, und die Clavierabend[e][1] mög-

lichst nahe an diesem Termin, da ich vorhabe, in der nächsten Saison eine große Zahl von Konzerten in verschiedenen Städten Rußlands zu geben, angefangen mit Petersburg.[2] Sollte es für Sie auch nur im geringsten ungünstig sein, so genieren Sie sich bitte nicht, mein Auftreten auf den 5. November festzulegen und die Clavierabend[e][1] kurz danach. Ich meine nur den Fall, daß Sie selbst in der Wahl der Tage schwanken.[3]
Gern will ich Ihre Bitte erfüllen, lieber Alexander Iljitsch, und falls ich über Sommer ein Orchesterstück schreibe, werde ich Ihnen das Manuskript vor dem Druck geben, doch kann ich mich natürlich nicht dafür verbürgen, daß es dann so eine Komposition gibt.
Morgen fahren wir aufs Land, deshalb bitte ich Sie, mir bereits an die neue Adresse zu schreiben. Einstweilen alles Gute! Ich bitte Sie, Ihrer Gattin einen Gruß von mir auszurichten. Meine Frau sendet Ihnen einen Gruß.

Ihr ergebener
A. Skrjabin

Unsere Sommeranschrift: Eisenbahn Rjasan–Uralsk. Station Stupino. Gut Obraszowo-Karpowo.

1 Dieses Wort in Skrjabins Originalbrief so deutsch geschrieben, aber mit russischer Endung.*
2 Durch den Bruch mit Kussewitzky erhielt Skrjabin von diesem kein Geld mehr und mußte sogar bedeutende Summen zurückzahlen. Das nötigte ihn zu einer starken Erweiterung seiner Konzerttätigkeit, besonders in der Saison 1911/12. In seinem Briefwechsel der nächsten Zeit geht es zu einem großen Teil um Konzerttermine und -programme.*
3 Siehe Anm. 2 zum vorigen Brief. Am 5. November 1911 trat Skrjabin in Petersburg unter Siloti als Solist seines *Klavierkonzertes* auf und spielte den Klavierpart im *Prometheus*, und am 31. Oktober und 7. November gab er dort Klavierabende.

## 243. An Anatoli Ljadow

Moskau, 15. (28.) Mai 1911

Lieber Anatoli Konstantinowitsch
Morgen fahren wir weg, im Haus ist ein furchtbares Durcheinander, deswegen kann ich Dir vorläufig nur ein paar Worte schreiben. Aufrichtig und herzlich danke ich Dir für Dein gütiges Wohlwollen. Der Ruf meines teuren alten Freundes Mitrofan Petrowitsch hat mich tief gerührt. Übermittle dem Kuratorium meinen Dank, und sag ihm, daß ich im Prinzip sehr gern zurückkäme,[1] daß ich aber Verhandlungen erst aufnehmen kann, wenn mein Verhältnis zum Verlag von Kussewitzky endgültig geklärt ist, das wird hoffentlich sehr bald der Fall sein, denn ich erwarte Antwort auf eine Anfrage von mir. Also ich schreibe Dir bald (gib mir Bescheid, wohin). Einstweilen küsse ich Dich herzlich und danke Dir nochmals. Tatiana Feodorowna sendet Dir aufrichtige, herzliche Grüße.

Dein ergebener
A. Skrjabin

Unsere Adresse: Eisenbahn Rjasan–Uralsk, Station Stupino, Gut Obraszowo-Karpowo.

1 Ljadow hatte Skrjabin im Auftrag des Kuratoriums erneut die Veröffentlichung seiner Werke im Verlag Belaieff angeboten. In diesem Zeitraum nahm Skrjabin aber auch durch Vermittlung von Oskar von Riesemann Vorverhandlungen mit dem Verlag Jürgenson auf.

## 244. An Leonid Sabanejew

Obraszowo-Karpowo, 7. (20.) Juli 1911

Lieber Leonid Leonidowitsch
Ihr freundlicher Brief[1] hat mich sehr erfreut, zumal ich Ihnen gar nicht schreiben konnte, da mir Ihre Sommeradresse abhanden gekommen war. Vorige Woche war ich in Moskau und rief in der Redaktion an in der Annahme, Sie könnten vielleicht gerade dort sein. Der Schurke von Pförtner konnte mir nichts über Sie sagen und hat offensichtlich auch noch vergessen, meinen Auftrag auszuführen, nämlich

Ihnen auszurichten, daß wir nur zwei Tage in der Stadt bleiben, Sie sehr gern sehen würden und bitten anzurufen. Als ich ein zweites Mal in der Redaktion anrief, hieß es, Sie wären gerade vor 10 Minuten weggefahren. Das war sehr ärgerlich! Wie haben wir uns gefreut zu erfahren, daß Sie gesund sind und die Zeit nützlich verbringen. Es wäre mir sehr interessant, Ihre neuen Werke kennenzulernen. Wie gern würde ich mit Ihnen einmal reden, es hat sich viel Stoff angesammelt. Von K[ussewitzky] erhielt ich einen durch seine sonderbaren, auf nichts gegründeten Forderungen dermaßen empörenden Brief, daß ich mich immer noch nicht beruhigen kann, so wütend war ich! –
Können Sie nicht ein, zwei Tage wenigstens zu uns kommen, lieber Leonid Leonidowitsch? Sie würden uns eine große Freude machen. Bitten Sie Ihre Gattin in unserem Namen, daß sie Sie fahren läßt, um uns in unserer Abgeschiedenheit zu besuchen. Heute kann ich nicht mehr schreiben, ich muß mich beeilen, diese Zeilen dem Verwalter zu geben, der nach Kaschira fährt und sie zur Post bringt. Wir senden Ihnen und Jekaterina Leontjewna herzliche Grüße. Also, *auf baldiges* Wiedersehen!

Ihr ergebener
A. Skrjabin

P. S. Sobald Sie sich entschieden haben, zu uns zu kommen, schreiben Sie uns Tag und Stunde Ihrer Abreise, dann schicken wir Pferde an die *Station Stupino*. Es gibt zwei Züge: 9.40 Uhr morgens und 6.20 Uhr abends vom Pawelezer Bahnhof. Schreiben Sie etwa 4 Tage vorher, damit wir den Brief rechtzeitig erhalten.
Einen Gruß an Nikolai Sergejewitsch[2].

1 Sabanejew hatte unter anderen Neuigkeiten aus Moskau von dem „Sturm" berichtet, den eine Zeitungsmeldung „über den Bruch Skrjabins mit Kussewitzky" ausgelöst hatte, sowie über die entschieden negative Einstellung der Öffentlichkeit zu Kussewitzky.
2 Shiljajew.

## 245. An Matwej Presman

[Moskau, 10./23. September 1911][1]

Dein Brief hat mich sehr betrübt. Kannst Du Dir vorstellen, wie gut ich Dich verstehe und wie sehr ich mit Dir in Deiner Stimmung mitfühle![2] Ich kann Dir zum Trost sagen (in Gemeinschaft ist auch der Tod schön[3]), daß ich den ganzen Sommer in Unannehmlichkeiten gesteckt habe. Wenn wir uns sehen, kann ich Dir vieles erzählen. Für den Augenblick bitte ich Dich sehr, lieber Freund, laß nicht den Mut sinken! sondern bleib bei Deiner Ansicht! Beharrlichkeit führt zum Ziel! Ich bin ständig furchtbar beschäftigt: Ich übe viel (bereite drei Programme vor)[4], und außerdem will ich in Kürze eine ganze Serie von Klavierstücken fertigstellen.[5] Die Sommerferien sind längst vergessen, ich träume schon von den nächsten!

1 Das Original dieses Briefes ist nicht nachweisbar. Der folgende, auf eine Abschrift zurückgehende Text dürfte mindestens um Anrede und Unterschrift gekürzt sein.

2 Presman hatte einen Konflikt mit seiner Dienststelle, der Russischen Musikgesellschaft.

3 Russisches Sprichwort.*

4 Skrjabin stellte für seine Konzerte in Provinzstädten ein anderes Programm als für die beiden Petersburger Klavierabende im November zusammen.

5 Wie aus einem Brief von Kussewitzky vom 10./23. August 1911 hervorgeht, hatte Skrjabin dem Russischen Musikverlag bis zu diesem Tag außer dem *Prometheus* die *Klavierstücke* op. 59 und 52 und die *5. Sonate* übergeben. Folglich übergab er ihm danach noch die *Stücke* op. 58, 61 und 63 sowie die *6.* und *7. Sonate.*

## 246. An Matwej Presman

Moskau, 5. (18.) Dezember 1911

Lieber Freund Matwej Leontjewitsch

Ich sende Dir die Programme der clavierabend[e][1] in Rostow, die ich ein bißchen anders, viel interessanter für das Rostower Publikum, zusammengestellt habe.[2] Die 5. Sonate kann man in Rostow vorläufig nicht spielen, sie ist selbst für das Petersburger Publikum zu schwierig! Also, wie Du siehst, das Programm des 1. Konzertes ist dasselbe wie in den anderen Provinzstädten, während das 2. aus moderneren Werken besteht (4. Sonate, op. 50, 51, auch das „Poème satanique"!), kurz, ein großer Teil derselben Werke wie bei Siloti,[3] bloß anders angeordnet. Ich habe die Programme auch nach Taganrog und Jekaterinodar[4] geschickt; nach Nowotscherkassk, hast Du geschrieben, willst Du sie selbst schicken. Den Termin habe ich nur nach Jekaterinodar mitgeteilt, und auch das nicht mit Sicherheit, da ich immer noch nicht weiß, ob Du den Zeitplan bestätigt hast oder nicht! Sei so gut, überall ein Wort hinzuschreiben und *alle* zu bitten, Dir oder mir (besser Dir) Bescheid zu geben, daß das Konzert für den und den Tag *angezeigt* ist. Ich habe große Angst, es könnte etwas durcheinandergehen! Verzeih mir um Gottes willen, daß ich Dich belästige, aber es ist für mich von hier aus sehr schwierig, die Korrespondenz zu führen, außerdem können die Termine für meine Konzerte in den anderen Städten nur in Abhängigkeit von denen in Rostow festgelegt werden. Sobald Du den Zeitplan bestätigt hast, gib mir gleich Bescheid, ich wäre Dir sehr verbunden. Wie geht es Dir, lieber Freund, kommst Du nach Moskau? Ich bin gespannt auf unser Wiedersehen, so viel Interessantes gibt es zu erzählen! Bald sehe ich Alexander Iljitsch, darauf freue ich mich sehr. Jetzt muß ich schließen, entschuldige meine unmögliche Schrift, ich habe dringend zu tun und möchte die Absendung des Briefes nicht verschieben. Ich schließe Dich fest in die Arme, mein Lieber, und bitte Dich, Deiner Gattin einen Gruß auszurichten. Wir alle senden Euch herzliche Grüße.

Dein ergebener
A. Skrjabin

1 Siehe Brief 242, Anm. 1.*
2 Siehe Anm. 4 zum vorigen Brief. Skrjabin spielte in Rostow am Don am 7. und am 13. Januar 1912. Größtes Werk im ersten Konzert war die *2. Sonate*. In der Programmaufzählung im Brief muß es statt op. 50 op. 56 heißen.
3 Das heißt wie in dem zweiten von Siloti veranstalteten Petersburger Klavierabend am 7. November 1911.*
4 Heute Krasnodar.*

## 247. An Sinaïda Monighetti

Moskau, 17. (30.) Dezember 1911

Sehr geehrte Sinaïda Iwanowna

Sie geben mir Ratschläge, mich nicht mit Reisen zu übernehmen, die Kerze nicht an beiden Enden zugleich anzuzünden usw., dazu sagen Sie, daß bei einer solchen wahnsinnigen Verschwendung der psychischen und physischen Kräfte von mir nichts übrigbleiben werde und daß dies alles den Herzen aller mich *wahrhaft Liebenden* Schmerzen bereite. Geht nicht aus diesen Worten hervor, daß Sie annehmen, ich hätte nicht meine wahren Freunde um mich, sondern sei von Menschen umgeben, die meine „Überanstrengung" nicht sehen oder nicht sehen wollen, die meine seelische und körperliche Ruhe vollkommen ignorieren und mich, ungeachtet meines langsamen Sterbens, immer weiter für ihre egoistischen Ziele ausbeuten? (Nur diese Annahme konnte Ihnen doch Anlaß geben, sich in unsere Angelegenheiten einzumischen.) Ihr Brief bedeutet eine direkte Beschuldigung des mir nächsten Menschen, er begehe ein Verbrechen gegen mein Schaffen, und den Versuch, meinen Glauben an seine Hingabe für mich zu erschüttern. Ich möchte Sie daran erinnern, daß der gleiche Versuch von Ihrer Seite während unseres Auslandsaufenthaltes zu einem Zerwürfnis führte.[1] Tatiana Feodorowna beweist ihre Hingabe für mich und meine Kunst in jedem Augenblick ihres Lebens nicht mit Worten, sondern mit der Tat, und meine wahren Freunde hätten am ehesten die Möglichkeit, das zu merken. Sie sollten sich nicht um mich sorgen, sondern sich für mich freuen! Ich bedaure sehr, daß ich so unvorsichtig war, in Ihrer Gegenwart zu sagen, ich sei erschöpft, falls das für Sie der Anlaß zu diesem Mitleid mir gegenüber war; es ist durch absolut nichts gerechtfertigt. Sie fragen, was mein Erkalten Ihnen gegenüber in der letzten Zeit bedeutet, aber können Sie sich wirklich nicht denken, daß Ihre Ausfälle gegen Tatiana Feodorowna, als Maria Alexandrowna mit meiner Tante bei Ihnen war, unserer Annäherung nicht gerade dienlich waren? Können Sie wirklich nicht verstehen, daß auch dieser heutige Brief von Ihnen die guten Beziehungen kaputtmacht, die bestehen könnten, wenn Sie selbst sie nicht zerstörten? Wenn ich heute in einem Konzert auftreten müßte, würde ich wahrscheinlich bedeutend schlechter spielen als am 10. Dezember,[2] so haben Sie mich in Aufregung gebracht. Übrigens Ihre Einschätzung meines letzten Auftretens hat mich sehr erstaunt. Ich muß Sie eines Bessern belehren, ich habe gut gespielt, und Sie hätten das gemerkt, wenn Sie nicht mit der vorgefaßten Meinung, ich sei ein zugrunde gehender Mensch, in das Konzert gekommen wären.

Aber genug, ich rege mich zu sehr auf, und das schadet wirklich meiner Gesundheit. Nehmen Sie meine besten Wünsche und die Versicherung meiner Hochachtung entgegen.

A. Skrjabin

1 Vgl. Brief 192. Nach der Konzertreise nach Rußland 1909 und besonders nach der endgültigen Rückkehr in die Heimat 1910 hatte Skrjabin die Verbindung zu Familie Monighetti wiederaufgenommen. Daß seine Gesundheit in der letzten Zeit durch die angespannte Konzert- und Reisetätigkeit bei gleichzeitigem intensivem kompositorischen Schaffen angegriffen wurde, konnte seinen Freunden nicht entgehen. Der Ton des vorliegenden Briefes beleidigte die Familie Monighetti und führte erneut zum Bruch.

2 Am 10. Dezember 1911 wirkte Skrjabin in einem Sinfoniekonzert der Moskauer Philharmonie unter Leitung von Sergej Rachmaninow als Solist seines *Klavierkonzertes* mit und hatte großen Erfolg.

## 248. An Matwej Presman

Moskau, 19. Januar (1. Februar) 1912

Mein lieber Freund Matwej Leontjewitsch

Gestern war ich bei Rachmaninow und erzählte ihm alles, was ich von Deinen Unannehmlichkeiten mit der Direktion wußte, und vor allem, in welcher nervlichen Verfassung Du bist. Rachmaninow nimmt sich das alles sehr zu Herzen und bekräftigte noch einmal seine Absicht, alles, was nur möglich ist, zu tun, um Deinen Wünschen gerecht zu werden.[1] Aus dem Telegramm weißt Du schon, daß die Angelegenheit in der einen oder anderen Weise bis zum 27. Januar entschieden wird. – Endlich können wir uns zu Hause von den Aufregungen der letzten zwei Wochen erholen.[2] Wir trafen alle gesund an. Hier ist tiefster Winter, grausame Kälte mit Wind. Das ist ein Kontrast gegen den Süden, besonders gegen Jekaterinodar, wo 15 Grad Wärme waren! – Ich habe mich an das Abschreiben der Sonate[3] gesetzt und kann sie hoffentlich in den nächsten Tagen zum Druck abschicken. – Siloti werde ich noch sehen, er dirigiert hier am 24. Auch mit ihm werde ich über Deine Angelegenheit reden. Du kannst Dir nicht vorstellen, mein Lieber, wie sie mir nahegeht und wie wir alle Dir einen baldigen glücklichen Ausgang dieser wirklich empörenden Geschichte wünschen! Möge es ihnen allen übel bekommen! Laß den Mut nicht sinken, mein Täubchen, es wird schon gut ausgehen! Ich schließe Dich fest in die Arme und bitte Dich, Jekaterina Grigorjewna einen herzlichen Gruß von mir auszurichten. Meine Frau sendet Euch beiden gute Wünsche. Maria Alexandrowna bittet, Euch herzliche Grüße zu bestellen.

Dein Dich aufrichtig liebender
A. Skrjabin

1 Siehe Brief 245, Anm. 2. Rachmaninow hatte zu dieser Zeit eine einflußreiche Position bei der Russischen Musikgesellschaft.*
2 Gemeint ist eine von Presman organisierte Tournee nach Südrußland, offenbar in Begleitung von Tatjana de Schloezer, mit fünf Konzerten in vier Städten innerhalb von neun Tagen.
3 *7. Sonate.*

## 249. An Alexander Siloti

[Moskau, 14./27. März 1912][1]

Gerade sind wir aus Kasan zurückgekehrt[2] und haben Deinen lieben Brief vorgefunden. Herzlich danke ich Dir für Deine Bemühungen.[3] Die Termine passen mir; was das Honorar anbetrifft; so teilte mir Rachmaninow telefonisch mit, daß man mir in Holland für einen Auftritt 600 und in Frankfurt (für den Solopart im „Prometheus") 500 Mark anbietet. Rachmaninow riet mir, diese Bedingungen anzunehmen, was ich auch tat (er schickte ein Telegramm an Mengelberg, der schnell Antwort haben wollte). Was hältst Du denn davon? Übrigens habt Ihr ja sicher Mengelberg zur

gleichen Zeit gesehen, und Du weißt über alles Bescheid. – Selbstverständlich würde ich mich außerordentlich freuen, wenn etwas mit Dresden zustande käme![4] – Dir als Urheber wird es angenehm sein zu hören, daß der Kontrakt mit Jürgenson unterschrieben ist.[5]
Also auf ein baldiges und freudiges Wiedersehen! Ich schließe Dich für alles fest in die Arme, mein Lieber, und küsse Wera Pawlowna das Händchen. –

Dein Dich aufrichtig liebender
A. Skrjabin

P. S. Das Programm des Petersburger Konzertes[6] schicke ich in den nächsten Tagen, ich habe es noch nicht ausgearbeitet. Die 7. Sonate und zwei neue Stückchen[7] spiele ich jedenfalls.

1 Das Original dieses Briefes ist nicht nachweisbar. Der folgende, auf eine Abschrift zurückgehende Text könnte gekürzt sein.
2 Von einem Konzert am 11. März.
3 Siloti und Rachmaninow hatten mit Willem Mengelberg über eine Reihe von Konzerten unter Mitwirkung Skrjabins in Holland und Frankfurt am Main verhandelt (siehe Brief 254).
4 In Dresden fand kein Konzert Skrjabins statt.
5 Im Ergebnis von Bemühungen Silotis schloß Skrjabin am 2. März 1912 einen Vertrag mit dem Musikverlag P. Jürgenson über die Veröffentlichung seiner neuen Werke ab.
6 Klavierabend am 8. April 1912.
7 *Zwei Poeme* op. 63.

## 250. An Leonid Sabanejew

[St. Beatenberg, 30. Mai/12. Juni 1912][1]

Lieber Leonid Leonidowitsch
Wir senden Ihnen herzliche Grüße aus dem Raum über den Wolken. Hier ist es wundervoll, reine Luft, Stille. (Keine Musik; mit der Kunst befassen sich nur die Kühe, und auch die nur notgedrungen, sie läuten mit ihren Glocken!)
Wie geht es? Sind Jekaterina Leontjewna und der Sprößling gesund? Wir senden allen die besten Wünsche.

Ihr A. Skrjabin

Schreiben Sie uns!

1 Postkarte.

## 251. An Leonid Sabanejew

[St. Beatenberg, 21. Juli/3. August 1912][1]

Lieber Leonid Leonidowitsch

Ich teile Ihnen eine für mich ziemlich erfreuliche, für Sie vielleicht nicht gleichgültige und für einige Verfechter des Klassizismus äußerst schwerwiegende Neuigkeit mit: ein Ihnen bekannter Komponist hat drei Etüden geschrieben![2] In Quinten (o Schreck!), in Nonen (was für eine Verderbtheit!) und ... in großen Septimen (der endgültige Verfall!?). Was wird die Welt dazu sagen? ... – Heute nur zwei Worte ... wir fahren jetzt nach Interlaken. Ihnen und Ihrer Gattin senden wir aufrichtige Grüße.

A. Skrjabin

1 Postkarte.
2 Op. 65.

## 252. An Grigori Jürgenson

[St. Beatenberg, nach dem 21. Juli/3. August 1912]

Sehr geehrter Grigori Petrowitsch

Soeben habe ich die Manuskripte der drei Etüden an Sie abgesandt. Sie können den Druck sofort in Angriff nehmen. Von meiner Seite gibt es keine besonderen Bemerkungen außer der Bitte, in der 1. Etüde nicht zu vergessen, auch die ossias zu drucken. Seien Sie so gut, mir gleich den Empfang des Manuskriptes zu bestätigen, und ich will unhöflich bis zum letzten sein und Sie bitten, dies telegrafisch in einem Wort zu tun, da wir nur bis zu den ersten Septembertagen in Beatenberg bleiben.

## 253. An Leonid Sabanejew

Lausanne, (30. August) 12. Sept[ember] 1912

Lieber Leonid Leonidowitsch

Heute schreibe ich Ihnen, um Sie um eine Gefälligkeit zu bitten. Es handelt sich um folgendes: Eine Londoner Kritikerin möchte vor der Aufführung des „Prometheus" in England (zum erstenmal in Birmingham) über das Werk einen großen Artikel mit einer ausführlichen Analyse schreiben. Es ist Frau Rosa Newmarch, die schon dreimal in Rußland war, Russisch kann und mit der russischen Musik ziemlich gut vertraut ist. Meine letzten Partituren kennt sie nicht, und es ist wahrscheinlich für sie schwierig, sich darin allein zurechtzufinden. Daher bittet sie mich, ihr Material zur Verfügung zu stellen. Ich habe ihr natürlich sofort von Ihnen geschrieben und ihr versprochen, daß ich Sie bitten werde, ihr Ihren Artikel über den „Prometheus" und die Analyse des Werkes (auch die Nummer der „Musyka", wo Sie über das Mysterium geschrieben haben) zu schicken. Seien Sie bitte so gut, dies alles so schnell als möglich an folgende Adresse zu senden: M-e Rosa Newmarch, 15, Crossfield Road, S. Hampstead, London N. W., natürlich als Einschreibsendung. Selbstverständlich erstatte ich Ihnen, sobald wir uns sehen, alle Kosten (die Nummer der „Musyka" wollen Sie ihr bitte vollständig senden). Ich wäre Ihnen für alles sehr, sehr dankbar.[1] – Wie geht es? Schon ewig lange habe ich von Ihnen keine Post. Was haben Sie im Sommer gemacht? In den nächsten Tagen fahren wir nach Brüssel weiter, wo wir etwa drei Wochen bleiben werden, und dann nach Amsterdam. Schreiben Sie mir unbedingt und möglichst bald. Einstweilen senden meine Frau und ich Jekaterina Leontjewna und Ihnen herzliche Grüße und unsere besten Wünsche.

Ihr ergebener
Skrjabin

Unsere Adresse in Brüssel: Villa „Les Charmettes", Genval, près Bruxelles, Belgique.

1 Die Aufführung des *Prometheus* in Birmingham kam 1912 nicht zustande. Im Programm zur Londoner Aufführung am 1. Februar 1913 unter Henry Wood mit dem Pianisten Arthur Cooke wurde eine Analyse von Rosa Newmarch, die sie anhand des Materials von Sabanejew erarbeitet hatte, gedruckt. Ein größerer Artikel von ihr über das Werk erschien in der Zeitschrift „The Musical Times" 1914 anläßlich des ersten Besuches Skrjabins in England.

[Amsterdam, Amstel Hôtel, (4.) 17. Oktober 1912][1]
Endlich habe ich Post von Dir! Wir sind, wie Du siehst, nach Amsterdam weitergezogen, und ich war schon in der Probe zum „Prometheus". Das Orchester ist sehr gut. Vorläufig dirigierte es der Stellvertreter von Mengelberg, da letzterer in Frankfurt konzertiert. Montag beginnen die Proben unter seiner Leitung.[2] Gerade habe ich eine Anfrage aus Frankfurt erhalten, ob man den „Prometheus" ohne Chor aufführen kann. Ich habe geantwortet, daß es *mit Orgel* ohne Chor gehen mag. Wie steht es mit dem Konzert von Coates?[3] Wegen des Programms für mein Recital in Petersburg brauche ich Deinen Rat. Welche Sonate (außer der 6.) sollte ich Deiner Meinung nach spielen? Ich glaube, ich sollte jedenfalls die 7. wiederholen und vor der ersten Pause die 3. spielen, da sie voriges Jahr nicht im Programm stand (oder irre ich mich?). Wenn Du mir *gleich* schreibst, erreicht mich Dein Brief noch in Amsterdam. Nun laß mich Dich fest in die Arme schließen für alles, was „das Werk Deiner Hände" ist, und Dir meine große, aufrichtige Freude über die Aufführung des „Prometheus" in Deinem Jubiläumskonzert ausdrücken. Ich erwarte gespannt unser Wiedersehen.

1 Siehe Brief 249, Anm. 1.

2 Im Herbst 1912 fanden kurz nacheinander vier Sinfoniekonzerte unter Leitung von Mengelberg statt (Den Haag 26. Oktober, Amsterdam 27. Oktober, Haarlem 28. Oktober, Frankfurt am Main 1. November), in denen Skrjabin jedesmal sein *Klavierkonzert* und dreimal den Klavierpart im *Prometheus* spielte; außerdem erklang in den holländischen Städten seine *1. Sinfonie* und spielte er einige Klavierstücke.

3 Coates plante für den 26. November 1912 eine Aufführung des *Prometheus* in Berlin unter Mitwirkung Skrjabins am Klavier. (Das Konzert kam offenbar nicht zustande.*)

## 255. An Tatjana de Schloezer

[Basel, 11./24. September 1913][1]

Tanjuscha, hier habe ich die Nacht verbracht. Gestern fühlte ich mich so erschöpft, daß ich beschloß, die Reise zu unterbrechen. In Lausanne bin ich heute um 6 Uhr abends.[2] Das Wetter ist einfach wunderbar; gern hätte ich Dich bei mir, liebes Kindchen. Herzlich küsse ich Dich, Mama und die Kleinen.
Schreib mir recht oft.

1 Postkarte.
2 Am 8./21. September 1913 reiste Skrjabin von Moskau für einige Wochen nach der Schweiz zu seinem Vater, der damals in Lausanne lebte. Der Vater hatte sich inzwischen mit der Verbindung seines Sohnes mit Tatjana de Schloezer abgefunden.

## 256. An Tatjana de Schloezer

Montag [Lausanne, 16./29. September 1913]

Meine Liebe, Du bist ja ein Engel, so verwöhnst Du mich! Heute schon der dritte Brief! Ich danke Dir. Und ich habe mich schon zwei Tage nicht mehr mit Dir unterhalten! Vorgestern fuhr ich mit Papa nach Genf zum russischen Konsul, einem gewissen Wiesel. Dort verbrachten wir den ganzen Tag, und da wir den 10-Uhr-Zug nicht schafften, mußten wir bis 1 Uhr nachts dableiben. Gestern (am Sonntag) nutzten wir dann den wunderschönen Tag zu einer Fahrt auf dem See. Wir waren in Morges und kehrten erst zum Essen zurück. Am Abend hatte Papa Besuch. – Vormittags arbeite ich, aber ich kann nicht sagen, daß ich gut vorankäme, obwohl einiges zum 2. Teil des Textes hinzugekommen ist.[1] Von heute an will ich streng meinen Tagesplan einhalten, das heißt vormittags bis $12^1/_2$ und von 5 bis 7 arbeiten. –
Nach Arco fahren wir am Sonnabend, wir werden in Mailand übernachten und auf diese Weise wenigstens einige Stunden unter italienischem Himmel verbringen.[2] –
Tussinka, alles, was Du wegen der Konzerte[3] und der Gesellschaft[4] schreibst, freut mich sehr. Aber ist Saradshew nötig? Und sollte man dann nicht Baltrušaitis und Podgajezki

einladen? Überleg es recht gut und berate Dich mit Wl[adimir] Wass[iljewitsch]. Tu überhaupt jeden Schritt mit großer Vorsicht. Hinterher ist es schwierig, etwas zu reparieren. Noch eins: Ist es günstig, daß Versammlungen bei uns gemacht werden und Du dabei bist? Die Gesellschaft muß doch ohne uns entstehen. Aber ich sage das alles nur, damit Du jede Kleinigkeit bedenkst, entscheide es dann selbst. Ich bin sicher, daß Du handelst, wie es nötig ist. Also, jetzt setze ich mich hin und arbeite. Herzlich küsse ich Dich, ganz herzlich. Ständig bin ich in Gedanken bei Dir. Schone Dich! Du brauchst Deine Kräfte so nötig! Wieviel haben wir noch vor uns! Gib Mama und den Kinderchen einen Kuß! Wie geht es ihnen allen? Von Ariana und Julotschka erwarte ich einen Brief. Auf Wiedersehen, Tussjawuschka!

Bitte mach Dir keine abwegigen Gedanken wegen meiner Reise! Nötig ist sie nur für Mama, an deren liebem Grab ich noch nicht ein einziges Mal war! Nur deswegen bin ich gefahren. Aber ich kann mir doch nicht verzeihen, daß ich allein gefahren bin! Papa und Mama küssen Dich herzlich. Heute habe ich sie noch nicht gesehen, den Auftrag bekam ich gestern.

Hast Du meinen ersten Brief (statt des leeren Blattes)[5] erhalten? Ich habe ihn von Bern aus abgeschickt.

1 Wahrscheinlich ist der Text der *Vorbereitenden Handlung* gemeint.

2 In Arco im damals österreichischen Südtirol, bei Riva am Gardasee, war das Grab von Skrjabins Mutter, die dort im 2. Lebensjahr des Komponisten während einer Kur an Lungentuberkulose gestorben war. Die Fahrt von Lausanne nach Arco zum Besuch ihres Grabes mußte um einige Tage verschoben werden, und Skrjabin mußte sie ohne seinen Vater machen.*

3 Gemeint ist die bevorstehende Tournee im November und Dezember nach Wilna, Minsk und der Ukraine.

4 Einige Freunde und Verehrer Skrjabins planten 1913 die Gründung einer Gesellschaft oder eines Vereins (nicht mehr eines Zirkels wie 1909) für das Studium und die Verbreitung des Schaffens Skrjabins. Zur Verwirklichung kam es erst nach dem Tode des Komponisten in Moskau und Petrograd. Diese Vereine, deren führende Vertreter sich weniger der Musik als den philosophischen Anschauungen Skrjabins widmeten, bestanden nur zwei Jahre.

5 Skrjabin hatte unterwegs einen Brief geschrieben („Briefe", S. 605f.), aber zunächst aus Versehen ein leeres Blatt abgeschickt.

## 257. An Igor Strawinsky

[Ouchy[1], nach dem 17./30. September 1913][2]

Unerwartet Kommen unmöglich, bedaure unendlich. Könnten Sie mir das Vergnügen machen, mich in Lausanne zu besuchen.[3] Hochachtung an Madame. Herzliche Grüße.

Scriabine

1 Vorort von Lausanne.*

2 Handgeschriebenes Konzept eines französisch formulierten Telegramms nach Clarens am Genfer See, wo sich Strawinsky aufhielt.

3 Strawinsky hatte zunächst Skrjabin zu sich nach Clarens eingeladen und in einem Brief vom 17./30. September 1913 sein Interesse an einem Gespräch über Skrjabins 7. *Sonate* zum Ausdruck gebracht. Eine Begegnung kam am 23. September/6. Oktober in Lausanne zustande. Etwas später schrieb Strawinsky darüber an Wladimir Dershanowski: „[...] Mich wunderte, daß er von meinen Kompositionen nichts kennt und darüber nur redet, was er von anderen gehört hat. [...] Er spielte mir seine letzten Sonaten vor, die mir viel besser gefielen als die Werke unmittelbar nach dem ‚Prometheus'."

## 258. An Tatjana de Schloezer

[Riva, vor dem 30. September/13. Oktober 1913]

Gerade komme ich von Mamas Grab zurück,[1] und ich möchte Dir, meine Geliebte, Kleine, zunächst das eigenartige Gefühl, das sich meiner bemächtigt hat, mitteilen. Ein eigenartiges und für mich neues. Doch wie? Ich kann es nicht mit Worten beschreiben. Möchte es anders wiedergeben. Es ist schade, daß Du nicht genau die Stunde wußtest, zu der ich auf dem Friedhof war; ich bin sicher, daß Du da einfach alles *gesehen hättest,* was ich an dem teuren Grab erlebte. Liebes Kindchen, ich habe in den letzten Tagen viel gelitten, und die Fahrt nach Arco brachte mir ein wenig Beruhigung. Davon werde ich Dir viel erzählen, wenn ich wie-

der da bin! Du verstehst sicher, warum ich es nicht schreiben will. Ich bin Dir so dankbar, mein Sternenkind, für die Strahlen, die von Dir ausgehen und ständig meine Seele gesund machen. Verzeih, Kindchen, daß ich in diesen Ton verfallen bin. Es war nur eine Welle. Mir ist jetzt schon besser. Ich werde wieder ganz heiter sein. Aber ich brauchte so sehr Deine Liebkosung!
Heute werde ich mich sehr früh schlafen legen. Letzte Nacht bin ich buchstäblich nicht eine Minute eingeschlummert. Ich übernachtete in Mailand und mußte morgens um 6 Uhr aufstehen, um den Dampfer nach Riva zu schaffen. Vor lauter Reisefieber konnte ich überhaupt nicht einschlafen. – Wie zauberhaft es hier ist! Ein richtiges Paradies. Eine reiche Vegetation, Palmen – wie in Nervi[2], aber außerdem die imposanten Berge und der See, gegen den sogar der Genfer See verblaßt! Das ist keine Übertreibung! Wie schade, wie schmerzlich, daß Du nicht da bist! Weißt Du, wenn wir im Frühjahr ins Ausland fahren, zeige ich Dir unbedingt diese Gegend! – Also, auf Wiedersehen! Ich gehe essen, und dann in die Heia!
Herzlich küsse ich Euch alle, Ihr Lieben!

1 Siehe Brief 256, Anm. 2.
2 Siehe Brief 179, Anm. 2.*

## 259. An Tatjana de Schloezer

[Berlin, vor dem 24. Februar/9. März 1914]

Tussitschek, mein Lieber, A[lexander] N[ikolajewitsch] hat etwas zu besorgen, und ich benutze die Gelegenheit, um mich mit Dir zu unterhalten. Zunächst will ich Dir sagen, daß ich große Sehnsucht habe, und wenn Alexander Nikolajewitsch mit seiner freundlichen Fürsorge und rührenden Anteilnahme nicht wäre, wüßte ich nicht, wie ich diese Reise überstehen sollte.[1] Er ist wirklich liebenswert, und ich freue mich, daß das Schicksal uns einander noch nähergebracht hat. Ich staune aufs höchste, daß alle meine kühnsten Pläne so lebhaften Widerhall in der Seele dieses dem Anschein nach etwas kühlen und maßvollen Menschen finden. Er spricht die ganze Zeit vom Mysterium, von unserer

Reise nach Indien,[2] davon, mit welcher Freude er mich mit allen Mitteln unterstützen will!
Wie geht es Dir denn, meine Liebe! Mich beunruhigt Deine Bronchitis sehr. Hoffentlich finde ich in Brüssel gute Nachricht von Dir vor. Sei vernünftig und geh nicht *zu* früh hinaus.
Ich mußte das Schreiben unterbrechen, das Instrument[3] wurde gebracht. Jetzt setze ich mich hin und übe ein Stündchen, dann gehe ich mit Alexander Nikolajewitsch essen, und danach wollen wir uns irgendein komisches Stück ansehen. Morgen bin ich zu Struve zu Plinsen eingeladen, und am Abend werden wir unsere Reise fortsetzen. In Brüssel kommen wir Montag früh an.[4] Auf Wiedersehen, liebes Kindchen, ich küsse Dich ganz herzlich, wie ich Dich lieb habe. Liebkose die Kleinen von mir, und danke Mama für das Telegramm, und streichle sie auch.
Mit Alexander Nikolajewitsch habe ich schon sehr viel von Dir gesprochen!
Gib Großmutter und Tante einen Kuß. Schreib mir von ihnen.

1 Skrjabin fuhr mit Alexander Brjantschaninow über Berlin und Brüssel nach London zu mehreren Konzerten.
2 Auch in seinem Brief aus Brüssel erwähnt Skrjabin in den nächsten Tagen dieses Thema: er habe mit dem Maler Delville viel über die Reise nach Indien gesprochen („Briefe", S. 622). Skrjabin hatte den Wunsch, in Indien einen Tempel für das zu schaffende *Mysterium* zu errichten und dort zu leben.
3 Ein Flügel oder Klavier zum Üben im Hotelzimmer.*
4 Das heißt am 9. März. Am 11. März reiste Skrjabin weiter nach London.*

## 260. An Tatjana de Schloezer

[London, 6./19. März 1914]

Mein Kind, verzeih mir, verzeih mir nur, Liebes, ich bin schuldig und doch nicht schuldig. *Nicht eine Sekunde* habe ich Dich vergessen. Wenn ich wieder da bin, erzähle ich Dir ausführlich, wie ich mit A[lexander] N[ikolajewitsch] die zwei Tage in Brüssel verbracht habe, und dann wirst Du verstehen, daß es unmöglich war, einen langen Brief zu schreiben. Worin ich wirklich keine Nachsicht verdiene, das ist die Tatsache, daß ich kein Telegramm geschickt habe. Dafür mache ich mir selbst Vorwürfe, meine Freude. Zu meinem Entsetzen muß ich mindestens drei Briefe von Dir bekommen, ehe Du meinen ersten aus London hast. Aus dem erfährst Du etwas über die ersten Londoner Tage, die so schlimm waren, daß ich kaum daran denken mag. Es ist vorüber, deshalb kann ich Dir sagen, daß das von mir erfundene Pickelchen in Wirklichkeit ein großer Furunkel war, der sich bei mir rechts unter dem Schnurrbart angesiedelt hatte. Der Schlingel hatte da Platz gefunden. Und was am empörendsten war, er ließ sich einfallen, am Vorabend und am Tag des Konzertes[1] zu eitern. Stell Dir vor, wie mir auf dem Podium zumute war. Stell Dir vor, wie sonderbar: Während des Spielens spürte ich keinen Schmerz, und das Spiel war ganz passabel, aber ich wurde völlig apathisch gegen alles, was nachher geschah. Ich verbeugte mich fast mechanisch und dachte nur daran, wie ich am schnellsten ins Bett komme. Zum Unglück überredete mich Alexander Nikolajewitsch, mit ihm am Abend ins Theater zu fahren (das Konzert war übrigens um 3 Uhr, und ich kann nicht verstehen, wieso das Telegramm morgens ankam, während wir es abends um 7 aufgegeben hatten). Im Theater wurde mir ganz schlecht, und am nächsten Tag stand ich nicht mehr auf. Ein Arzt wurde gerufen, der konstatierte einen Furunkel und verordnete eine Behandlung (richtiger gesagt, Pflege). Es ging nicht ohne eine Krankenschwester, die mir drei Tage lang alle zwei Stunden einen neuen Verband anlegte.[2] Was die Sache noch komplizierter machte, das war, daß ich kein Instrument im Zimmer habe. Es ist so, daß die guten Hotels in London keine Reisenden „mit Musik“ aufnehmen, was eigentlich nur gutzuheißen ist. So mußte ich nun mit dem Verband, was einen höchst komischen Anblick bot, zu Bechstein wandern (gut, daß es nur über die Straße war), wo ich mich für zwei Stunden in ein Kabinett einschloß. Also insgesamt habe ich mich auf mein morgiges Konzert[3] etwa acht Stunden vorbereitet. Und gespielt unter schrecklichen Schmerzen, die mich erst gestern ganz verließen. Heute halte ich mich nun tapfer, und wäre da nicht der verlorengegangene Teil meines Schnurrbartes auf der rechten Seite (noch dazu ein ziemlich wichtiger Teil, ganz dicht

an der Nase), so könnte ich zur Not sagen, daß mein ursprüngliches Aussehen wiederhergestellt ist. Gelegen habe ich eigentlich nur einen Tag, aber ich muß sagen, daß mir angst geworden ist. Alexander Nikolajewitsch kam jeden Tag dreimal und zeigte überhaupt die wärmste Anteilnahme. Dank sei ihm. Nun gut, nehmen wir es alles von der heiteren Seite und ... weiter geht's. Ich habe mich natürlich gegrämt, daß Du in diesen Tagen nicht bei mir warst, aber mich auch für Dich gefreut. Ich hätte Dich mit meinen Launen ganz schön gequält.
Morgen nach dem Konzert schicke ich ein Telegramm. Wenn Du zwei, drei Tage keine Post erhältst, mach Dir, um Gottes willen, keine Sorgen. Ich bin noch nirgends gewesen, muß einen Abend bei Wood sein und auch bei der Newmarch, ganz zu schweigen von den Verwandten und Freunden von Alexander Nikolajewitsch (die Nowikowa unter anderem). Du bekommst über alles berichtet. Auf Wiedersehen! Ich küsse Dich tausendmal. Streichle die Kinderchen von mir, und gib Mama und Tante einen Kuß, auch der lieben Großmutter.

1 Am 14. März 1914 fand in der Queen's Hall in London ein Sinfoniekonzert unter Leitung von Henry Wood statt, in dem Skrjabin sein *Klavierkonzert* und den Klavierpart im *Prometheus* spielte.
2 Ein reichliches Jahr später bekam Skrjabin erneut einen Abszeß an der Oberlippe, der zum Tode führte.
3 Klavierabend im Bechstein-Saal London am 20. März 1914.

## 261. An Tatjana de Schloezer

[London, 11./24. März 1914]

Wie froh bin ich, daß Du endlich meinen Brief aus London erhalten hast. Deine letzten haben sich mir so schwer auf die Seele gelegt! Du hast Dich überzeugt, mein Kleines, daß ich Dich weder vergessen noch aufhören kann, Dich zu lieben. Mein Engel, ich danke Dir für die Zärtlichkeit! Weißt Du, es ist ein Pech! ... Ich habe kein Bild von Dir bei mir. Wie mir das nur passieren konnte. Allerdings kann ich mir Dein liebes Gesicht jeden Augenblick vorstellen. Vor dem Einschlafen rufe ich Dich immer herbei, und Du kommst und beugst Dich so tief zu mir herunter, daß Du fast mein Gesicht berührst. Danach schlafe ich beruhigt ein. Jetzt kann ich nur ein paar Minuten bei Dir sein. Ich will Dir in Kürze etwas über die bevorstehenden Ereignisse schreiben: Morgen fahre ich mit A[lexander] N[ikolajewitsch] für einen ganzen Tag nach Cambridge; dahin haben uns zwei Professoren eingeladen, die sich für die Lichtsinfonie und überhaupt für das, was ich vorhabe, interessieren.[1] Mit ihnen ist ein sehr interessantes Gespräch zu erwarten. Außerdem werden wir die Universität und die Sehenswürdigkeiten von Cambridge besichtigen. – Übermorgen ist mein zweiter Klavierabend. Wenn er ebenso gut abliefe wie der erste, wäre ich sehr froh, aber wohl schwerlich, denn ich komme fast nicht zum Üben. Heute zum Beispiel habe ich einen Teil des Tages der Korrespondenz gewidmet und den anderen mit Alexander Nikolajewitsch im Parlament verbracht, wo, wie Du wahrscheinlich weißt, stürmische Debatten über die irische Frage stattfinden. Ich verstehe zwar die Sprache nicht, aber mir war die Stimmung der Engländer in einem so wichtigen Augenblick sehr interessant. – Am Freitag, das heißt übermorgen, bin ich bei einem Essen mit Theosophen. Es findet bei einem gewissen Weed statt, der 32 Jahre Sekretär der Theosophischen Gesellschaft war (seit ihrer Gründung). Im vorigen Jahr trat er aus Gründen, über die man nicht gut schreiben kann, aus der Gesellschaft aus. Ich werde bei ihm die Dame kennenlernen, in deren Armen die Blawatskaja gestorben ist. Von diesem Essen verspreche ich mir überhaupt viel. Alexander Nikolajewitsch sammelt jeden Tag alle neuen Informationen über Indien, macht interessante und für Fragen des Okkultismus kompetente Leute ausfindig, macht mich mit ihnen bekannt und regt mich überhaupt zur Aktivität an.

Kindchen, ich muß jetzt schnell los, auf Wiedersehen!

Falls das zweite Konzert Erfolg hat, bietet mir Ibbs ein drittes an,[2] aber ich weiß nicht, ob das nötig ist.

Mama, Großmutter, Tante und die Kinderchen küsse ich herzlich.

1 Bekannt ist nur eine Einladung durch Charles Myers nach Cambridge. Einige Ergebnisse des Gespräches veröffentlichte dieser 1914 in einem Artikel in „The British Journal of Psychology“,

den wir unter den Dokumenten im vorliegenden Buch abdrukken.*
2 Ein dritter Klavierabend fand nicht statt.

## 262. An Tatjana de Schloezer

[Paris, vor dem 22. März/4. April 1914]

Meine Liebe, welche Freude, wir sehen uns bald! Ich bin schon unterwegs nach Lausanne.[1] A[lexander] N[ikolajewitsch] wird überhaupt nicht fertig mit seinen Londoner Angelegenheiten. Ich blieb drei Tage länger in England, weil er mir versicherte, daß er Mittwoch frei ist und wir zusammen zurückreisen können. Doch der Mittwoch verging, und Alexander Nikolajewitsch erklärte, wenn ich darauf bestünde, führe er natürlich, zumal er sich mir gegenüber schuldig fühle, aber er habe ein Gefühl des Unbefriedigtseins, da er noch längst nicht das Material, das ihm die englische Politik für seine Zeitschriftenarbeit im Augenblick biete, ausgeschöpft habe.[2] Da war nichts zu machen – ich gab ihn frei, und nun eile ich allein meinem lieben Schatz entgegen. Bloß jetzt habe ich keinen Grund mehr, nach Petersburg zu fahren![3] Und ich hätte so gern mit Dir *zu zweit* wenigstens einen Tag verbracht. Wie könnte man das machen? Denk Dir etwas aus! Hol mich jedenfalls *allein* ab, und wir machen es so, weißt Du noch, wie wir es voriges Mal machen wollten. Wir sagen, ich hätte eine wichtige Besprechung wegen eines Konzertes und Du müßtest dabeisein. Bitte richte es so ein, wie ich sage. Dieser Herr X ist doch nur einen Tag in Moskau, und ich muß ihn unbedingt sprechen. Verstehst Du! Ich bitte Dich inständig, meine Freude, wir wollen allein sein, ich habe das so nötig! So viel Gedanken, so viel Zärtlichkeiten ... Ich bringe Dir einige neue Zeilen mit! Ich glaube, diesen Sommer bekomme ich den Text fertig, und einen Teil der vorbereitenden Handlung stelle ich schon in den Formen der synthetischen Kunst fertig.[4] Gott, wieviel Interessantes habe ich Dir zu erzählen. Unsere Reise nach Indien ist beschlossen.[5] Ich habe sogar schon einiges an Kleidung angeschafft.[6] Liebste, unsere materiellen Verhältnisse sehen ein bißchen besser aus, als ich angenommen hatte, aber auch nur ein kleines *biß-*

*chen.* Du kannst Dir nicht vorstellen, wieviel dieses Ungeheuer – London – verschlungen hat. Zu bereuen brauchen wir das allerdings nicht, denn in Zukunft ist mir in England eine Einnahme garantiert; doch erst einmal bringe ich ungefähr 500 Rubel von den verdienten 1400 mit nach Hause. Ich bringe auch alle Rechnungen mit, damit wir sie alle durchsehen und überlegen können, ob man nicht künftig irgendwelche Ausgaben kürzen kann. Ich habe allerdings sehr viele Sachen angeschafft, einige davon für lange Zeit, zum Beispiel zwei Koffer. Na ja, das alles beim Wiedersehen. Ich schreibe Dir davon nur deswegen, weil ich von der Reise nach Indien angefangen habe und möchte, daß Du weißt, womit wir rechnen können. Es ist jedenfalls nicht hoffnungslos. Wir müssen nur im Sommer sparen! Mein Engelchen, ich würde trotzdem nach Petersburg fahren, das wäre doch auch für Dich eine Abwechslung, mein armes Liebstes! Aber ... ich fürchte wegen Indien. Und ohne Dich will ich nicht mehr fahren!!
Doch ich bin so wahnsinnig müde. Alexander Nikolajewitsch hat mich ganz mürbe gemacht, indem er mich in den letzten drei Tagen nötigte, dauernd zu Essen, Theatern und Ausstellungen herumzufahren. Morgen muß ich um 7 aufstehen, und jetzt ist es schon 12. Gute Nacht! Alle Lieben küsse ich herzlich. Bitte den Doktor[7] für mich um Verzeihung, ich denke viel an ihn.

1 Möglicherweise zu einem Besuch des Vaters, der dort im Ruhestand lebte.
2 Brjantschaninow gab die Zeitschrift „Nowoje sweno" heraus.
3 Brjantschaninow wohnte in Petersburg.
4 Skrjabin wollte in der *Vorbereitenden Handlung* alle Kunstgattungen vereinen.
5 Siehe Brief 259, Anm. 2.
6 Bei seiner Rückkehr aus England zeigte Skrjabin Bekannten einen Tropenhelm als Beweis der Ernsthaftigkeit seiner Absicht, nach Indien zu gehen.
7 Wladimir Bogorodski.

## 263. An Alexander Siloti

[Moskau, 25. März/7. April 1914][1]

Ich danke Dir herzlichst für Deine freundlichen Briefe. Deinen Vorschlag, zwei Clavierabend[e][2] statt der „Prometheus"-Aufführung zu geben, nehme ich mit Freuden an, wenngleich auch betrübt wegen der Notwendigkeit, unser gemeinsames Auftreten um ein Jahr zu verschieben. Diese Lösung ist für mich besonders günstig, und zwar aus folgendem Grunde: Von Indien direkt nach Petersburg zu kommen ist sehr gefährlich. Der Arzt sagte, ein zweiwöchiger Aufenthalt im gemäßigten Klima ist unbedingt notwendig, um bestenfalls eine Lungenentzündung zu vermeiden. Dadurch, daß Du mich von der Mitwirkung im Sinfoniekonzert im Januar befreit hast (das war das einzige Engagement in Rußland in diesem Monat), hast Du mir die Möglichkeit gegeben, den Februar (neuen Stils)[3] für England zu verwenden und so die Rückkehr nach Rußland einen Monat zu verschieben.[4] Was die Zeit meines Kommens nach Petersburg anbelangt, so wäre für mich die 2. oder 3. (besser die 2.) Woche der großen Fasten günstig. Nach dem Auftreten in Petersburg fahre ich weiter nach Warschau, Wien und Prag. Ich bin ganz verwirrt durch das von Dir gebotene hohe Fixum und wünsche Dir von Herzen, daß Du für Deinen aus Freundschaft begangenen Leichtsinn nicht büßen mußt. Mehr als je verlangt es mich nach einem ausverkauften Saal!
Ich danke Dir nochmals und schließe Dich fest in die Arme.

P. S. Ich freue mich sehr, daß Du verstanden hast, welche Bedeutung die Reise nach Indien für mich hat, und Deine rege Anteilnahme berührt mich zutiefst.
P. P. S. Sollte sich die geringste Möglichkeit bieten, so schreibe ich natürlich ein kleineres Stück für Deine Konzerte. Ich möchte das selber sehr, sehr gern.[5]

1 Siehe Brief 249, Anm. 1.
2 Siehe Brief 242, Anm. 1.*
3 Das heißt nach dem modernen Kalender.*
4 Skrjabin plante anscheinend, Ende 1914 bis Anfang 1915 nach

Indien zu fahren und sich danach in England aufzuhalten und dort einige Konzerte zu geben.

5 Außer den Klavierabenden in Petersburg (siehe Anm. 6 zum folgenden Brief) führte Skrjabin, teilweise durch den Ausbruch des Weltkrieges verhindert, keines der vorstehend genannten Vorhaben durch.

## 264. An Andrej Rimski-Korsakow

Moskau, 10. (23.) Jan[uar] 1915

Lieber Andrej Nikolajewitsch

Leider bin ich auch diesmal gezwungen, mir das Vergnügen zu versagen, auf Ihr liebenswürdiges Angebot einzugehen und in Ihren jungen Konzerten aufzutreten.[1] Es ist so, daß ich schon lange einer Persönlichkeit[2] zwei Konzerte in Petrograd[3] für einen ziemlich hohen mir garantierten Betrag zugesagt habe und bloß noch auf die Bestätigung wartete. Jetzt ist geklärt, daß diese Konzerte stattfinden, und das macht mein Auftreten bei Ihnen in jeder Beziehung undurchführbar. Zugunsten der Kriegsopfer gab ich schon in Moskau ein Konzert.[4] Am 27. Januar findet ein zweites statt, von dem die Hälfte des Ertrages für Serbien zur Verfügung gestellt wird.[5] Das Petrograder Engagement aber ist mein einziger mehr oder weniger bedeutender Verdienst in diesem Jahr, und darauf kann ich nicht verzichten.[6] Ich hoffe, lieber Andrej Nikolajewitsch, daß Sie meine Motive verstehen und mir nicht böse sind. Wenn Sie es wünschen, bin ich bereit, Sie auf einige Interpreten meiner Kompositionen (Moskauer) hinzuweisen, mit denen ich sogar sprechen kann. Ich bitte Sie, herzliche Grüße von mir und meiner Frau entgegenzunehmen und Julia Lasarewna zu grüßen.

Ihr aufrichtig ergebener

A. Skrjabin

1 Andrej Rimski-Korsakow hatte Skrjabin um Mitwirkung in einem seiner kurz zuvor begründeten „Konzerte des Musikalischen Zeitgenossen" ersucht. Skrjabin war aber fest an die „Siloti-Konzerte" in Petersburg gebunden und hatte für die Saison 1914/15 dort bereits zwei Konzerte zugesagt (vgl. Anm. 6).

2 Alexander Siloti.

3 Petersburg wurde nach Ausbruch des ersten Weltkrieges in Petrograd umbenannt.*

4 Am 22. November 1914.

5 Die Hälfte des Reinertrages des Klavierabends vom 27. Januar war für eine Hilfsaktion des Roten Kreuzes in Serbien bestimmt.

6 Gemeint sind die beiden Klavierabende am 12. und 16. Februar 1915. Außerdem gab Skrjabin in Petrograd noch einen Abend am 2. April, der der letzte seines Lebens werden sollte.

## 265. An Tatjana de Schloezer

[Kiew, 5./18. März 1915]

Sei gegrüßt! Ich habe mich gerade angezogen, nachdem ich bis halb zwölf noch im Bett lag. Wie Du siehst, nehme ich meine Gewohnheiten mit auf die Reise! Schuld ist auch Daniil Grigorjewitsch, der sie mir nachsieht und mir den Kaffee ans Bett bringen läßt! – Wie geht es? Ich bin so in Sorge und kann erst morgen oder sogar übermorgen Post von Dir haben! Pflege Dich! Aus meinem Telegramm hast Du schon etwas über das Kiewer Konzert erfahren.[1] Das war ganz schön einträglich für Jaschtschewski! Der Saal war überfüllt, es sollen an die 3000 Rubel eingenommen worden sein; das bedeutet, daß Jaschtschewski mindestens rund 2000 eingesteckt hat! Hätte ich das wissen können, dann hätte ich ihm um keinen Preis ein zweites Konzert für 500 Rubel überlassen. Und überhaupt habe ich jetzt genug von den Festhonoraren! Ich werde Silotis Rat befolgen und auf eigenes Risiko veranstalten. Diesmal könnte ich vielleicht rund 4000 mit nach Hause bringen, denk mal! Aber ärgere Dich nicht, es lohnt sich nicht. Meine Lage ist so, daß wir nicht untergehen! Dafür war ich mit dem Kiewer Konzert sehr zufrieden: Das Spielen ging gut wie selten, und es wurde ebenso wie in Petersburg aufgenommen. Nach dem Konzert gab Daniil Grigorjewitsch bei sich ein Abendessen und hatte Glière, Beklemischew mit Frau und Erdenko mit Frau eingeladen. Er ist überhaupt unendlich liebenswürdig und zuvorkommend. Ach so, ich habe Dir noch nicht die Hauptsache geschrieben. Stell Dir vor, das „Kiewer Konservatorium" hat mir einen Kranz überreicht!! (Die Zeiten ändern sich!) Wie sich herausstellt, betreiben Glière und Beklemischew eine beharrliche Propaganda für meine Kompositionen und haben mir viele Freunde verschafft. Die Aufmerksamkeit des Konservatoriums hat mich sehr gerührt, und ich habe allen durch Glière (er ist, wie Du weißt, der Direktor) Dank sagen lassen.[2] Jetzt habe ich eine langweilige Arbeit vor mir: das Programm für mein zweites Recital[3] zusammenstellen. Ich verlasse Dich, meine Liebe. Herrgott, wie gern möchte ich wissen, was in Moskau los ist! Ich hoffe, Du bist so lieb und schreibst mir wenigstens ein paar Zeilen *jeden Tag*. Ich küsse Dich. Die ganze Zeit denke ich an Dich! Gib allen einen Kuß von mir, und laß Mamachen auf keinen Fall vor meiner Ankunft weg.

Der Deine

1 Über seinen Klavierabend am 3. März 1915 hatte Skrjabin aus Kiew telegrafiert: „Glänzender Erfolg bei vollem Saal [...]" („Briefe", S. 642).*

2 Skrjabin war über die Ehrung besonders erstaunt und erfreut, weil er seitens offizieller Vertreter des Moskauer und Petrograder Konservatoriums ablehnende Haltung gewohnt war.

3 Der zweite Klavierabend in Kiew fand am 9. März 1915 statt.

## 266. An Tatjana de Schloezer

[Kiew, 7./20. März 1915]

Warum schreibst Du so wenig von Dir und Deiner Gesundheit? Heute schreibe ich Dir nur zwei Worte, ich muß schnell los zur Bank, die Fahrkarte holen, einiges einkaufen und vor allem die 3. Sonate üben, die ich aufs Programm gesetzt habe.[1] Gestern kam ich nur eine Stunde zum Üben. Am Abend waren wir bei Beklemischew, der das ganze Konservatorium bei sich versammelt hatte. Es gibt da sehr sympathische Leute, größtenteils Jugend. Heute muß ich zu einem Abend im Konservatorium. Bin müde von der Musik. Ich küsse Dich und bitte Dich inständig, Dich zu schonen. Ich weiß nicht, ob ich noch öfter dazu komme, Dir zu schreiben; wenn nicht, telegrafiere ich.
Ich küsse alle herzlich.

1 Siehe Anm. 3 zum vorigen Brief.

# DOKUMENTE

Alexander Skrjabin

## Poem der Ekstase

Der Geist,
Vom Lebensdurst beflügelt,
Schwingt sich auf zum kühnen Flug
In die Höhen der Verneinung.
Dort im Lichte seines Träumens
Formt sich eine Zauberwelt
Wundersamer Gestalten und Gefühle.
Der spielende Geist,
Der wünschende Geist,
In Traume allschaffende Geist,
Ergibt sich der Wonne der Liebe.
Inmitten seiner Traumgestalten
Verweilet er in Sehnsucht.
Im Höh'nflug der Begeisterung
Erweckt er sie zum Blühen.
Und trunken von dem Fluge
Möcht er sich ganz vergessen,
Aber plötzlich ...
Drohende Rhythmen
Düsterer Ahnungen
Dringen rauh
In die Zauberwelt ein.
Doch einen Moment nur.
Durch leichte Erkraftung
Des göttlichen Willens
Kann er verscheuchen
Die Schreckensgestalten.
Und kaum ist errungen
Der Sieg seines Selbst,
Gibt sich
Der spielende Geist,
Der kosende Geist,
Der freudehoffende Geist
Der Wonne der Liebe hin.
Inmitten seiner blühenden Geschöpfe
Verweilet er nun küssend,

Mit einer Fülle von Reizen
Ruft er sie zur Ekstase.
Trunken von ihrem Atem,
Geblendet von der Schönheit,
Eilt er dahin, er tollt,
Er tanzt, er kreist;
Vom Sturme der Gefühle
Zerrissen und erschöpft,
Möcht er sich ganz vergessen,
        Aber von neuem ...
Aus innerstem Grund
Des verwirrten Geistes
Wogt schrecklich auf
Stürmischer, wirbelnder,
Furchtbarer Wesen
Wirres Getose;
Alles droht es
Zu verschlingen.
        Der Geist,
Vom Lebensdurst beflügelt,
Schwingt sich auf zum kühnen Flug
In die Höhen der Verneinung.
Dort im Lichte seines Träumens
Formt sich eine Zauberwelt
Wundersamer Gestalten und Gefühle.
        Der spielende Geist,
        Der leidende Geist,
Durch Zweifel Kummer schaffende Geist,
Ergibt sich der Qual der Liebe.
Inmitten seiner blühenden Geschöpfe
Verweilet er in Sehnsucht.
Mit einer Fülle von Erschütterungen
Ruft er sie zum Tode.
Von bebender Furcht ergriffen,
Möcht er sich ganz vergessen,
        Aber plötzlich ...
Lichtvollen Vorgefühls
Freudige Rhythmen
Erwachen in ihm.
Wonniger Augenblick!
Von Strahlen der Hoffnung

Aufs neue erleuchtet
Zum Streben nach Leben
Entbrennet er.
Wunderbar hat er erfaßt
Die Kraft des göttlichen
        Eigenen Willens.
In finstere Gründe
Mit flammendem Blicke
Dringet er ein.
Erfüllt von Zorn
Und Empörung,
Stößt er kühnen Ruf aus.
Es entbrennet der Kampf.
Es klaffen der Untiere
Offene Rachen,
Schrecklich flammen
Die zuckenden Blitze
Des göttlichen Willens,
        Des allbesiegenden;
Feuriger Widerschein,
Zauberhaft leuchtend
        Hellet die Welt auf.
Vergessend das ersehnte Ziel,
Stürzet der Geist sich in trunkene Kämpfe.
Vom Rausche besessen,
Nur noch genießend
Ganz dies freie,
Göttliche Spiel,
Diesen Kampf aus Liebe.
In der Erhabenheit
Zielloser Strebungen
Und in der Verbindung
Des Widerspruchsvollen
In einem Bewußtsein,
In einer einzigen Liebe
Erkennet der Geist
Die Natur seines göttlichen
Eigenen Wesens.
Er versteht,
Daß er Kampf will.
Er hat ihn gewollt –

Und der Ereignisse
Harmonische Ordnung
        Hat umringet
        Diesen Impuls.
Launenhaft wandelnd
Spielt das Gefühl,
Und das Weltall
Schwingt mit ihm,
Ihn erklärend,
Ihn verstärkend.
Er will den Sieg,
Er hat gesiegt,
Er triumphiert!
Nun kann er freudevoll
Heim in die eigene
Liebeswelt kehren.
Doch was verdüstert
Diesen Freudenmoment?
*Eben das ist's,*
*Daß sein Ziel ist erreicht.*
Leid ist ihm jetzt
Das Ende des Kampfs;
Und einen Moment
Fühlt er
Langeweile, Verzagen und Öde.
Aber vom Durst nach Leben
Aufs neue beflügelt,
Schwingt er sich auf
In die Höhen der Verneinung.
Dort im Lichte seines Träumens
Formt sich eine Zauberwelt
Wundersamer Gestalten und Gefühle.
Und durch nichts beunruhigt,
Kann er sich ewig ergeben
Seinen geliebten Träumen.
Aber wodurch denn, o rebellischer Geist,
Wird deine Ruhe aufs neue gestört?
Keine erregenden Rhythmen
Verdüstern dich,
Keine Schreckensgespenster
Drohen dir,

Doch das zersetzende Gift
    Der Einförmigkeit,
Der Wurm der Übersättigung
Verzehrt das Gefülıl.
Und ein krankhafter Schrei
Widerhallte im Weltall:
    Anderes!
        Neues!
Vom Genuß ermüdet,
Vom Genuß, doch nicht vom Leben,
Eilt der Geist im Fluge
In das Reich von Schmerz und Leiden.
Rückgekehrt aus freiem Willen
In die Welt erregter Träume,
Begreift er wunderbar den Sinn
Des Geheimnisses des dunklen Bösen.
Wiederum öffnen sich schwarze, klaffende,
Drohende, alles verschlingende Rachen,
Wiederum Kämpfe, Einsatz des Willens,
Der Wunsch, zu besiegen.
Von neuem Sieg, wiederum Trunkenheit
    Und Berauschung
    Und Übersättigung.
In diesem ewigen Rhythmus
Schlage, Lebenspuls, stärker!
O meine Welt, mein Leben,
Meine Blüte, meine Ekstase!
Jede Spanne eures Daseins
Schaffe ich durch die Verneinung
Früher durchlebter Formen.
        Ich ewige
        Verneinung.
        Noch,
    Immer noch!
    Mehr Starkes,
    Mehr Zartes,
        Neue Qualen,
        Neue Wonnen.
Im Genusse dieses Tanzes,
Halberstickt in diesem Wirbel,
Vergessend die Ziele des heißen Begehrens,

Widmet der Geist sich dem Spiel der Berauschung.
Auf mächtigen Flügeln
    Neuen Begehrens
Wird er getragen
Ins Reich der Ekstase.
In diesem unaufhörlichen Wechsel,
In diesem ziellosen, göttlichen Fluge
    Erkennt der Geist sich
    Als Macht des Willens,
    Des einen, freien,
    Immer schaffenden,
    Alles erleuchtenden,
    Alles belebenden,
    In vielen Gestalten
    Wunderbar spielenden.
    Er erkennt sich
    Im Zittern des Lebens,
    Im Begehren der Blüte,
    Im Kampf aus Liebe.
    Der spielende Geist,
    Der flatternde Geist,
    In ewigem Streben
    Ekstase erschaffend,
Zu weih'n sich der Wonne der Liebe.
Inmitten seiner blühenden Geschöpfe
Verweilt er nun in Freiheit.
„Ich rufe euch zum Leben auf,
Verborgene Bestrebungen!
    Ihr in dunklen
    Tiefen des schaffenden
    Geistes versunkenen,
    Ihr ängstlichen
    Keime des Lebens,
    Kühnheit
    Bringe ich euch!
Von jetzt an seid ihr frei!
Zerfallt, erblüht,
Lehnt euch auf,
Erhebt euch in die Höhen,
Damit ihr in süßer Wonne
Euch als Einheit erkennt,

Euch vernichtet in mir!
Steht auf gegeneinander,
Steht auf gegen mich,
Verneinet und liebet!
Steht auf gegen mich, Elemente und Völker,
Erhebt euch, ihr Schrecken,
Versucht, mich zu vernichten,
Offene Rachen der Drachen,
Schlangen, umwindet, würget und beißt!
Wenn alles sich auflehnt
        Gegen mich,
        Dann werd' ich beginnen
        Mein
        Spiel.
O wartende Welt,
Erschöpfte Welt!
Du dürstest, geschaffen zu werden,
Du suchst deinen Schöpfer.
Zart flog zu mir
Das liebliche Seufzen
        Des Anrufs.
        Ich komme.
Ich weile schon in dir,
O meine Welt!
In heimlichen Reizen
Unbekannter Gefühle,
In tausenden Traumesgestalten,
In glühender Begeisterung,
Im Suchen nach Wahrheit,
Im verbotnen Verlangen
Nach göttlicher Freiheit.
O meine Welt, du geliebte,
        Ich komme.
Dein Träumen von mir –
Bin ich, der geboren wird.
Ich zeige mich schon
In der geheimen Sphäre
        Des kaum faßbaren
        Atems der Freiheit.
        Dein Wesen
        Ist schon ergriffen,

Spielend leicht
Wie ein Traumesgebilde,
Vom Strom
Meiner Wesenheit.
Du erschauertest schon.
Ich bin deine ersehnte Freiheit,
Du meine geliebte Welt!
Ich komme,
Dich zu blenden
Mit der Pracht
Neuer Bezauberung;
Ich bringe dir
Den Zauberreiz
Brennender Liebe
Und verborgener Lockungen.
Nun ergib dich vertrauensvoll mir!
In ein Meer von Wonnen versenke ich dich,
In ein liebendes, lockendes, kosendes,
Das bald mit wuchtiger Woge drohend,
Bald nur von ferne umspielend
Dich küßt
Nur mit sprühenden Tropfen.
Dennoch wirst du sehnlich verlangen
Anderes,
Neues!
Dann werde ich auf dich fallen
Als reicher Blütenregen,
Wohlgeruch in reicher Fülle
Spendend zu Lust und Qual,
Im Spiele der Düfte,
Bald zarter, bald schärfer,
Im Spiel der Berührung,
Bald leichter, bald stärker.
Und ersterbend
Wirst du dann flüstern
Voll Glut:
Mehr,
Immer mehr!
Dann stürz' ich mich auf dich
Als Schar von Ungeheuern,
Wilder Qualen Schrecken bringend,

Wie Schlangen wimmelnd krieche ich heran,
Und werde beißen und würgen!
Und stets wahnsinniger,
Stets stärker wird dein Verlangen.
Dann werde ich auf dich fallen
Als Wunder-Sonnen-Flut.
Blitze meiner Leidenschaft
    Werden euch entzünden,
    Heilige Flammen
    Der seligsten,
    Verbotensten,
    Geheimsten
    Wünsche.
Und du wirst sein ein einz'ger Strom
Von Freiheit und von Seligkeit.
Nachdem als Vielheit ich dich schuf,
Und euch erhoben habe,
Legionen von Gefühlen,
O reine Bestrebungen,
Erschaffe ich dich
Als vielfache Einheit,
Dich alles umfassendes
    Gefühl der Seligkeit.
Ich ewig leuchtender Augenblick,
    Ich Bejahung,
    Ich Ekstase."
    Ein Flammenmeer
    Erfaßt das Weltall.
Der Geist, auf der Höhe des Seins,
Fühlt nun
Unendlichen Strom
Der göttlichen Kraft
Des freien Willens.
Kühnheit durchdringt ihn.
    Was drohte –
    Ist jetzt Erweckung,
    Was erschreckte –
Ist jetzt Genuß,
Aus Panther- und Hyänenbissen
Wurde nur neues Kosen,
    Neue Qual,

Und aus dem Schlangenstich
Nur brennendes Küssen.
Und es hallte das Weltall
Vom freudigen Rufe
Ich bin!

*Aus dem Russischen übertragen von Ernst Moritz Arndt (1885–1962)*

*Entnommen aus: Clemens-Christoph Johannes von Gleich, Die sinfonischen Werke von Alexander Skrjabin, Bilthoven 1963, S. 113–121*

## Rezensionen zur Moskauer Erstaufführung der 2. Sinfonie am 21. März (3. April) 1903

Diese Sinfonie ist ein in höchstem Grade ausgeklügeltes Werk. Erstes Ziel des jungen Komponisten war es, die Zuhörer mit pausenlosen Modulationen, falschen Kadenzen und allerlei sonstigen harmonischen Kniffen fertigzumachen. Im Verlauf der fünf Sätze, die über eine Stunde dauern, hört man nichts weiter als modulierende Übergänge von einer Tonart in die andere, wobei die Kühnheit dieser Modulationen frappierend ist. Das zweite Ziel des Autors war, seine spitzfindigen Harmonien mit möglichst vielen Wechsel- und Durchgangstönen aller Art auszuschmücken, die solche Dissonanzen ergeben, daß die heutigen Neutöner von der Art eines César Franck u. a. es sich überlegen würden. Die letzteren sind kleine Kinder im Vergleich zu Herrn Skrjabin. Diese harmonischen Schärfen sind nicht zu fassen. Zuerst hört man aufmerksam zu und interessiert sich dafür als für etwas Originelles, aber dann fängt es an, einen aufzuregen, und man wünscht sich sehnlichst einen einfachen Dreiklang, man ist bereit, alles hinzugeben für eine ungekünstelte Passage oder Harmonie. Doch der Autor ist unerbittlich, er überschüttet einen mit immer neuen Vertracktheiten, es macht einen allmählich rasend, man möchte laut schreien, daß einer doch nicht das Recht hat, alles zu schreiben, was ihm in den Sinn kommt, doch Herr Skrjabin hat kein Gefühl dafür und badet sich weiter in dem Meer krankhafter Harmonien, und schließlich ist man besiegt, man ist weder zu protestieren imstande noch zu denken, noch zuzuhören – man ist endgültig erledigt, und nach Schluß der Sinfonie, zerschlagen, erschöpft und mit schwerem Kopf, erholt man sich und freut sich an den ihre Instrumente nachstimmenden Geigern, weil man endlich eine reine Quinte hört. [...] Dieses Werk aber als höchste Kunst aufzufassen ist undenkbar.

Dinoel [Leonid Maximow]

*„Russkoje slowo", 1903, Nr. 82, S. 3*

Die zweite Sinfonie von Herrn Skrjabin trägt die Opusnummer 29; unter den ihr vorangegangenen 28 Werken (fast durchweg instrumentalen) gibt es nicht wenige große, die ernsthaft die Aufmerksamkeit der Musikwelt sowohl in Rußland als auch im Ausland auf sich gezogen haben. Demnach ist es schwerlich möglich, Herrn Skrjabin einfach „nicht zu akzeptieren“ und auszuzischen, wie es einige tun; man kann ihn natürlich ablehnen, aber sich mit ihm bekannt zu machen lohnt sich, und man sollte es tun. Wir hatten bereits Veranlassung, Herrn Skrjabins Musik als Kunst der „oberen Zehntausend“ zu charakterisieren, die, fern von der gesunden Weite der Felder und Wiesen, in der überfeinerten und nervösen Atmosphäre der schwülen Großstadt gewachsen ist. Kampf, Leidenschaft, Aufwallung – das ist ein typischer Zug der musikalischen Individualität des Herrn Skrjabin, ein Zug, der seine Widerspiegelung findet in Vortragsbezeichnungen wie tempestoso, appassionato [...], mit denen seine Werke ausgiebig übersät sind. Doch die Ideale dieses Kampfes und seine Ursachen sind uns unbekannt; darauf gibt die „reine“ Musik keine genaue Antwort und kann sie auch nicht geben. Eine solche Antwort findet sich natürlich auch in der 2. Sinfonie nicht, aber man spürt hier den Aufbruch zu etwas Neuem, das Bestreben, die Fesseln des Alltags zu sprengen, wobei dieser Aufbruch nicht zu beiden Seiten von Bedrückung und Niedergeschlagenheit eingerahmt ist wie zum Beispiel bei Tschaikowski größtenteils. Er geht lediglich von dieser Stimmung aus, kommt aber zu etwas völlig anderem: zu Triumph, Sieg, Jubel (die ersten beiden Sätze der Sinfonie sind: Andante, Allegro; die letzten beiden: Tempestoso, Maestoso). Mag es auch zeitweise nicht ohne Grund so scheinen, als suche der Autor vergebens „das Nichtfaßbare zu fassen“, indem er sich bemüht, höher zu springen, als er groß ist, und das Nichtdarstellbare darzustellen – den „Übermenschen“; mag sein Triumph manchmal übertrieben und äußerlich wirken, dennoch spürt man in seiner Musik das intensiv sprudelnde, frische, wißbegierig in die Zukunft blickende Leben und nicht kraftlose Melancholie, nicht Verzicht auf den Kampf. Und darin liegt das große Verdienst von Herrn Skrjabin in der heutigen Zeit.

*„Russkije wedomosti“, 1903, Nr. 81, S. 4* Julius Engel

*Aus dem Russischen übersetzt von Christoph Hellmundt nach: A. Skrjabin, Piśma, Moskva 1965, S. 278*

## Rezension zur Aufführung der 3. Sinfonie in Berlin am 11.(?) Januar 1909

Ein höchst eigenartiges Werk lernte man am letzten Montag im grossen Saale der Philharmonie kennen, wo die Gesellschaft der Musikfreunde ein Konzert zum Besten der durch das Erdbeben in Not geratenen Sizilianer gab: die dritte Symphonie von Alexander Scriàbine, von dem Philharmonischen Orchester unter Oskar Fried's Leitung vorgetragen. Der Beifall war warm, wenn auch nicht enthusiastisch, und der Komponist bekam wenigstens Gelegenheit, einem Hervorruf Folge zu leisten.

Das wird noch anders werden, wenn man Scriàbine erst besser kennen lernt, denn er gehört nicht zu den Komponisten, die dem Zuhörer so weit wie möglich entgegen zu kommen bestrebt sind. Er geht seinen eignen Weg, und wenn er unwillkürlich doch einmal auf die Pfade Wagner's oder anderer gerät, merkt er's schnell und besinnt sich sofort auf seinen Vorsatz zur Selbständigkeit. In der Tat, nach dieser Symphonie-Probe kann man nicht umhin, Scriàbine für eines der entschiedensten unter den zahlreichen jungen russischen Talenten zu halten. Bis dahin kannte man von ihm hier kaum mehr, als interessante kleinere Klavierstücke; und wenn ein solch' oberflächlicher Bekannter dann plötzlich in einer grossen – zwar einsätzigen, aber doch drei Absätze umfassenden – Symphonie zu einem spricht, dann findet man nicht sogleich den Massstab, der ihm gebührt, und muss sich mit einer vorläufigen, der Modifikation noch zu unterwerfenden Beurteilung begnügen. Eins aber kann man gleich nach dem erstmaligen Anhören der Symphonie konstatieren: dass ihr Komponist nicht nur hoch strebt, sondern auch hoch zu fliegen vermag, dass er eine durchaus individuelle Physiognomie zeigt, die auch nur wenig Familien-Gemeinschaft mit anderen russischen Komponisten aufweist, und dass sich diese eigne Physiognomie nicht bloss im Entwurf und in der Ausgestaltung des Werkes, sondern auch in der ganzen Kompositionstechnik und in der Instrumentation erkennen lässt. Die letztere ist wohl kaum schon ganz ausgereift, und man glaubt darin, wenigstens beim ersten Hören, gewisse Spuren von Eigensinn zu entdecken. Aber das macht sie ja so viel interessanter, als wenn sie schablonenhaft und bloss „geschickt gemacht“ wäre. Scriàbines Orchestration ist nicht „gemacht“, sondern empfunden, passt daher auch genau zu seinen musikalischen Gedanken selbst. Wenn man ferner weiss, – nämlich aus dem Lexikon – dass Scriàbine Komposition bei Tanejeff studiert hat, dann wird man zwar die Spuren dieses ausgezeichneten Vorbildes leicht erkennen, aber doch auch grade in der Kontrapunktik ganz individuelle Wendungen. Also Scriàbine ist eine Persönlichkeit, und mit dieser dritten Symphonie verspricht er eine bedeutende Persönlichkeit zu werden.

Ganz ausgegohren ist nämlich sein musikalisches Ich noch nicht, sonst könnte er zum Beispiel nicht im ersten Satz der Symphonie, der „Kämpfe“, natürlich Seelenkämpfe, schildern soll, so genau an der symphonischen Form kleben bleiben, und dann im zweiten und dritten sich einer an's Formlose grenzenden Weitschweifigkeit (in Wiederholungen und Varianten) hingeben. Scriàbine nennt diese Symphonie „Le Divin Poème“, und im ersten Satz will er „Kämpfe“ („Luttes“), im zweiten die sinnlichen Ergötzungen („Voluptés“) und im dritten endlich die geistige Abklärung („Jeu divin“) schildern. Und seine Themen sind so charakteristisch, dass man ihm mit einigen guten Willen schon folgen kann; wer letzteren nicht mitbringt, wird freilich auch alles mögliche Andere in seine Musik hineinhören können. Es ist aber so viel rotes Blut in Scriàbine's Musik, dass man sie auch ohne programmatische Anleitung geniessen kann; und das ist gewiss ein gutes Zeichen. Nur die Weitschweifigkeit im zweiten und dritten Abschnitt wirkt etwas ermüdend.

Oskar Fried hatte sich des Werkes offenbar mit besonderer Teilnahme angenommen, und er brachte mit dem Philharmonischen Orchester eine höchst anerkennenswerte Ausführung des schwierigen Werkes zustande. Man wird nun in Berlin dem Erscheinen anderer grosser Scriàbinescher Kompositionen mit erhöhtem Interesse entgegensehen.

August Spanuth

*„Signale für die musikalische Welt“, 1909, Nr. 3, S. 88f.*

Oskar von Riesemann

# A. Skrjabin und seine letzten Werke

Moskau, Mitte März [1909]

Wenn man den Anzeichen Glauben schenken soll, die sich drohend mehren, so wird es mit der schönen Zeit des naiven Musikgenusses bald, wenn auch hoffentlich nicht für immer, vorbei sein. Es entstehen allenthalben Propheten einer neuen Kunst, die an Stelle des unbefangenen Musikhörens ein mystisches „Walten des Wissens" setzen wollen, an die Stelle einfacher musikalischer Tatsachen – impressionistische Symbole, an die Stelle gewöhnlicher Kunstwerte – philosophische Probleme. Wenn ich betone, daß sich derartige Tendenzen in der Entwicklung der musikalischen Kunst allenthalben beobachten lassen, so hat das seinen guten Grund. Damit soll zugleich eine Warnung ausgesprochen werden, den Propheten solch eines musikalischen Mystizismus, der uns jetzt in Russland entstanden ist, A. Skrjabin, in seiner Rolle eines musikalischen Sehers und Lichtbringers zu überschätzen. Diese Ueberschätzung wäre ebenso töricht, wie die Nichtbeachtung, die der Prophet in seinem Vaterlande jahrelang zu erdulden hatte, ungerecht gewesen ist.

Skrjabin ist ohne Zweifel eines der stärksten und eigenartigsten Talente, die das ausgehende neunzehnte Jahrhundert hervorgebracht hat. Eine absolute Selbstständigkeit des philosophischen und musikalischen Denkens kann ihm jedoch nur bedingt zugestanden werden. Das wird nur konstatiert, um Opposition gegen einen übermächtig aufflammenden Enthusiasmus zu machen, der Skrjabin fast mit den Attributen der Göttlichkeit versehen will, seiner Musik die Qualifikation des absolut Neuen, Niedagewesenen zuerkennt und ihren Schöpfer als den Begründer einer neuen Kunstära begrüsst. Skrjabin ist nicht der Erzeuger einer neuen Kunstepoche, er ist vielmehr der Vollender einer jetzt schon alten, hoffentlich bald versandenden intellektuellen Strömung, die jedermann unter dem Namen „Décadence" kennt, und die auch auf musikalischem Gebiete mehr Unheil als Heil gestiftet hat. Wenn wir der Genealogie der

Skrjabinschen Kunst nachgehen, so sehen wir auf einer Seite Stirner und Nietzsche stehen, Vater und Grossvater seines philosophischen Gedankens, auf der anderen Chopin, Wagner, Strauss, Debussy, die Ahnen seines musikalischen Gestaltens. Mit der Konstatierung dieser Tatsache ist durchaus keine abschätzende Kritik verbunden. Man ersieht daraus nur, dass die Musik Skrjabin's nicht als etwas absolut Selbsterzeugtes gewappnet und gepanzert dem Haupte ihres Schöpfers entsprungen ist, sondern dass sie, gleichwie die Gedankenwerke aller grossen Geister, in unlösbarem Zusammenhange mit der ganzen Epoche der zeitgenössischen intellektuellen Kultur steht. Sie enthält trotzdem so viel des Eigenartigen, rein Persönlichen, dass ihr Schöpfer ohne Zweifel den produktiven Geistern ersten Ranges unter den Musikern beizuzählen ist.
Was einen vor allem fesseln und interessieren muss, wenn man die künstlerische Erscheinung Skrjabin's als Ganzes ins Auge fasst, das ist die erstaunliche Evolution, die seine Kunst im Laufe verhältnismässig weniger Jahre durchgemacht hat. Von einem harmlosen, wenngleich immer hochtalentvollen Nachahmer Chopin's in der Klaviermusik hat sich Skrjabin im Handumdrehen zu einem Symphoniker allergrössten Stiles entwickelt, dem es ein Leichtes dünkt, mit den grandiosesten Problemen einer philosophierenden Musik oder musikalischen Philosophie Fangball zu spielen.
Während des Skrjabin-Festes, – der Ausdruck ist kaum zu stark gewählt – das sich jüngst in Moskau abspielte, hatte man Gelegenheit, mit den letzten Werken des Komponisten, die während seines Aufenthaltes in Frankreich und in der Schweiz entstanden sind, bekannt zu werden. Es sind dies zwei Symphonien (die dritte und vierte), eine Klaviersonate (die fünfte) und eine Reihe kleinerer Klavierstücke.
Die beiden ersten Symphonien Skrjabin's waren absolute Musik, die beiden letzten sind es nicht mehr. Allein, zu stolz um seine Musik mit fremden Krücken in Gestalt eines Programmes zu stützen, hat Skrjabin seine beiden jüngsten symphonischen Werke selbst mit ausführlichen philosophischen Erläuterungen versehen. Gerade in der dritten wie auch in der vierten Symphonie will Skrjabin die Empfindungen zum Ausdruck bringen, die in ihm das Erfassen

und Ausspinnen eines befreienden philosophischen Gedankens erregt hat. Das bekannteste Beispiel einer derartigen symbolischen Philosophiemusik, das die musikalische Literatur aufweist, ist wohl Strauss' „Zarathustra". Ob es ein Zufall ist, dass sich die beiden Werke von Skrjabin mit geringen Abweichungen fast genau in demselben Gedankenkreise bewegen, wie die lichtvolle und daseinsfreudige Uebermenschen-Philosophie des einsamen und gewaltigen Zarathustra?

Skrjabin nennt seine dritte Symphonie „Poëme divin", die vierte „Poème d'Extase". In beiden führt er einen durch Dornen und Gestrüpp der menschlichen Gefühlsmisère, in der die „voluptées" die grösste Rolle spielen, zu den leuchtenden Höhen einer reichen Erkenntnis, zum jauchzenden Glück trunkener Lebensfreudigkeit empor. Der Gedanke ist wunderschön, und die musikalische Sprache Skrjabin's reich und stark genug, um den Hörer zu überzeugen. Allerdings setzt sie ein vollständiges Einleben in die Gedankenwelt und Ausdrucksweise des Tondichters voraus, schliesst also das, was ich vorhin als „naiven Musikgenuss" bezeichnete, vollständig aus. Es ist hier nicht der Ort, um die Frage von der Berechtigung oder Nichtberechtigung einer derartigen musikalischen Redeweise zu untersuchen. Es sei also nur die Tatsache festgestellt, die einem ja, wenn man die Forderungen Wagners an sein Publikum kennt, an sich nichts Neues ist. Auch musikalisch lehnt sich Skrjabin, besonders in der dritten Symphonie, vielfach an Wagner an. Instrumentation und Harmonik lassen, zu so bedeutender Originalität sie sich stellenweise erheben, dennoch Wagnersche Vorbilder, zumeist den „Tristan" deutlich erkennen. Der schönste musikalische Gedanke des ganzen Werkes ist das Hauptthema des Mittelsatzes („Voluptées") ein melodischer Einfall von seltener Ausdruckskraft, dem die blühenden orchestralen und harmonischen Farben ein wundervolles Relief verleihen: Der erste Satz („Luttes") begnügt sich mit einem für Skrjabin wenig charakteristischen, wenn auch melodisch sehr prägnanten Thema, während der letzte („Jeu divin") ein dionysisches Freudenfest ist, dessen lebenstrunkene Ausgelassenheit geradezu hinreissend wirkt. – Im „Poëme d'Extase" haben die Einflüsse Wagners zum Teil denen von Debussy Platz gemacht. Auch aus den letzten Kla-

vierstücken von Skrjabin geht es hervor, dass ihr Autor mit der Musik des bizarren französischen Impressionisten bekannt ist. Die Sprache des „Poème d'Extase" ist noch um ein Bedeutendes komplizierter und – verworrener, als die des „Poème divin". die Harmonik verliert sich ins Uferlose und es ist oft kaum mehr möglich, dem Stimmgewirr des anscheinend zweck- und ziellos durcheinandermusizierenden Orchesters zu folgen. Erst ein gründliches Studium dieser merkwürdigen, hochinteressanten Partitur ermöglicht es, das überreich kolorierte Klangbild auch akustisch, nicht bloss optisch zu erfassen. Zum Schluss steigert sich die Musikwirkung hier zu einer rein physiologischen. Wer könnte sich einer Gänsehaut erwehren, wenn unter dem betäubenden Lärm von Pauken, Trompeten, Posaunen, Harfenglissandos, grossen und kleinen Glocken endlich acht Hörner das Thema der „Selbstbejahung" in die schreckensstarre Menge hineinbrüllen? „Und es jubelt ein Schrei in die Welt hinaus: *ich bin!*" Die Mitfreude über diese Tatsache kann bei Menschen mit schwachen Gehörnerven nur eine geteilte sein.
Neben den gewaltig dimensionierten, mit einem orchestralen Riesenapparat arbeitenden symphonischen Gestalten Skrjabins nimmt sich seine neue Klaviersonate wie ein verkrüppeltes kleines Embryönchen aus. Der Satz – nur um einen solchen, nicht um ein zyklisches Werk handelt es sich hierbei – macht beim erstmaligen Hören einen verblüffenden Eindruck. Das Stück, dem einige Verse aus dem von Skrjabin gedichteten „Poème d'Extase" als Motto vorangestellt sind, scheint weder einen Anfang noch ein Ende zu haben. Die Tonart lässt sich überhaupt nicht feststellen. Ein kurzes Thema rast wie toll in die Kreuz und in die Quer, rennt alle Gesetze der Melodik, Rhythmik und Harmonik über den Haufen und empfiehlt sich ebenso plötzlich, wie es gekommen, mit dem Schrei einer schauerlichen Dissonanz. Und dann beginnt die Sonate? Nein, dann ist sie zu Ende. Anfangs macht das Stück den Eindruck, als sei es an der Schwelle des Irrenhauses, wenn nicht gar jenseits derselben ersonnen. Studiert man es genauer, so entdeckt man jedoch auch hier das Gerippe einer fassbaren musikalischen Form und – gewöhnt sich an die absonderlichen harmonischen, rhythmischen und melodischen Verhältnisse, die einem endlich sogar gefallen.

Trotzdem möchte ich mich, resümierend, nochmals energisch dagegen verwehren, die Musik Skrjabins als Morgenröte einer aufgehenden neuen Kunstepoche zu begrüssen. Mir ist sie die Abendröte einer versinkenden. So Hochbedeutendes, Originelles und Anziehendes sie in sich birgt, so spricht aus ihr letzten Endes doch – man verstehe das nicht falsch – die Melancholie des Unvermögens, jenes tragische Missverhältnis des Erstrebten und Erreichten, das solch einem grossen Teil der gesamten literarischen Produktion unserer Zeit den Stempel der Décadence – man übersetze Untergang – verleiht.

*„Signale für die musikalische Welt", 1909, Nr. 13, S. 490–493*

## Rezension zur Aufführung des „Poème de l'Extase" in Berlin am 2. Dezember 1909

Herr Alexander Chessin, der nacheinander in Moskau und in St. Petersburg als Konzertdirigent gewirkt hatte, gab am 2. Dezember in der Philharmonie ein Konzert mit dem verstärkten Philharmonischen Orchester. Da man einem fremden Publikum seine Dirigententüchtigkeit am ehesten in bekannten Werken nachzuweisen vermag, war es ganz angebracht, dass Herr Chessin die Phantastische Symphonie und das Meistersingervorspiel auf's Programm gesetzt hatte; dass er aber mit der mittleren Nummer für seinen Landsmann Scriabine Propaganda zu machen versuchte, gab seiner Veranstaltung noch einen besonderen Wert.
Von allen modernen Komponisten, die nach einer neuen Tonsprache lechzen, geht Scriabine wohl am eigenwilligsten vor. Und darum muss er sich auch am häufigsten eine kurze, womöglich höhnische Abfertigung gefallen lassen. Sein „Poème de l'Extase" fordert keineswegs blos die Befürworter der Reaktion zum Widerspruch heraus, denn er komponiert darin ja metaphysische Philosophie; und es gibt nun genug Leute, die musikalisch weit links stehen, aber von philosophischen Vorwürfen beim Komponieren nichts wissen wollen. Dann aber stösst er mit seiner prinzipiellen

Verneinung der Tonalität die grosse Majorität aller Musiker, nämlich die Instinktmusiker, vor den Kopf. Sie mögen viele Dissonanzen vertragen können, aber sie tun's nur, weil sie fühlen, dass ihnen darnach der Gegensatz der Konsonanz um so wohliger schmecken wird. So erträgt der Wanderer in der Wüste den schrecklichen Durst, und wenn der Marsch recht anstrengend gewesen ist, schmeckt das Wasser der Oase auch dann noch köstlich, wenn es aus einem Sumpf quillt. Die Banalität einer breitgeschwungenen Kantilene wird viel weniger offenbar, wenn man den Ohren vorher ein reichliches Dissonanzenfutter gegeben hat. Auf diese Konzession an ein allgemeines Bedürfnis der blossen Instinktmusiker verzichtet nun Scriabine, er bleibt konsequent bei der unerbittlichen Askese, und wer nicht mehr mit kann, der mag seinetwegen zurückbleiben und sich durch Spotten das Herz erleichtern. Um dieser eisernen Konsequenz willen muss man Scriabine achten.
Und dann gebe man doch den Kampf nicht zu früh auf. Es ist zwar undenkbar, dass nicht jedes Ohr, auch dasjenige eines durchaus modernen Musikers, gegen die Konsequenz dieser Anti-Tonalität zuerst revoltieren sollte, ja es gehört Willensstärke dazu, diese Revolte des physischen Gehörsinnes längere Zeit hindurch im Zaume zu halten. Aber man sollte das intensive Zuhören doch nicht eher aufgeben, als bis man erkannt hat, wie logisch dieser Scriabine zu Werke geht, wie plastisch seine Architektur hervortritt. Ein Irrtum wäre es zu glauben, er häufe nur planlos Dissonanzen aufeinander, um die Mitwelt zu verblüffen. Nein, es ist undenkbar, dass Scriabine nicht ganz bestimmte Vorstellungen von dem hat, was er will. Ob diese Vorstellungen selbst grandioser Irrtum sind – bleibe der Zeit zur Entscheidung überlassen.
Herr *Chessin* aber gab gerade mit der Interpretation des „Poème de l'Extase" die beste Probe seiner Dirigenten-Tüchtigkeit. Ein solch befremdliches und kompliziertes Gebilde so plastisch herauszubringen, dazu ist doch mehr als kapellmeisterliche Routine erforderlich.

August Spanuth

*„Signale für die musikalische Welt", 1909, Nr. 49, S. 1760*

## Rezensionen über die Klavierabende Skrjabins 1911 in Leipzig und Berlin

In Leipzig am 24. Februar 1911:

Eine Reihe eigener Kompositionen führte der Pianist Alexander *Scriabine* am 24. Februar im Kaufhause vor. Die hochmodernen Tonwerke sind zwar recht genial verfasst und geben den Beweis, dass ihr Schöpfer ein geistvoller und bedeutender Musiker ist; doch fehlt es ihnen an Reinheit der Konzeption, an feiner, logischer Gliederung im Aufbau; das bewies am deutlichsten die fis moll-Sonate. In diesem Werk fand das aufmerksam lauschende Ohr kaum eine Spur von wirklichem Sonatenstil, es ist alles so willkürlich niedergeschrieben, dass hier nicht von einer Sonate, sondern eher von einer viersätzigen Suite die Rede sein kann. Dazu kommt noch, dass sich der Komponist in den Bahnen Debussys bewegt und diesen an harmonischen und rhythmischen Absonderlichkeiten sogar zu übertreffen sucht, wie er in seinem „Desir“ Op. 57 deutlich zu erkennen gab. Wenn wir uns nun zu dem Pianisten Scriabine wenden, so müssen wir gestehen, dass sein Spiel in jeder Weise fesselte. Unter seinen elastischen Fingern erklangen die Kompositionen in grösster Klarheit und Präzision, auch zeichnet sich sein Spiel durch Eleganz und feine Schattierungskunst aus.

Oscar Köhler

*„Neue Zeitschrift für Musik“, 1911, H. 9, S. 132*

[...] Wohl aber wohnte ich dem Konzert bei, in dem *Alexander Scriabine* als sein eigener Interpret sein hübsches, Chopin-süchtiges und Farbenspiel-lüsternes Bagatelle-Talent in zahlreichen kleinen Stücken und leider auch in einer Sonate aufsprühen machte, ohne damit irgendwie tiefer berühren zu können [...]

Arthur Smolian

*„Signale für die musikalische Welt“, 1911, Nr. 10, S. 392*

In Berlin am 27. Februar 1911:

Eine interessante Bekanntschaft brachte der Klavierabend des russischen Tonsetzers Alexander *Scriabine.* Er bot eine Auswahl seiner Kompositionen von den früheren Opusnummern bis zu den neuesten Schöpfungen, und man konnte sich daher einen guten Überblick über sein Schaffen bilden. Interessant ist er immer. Sein Bestes und Eigenstes gibt er wohl in zarten, verträumten Stücken. Da erlebt man manchmal sehr aparte Stimmungen. Freilich stellt alles eine feinere Salonmusik dar, ohne je an sein großes Vorbild Chopin heranzureichen. Alles, was er spielte, waren kleine, oft allzu aphoristisch gehaltene Stimmungsbilder, und wo man eine größere Aussprache und Entwicklung erwartet hatte, wie in der Sonate, versagte seine Kraft, und er war mit den kleinen Motivchen am Ende, ehe man's erwartet hatte. Er selbst ist seinen Sachen der denkbar beste Interpret und brachte sie auf exzellente Weise zur Geltung.

Emil Thilo

*„Die Musik", 10. Jg. 1910/11, 2. Quartalsband, H. 12, S. 371*

Am letzten Montag liess sich Alexandre Scriabine im Bechstein-Saal vor einem der Zahl nach sehr bescheidenen Publikum hören. Ob die Leute sich wohl durch die Erinnerung an sein „Poëm de l'extase" fern halten liessen? Das wäre unnötige Sorge gewesen, denn so weit in die Kakophonie hinein, wie in seinen Orchesterwerken, geht er als Klavierkomponist nie. Das mag wohl mit der Tatsache zusammenhängen, dass er eben Pianist ist, dass er aus dem Klavier heraus empfindet, wenn er für das Tasteninstrument komponiert.

Man braucht nicht von allem, was Scriabine schreibt, entzückt zu sein, kann dabei aber doch seine Kunst sehr hoch anschlagen und Interesse an seinem kühnen, vielleicht gar zu verstiegenen Schaffen nehmen. Es ist zum mindesten interessant zu verfolgen, wie er sich allmählich von den Banden, in die Chopin ihn geschlagen, los zu machen sucht, und dann doch wieder trotz all der gewollten Herbheit des Klanges unvermittelt in die Chopinsche Süssigkeit zurück-

fällt. Ueberhaupt setzt sich Scriabine eigentlich aus lauter Gegensätzlichkeiten zusammen. Er kann ebenso intensiv langweilen als aufreizen, er gebraucht in der unmittelbaren Nachbarschaft kontrapunktischer Finessen impressionistische Farbenflecken, er huldigt tatarischer Herb- und Wildheit ebenso gern, wie naiver russischer Farbenfreude.
Und genau wie seine Klavierkompositionen ist auch sein Klavierspiel: nun fesselt er uns damit, nun lässt er uns fallen. Aber alles in Allem genommen ist solch ein Scriabine-Abend doch eine Oase in der Wüste der konventionellen Klavierabende. Scriabine hatte Präludien, Etuden, Mazurken, kleinere Phantasiestücke und eine Sonate (op. 23) auf seinem Programm.

August Spanuth

*„Signale für die musikalische Welt", 1911, Nr. 9, S. 338*

Oskar von Riesemann

## Alexander Skrjabin's „Prometheus"

Moskau, März 1911.

Am 2./15. März spielte sich in Moskau „das" musikalische Ereignis dieser Saison ab: die Uraufführung der neuesten Tonschöpfung *Alexander Skrjabin's* im letzten dieswinterlichen Symphoniekonzert von S. Kussewitzky. Das ganze musikalische Moskau sah dieser Première mit grösster Spannung entgegen, denn die abenteuerlichsten Gerüchte über das neue Werk waren schon lange vor der Aufführung aus dem Arbeitszimmer des Komponisten in weite Kreise des Publikums gedrungen. In Deutschland wird man die Aufregung, die der Aufführung dieser neuen Komposition von Skrjabin vorherging, nicht verstehen. Passiert es doch Skrjabin in Deutschland noch hin und wieder, dass er mit Schütt und Moszkowski über einen Kamm geschoren wird, oder dass man seinem „Bagatelle-Talent" freundliche Anerkennung spendet und zugleich aufs tiefste bedauert, dass der Mann auch Sonaten schreibt.[1] Skrjabin ist nämlich gerade dabei, die musikalische Welt aus den Angeln zu heben. Ob ihm das gelingen wird oder nicht, ist eine Frage für sich, jedenfalls bedingt diese Tatsache bei der Beurteilung seiner Leistungen eine Distanz, die, wie gesagt, leider nicht immer respektiert wird.

Wir besitzen von Skrjabin bis jetzt ausser einer schier unübersehbaren Reihe von grösseren und kleineren Klavierwerken (darunter fünf Sonaten), vier grosse Orchesterkompositionen: drei Symphonien (die dritte mit dem Untertitel „Poëme divin") und das „Poëme d'Extase". Ihnen schliesst sich jetzt als fünfte der *Prometheus* an, ein Tongedicht für Orchester, Klavier, Orgel und Chor. Der jetzt 39jährige Komponist hat in seinem bisherigen Kunstschaffen eine gewaltige Evolution durchgemacht. Zwischen seinen besten Klavierstücken, in denen er die Tonsprache Chopin's spricht, obwohl auch hier von vornherein für fein organisierte Ohren ein spezifischer, nur ihm eigentümlicher Akzent durchklingt, und dem „Poëme d'Extase" liegen Abgründe, Welten, – und fast ebenso breit, scheinbar nicht zu überbrücken, ist die Kluft, die dieses Werk von seiner neuesten Schöpfung, dem „Prometheus", trennt.

Was dem „Prometheus" eine gesonderte Stellung in der modernen Musikliteratur, einen Platz für sich, anweist, ist der Umstand, dass das Werk etwas *prinzipiell* Neues auf dem Gebiete der Tonkunst darstellt. Man mag sich noch so sehr entsetzen vor den scheinbaren Kakophonien der Skrjabin'schen Muse, man mag diese Musik als hirnverbrannten Wahnsinn verschreien, die Tatsache, dass hier die Lösung prinzipiell neuer Probleme der Tonkunst versucht wird, kann kein Mensch in Abrede stellen. Diese Behauptung klingt zum mindesten gewagt, sagt aber noch nicht alles, da Skrjabin das Gebiet seines Schaffens durchaus nicht von der Musik allein begrenzt sehen will. Um zu zeigen, was damit gemeint ist, muss ich etwas weiter ausholen.

Das Endziel aller Kunst ist, nach Skrjabin, der Zustand künstlerischer Extase, dessen Hauptcharakteristikum eine gesteigerte Apperzeptionsfähigkeit, eine „Vergöttlichung" des Menschen auf der Basis erhöhter Nerven- und Gefühlstätigkeit ist. Zu erreichen ist dieser Zustand nur durch das Zusammenwirken aller überhaupt denkbaren künstlerischen Faktoren. Da haben wir also wieder einmal den Gedanken von einer Synthese der Künste! An sich ist er ja nicht neu, doch hat ihn wohl noch niemand in der Form wie Skrjabin zu verwirklichen getrachtet. Nicht nur das gesprochene und gesungene Wort, Musik, Mimik, Plastik sollen sich zu einem Gesamtkunstwerk vereinigen, auch die sogenannten niederen Sinne finden Berücksichtigung: der Symphonie von Tönen gesellt sich eine solche von Farben und – Düften bei. Ausserdem fallen die Schranken zwischen Ausübenden und Aufnehmenden, und die Kunst wird wieder das, was sie in ihren Uranfängen, z. B. im Dionysischen Kultus war – eine Art Gottesdienst. Jeder Mitwirkende ist zugleich der Geniessende; ein abseits stehendes Publikum gibt es nicht mehr. Dies ist in gröbsten Umrissen der Grundgedanke des Skrjabin'schen Schaffens, den er in seinem „Mysterium", einem Werk von unglaubwürdigen Dimensionen, an dem er seit einiger Zeit mit fieberhaftem Eifer arbeitet, zu verwirklichen gedenkt. Die Aufführung des „Mysteriums" setzt natürlich einen eigens zu erbauenden Kunsttempel voraus und eine eigens zu diesem Zweck zusammentretende Kunstgemeinde, die sich ausschliesslich dem Dienste des „Mysteriums" weiht. Ueber die praktische Ausführbarkeit dieses Gedankens zu diskutieren, ist es natürlich zu früh, bevor das Werk fertig vorliegt.

Die letzte Etappe der Vorstudien zum „Mysterium" ist der „Prometheus". Der Titel ist weniger eine programmatische Bezeichnung, als ein Symbol des Inhaltes. Prometheus als Personifikation des schöpferischen, aktiven Prinzips überhaupt. Der Nebentitel des Werks lautet „Poëme de feu", ein Name, der ausser seinen Beziehungen zur Fabel des Mythos vielleicht eine Anspielung darauf ist, dass hier die Lösung eines bis jetzt noch nicht in den Bereich der praktischen Möglichkeiten gezogenen Problems versucht wird. Die Symphonie von Tönen wird hier zum ersten Mal von einer Licht- und Farbensymphonie begleitet. Die Partitur weist ein besonderes Notensystem für das Licht (luce) auf, in dem das wechselvolle Spiel eines „Lichtklaviers" (clavier à lumières) eingezeichnet ist. Leider wurde der sehr komplizierte und kostspielige Apparat des Lichtklaviers zur Moskauer Aufführung des „Prometheus" nicht fertig und das Werk somit eines durchaus nicht zu unterschätzenden

Wirkungsfaktors beraubt. In kleinerem Massstabe – im Musiksaal des Komponisten – ist die Idee eines Lichtklaviers schon verwirklicht worden, und es stellt sich überraschender Weise heraus, dass das magische, mysteriöse Spiel der Farben und des in allen Tönen des Regenbogens ruhelos oszillierenden Lichtes die Wirkung dieser Musik in ungeahnter Weise vertieft und bereichert. Nebenbei gesagt, wird die Idee Skrjabins vielleicht eine eingehendere Untersuchung der bis jetzt sehr vernachlässigten ästhetischen Frage vom „Farbenhören" anregen.
Uebrigens braucht man die Farben- und Lichtwirkungen des „Prometheus" garnicht in den Kreis der Betrachtung zu ziehen, um das Stück als *prinzipiell* neue Erscheinung der Tonkunst zu proklamieren. Darüber lässt einem die Musik selbst, losgelöst von allen akzidentiellen Wirkungsfaktoren keinen Zweifel. Damit wird vorläufig, das sei nochmals ausdrücklich betont, an der Qualität dieser Musik keine Kritik geübt. Ihre Neuheit ist eine Tatsache, an der nicht zu rütteln ist. Ob sie einem aber gefällt oder nicht, das ist eine andere Frage, deren Entscheidung schon vom Geschmack des Einzelnen abhängt.
Das Gesagte wird verständlicher werden, wenn ich mitteile, dass in dem ganzen, 79 mächtige Partiturseiten umfassenden Werke kein einziger Akkord vorkommt, der sich auf Grund des bisherigen Dur-Moll-Systems einigermassen befriedigend erklären liesse. Die einzigste Ausnahme bildet der abschliessende Zusammenklang, der sich als Fis-dur-Akkord auffassen liesse, wenn er nicht durch das Dis der auf Cis trillernden Holzbläser und Geiger getrübt wäre. Nun wird man sagen, dass das an und für sich nichts Neues ist und dass z. B. die Elektra-Partitur auch nicht gerade eine Ueberfülle von Palästrina-Harmonien enthält. Gewiss. Doch bewegen sich Strauss und alle übrigen modernen Missklang-Aushecker immerhin auf dem Boden unseres bisherigen Tonsystems und der traditionellen Harmonielehre. Anders Skrjabin. Er stellt im „Prometheus" ein neues Harmonie*system* auf, zu dem er sich in seinen letzten Werken Schritt für Schritt durchgerungen hat, und das erst in dieser Partitur in lückenloser Abgeschlossenheit vor uns steht. Es würde mich viel zu weit führen, wollte ich die Einzelheiten der Skrjabin'schen Harmonikauffassung hier klarlegen. Es

mag genügen zu sagen, dass die grundlegende Tonfolge Skrjabin's c, d, e, fis, a, b und der daraus resultierende Grundakkord (nach Quarten geordnet) c-fis-b-e-a-d

keineswegs zufällige Bildungen sind, sondern ihre einwandfreie logische und physikalische Begründung haben. Hier sei nur noch betont, dass Skrjabin dieses Harmoniesystem natürlich nicht auf dem Wege physikalischer Spekulation, sondern auf dem künstlerischer Intuition gefunden hat. Für die ästhetische Beurteilung des Kunstwerkes ist diese Tatsache von grösster Bedeutung.

Dem Ohr des unvorbereiteten Zuhörers muss die Musik des „Prometheus" vorläufig wie eine ungeordnete Folge merkwürdiger, zum Teil abstossend harter, zum Teil schmeichelnd weicher Dissonanzen klingen, Dissonanzen, die nie zu Konsonanzen werden und es auch nicht werden können, weil sie es in der Auffassung des Komponisten schon sind. Das gesamte musikalische Material des „Prometheus" ordnet sich dem neuen Tonsystem unter. Es gibt in dem ganzen Werke kein Thema, kein Motiv, keine Figuration, die sich nicht aus der oben angeführten sechsstufigen Tonleiter, keinen Zusammenklang, der sich nicht aus dem entsprechenden Grundakkord ableiten liesse. Der Reichtum und die Mannigfaltigkeit der dabei entwickelten Kombinationen ist erstaunlich. Die Form des Werkes ist die eines frei behandelten Sonatensatzes. Von unerhörter Pracht ist die Instrumentation, die manchen ebenso neuen als interessanten und schönen Klangeffekt bringt.

Das Klavier, bei der Uraufführung vom Komponisten selbst gespielt, ist nicht konzertant behandelt, sondern nur das erste der Orchesterinstrumente. Ebenfalls nur zur Färbung des Klanges dient der Chor, der ohne Text, zum Teil à bou-

che fermée, zum Teil auf verschiedenen Vokalen singt, wodurch stellenweise überaus interessante Klangwirkungen erzielt werden.
Nun entsteht natürlich die Frage: bedeutet der Riesenschritt, den Skrjabin aus dem Gebiete der alten traditionellen Harmonielehre in diese bisher völlig unerforschten Gefilde der Harmonik tut, wirklich eine Evolution der Tonkunst, einen Fortschritt im wahren Sinne des Wortes, oder ist es nur der extravagante Seitensprung eines genialen Phantasten, der weiter keine Konsequenzen nach sich ziehen wird? Strahlt uns aus dem Prometheus die Morgenröte einer neuen Kunst entgegen, oder das künstliche übernächtigte Licht einer raffinierten, fast perversen Kultur? Hält Skrjabin-Prometheus die Fackel in der Hand, die der Musik ihre zukünftigen Wege erhellt, oder zeigt er ihr nur Abgründe und Tiefen, vor denen sie schaudernd zurückschrekken wird? Wer wagt es, diese Frage jetzt schon zu entscheiden? Nur die Zeit kann darauf die richtige Antwort finden. Soviel steht jedenfalls fest: an künstlerischem Mut und tapferer Ueberzeugungstreue steht der Komponist des „Prometheus" hinter jenem sagenhaften Helden des uralten Mythos nicht zurück.
Die Aufführung des Werkes in Moskau kann nur eine ausserordentliche genannt werden. *Kussewitzki* als Dirigent folgte dem genialen, aber halsbrecherisch verwegenen Gedankenflug Skrjabins in bewunderungswürdiger Weise und brachte die wunderbar schönen Farbenmischungen der Orchestrierung zu stellenweise überwältigender Wirkung. Der Erfolg des Werkes war, wider Erwarten, ein sehr grosser. Der Komponist und der Dirigent wurden unzählige Male gerufen. Vielleicht werden unsere Kindeskinder einst stolz darauf sein, dass sich ihre Vorväter, als ihnen eine neue Kunst zum ersten Mal dargebracht wurde, sich nicht durch völlige Verständnislosigkeit blamiert haben, sondern sich der Bedeutung des Augenblicks bewusst gewesen sind.

1 Siehe die weiter oben abgedruckte Rezension über den Leipziger Klavierabend 1911 in der gleichen Zeitschrift. (Anm. d. Hrsg.)

*„Signale für die musikalische Welt", 1911, Nr. 14, S. 546–549*

## Rezension über ein Konzert von Wera Skrjabina mit Werken Skrjabins in Berlin, Anfang Januar 1912

Frau *Wera Scriabine* widmete einen ganzen Klavierabend den Kompositionen von *Alexander Scriabine*. Man hörte ausser früheren Werken dieses Komponisten, die vor Chopin starke Reverenz machen, noch eine Reihe der späteren, in denen der gewalttätige Umstürzler Scriabine sich schon sehr kenntlich macht; die vierte Sonate und das Poème satanique gehören dazu. Vielleicht muss man ein Russe sein, um die Begeisterung zu begreifen, die Scriabine bei seinen Landsleuten erregt. Ich hörte mit kühlem Interesse zu, durch viele frappante Einzelheiten gefesselt, jedoch ohne tiefere Eindrücke zu empfangen. Damit soll gegen die Kompositionen nichts gesagt sein, sie mögen ihren Wert haben, auch wenn sie mir nicht zusagen.

Dr. H[ugo] Leichtentritt

*„Signale für die musikalische Welt", 1912, Nr. 2, S. 43*

## Aus einem Brief von Franz Marc an Wassily Kandinsky über das gleiche Konzert

Berlin 10 I 12

[...] Einliegend Programm Scriabine; Maria und ich waren dort; leider konnten wir nur die erste Hälfte mitanhören; unser Eindruck war ziemlich flau; sehr geschmackvoll und harmonisch, aber so „gewohnt", wenigstens schien es uns so, daß wir uns immer gegenseitig fragten, was Sie uns eigentlich von Scriabine's Kunst erzählt hatten. Wir mußten uns zu unserer Schande gestehen, daß wir nichts tatsächliches davon behalten hatten, als daß er eine Rolle in Rußland spielt.

Die kleinen études und préluden warfen einen ziemlich schnell von einem Sentiment ins andere; rechnet man dieses Sentiment weg, blieb eine angenehme leichte Harmonie und ein leider etwas nüchterner Vortrag (obwohl von seiner

Frau vermutlich, was uns beim Hören kaum glaublich schien) im Ohr zurück, – im Ohr, nicht im Gehirn, – was natürlich an unseren Gehirnen liegen mag und wird. Ich bin furchtbar neugierig auf den Artikel.[1]

1 Gemeint ist der nachstehend abgedruckte Artikel von Sabanejew über Skrjabins *Prometheus* im „Blauen Reiter". (Anm. d. Hrsg.)

*Wassily Kandinsky – Franz Marc, Briefwechsel, München/Zürich 1983, S. 111*

LEONID SABANEJEW

## Prometheus von Skrjabin

Es ist schwer, bei der Analyse des Skrjabinschen Schaffens die einzelnen Gestaltungen desselben von der allgemeinen Idee, der endgültigen „Kunstidee", die jetzt dem Bewußtsein des Komponisten vollkommen klar geworden ist, zu trennen. Das ist die Kunstidee als ein gewisser mystischer Vorgang, der zum Erreichen eines ekstatischen Erlebnisses dient – der Ekstase, dem Sehen in höheren Plänen der Natur. Wir sehen eine logische Entwicklung dieser Idee von Skrjabins erster Symphonie bis zum Prometheus. In der ersten Symphonie – ein Hymnus der Kunst als Religion, in der dritten – die Befreiung des Geistes von Ketten, Selbstbehauptung der Persönlichkeit, ein* Poem der Ekstase – Freude des freien Vorganges, die Schaffensekstase. Dies alles sind verschiedene Entwicklungsstadien einer und derselben Idee, welche die vollkommene Verkörperung im Skrjabinschen Mysterium finden soll – in grandiosem Ritualvorgang, in welchem zum Zweck des ekstatischen Aufschwunges alle Erregungsmittel, alle „Sinnenliebkosungen" (anfangend mit Musik bis zum Tanz – mit Lichtspielen und Symphonien von Düften) ausgenützt werden. Wenn man tief in das Wesen der mystischen Kunst von Skrjabin eindringt, wird es klar, daß man weder Grund noch Recht hat, diese Kunst ausschließlich mit Musik abzugrenzen. Die mystisch-religiöse Kunst, die dem Ausdruck der sämtlichen geheimen Fähigkeiten des Menschen, dem Erreichen der *Ekstase* dient, braucht immer und von jeher *alle* Mittel zur Wirkung auf die Psyche. Dasselbe entdecken wir z. B. in unserm gegenwärtigen Gottesdienst – dem Sprößling der antiken mystischen Ritualvorgänge; hat sich in diesem Falle, wenn auch in kleinerem Maßstabe, die Idee der Vereinbarung der Künste in eins nicht konserviert, sehen wir hier nicht die Musik (Gesang, Glockenklänge), plastische Bewegungen (das Knien, das Ritual der priesterlichen Handlung), Spiel der Düfte (Weihrauch), Lichtspiel (Kerzen, die allgemeine Beleuchtung), Malerei? – Alle Künste haben sich hier vereinigt zu einem harmonischen Ganzen, zu einem Ziel – dem religiösen Aufschwung.

Dieser Aufschwung kommt zustande trotz der Einfachheit der sämtlichen hier gebrauchten Mittel: von den sämtlichen Künsten, die heute in der Kirche gebraucht werden, ist die Musik allein zu einer großen, ausgesprochenen Entwicklung gekommen; die übrigen Teile sind schwach, beinahe atrophiert. Die einzelnen Zweige der Künste haben sich seit der Zeit der antiken religiösen Handlungen selbständig gemacht und erreichten getrennt eine verblüffende Vollkommenheit. In erster Linie haben die Musik und die Wortkunst die höchste Entwicklung erreicht; in der allerletzten Zeit fingen die Bewegungskunst und die Kunst des reinen Lichtspieles – Symphonie der Farben – an, sich zu entwickeln. Die Versuche, die Bewegungskunst zu beleben, treffen wir heute immer öfter, und die Art mancher Neuerer in der Malerei kann man gar nicht anders bezeichnen als eine Annäherung der Malerei zum reinen Farbenspiel.

Es ist die Zeit der *Wiedervereinigung* dieser sämtlichen zerstreuten Künste gekommen. Diese Idee, die unklar schon von Wagner formuliert wurde, ist heute viel klarer von Skrjabin aufgefaßt. Alle Künste, von denen jede eine enorme Entwicklung erreicht hat, müssen, in einem Werk vereinigt, die Stimmung eines so titanischen Aufschwunges geben, daß ihm *unbedingt* eine richtige Ekstase, ein richtiges Sehen in höheren Plänen folgen muß.

Es sind aber nicht alle Künste in dieser Vereinigung gleichberechtigt. Die Künste, die die unmittelbar sich den Willensimpulsen unterordnende Substanz als Material haben,

d. h. die fähig sind, den Willen unmittelbar zum Ausdruck zu bringen – diese Künste werden dominieren (Musik, Wort, plastische Bewegung). Die Künste aber, deren Material von den Willensimpulsen nicht abhängt (Licht, Duft), bleiben untergeordnet: ihre Bestimmung ist Resonanz, um den durch die Hauptkünste hervorgebrachten Eindruck zu verstärken. Dies sind die Künste, die bis jetzt unentwickelt blieben, was auch vollkommen klar ist, da, wie gesagt, sie zu selbständiger Existenz ohne Mitwirkung der Hauptkünste nicht fähig sind.

Solange aber die Idee des „Mysteriums", d. h. die Idee im ganzen, noch nicht verkörpert ist, ist der Versuch einer *teilweisen* Vereinigung der Künste (wenn auch fürs erste von nur zwei Künsten) angebracht. Einen solchen Versuch macht Skrjabin in seinem Prometheus: er vereinigt die Musik mit einer der „begleitenden" Künste, mit „Farbenspiel", wobei das letztere, wie auch zu erwarten ist, eine sehr untergeordnete Stellung hat. Die Farbensymphonie des Prometheus ruht auf dem Prinzip der korrespondierenden Klänge und Farben, über welche wir schon in der „Musik" gesprochen haben.[1] Jede Tonart hat eine korrespondierende Farbe; jeder Harmonienwechsel hat einen korrespondierenden Farbenwechsel. Dies alles ruht auf der Farbenklangintuition, über welche A. N. Skrjabin verfügt. Im Prometheus ist die Musik von der Farbenharmonie beinahe untrennbar. Diese sonderbaren schmeichelnden und zur selben Zeit tief mystischen Harmonien sind in diesen Farben entstanden. Der durch die Musik verursachte Eindruck wird durch dieses Farbenspiel unbeschreiblich verstärkt; hier wird das Tieforganische dieser Skrjabinschen „Laune" und ihre ganze ästhetische Logik klar.

Wir wollen die musikalische Seite des Prometheus untersuchen. In der „Musik"[2] habe ich schon Gelegenheit gehabt, darauf aufmerksam zu machen, daß der Prometheus eine Kristallisation des Skrjabinschen Stils der letzten Periode darstellt. Seit dem ersten Kompositionsversuch suchte Skrjabin ununterbrochen nach jenen Mitklängen, nach jenen mystischen Klängen, welche seine Ideen verkörpern können. Einem Kenner seines Schaffens fällt es nicht schwer, die Evolution der spezifisch Skrjabinschen Harmonie von dem ersten Werke bis zum Prometheus zu verfolgen. Diese Evolution ging auf einem rein intuitiven Weg vor sich. Erst in seinem letzten Werk sind die harmonischen Prinzipien, welche er schon früher unbewußt benützte, seinem Bewußtsein klar geworden. Es ist unmöglich, darin die Äußerung der verblüffenden Eigenschaften der musikalischen Intuition nicht zu sehen. Ist es denn nicht wunderbar, daß die von Skrjabin zu verschiedenen Zeiten unbewußt gebrauchten Harmonien, die er ohne jede „theoretische“ Absicht zu finden verstand – daß diese sämtlichen Elemente plötzlich sich einer strengen Gesetzmäßigkeit unterordneten, sich in Grenzen einer bestimmten Tonleiter, eines bestimmten musikalischen Prinzips finden ließen. Da ist diese Tonleiter, welche aus sechs Klängen besteht, und ebenso die Grundharmonie, bestehend aus den sechs Klängen dieser Tonleiter mit der Verteilung derselben nach den Quarten.

In dieser Harmonie und bei dieser Verteilung derselben läßt sich die größte Mannigfaltigkeit der Intervalle beobachten: die reinen Quarten *e-a, a-d,* die übermäßigen Quarten *c-fis, b-e* und die verminderte *fis-b*. Die Tonleiter selbst *c d e fis a b* wird akustisch gerechtfertigt; diese Klänge sind Obertöne der sogenannten harmonischen Reihe der Klänge, d. h. solcher, deren Schwingungen zueinander als eine Reihe sich folgender Zahlen stehen.

1,2,3,4,5,6,7,8,9,10,11,12 …

Die erwähnte Tonleiter *(c d e fis a b)* besteht aus Klängen 8, 9, 10, 11–13, 14, woraus zu schließen ist, daß wir in diesem Falle theoretisch nicht die richtigen *fis a* und *b* finden, die uns bekannten *fis a* und *b*, sondern andere; d. h. sie klingen alle tiefer als bei der temperierten Stimmung.

Den erhaltenen Akkord hält Skrjabin für eine Konsonanz, und tatsächlich ist er eine Ausdehnung des gewohnten Begriffes eines Konsonanzakkordes, d. h. eines Akkordes, welcher keine Auflösung verlangt.

Unser gewöhnlicher Dreiklang ist nur ein Fall dieses Akkordes, ein Fall, welcher durch Auslassen einiger Klänge bestimmt wird:

*-d-fis-a-* (dur)
(ausgelassen *c e b*)·
*-a-c-e-* (moll)
(ausgelassen *b d fis*)
*-fis-a-c-* (vermindert)
(ausgelassen *b d e*)
*-d-fis-b-* (übermäßig)
(ausgelassen *c e a*).

In dieser sogar einzeln genommenen Harmonie ohne Zusammenstellung und Entwicklung finden wir eine eigenartig „mystische" Stimmung, etwas, was an den Klang einer tiefklingenden kolossalen Glocke erinnert, und etwas leuchtend Strahlendes, Irritierendes, gehoben Nervöses, wenn diese Harmonie in einer hohen Lage verwendet wird. Diese Harmonie schließt in sich ein bedeutend größeres Element der Mannigfaltigkeit als der gewohnte Dreiklang, welcher nur ein Fall dieser Harmonie ist; es muß aber bemerkt werden, daß diese Mannigfaltigkeit im Prometheus noch bei weitem nicht erschöpft ist. Hier nützt Skrjabin beinahe ausschließlich dieses Harmonieprinzip aus, was zu einem eigenartigen Eindruck führt. Der Zuhörer, der sich in die Welt dieser Harmonien vertieft hat und der ihre „konsonierende" Natur fühlt, fängt an, das ganze Gewebe des Prometheus als etwas in hohem Grade Durchsichtiges zu sehen: es wird klar, daß Prometheus unendlich einfach ist und vollkommen „konsonierend", so daß hier *keine einzige Dissonanz* zu finden ist. Das erklärt sich auch dadurch, daß infolge einer großen Anzahl von Klängen in dieser Harmonie der Autor beinahe vollkommen die Wechsel- und durchgehenden Noten vermeiden kann, die in der Harmonie nicht eingeschlossen sind; alle melodischen Stimmen sind auf den Klängen der begleitenden Harmonie gebaut, alle Kontrapunkte sind demselben Prinzip untergeordnet.
Nur diese Tatsache gibt die Möglichkeit – bei dem vollkommenen „Konsonieren" und bei ausschließlicher Durchsichtigkeit des Werkes –, zur selben Zeit fünf bis sechs verschiedene Themata und den thematischen Ursprung der

Figuren zu vereinigen. In der ganzen Weltliteratur ist Prometheus das kompliziertestе poliphone und zur selben Zeit in seinem Gewebe das durchsichtigste Werk.
Es ist nicht uninteressant, die Evolution der Skrjabinschen Harmonie von seinen frühesten Werken an zu verfolgen. Schon im Walzer op. 1 (Verlag Jürgenson) gibt es die Harmonie

*as fes (as) c ges (ges c fes as),*

in welcher wir ohne Schwierigkeit die Züge des künftigen ekstatischen Skrjabin erkennen. Hier fehlen nur zwei Noten bis zur Harmonie des Prometheus, d. h. *b* und *es*.
Nach einer ziemlich langen Zeit, zur Zeit der zweiten Symphonie, der dritten Sonate, erschienen diese Harmonien wieder, wenn auch noch immer nicht vollzählig, d. h. in der Form des sogenannten Nonakkordes mit übermäßiger (oder verminderter) Quinte. In dieser Form geht der Skrjabinsche Akkord in die Tonleiter der Ganztöne, wenn auch sein organischer Ursprung weit von der Ganztonskala steht.
Dieser Akkord fängt an in der Musik Skrjabins zur Periode der dritten Symphonie zu „dominieren", als er im Laufe eines Sommers annähernd 40 kleine Werke komponiert hatte, einschließlich der „tragischen" und „satanischen" Poeme, der Poeme op. 32, der vierten Sonate. Hier erscheint die Harmonie des Prometheus in vollem Maß zum erstenmal, z. B. in „Préludes" op. 37 Nr. 2 (der sechste Takt):

*gis fis ais his eis cisis.*

Diese volle Form finden wir aber doch nicht sehr oft in dieser Periode. Öfter in der letzten Phase (Poem der Ekstase, fünfte Sonate).
Im Poem der Ekstase erscheint die synthetische Harmonie im Augenblick des Kulminationspunktes (Seite 41 der Partitur):

*es a fis c g b (es g).*

In der fünften Sonate, die harmonisch dem Prometheus näher steht als die Ekstase, finden wir sie im zweiten Thema; in „Fragilité" und anderen kleinen Werken der letzten Zeit erscheint sie sehr oft. Aber ihre konsequente und volle Durchführung beobachten wir nur im Prometheus.

Mit ihr beginnt das Prometheus-Poem des schöpferischen Geistes, welcher, schon frei geworden, frei die Welt schafft. Das ist eine Art symphonischen Konspektes des Mysteriums, worin die Mitwirkenden gezwungen werden, die ganze Evolution des schöpferischen Geistes mit zu erleben, wo die Teilung in empfangende, passive und in kunstschöpfende Menscheninterpreten fallen wird. Diese Teilung ist im Prometheus noch zu beobachten: er hat die gewohnte Form einer Symphonie, die von Orchester und Chor ausgeführt wird. In einer blaulila Dämmerung erklingt die mystische Harmonie, bei dem Flattern derselben klingt das Hauptthema (1) in den Waldhörnern:

1.

1a

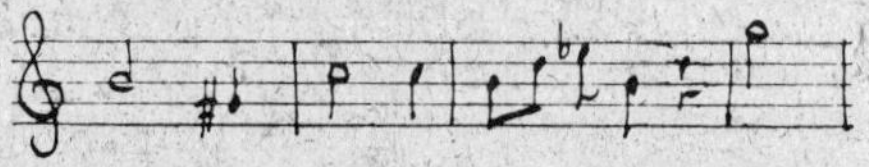

Bei diesen Klängen entsteht die grandiose Idee des ursprünglichen Chaos, in welchem zum erstenmal der Wille des schöpferischen Geistes erklang (Thema 2):

2

Unten bringe ich die Hauptthemata des Prometheus, aus welchen der Komponist sein Orchestergewebe schafft.

3

4

5

6

6a

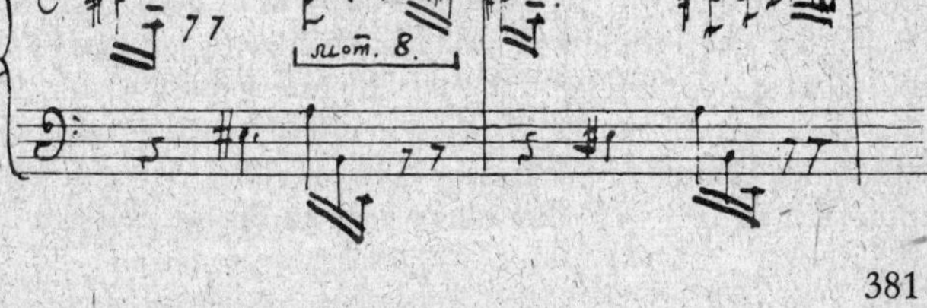

6b

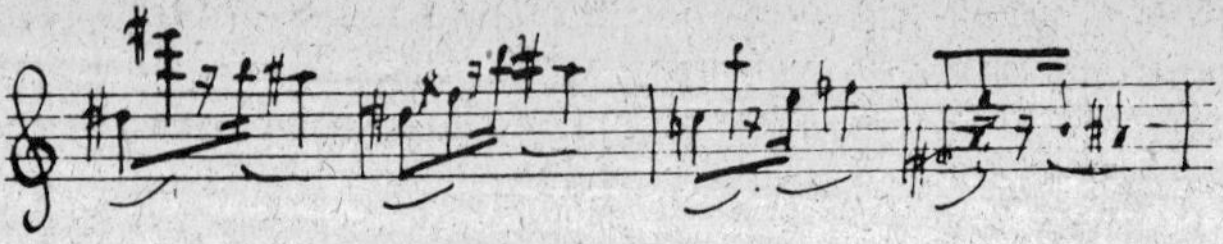

7

7a

8

Seine „einzige“ Harmonie hat die Fähigkeit, die mannigfaltigsten Nuancen zu enthalten, mit mystischem Schreck anfangend und mit strahlender Ekstase und schmeichelnder Erotik endend. Ich behaupte, daß *noch nie* ein derartiger Schreck in der Musik geklungen hat wie in den tragischen Episoden des Prometheus, daß noch nie, in keinem Werk ein derartig berauschender Aufschwung gehört wurde wie vor dem Schluß dieses Werkes, ein Aufschwung, vor welchem der Schluß der „Ekstase“ verblaßt. Der Idee des Komponisten gemäß wird der ganze Saal zu dieser Zeit von einem blendenden Strahlen erfüllt, alle Kräfte des Orchesters und des Chors werden mobilisiert, das Hauptthema wird auf dem Hintergrunde der breiten Orchester- und Orgelharmonien in den Trompeten durchgeführt.

Nach dem allerhöchsten Aufschwung wird alles plötzlich still, das Licht löscht aus; in der lila Dämmerung sind die Klänge eines ekstatischen, berauschenden Tanzes hörbar, es kommen Lichteffekte, das Zauberspiel der Klangelemente, spritzende, „lichtbringende" Klavierpassagen auf dem Hintergrund der zischenden Becken. Noch ein Aufschwung, und das Orchester wird wieder durch ein Meer von Klängen erfaßt, welche im Schlußakkord zusammenschmelzen. Dieser Akkord ist der einzige vom Komponisten im ganzen Werk gebrauchte „Dreiklang".

1 In diesem Artikel („Musik", Moskau, Januar 1911, Nr. 9, S. 199**) sagt *Sabanejew*: die musikalischen Farbenempfindungen Skrjabins können gewissermaßen eine Theorie darstellen, die allmählich das Bewußtsein des Komponisten selbst zu erreichen anfangen. Da ist die Tabelle:

| | | |
|---|---|---|
| *C.* Rot | *Fis.* | Blau, grell |
| *G.* Orange-rosa | *Des.* | Violett |
| *D.* Gelb | *As.* | Purpur-violett |
| *A.* Grün | *Es.* | Stahlartig mit |
| *E.* Blau-weißlich | *B.* | Metallglanz |
| *H.* ähnlich dem E | *F.* | Rot, dunkel |

Bei Verteilung dieser Töne auf den Quintenkreis springt die Regelmäßigkeit ins Auge. Die Farben verteilen sich beinahe vollkommen der Spektralordnung entsprechend, indem die Abweichungen nur im Sinne der Gefühlsintensität zu konstatieren sind (z. B. E-dur – Mondweißlich). Die Töne *Es* und *B* finden im Spektrum keinen Platz; nach Skrjabin haben diese Töne eine unbestimmte Farbe, aber ein ausgesprochen präzises Metallkolorit. – Dieses Farbenentsprechen wurde von Skrjabin in seinem „Prometheus" gebraucht. Diejenigen, welche den „Prometheus" mit entsprechenden Lichteffekten gehört haben, mußten eingestehen, daß der musikalische Eindruck tatsächlich vollkommen durch die entsprechenden Beleuchtungen gedeckt wurde und durch dieselben eine verdoppelte Kraft bekam und bis zur letzten Steigerung gebracht wurde. Und dies trotz des sehr primitiven Beleuchtungsapparates, welcher die Farben nur ganz annähernd lieferte! Zum Schluß bemerkt Sabanejew, daß dieses Problem der Farbenklänge „ausschließlich durch minutiöse Untersuchungen, d. h. durch das Sammeln des rein-statistischen Materials und dessen Bearbeitung", zu lösen ist, was durch die „nicht mehr entfernte Zukunft" auch gemacht wird (S. 200).

2 Siehe Nr. 1 der in Moskau erscheinenden Zeitschrift „Musik".

* So im Original; statt „ein" muß es aber wohl „im" heißen. (Anm. d. Hrsg.)

** Leonid Sabanejew, Über die Analogie von Ton und Farbe; siehe Bibliographie. (Anm. d. Hrsg.)

*Der blaue Reiter, herausgegeben von Kandinsky und Franz Marc, München 1912, S. 57–68*

Charles S. Myers

# Zwei Fälle von Synästhesie

## I

Während seines kürzlich erfolgten Besuches in England gestattete mir der bekannte russische Komponist Alexander Skrjabin freundlicherweise, sein Farbengehör einer Prüfung zu unterziehen. Leider machten die ihm zur Verfügung stehende Zeit und die Notwendigkeit der Verständigung in einer uns beiden fremden Sprache (Französisch)[1] eine ganz gründliche Untersuchung unmöglich. Doch die erzielten Ergebnisse bilden vielleicht einen hinreichend interessanten Beitrag zur Musikpsychologie, um ihre Veröffentlichung in vorliegender Form zu rechtfertigen.

Die Farben bilden für Skrjabin einen so wesentlichen Teil des Gesamteindrucks von Klängen, daß er seinen *Prometheus* mit Begleitung verborgener Lampen aufführen lassen möchte, die den Konzertsaal mit Licht von ständig wechselnder Farbe durchfluten sollen; die Musik seines *Mysteriums* wird nach ihrer Vollendung mit einem ähnlichen Farbenspiel und mit Düften dargeboten werden.

Skrjabins Aufmerksamkeit wurde zuerst durch ein Erlebnis bei einem Konzert in Paris ernsthaft auf sein Farbenhören gelenkt, als er, neben dem Komponisten Rimski-Korsakow, seinem Landsmann, sitzend, bemerkte, das Stück, das sie hörten (in D-Dur), erscheine ihm gelb, worauf sein Nachbar erwiderte, ihm komme die Farbe ähnlich vor, nämlich golden. Seitdem hat Skrjabin mit seinem Landsmann und mit anderen Musikern die Farbeindrücke von anderen Tonarten verglichen, insbesondere von H-, C- und Fis-Dur, und er nimmt an, daß in dieser Hinsicht eine allgemeine Übereinstimmung besteht. Er gibt allerdings zu, daß, während ihm Fis-Dur violett erscheint, Rimski-Korsakow diese Tonart grün erscheint; doch führt er diese Abweichung auf eine unwillkürliche Assoziation mit der Farbe von Laub und Gras zurück, die durch den häufigen Gebrauch dieser Tonart für pastorale Musik bedingt ist. Er räumt auch ein, daß es einen gewissen Auffassungsunterschied bezüglich der Farbempfindung von G-Dur gibt. Trotzdem glaubt er, wie es allgemein bei den Vertretern der Synästhesie der Fall ist, daß die einzelnen von ihm wahrgenommenen Farben von allen Menschen, die das Farbengehör besitzen, geteilt werden müssen. Ohne Zweifel werden sich bei systematischerer Untersuchung dieselben Abweichungen, die bekanntlich bei farbigen Vokalen, farbigen Namen, farbigen Wochentagen und (wie ich aufgezeigt habe[2]) bei Tonhöhenbereichen und Timbres auftreten, auch bei farbigen Tonarten entdecken lassen.[3]

Wie sich jetzt zusammenfassen läßt, bezieht sich Skrjabins Chromästhesie auf die *Tonart* der Musik. Wie die Tonart in einem Stück wechselt, so wechselt auch die Farbe. Skrjabin erklärt dazu: „Die Farbe *unterstreicht* die Tonart; sie macht sie deutlicher erkennbar." Die Farbe oder ein Farbwechsel wird ihm manchmal bemerkbar, noch bevor er die Tonart oder einen Tonartwechsel wahrgenommen hat. Deshalb glaubt er, daß die Wirkungen von Musik gesteigert werden, wenn dem Auge gleichzeitig die zugehörige Farbe dargeboten wird.

Im allgemeinen hat er beim Anhören von Musik nur ein „Gefühl" der Farbe; erst wenn das Gefühl sehr intensiv ist, geht es dazu über, ein „Bild" der Farbe zu vermitteln.

Die ältere Musik mit ihren seltenen Tonartwechseln vermittelt ihm eine Änderung der Farbe in bezug auf die Intensität statt auf die Qualität; „sie hat nicht die psychologische

Basis der modernen Musik". Bestimmte Kompositionen, darunter die meisten Sinfonien von Beethoven, sind nicht von der Art, daß sie die Farbe brauchen; sie sind „zu intellektuell im Charakter".

Bei dem Fall des Farbenhörens, den ich früher veröffentlicht habe,[4] ist die Farbe von dem *Tonhöhenbereich* des Tons abhängig; in vielen anderen bereits beschriebenen Fällen ist sie von dem *Namen* des Tons abhängig. Für Skrjabin hat jedoch ein einzelner Ton an und für sich keine Farbe; er hat die Farbe seiner Tonart. Er besteht allerdings darauf, daß ein einzelner Ton weder innerhalb noch außerhalb musikalischer Werke allein vorkommen kann; gerade außerhalb von Musik ist er von Obertönen begleitet, die in vielen Fällen, besonders bei Klängen der Natur, zusätzlich zur harmonischen Reihe unharmonische Obertöne einschließen. So kommt es, daß man, wenn man den Klang einer Glocke auf dem Klavier nachahmt, indem man einem stärkeren Grundton eine passende Reihe schwächerer Töne hinzufügt, bei der Analyse eine Kombination von zwei oder mehr Tonarten finden kann und folglich ein Ineinanderspielen oder Verschmelzen der entsprechenden Farben. So ruft bei Skrjabin auch jede zusammen erklingende Tonverbindung eine einfache oder zusammengesetzte Farbempfindung hervor, je nachdem, ob diese Tonverbindung eine oder mehrere Tonarten andeutet.

Die kräftigsten Farben scheinen für Skrjabin die mit C-Dur, D-Dur, H-Dur und Fis-Dur verbundenen zu sein, die sich bei Rot, Orange, Gelb, Blau und Violett befinden. Skrjabin meint jedoch, daß die aufeinanderfolgenden Farben, wenn er mit C an der Rotseite des Spektrums beginnt und von Farbe zu Farbe fortschreitet, den Tonarten in aufsteigender Quintenfolge entsprechen.

| Rot | Orange | Gelb | Grün | Blau | Violett |
|---|---|---|---|---|---|
| C G | D | A | E | H | Fis |

So ist C rot, G rot bis orange-rot, D orange bis gelb, A gelb bis grün, E grün bis blau, H blau bis violett und Fis violett. Die Farben der übrigen Tonarten, Des, As, Es, B und F, nimmt er als außerhalb des Spektrums liegend an, entweder ultraviolett oder infrarot. So ist F „am Rande von Rot" und weist häufig metallischen Glanz auf.

Auf Skrjabins Einwände gegen die Begriffe Dur und Moll bei der Tonart kann hier nicht eingegangen werden. Die Harmonien in seinem *Prometheus* beruhen auf einer Folge von sechs Tönen, die den 7., 8., 9., 10., 12. und 13. Oberton eines Grundtons darstellen und (auf C) annähernd die Töne c d e fis a b ergeben. Eine Folge solcher Töne, z. B. $c^1$ $fis^1$ $b^1$ $e^2$ $a^2$ $d^3$, in reiner (untemperierter) Stimmung gleichzeitig gespielt, ergibt einen von ihm so genannten „Einzelklang", der nicht leicht zu analysieren ist. Skrjabin nimmt an, daß zwischen einem Ton und seinen Obertönen ein ständiger psychischer Kampf stattfindet, so wie man sich einen Kampf zwischen den verschiedenen in einem beliebigen Augenblick von einem Orchester erzeugten Tönen vorstellen kann, einen Wettstreit um die Tonhöhenlage des einzelnen Grundklanges, den der Zuhörer hören soll.

In meinem vorigen Artikel über Synästhesie zog ich die Schlußfolgerung, daß „für die *volle* Entwicklung der Synästhesie eine starke Tendenz zu einer bestimmten Art von Assoziation erforderlich ist, eine Tendenz, Assoziationen zwischen entsprechenden Gliedern zweier homologer Reihen zu bilden"[5]. Bei der damals befragten Person hatte ein beliebiger Buchstabe (z. B. Y) sofort die Tendenz, eine Zahl hervorzurufen (25), die seine Stellung im Alphabet ausdrückt. Eine solche Tendenz kann ohne weiteres das obige Diagramm zeitigen, bei dem aufeinanderfolgende Tonstufen mit aufeinanderfolgenden Spektralfarben assoziiert werden, und sie kann auch zu dem starken Hang zum Mystizismus führen, der für Skrjabin charakteristisch ist. Für ihn hat die (rote) C-Tonart eine Beziehung zur Materie und trägt den Geruch von Erde an sich, während die (violette) Fis-Tonart geistig und ätherisch ist. Er nimmt an, daß die Farben ihre Oberfarben haben wie die Töne ihre Obertöne.

## II

Der andere hier zu schildernde Fall von Synästhesie betrifft eine Dame (Person B), die ausgebildete Malerin ist und großes Vergnügen am Musikhören hat, obwohl sie kein Instrument spielt. [...]

1 Letztere Schwierigkeit wurde sehr gemildert durch die Teilnahme von Herrn Alexander Brjantschaninow, dem ich bei dieser Gelegenheit meinen Dank aussprechen möchte.
2 „A Case of Synaesthesia", vorliegende Zeitschrift, 1911, IV, 228–238.
3 Vgl. Th. Flournoy, Des phénomènes de synopsie, Paris et Genève 1893, 101; auch: Henri Laures, Les Synesthésies, Paris 1908, 30.
4 A. a. O.
5 A. a. O., 238.

*The British Journal of Psychology, vol. VII, 1914–1915, Cambridge, S. 112–117*
*Aus dem Englischen übersetzt von Christoph Hellmundt*

## Brief von Skrjabins Tante Ljubow Skrjabina an Mitrofan Beljajew

[Moskau,] 14. Februar [1897]

Sehr geehrter Mitrofan Petrowitsch.
Einen irgendwie besonders traurigen Eindruck machte Sascha heute auf mich. Nachdem er weggegangen war, saß ich lange da und mußte über ihn nachdenken, und mir wurde noch trauriger zumute, weil mir nicht ein einziger beruhigender Gedanke kam. Lassen Sie uns lieber ein wenig miteinander über ihn reden.
Es ist ganz deutlich, was die Natur geschaffen hat, das kann weder der Mensch noch das Leben ändern. So ist sich auch unser Sascha völlig dessen bewußt, daß er sich durch sein unordentliches Leben ruiniert, aber trotzdem kann er nichts machen. Trotz der Liebe zu seiner Braut und ihrer Bitten, ein geregeltes Leben zu führen, reicht die Einsicht dazu bei ihm nur eine Woche oder höchstens zwei. Die ganze letzte Zeit schläft er nachts wieder überhaupt nicht, er ist abgemagert und geschwächt, heute war er kaum imstande, zu Schloezers zu gehen.[1] Er kommt mir wie ein richtiger Märtyrer vor. Nie ist er ruhig und glücklich. Er lebt in ständiger Unrast, und meist zeigt er eine Leidensmiene. Warum er nur nicht zufrieden ist. Weder Gott noch die Menschen ha-

ben ihm etwas zuleide getan. Alle haben ein so herzliches Verhältnis zu ihm. Und seine ganze Seele sucht nach etwas, man weiß nicht was, und nirgends findet er Beruhigung. Oft rede ich stundenlang mit ihm, manchmal gelingt es mir, ihn zu beruhigen, weil er mir noch glaubt. Ich bin richtig erschüttert, wie sehr er noch Kind ist im Leben. All seine Ansichten insgesamt zu Alltagsdingen sind dermaßen naiv, daß ich manchmal von Herzen lachen muß. Und auch seine Launen sind ganz kindlich. Ich glaube nicht, Mitrofan Petrowitsch, daß Sascha fähig wäre, seine Frau unglücklich zu machen, dazu ist er zu edelmütig und gutherzig, und ich bin sicher, daß er eher sich selbst quält, indem er seine Eifersucht und ähnliche Gefühle verbirgt, als daß er sich entschließt, ihr irgendwelche Unannehmlichkeiten zu bereiten. Und ich glaube, wenn seine Frau ihn liebt und für seine innere Unrast Verständnis aufbringt, dann wird sie gut mit ihm auskommen. Sie fragen, ob Saschas Braut bemittelt ist. Darauf kann ich zwar nicht zuverlässig antworten, aber ich kann den Eindruck wiedergeben, den ich von der Bekanntschaft mit Wera Iwan[ownas] Vater und allgemein nach Erzählungen der Schloezers habe, die die Issakowitschs gut kennen. Sascha verhielt sich ja zu dieser Frage wie alle Skrjabins, d. h., als er den Heiratsantrag machte, existierte die Geldfrage für ihn überhaupt nicht. Nicht umsonst wurden mein Vater und meine Brüder uneigennützig genannt, denn mein Vater und sechs meiner sieben Brüder heirateten ganz arme Mädchen, und dieser Zug zeigt sich auch bei Sascha. Als er mit seiner Braut auf diese Frage zu sprechen kam, beschlossen sie sofort, beide zu arbeiten, und in der Tat wird Wera Iwan[owna] ihm eine gute Gehilfin sein. Jetzt will ich ein paar Worte über die familiären Verhältnisse von Wera Iwan[owna] sagen. Sie verlor schon in der Kindheit ihre Mutter; ihr Vater ist Rechtsanwalt in Nishni-Nowgorod. Er soll bemittelt sein, aber dermaßen geizig und despotisch, daß sein einziger Sohn ihn sogar verlassen hat und in Samara bei seinem Paten lebt und in einem Gymnasium erzogen wird. Das wird erzählt, aber ich weiß nicht, inwieweit es stimmt. Als er bei uns war, sagte er, er liebe seine Kinder mit dem Verstand, nicht mit dem Herzen, und er erkenne nur eine völlig spartanische Erziehung an. Infolge dieser Ansicht ist Wera Iwan[owna] natür-

lich weder durch elterliche Zärtlichkeit noch durch das Leben verwöhnt, und sogar um sich anständig zu kleiden, verdient sie selber das Geld, indem sie Musikunterricht gibt. Wenn ich aufrichtig sein soll, hat seine Person auf mich einen sehr unangenehmen Eindruck gemacht. Ich hoffe, meine Meinung bleibt unter uns, aber er kam mir wie ein Wucherjude vor. Daß er sehr klug ist, kann man ihm nicht absprechen, aber wenn man mit ihm spricht, hat man das Gefühl, daß diesem Menschen das Geld mehr wert ist als Freunde und Kinder. Auf die Unterstützung eines solchen Vaters kann sie natürlich nicht rechnen. Was aber den Punkt anbelangt, daß es Sascha schwerfallen wird, mit einer Familie von seinem eigenen Einkommen zu leben, so stimme ich darin mit Ihnen vollkommen überein. Dieser Gedanke läßt mich schon lange nicht los, ich begreife, daß sein Beruf höchst undankbar ist, und vor allem ist es schlimm, daß er, wenn er einmal krank wird, völlig mittellos dasteht. Aber was ist da zu machen, Mitrofan Petrowitsch. Er fürchtet dermaßen jede Anspielung auf seinen krankhaften oder hilflosen Zustand, daß ich es nicht fertigbringe, ihn daraufhin anzusprechen. Mir kam noch folgender Gedanke. Vielleicht gibt die Heirat ihm den Seelenfrieden, durch den sich auch seine Gesundheit bessert, noch dazu mit einer solchen tatkräftigen Gehilfin wie Wera Iwan[owna], und seine Arbeit geht schneller. Vielleicht ist das Phantasie von mir, aber was soll man machen, es ist ja anscheinend so ein Naturgesetz, daß der Mensch sich aus allem Trost und Hilfe zu verschaffen versteht. Doch nun habe ich schon wieder überm Schreiben die Zeit vergessen, verzeihen Sie, Mitrofan Petrowitsch. Ich schreibe einen Brief und denke nie daran, wie er sich nachher liest.
Von Herzen wünsche ich Ihnen alles Gute. Ich verbleibe als die Sie aufrichtig achtende

Ljubow Skrjabina

1 Bei Familie Schloezer wohnte Skrjabins Braut als Studentin. (Anm. d. Hrsg.)

*Aus dem Russischen übersetzt von Christoph Hellmundt nach: Perepiska A. N. Skrjabina i M. P. Beljaeva, Petrograd 1922, S. 77ff.*

## Brief von Mitrofan Beljajew an Skrjabin

S[ankt] P[eters-] B[urg], 11. November 1901

Lieber Sascha!
Eben erhielt ich Deinen Brief (diesmal ohne Datum), und ich beeile mich, Dich zu benachrichtigen, daß ich die Partitur Deiner Sinfonie vorgestern erhalten habe.
Betreffs Deines Dirigierens hatte ich angenommen, daß die Frage erledigt ist, aber wenn Du den Wunsch hast, daß ich Dir ganz offen meine Meinung sage, dann muß ich Dir gestehen, daß ich gegen Dein Dirigieren war. Meiner Überzeugung nach muß ein Dirigent selber rhythmisch sicher sein, um einen schwierigen Rhythmus zu dirigieren, ich habe aber bei Dir rhythmisches Gefühl nicht festgestellt. Da der von Dir geplante *Versuch* nur Schwierigkeiten verursachen würde und das Konzert am 12. Januar, in dem Deine [2.] Sinfonie als erstes Stück kommt, ganz aus neuen Stükken zusammengestellt ist, würde wegen Deiner Experimente nicht nur Deine Sinfonie leiden, sondern auch die anderen Werke. Ich hoffe, daß Tolja [Ljadow] alles, was in seiner Macht steht, tun wird, um Dein Werk gut auszuführen, und Dich bitte ich, nicht am Tag der ersten Probe (die immer dienstags ist) herzukommen, wie Du es bei der 1. Sinfonie gemacht hast, sondern etwa zwei Tage vorher, um Tolja Deine Absichten zu erklären.
Wenn es Dich schon so sehr juckt, unbedingt selbst zu dirigieren, warum greifst Du dann nicht zu der von mir genannten Methode, d. h., daß Wass[ili] Il[jitsch Safonow] Dir die Möglichkeit gibt, ein paarmal wenigstens das Konservatoriumsorchester zu dirigieren? Und dann, wenn der Versuch zeigt, daß Du *gut* dirigieren kannst (was wohl kaum nach zwei oder drei Malen gelingt), werden wir, wenn Deine 3. Sinfonie fertig ist, wieder darüber reden.
Ich küsse Dich vielmals und wünsche Dir Gesundheit und unerschöpfliches Schaffen.
Dein Freund

Mitrofan

*Aus dem Russischen übersetzt von Christoph Hellmundt nach: Perepiska A. N. Skrjabina i M. P. Beljaeva, Petrograd 1922, S. 173*

## Brief von Wladimir Stassow an Skrjabin vom 28. Februar (13. März) 1906 über die russische Erstaufführung der 3. Sinfonie in Petersburg am 23. Februar (8. März) 1906

Liebenswürdigster, teurer Alexander Nikolajewitsch,
mit großer Freude habe ich dem Triumph Ihrer 3. Sinfonie „Le Divin Poème“ beigewohnt. Schon bei der großen Probe, im Saal der Adelsversammlung, Mittwoch, den 22. Februar, weckte sie die Sympathien und die Begeisterung all der wenigen, aber etwas von neuer Musik Verstehenden, die dort anwesend waren; am anderen Tage aber, am Donnerstag, dem 23., weckte sie sowohl das Staunen als auch die tiefen Sympathien des zahlreichen Publikums. Der Saal der Adelsversammlung war völlig überfüllt, und ich glaube, seit diesem Abend haben Sie Hunderte von Bewunderern und Verehrern dazugewonnen. Anders konnte es und durfte es auch nicht sein. Mit dieser Sinfonie sind Sie ein ganzes Stück *gewachsen*! Sie sind bereits ein großer Musiker geworden. In solcher Art, Anlage, Gestalt, Form und mit solchem Gehalt, wie diese Sinfonie gemacht ist, hat bei uns *noch niemand geschrieben*! Zwar ist darin noch so manches von *Richard Wagner*, aber es gibt darin auch schon viel, gewaltig viel von *Alexander Skrjabin* selbst. Was für Aufgaben! Welche Spannweite! Welche Kraft und welch Aufbau! Wieviel Leidenschaft und Poesie im 2. Satz (Voluptés)! Aber auch das Orchester – wie wunderbar, gewaltig, kraftvoll, zuweilen zart und lieblich, dann wieder strahlend! Ja, Sie haben jetzt unter den Russen schon viele Anhänger und Bewunderer. Sofort nach diesem *Beljajew*-Konzert am 23. Februar erschien eine Reihe von Artikeln in den Zeitungen. *Drei* davon schicke ich Ihnen hier im Brief: 1) in der „Strana“ vom 25. Februar, von Nik[olai] Bernstein; 2) in der „Retsch“ vom 25. Februar, unterschrieben ASCH (der richtige Name ist [Alexander] Schmuller, er studierte vor kurzem noch am Konservatorium); 3) in „Nascha shisn“ vom 28. Februar, unterschrieben: M. N. (= Nesterow). Denken Sie nicht, daß ich Ihnen diese Artikel nach irgendeinem Auswahlprinzip sende. Überhaupt nicht; sie kamen mir rein zufällig in den letzten Tagen in die Hände, in einigen Zeitungen, die ich

jeden Tag bekomme. – Ich muß gestehen, daß es bei uns heute überhaupt keine bedeutenden und begabten Musikkritiker gibt. Alles Mittelmaß oder Nullen. Nur wenige erheben sich bis zum Grad des *Ordentlichen*. Nun ja, was soll man da machen! Aber selbst die meisten von denen merken, daß man Sie würdigen *muß*, daß Sie schon jetzt einen Platz einnehmen – einen bedeutenden. Ich wünsche Ihnen Erfolge jeder Art, sowohl Gedeihen als auch künstlerische Vervollkommnung, und ich selbst denke mit Freuden und Sympathie an meine Gespräche mit Ihnen bei unserem teuren, leider so früh verstorbenen Mitr[ofan] Petr[owitsch] Beljajew, als Sie mir die *Sonate*, die dis-Moll-Etüde und vieles andere Wunderbare vorspielten; und ich denke auch an unsere Gespräche über die Philosophie der Geschichte, im Sitzen und im Fahren in der Droschke, auf dem Newski[-Prospekt].

Ihr
W. S.

*Aus dem Russischen übersetzt von Christoph Hellmundt nach: A. Skrjabin, Pis'ma, Moskva 1965, S. 415f.*

## Brief von Robert Sterl an Skrjabin nach dessen Aufenthalt in Dresden im Februar 1911

Sehr verehrter Herr Scriabine
Nun ist es mir doch versagt, morgen Abend nach Berlin und zu Ihrem Conzert zu kommen.
Ich habe morgen Nachmittag eine Portraitsitzung und am Dienstag Morgen muß ich auch gleich wieder an der Arbeit sein.
Es thut mir sehr leid daß ich Sie nicht noch einmal hören und vor Ihrer Rückreise nach Rußland sehen kann. Sicher war es in Leipzig und wird es auch morgen ein rechter Genuß.
Ihre Portraitzeichnung wird schon reproduzirt und soll in etwa 12–14 Tagen fertig sein – ich werde die ersten Drucke Ihnen durch den russ. Verlag in Berlin sogleich zugehen

lassen und Sie haben die Güte eine Karte zu unterschreiben mit Ihrem Namen und recht rasch zu retourniren, damit die ganze Auflage mit Ihrem Autogramm gedruckt werden kann.
Hoffentlich fällt die Reproduktion gut aus.
Meiner Frau geht es wieder gut – das Wetter hier ist aber so schlecht, daß sie sich noch sehr schonen muß.
Von Dr. R[udolf] Steiner war bei meinem Buchhändler nichts anderes im Augenblick zu haben als sein „Christentum als mystische Tatsache", dabei bin ich jetzt und habe mir das bestellt, was Sie mir gerathen haben. Ich wünsche Ihnen das allerbeste und eine gute Rückreise nach Rußland – wo ich Sie sehr bitte Ihre Frau Gemahlin und alle Bekannte sehr von mir zu grüßen
Mit herzlichem Gruß sehr verehrter Herr Scriabine

bin ich Ihr

Robert Sterl

26. Feb
1911
Hohe Str 4

*Nach der Reproduktion in: Natalia Kardinar, Die russischen Reisen von Robert Sterl, Diss. Leipzig 1978, Bildband 1, Abb. 50 a–d*

## Dichter über Skrjabin

Valeri Brjussow
Auf den Tod Alexander Skrjabins

Er trachtete nicht danach, flüchtig Vergnügen zu bereiten,
Mit Melodien zu trösten und zu bezaubern;
Er träumte von Höherem: die Gottheit zu preisen
Und mit Tönen in Abgründe des Geistes zu leuchten.

Das Metall der Melodien wagte er zu schmelzen,
Und in neue Formen wollte er es gießen;
Er lechzte unermüdlich danach, zu leben und zu leben,
Um das Denkmal vollendet aufzustellen,

Doch zu bestimmen hat das Geschick. Das Werk soll
nicht beendet werden!
Das geschmolzene Metall erstarrt nutzlos:
Niemand, niemand lenkt es in seine Bahn ...

Und in den Tagen, da der Krieg Gericht hält
Und der Verstand es fertiggebracht hat, sich an die Ernte
der Leichen zu gewöhnen,
Findet das Herz sich gerade mit *diesem* Tod nicht ab.

Warschau, 17. April 1915

*Aus dem Russischen übersetzt von Christoph Hellmundt*

Wjatscheslaw Iwanow
Zum Gedenken an Skrjabin

1

Verwaist ist die Musik. Und mit ihr
Ist auch die Poesie, ihre Schwester, verwaist,
Erloschen ist eine zauberhafte Blüte an der Grenze
Ihrer benachbarten Reiche, und dunkler ist die Nacht
gefallen

Auf das Gestade, wo der neuerschaffenen Tage
Geheimnisvoller Schrein erschienen war. Verbrannt ist
Von den feinen Blitzen des Geistes das Gewand des
Leibes,
Nachdem es das Feuer dem Ursprung der Feuer zurück-
gegeben hatte.

Hat das Geschick, wie ein wachsamer Adler schwebend,
Dem tollkühnen Prometheus das Heiligtum entrissen?
Oder hat die Himmelszunge den Erdenstaub verbrannt?

Wer kann sagen, ob er Besiegter oder Sieger war,
Über den – verstummend wie der Friedhof der Wunder –
Im Raunen der Lorbeerbäume der Musen Wohnsitz weint?

2

Er war einer von jenen Sängern (ein solcher war auch
Novalis),
Die davon träumen, sie seien die Erben der Leiern,
Denen in der Morgenfrühe der Zeiten gehorchten
Geist, Stein, Baum, Tier, Wasser, Feuer und Äther.

Doch während alle Nachkommen eingestehen mußten,
Daß sie als verspätete Gäste zum Hochzeitsmahl
gekommen sind,
Wurden die alten Zaubersprüche gleichsam wiedererkannt
Von ihm, von ihm allein – und brachten die Welt ins
Wanken.

Ja! Wir alle erinnerten uns – doch er wollte und handelte.
Wie Hiram, der Baumeister der Geheimnisse, teilte er das
Sakrament aus
Und goß mitten ihm Vorhof das Eherne Meer.

„Säume nicht!" rief er dem Geschick zu, und das Geschick
antwortete dem Ruf.
„Erscheine!" flehte er die Schwester an, und die Schwester
kam.
Durch solches Zeugnis bezeichnete der Geist den
Propheten.

*Aus dem Russischen übersetzt von Christoph Hellmundt*

Konstantin Balmont

Ich kam nach Moskau und sah Skrjabin. Diese Begegnung hat sich meiner Seele für immer als eine Vision überragender Musikalität eingeprägt. Es war eine Vision singender, fallender Monde. Musikalischer Gestirne. Aus Tönen gemeißelter Arabesken, Hieroglyphen und Steine. Die Bewegung des Feuers. Eruptionen der Sonne. Ein Ruf von Seele zu Seele. Eine Offenbarung von einem anderen Planeten. Ein singendes Leuchten der Luft, in der sich dieses berükkende Kind der Götter bewegte. Es war dasselbe Fortepiano. Doch diesmal trug es seinen Namen zu Recht. Es war starke Zartheit. Machtvolle Zartheit.

*Konstantin Balmont, Der Lichtton in der Natur und die Lichtsinfonie Skrjabins, Moskau 1917 (russ.), S. 22f. Hier zitiert nach: Kunst und Literatur, 1986, H. 2, S. 260*

*Aus dem Russischen übersetzt von Christoph Hellmundt*

Boris Pasternak

Im Frühjahr 1903 mietete Vater eine Datscha in Obolenskoje bei Malojaroslawez an der Brjansker, heute Kiewer Eisenbahn. Als unser Datschennachbar entpuppte sich Skrjabin. Wir und die Skrjabins waren damals noch nicht von Haus zu Haus bekannt.
Die Datschen standen in Abständen auf einer Anhöhe entlang einem Waldrand. Auf die Datscha fuhren wir wie üblich am frühen Morgen. Die Sonne zersplitterte sich im Laub des Waldes, das tief auf das Haus herunterhing. Die Sackleinenballen wurden aufgetrennt und aufgeschlitzt, man zog die Sachen zum Schlafen und die Proviantvorräte hervor, nahm Pfannen und Eimer heraus. Ich lief fort in den Wald.
Gott und Herr der Gewalten, was alles erfüllte ihn an diesem Morgen! In allen Richtungen durchdrang ihn die Sonne. Das sich bewegende Walddunkel rückte ihm immerfort, mal so, mal anders, den Hut zurecht. Aus seinen sich hebenden und senkenden Zweigen ergingen sich die Vögel in jenem, immer unerwarteten Gezwitscher, an das man sich nie gewöhnen kann, das anfangs jäh aufbricht, aber dann allmählich still wird und das mit seiner hitzigen und immer wiederholten Beharrlichkeit den Bäumen des fernhin forteilenden Dickichts gleicht. Und vollkommen ebenso, wie in dem Wald Licht und Schatten wechselten und die Vögel von einem Zweig zum andern hinüberflogen und sangen, durchzogen ihn und entrollten sich in ihm die Bruchteile der Dritten Sinfonie oder des Göttlichen Poems, das man auf dem Fortepiano in der Nachbardatscha schuf.

Gott, was für eine Musik war das! Die Sinfonie brach ununterbrochen ein und fiel zusammen wie eine Stadt unter Artilleriebeschuß und erbaute sich als Ganzes und wuchs aus den Trümmern und Zerstörungen. Die ganze Musik war überfüllt von einem bis zur Tollheit ausgearbeiteten und neuen Inhalt, so wie der Leben und Frische atmende Wald neu war, den an diesem Morgen, nicht wahr, das Frühlingslaub des Jahres 1903 und nicht des Jahres 1803 bekleidete. Und wie in diesem Wald nicht ein einziges Blättchen aus Kreppapier oder angestrichenem Blech war, so gab es in der Sinfonie nichts verlogen Tiefes, rhetorisch Ehrwürdiges, „wie bei Beethoven", „wie bei Glinka", „wie bei Iwan Iwanowitsch", „wie bei der Fürstin Marja Alexejewna", doch die tragische Kraft des Entstehenden streckte allem hinfällig Anerkannten und erhaben Stumpfen triumphierend die Zunge heraus und war kühn bis zur Besinnungslosigkeit, bis zur Lausbüberei, übermütig elementar und frei wie ein gefallener Engel.
Man mochte meinen, daß ein Mensch, der eine solche Musik komponiert, versteht, wer er ist, und nach der Arbeit durchhellt klar und gestillt zufrieden ist wie Gott, als er am Siebenten Tage ausruhte von Seinen Werken. Und er war auch so.
Er ging oft mit Vater auf der Warschauer Chaussee spazieren, welche die Gegend durchschnitt. Manchmal begleitete ich sie. Skrjabin liebte es, nach einem Anlauf den Lauf, gleichsam mit der Schwungkraft, hüpfend fortzusetzen, wie ein als Querschläger geworfener Stein über das Wasser gleitet, nur wenig fehlte, und er hätte sich von der Erde gelöst und wäre durch die Luft geschwommen. Er pflegte überhaupt verschiedene Spielarten einer vergeistigten Leichtigkeit und einer unbeschwerten Bewegung an der Grenze des Flugs in sich. Zu den Erscheinungen von dieser Art muß man seine bezaubernde Vornehmheit rechnen, die Weltlichkeit, mit der er in Gesellschaft Ernstes umging und leer und oberflächlich zu erscheinen bemüht war. Um so überraschender waren seine Paradoxe auf den Spaziergängen in Obolenskoje.
Er stritt mit Vater über das Leben, über die Kunst, über Gut und Böse, griff Tolstoi an, predigte den Übermenschen, die Amoralität, das Nietzscheanertum. In einem stimmten

sie überein – in den Ansichten über das Wesen und die Aufgaben der Meisterschaft. In allem übrigen gingen sie auseinander.
Ich war zwölf Jahre alt. Die Hälfte ihrer Streitgespräche verstand ich nicht. Doch Skrjabin bezwang mich mit der Frische seines Geistes. Ich liebte ihn unbändig. Ohne in das Wesen seiner Meinungen einzudringen, war ich auf seiner Seite. Bald fuhr er für sechs Jahre in die Schweiz.

Die Skrjabinschen Gedankengänge über den Übermenschen waren der ureigene russische Hang zum Außergewöhnlichen. Wirklich, nicht nur die Musik muß eine Übermusik sein, um etwas zu bedeuten, sondern alles auf der Welt muß über sich hinausgehen, um es selbst zu sein. Der Mensch, die Tätigkeit des Menschen müssen ein Element der Unendlichkeit einschließen, das der Erscheinung Bestimmtheit verleiht, Charakter.
Angesichts meiner nunmehrigen Abständigkeit zur Musik und meiner abgestorbenen und völlig zerfallenen Bindungen an sie blieb von dem Skrjabin meiner Erinnerungen, dem Skrjabin, von dem ich lebte und mich nährte wie vom täglichen Brot, der Skrjabin der mittleren Periode, ungefähr von der dritten Sonate bis zur fünften.
Das harmonische Wetterleuchten des Prometheus und seiner letzten Werke erscheinen mir nur als Zeugnisse seines Genies, nicht als tägliche Nahrung der Seele – und diese Zeugnisse brauche ich nicht, weil ich von ihm ohne Beweis überzeugt worden bin.
Menschen, die früh verstorben sind – Andrej Bely, Chlebnikow und einige andere –, haben sich vor dem Tod in die Suche neuer Ausdrucksmittel vertieft, in den Traum von einer neuen Sprache, sie drehten und wendeten, betasteten ihre Silben, ihre Laute und Mitlaute.
Ich verstand diese Ermittlungen nie. Für mich wurden die überraschendsten Entdeckungen hervorgebracht, wenn ein Inhalt den Künstler überfüllte und ihm nicht Zeit zum Überlegen ließ und er in der Hast sein neues Wort in der alten Sprache sprach, ohne darauf zu achten, ob sie alt sei oder neu.
So sagte Chopin in der alten Mozartisch-Fieldschen Spra-

che so viel frappierend Neues in der Musik, daß er ihr zweiter Beginn zu sein scheint.
So hat Skrjabin fast mit den Mitteln seiner Vorgänger die Empfindung der Musik bis auf den Grund schon im ersten Anfang seines Werks erneuert. Schon in den Etüden des achten Opus, in den Präludien des elften ist alles zeitgenössisch, alles voll von inneren, der Musik zugänglichen Entsprechungen zur umgebenden, äußeren Welt, zu dem, wie man damals lebte, dachte, fühlte, reiste, sich kleidete.
Die Melodien dieser Werke dringen ein, wie euch sofort die Tränen zu fließen anfangen, von den Augenwinkeln über die Wangen zu den Mundwinkeln. Die Melodien, vermischt mit den Tränen, fließen euren Nerv entlang geradenwegs zum Herzen, und ihr weint nicht deshalb, weil es euch betrübt, sondern deshalb, weil ihr Weg in euch hinein so sicher und durchdringend erraten worden ist.
Plötzlich bricht in den Strom der Musik eine Antwort oder Entgegnung auf sie in einer anderen, einer höheren und weiblicheren Stimme in einem anderen, einem einfacheren und alltäglicheren Ton. Eine unerwartete Zänkerei, eine augenblicklich zu lösende Verstimmung. Und eine Note erschütternder Natürlichkeit tönt auf in dem Werk, jener Natürlichkeit, mit der in der Kunst alles entschieden wird.
Von allbekannten Dingen, gängigen Wahrheiten ist die Kunst voll. Obwohl ihr Gebrauch allen offensteht, warten die allbekannten Regeln lange und finden keine Anwendung. Einer allbekannten Wahrheit muß ein seltenes, einmal in hundert Jahren lächelndes Glück zufallen, dann findet sie ihre Verwendung. Ein solches Glück war Skrjabin.
Wie Dostojewski nicht nur ein Romancier und Blok nicht nur ein Dichter, so war Skrjabin nicht nur ein Komponist, sondern ein Anlaß zu ständigen Gratulationen, ein menschgewordener Sieg und ein Festtag der russischen Kultur.

*Menschen und Standorte. Autobiographische Skizze, in: Boris Pasternak, Luftwege. Ausgewählte Prosa. Reclam, Leipzig 1986, S. 315ff., 320f.*

*Aus dem Russischen übertragen von Elke Erb*

# ANHANG

# Zeittafel

Zeitangaben, wenn nicht anders angegeben, nach dem modernen Kalender

1872 6. Januar (nach dem alten Kalender 25. Dezember 1871): Alexander Nikolajewitsch Skrjabin in Moskau geboren.

1873 April: Tod der Mutter. Skrjabin kommt zu seiner Tante, bei der er später auch den ersten Klavierunterricht erhält und (etwa 1879) erste Stücke komponiert.

1882 Skrjabin besucht die Kadettenanstalt in Moskau-Lefortowo bis 1889 und wohnt dort in der Dienstwohnung seines Onkels Wladimir.

1883 Klavierunterricht bei Georgi Conus bis 1885.

1885 Klavierunterricht bei Nikolai Swerew bis 1888 (bekanntester Mitschüler ist Sergej Rachmaninow), daneben Theorie- und Kompositionsunterricht bei Sergej Tanejew, dann Harmonielehre bei Georgi Conus.

1888 Januar: Beginn des Studiums am Moskauer Konservatorium: Theorie (Kontrapunkt) bei Tanejew bis 1890, Klavier bei Wassili Safonow bis 1892.

1891 Sommer: Skrjabin überspielt sich beim Üben die rechte Hand.
Herbst–Winter: In der Kompositionsklasse von Anton Arenski.
Bekanntschaft und Briefwechsel mit Natalia Sekerina bis 1895.

1892 Juni: Abschluß des Konservatoriums nur im Fach Klavier (Kleine Goldmedaille). Als erste Druckausgabe einer Komposition Skrjabins erscheint der *Walzer* op. 1 bei Jürgenson.
Sommer: Reisen nach Petersburg, Finnland, Dubbeln bei Riga, Demjanowo bei Moskau. Komposition der *1. Sonate für Klavier* op. 6.

1893 Sommer: Kuraufenthalt bei Samara, Reise nach der Krim.

1894 23. Februar: erster Klavierabend mit eigenen Werken in Petersburg, danach Bekanntschaft mit M. P. Beljajew.
Sommer: Aufenthalt auf Gut Senino nahe Moskau und im Kaukasus (Kislowodsk).
November: *Allegro appassionato für Klavier* op. 4 erscheint als erstes Werk bei Belaieff.

1895 Frühjahr–Sommer: Reise nach Dresden, Heidelberg, der Schweiz (Vitznau), von da zusammen mit Beljajew an die Riviera, wieder in die Schweiz, nach Deutschland (Frankfurt am Main, Aachen) und Belgien, zuletzt Berlin.
Zahlreiche *Klavierstücke* entstehen.

1896 Januar: Konzertreise zusammen mit Beljajew nach Paris, Brüssel und Berlin; Ende Januar bis August (allein) Aufenthalt und Konzerte in Deutschland, Holland, Belgien und vor allem Paris, Besuch in Rom.
Abschluß der *24 Préludes* op. 11.
Dezember: Vertiefung der Freundschaft mit Beljajew (Anrede mit „Du").

1897 Frühjahr: Fertigstellung des *Klavierkonzerts* op. 20.
8. September: Heirat mit Wera Issakowitsch in Nishni-Nowgorod.
Oktober: In Odessa als Solist bei der Uraufführung des *Klavierkonzerts*. Fertigstellung der *2. Sonate*. Reise mit Wera nach Paris.
Dezember: Skrjabin erhält erstmals den Glinka-Preis.

1898 31. Januar: Gemeinsamer Klavierabend mit Wera in Paris.
Mai: Rückreise von Paris über Wien nach Moskau.
Ende Juli: Geburt des ersten Kindes, der Tochter Rimma.
Erste Bekanntschaft mit Boris de Schloezer bei dessen kurzem Aufenthalt in Moskau.
September: Professor für Klavier am Moskauer Konservatorium bis 1902.

1899 Sommer: *1. Sinfonie*.

1900 19. Februar: Geburt des zweiten Kindes, der Tochter Jelena.
Juli: Reise nach Paris und in die Schweiz (Bendlikon).
Spätsommer: Aufenthalt mit der Familie in Nishni-Nowgorod.

1901 Januar: Skrjabin beginnt, am Katharineninstitut für adlige junge Mädchen Klavier zu unterrichten.
29. Mai: Geburt des dritten Kindes, der Tochter Maria.
*2. Sinfonie*.

1902 Juni: Beendigung der Tätigkeit als Professor am Moskauer Konservatorium. Im folgenden Studienjahr unterrichtet Skrjabin noch mehrere Studenten.
Juli–August: Erholung in Obolenskoje (nahe Moskau).
31. August: Geburt des vierten Kindes, des Sohnes Lew.
September: Kuraufenthalt auf der Krim. Beendigung der Unterrichtstätigkeit am Katharineninstitut.
November (nach dem alten Kalender): Bekanntschaft mit Tatjana de Schloezer über ihren Bruder Boris. Bis zum Frühjahr 1903 erteilt ihr Skrjabin Kompositionsunterricht.

1903 Juli–September: Aufenthalt in Obolenskoje, Arbeit an den *Klavierwerken* op. 30–42. Begegnung mit dem Maler Leonid Pasternak; dessen Sohn, der spätere Dichter Boris Pasternak, wird dabei als Kind tief von Skrjabin beeindruckt.

Dezember: Beginn der finanziellen Unterstützung durch Margarita Morosowa (bis Ende 1908).

1904 10. Januar: Tod M. P. Beljajews in Petersburg.

3. März: Abreise in die Schweiz (Vésenaz), Beginn des sechsjährigen Auslandsaufenthaltes; die Familie folgt zehn Tage später.

November: Fertigstellung der *3. Sinfonie.*

23. November: Reise nach Paris, damit Trennung von der Familie (in der ersten Zeit durch mehrere Besuche unterbrochen).

1905 22. Januar (nach dem alten Kalender 9. Januar): Ausbruch der ersten russischen Revolution in Petersburg („Blutsonntag").

29. Mai: Uraufführung der *3. Sinfonie* in Paris unter Nikisch.

Juni: Beginn des ständigen Zusammenlebens mit Tatjana de Schloezer, Aufenthalt in Bogliasco bei Genua bis Februar 1906.

15. Juli: Tod der Tochter Rimma in Genf.

September: Rückkehr Wera Skrjabinas mit den Kindern Jelena, Maria und Lew aus Vésenaz nach Moskau.

26. Oktober: Geburt der Tochter Ariadna, des ersten Kindes von Tatjana.

1906 Januar–Oktober: Unterbrechung der Verlagsbeziehungen zu Belaieff.

Februar–Oktober: Aufenthalt in Servette bei Genf.

Mai: Skrjabins Dichtung *Poem der Ekstase* erscheint in Genf in russischer Sprache im Selbstverlag.

Oktober–November: Aufenthalt in Amsterdam und Brüssel.

Dezember: Beginn der Konzertreise nach den USA (New York, Cincinnati, Chicago, Detroit).

1907 April: Rückkehr aus den USA, bis Anfang Juli Aufenthalt in Paris.

Juli–September: Aufenthalt in St. Beatenberg (Schweiz).

September–August 1908: Aufenthalt in Lausanne.

Dezember: Fertigstellung des *Poème de l'Extase* und der *5. Sonate.*

1908 Januar: Kurzer Aufenthalt in Leipzig zu Tonaufnahmen bei Hupfeld.

12. Februar: Geburt des Sohnes Julian, des zweiten Kindes von Tatjana.

August: Aufenthalt in Biarritz (Frankreich) bei Kussewitzky, mündliche Absprache über Ausgaben im Russischen Musikverlag.

Ende August–Anfang 1910: Aufenthalt in Brüssel.
1909 Januar–März: Konzertreise nach Petersburg und Moskau.
März: Zerwürfnis mit der Gönnerin Margarita Morosowa.
1910 14. Januar: Abreise von Brüssel, endgültige Rückkehr nach Rußland.
29. März: Tod des Sohnes Lew in Moskau.
Mai: Konzerttournee mit Kussewitzky auf der Wolga, Bekanntschaft mit Robert Sterl.
Sommer: Aufenthalt auf Gut Archangelskoje bei Moskau, dort im September Fertigstellung des *Prometheus*.
1911 Januar: Konzerttournee nach Südrußland (Nowotscherkassk, Rostow am Don, Jekaterinodar).
30. Januar: Geburt der Tochter Marina, des dritten Kindes von Tatjana.
Februar: Konzerttournee nach Dresden (Begegnung mit Sterl), Leipzig und Berlin.
Frühjahr: Bruch mit Kussewitzky, Aufnahme von Verbindungen zu Siloti zwecks Konzertveranstaltungen.
Herbst: Beginn besonders intensiver Konzerttätigkeit.
November: Drei Konzerte in Petersburg, anschließend in Wilna und Minsk.
1912 Januar: Konzerttournee in Begleitung Tatjanas nach Südrußland (Rostow am Don, Taganrog, Nowotscherkassk, Jekaterinodar).
März: Abschluß eines Vertrages mit dem Verlag Jürgenson über die Veröffentlichung von Werken.
29. April: Skrjabin mietet für drei Jahre, befristet bis 27. April 1915 (!), die Wohnung in Moskau, die seine letzte wurde und wo sich heute das Skrjabin-Museum befindet.
Juni–September: Aufenthalt in der Schweiz (St. Beatenberg).
September–Oktober: Aufenthalt in Brüssel.
Ende Oktober–Anfang November: Aufenthalt in Amsterdam, Solist in Konzerten unter Mengelberg in Den Haag, Amsterdam, Haarlem und Frankfurt am Main.
November: In Moskau Einzug in die letzte Wohnung.
1913 Frühjahr: Fertigstellung der *8.*, *9.* und *10. Sonate* und der *Klavierstücke* op. 67 und 69.
Sommer: Intensivierung der Arbeit am Text der *Vorbereitenden Handlung.*
September–Oktober: Reise in die Schweiz (Lausanne) und nach Südtirol zum Besuch des Grabes der Mutter.
6. Oktober: Begegnung mit Strawinsky in Lausanne.
November–Dezember: Konzerttournee nach Petersburg, Wilna, Minsk, Kiew, Jelisawetgrad und Poltawa.

1914 Februar: Konzerttournee nach Charkow, Kischinjow, Odessa, Nikolajew und Cherson.

März: Konzertreise in Begleitung Brjantschaninows nach London, Besuch in Cambridge.

Sommer: Intensive Arbeit am Text der *Vorbereitenden Handlung*, Beginn der Kompositionsarbeit dazu.

24. Dezember: Tod des Vaters.

1915 Februar–März: Klavierabende in Moskau, Petrograd, Charkow und Kiew.

15. April: Letzter Klavierabend (in Petrograd).

27. April (nach dem alten Kalender 14. April): Skrjabin stirbt in Moskau.

# Werkverzeichnis

Die Zahlen bezeichnen die Nummern der Briefe in vorliegender Ausgabe.
Bei Erwähnung nur in einer Anmerkung steht die Zahl in Klammern.
Musikalische Werke ohne Opuszahl wurden nur aufgenommen, soweit sie in vorliegender Ausgabe erwähnt werden.
Bei veröffentlichten Werken stehen hinter dem Entstehungsjahr Verlag und Jahr der Erstausgabe in Klammern.

*Orchesterwerke*

Werke mit Opuszahl

Konzert für Klavier und Orchester fis-Moll op. 20, 1896–1897 (Belaieff 1898): I. Allegro, II. Andante (Thema mit 4 Variationen), III. Allegro moderato (26), 74, 75, 77–83, (84), 86–89, 95, 96, 98, (101), 102, 197, 201, 202, (204–206), 221, (234), (241), (242), (247), (254), (260)

Rêverie (Träumerei). Prélude für Orchester e-Moll op. 24, 1898 (Belaieff 1899) 101–104, (121)

Sinfonie Nr. 1 für Mezzosopran, Tenor, gemischten Chor und Orchester E-Dur op. 26, 1899–1900 (Belaieff 1900): I. Lento, II. Allegro drammatico, III. Lento, IV. Vivace, V. Allegro, VI. Andante mit Soli und Chor, Text vom Komponisten 106–113, 115–119, (121), 123, (126), 127, 128, 130, (139), (159), 193, 204, 206, (215), 225, 226, (254)

Sinfonie Nr. 2 für Orchester c-Moll op. 29, 1901 (Belaieff 1903): I. Andante – Allegro giocoso, II. Allegro, III. Andante, IV. Tempestoso, V. Maestoso 119, 120, 123, 124, 126, 127, 129, (138), (159), (182), (185), 193, (206)

Sinfonie Nr. 3. Le Divin Poème (Göttliches Poem) für Orchester c-Moll op. 43, 1902–1904 (Belaieff 1905): I. „Luttes" („Kämpfe" oder „Das Ringen"), Lento, II. „Voluptés" („Genüsse"), Lento, III. „Jeu divin" („Göttliches Spiel"), Allegro 123, 124, 128–131, 133, 136, 138, 140, 141, 143, (144)(?), 146, 147, 149, 150, 154, 155, (156–159), 160–162, 165, 166, 168–170, (171), 176, 177, (185), 187–190, 193, 199, 201, 204–206, (211), 216, 219–221, (224), 230–232, 235

Le Poème de l'Extase (Poem der Ekstase; auch Poème Orgiaque oder 4. Sinfonie genannt) für Orchester op. 54, 1905–1907 (Belaieff 1908) 144, 146, 158, 162, 165, 171, 173, (176), 177, 179, 185, 187, 191, 196, 198, 201, 203, 205, 208–216, 218–221, (224), 230

Prometheus. Poem des Feuers (Prométhée. Le Poème du Feu) für

Sonate Nr. 5 op. 53, 1907 (Selbstverlag 1908; Russischer Musikverlag 1911): 1 Satz (208), 212, 214, (218), 219–221, 224, (245), 246

Sonate Nr. 6 op. 62, 1911–1912 (Russischer Musikverlag 1912): 1 Satz (245), 254

Sonate Nr. 7 op. 64 (genannt „Weiße Messe"), 1911–1912 (Russischer Musikverlag 1913): 1 Satz (245), 248, 249, 254, (257)

Sonate Nr. 8 op. 66, 1912–1913 (Jürgenson 1913): 1 Satz

Sonate Nr. 9 op. 68 (genannt „Schwarze Messe"), 1912–1913 (Jürgenson 1913): 1 Satz

Sonate Nr. 10 op. 70, 1912–1913 (Jürgenson 1913): 1 Satz

## Kleinere Werke und Zyklen mit Opuszahl

Walzer f-Moll op. 1, 1885–1886 (Jürgenson 1892) 5, 185, 186

Drei Stücke op. 2: 1. Etüde cis-Moll, 1887 (Jürgenson 1893), 2. Prélude H-Dur, 1889, und 3. Impromptu à la mazur (Impromptu in Mazurkaform) C-Dur, 1889 (Jürgenson 1895) 185, 186. – Nr. 1: 5, 185. – Nr. 2, 3: (5)

Zehn Mazurken op. 3, 1888–1890 (Jürgenson 1893): 1. h-Moll, 2. fis-Moll, 3. g-Moll, 4. E-Dur, 5. dis-Moll, 6. cis-Moll, 7. e-Moll, 8. b-Moll, 9. gis-Moll, 10. es-Moll (5), (91), 185, 186

Allegro appassionato es-Moll op. 4, 1887–1893 (Belaieff 1894) 18, 19, (64), (65), (91), 94

Zwei Nocturnes op. 5, 1890 (Jürgenson 1893): 1. fis-Moll, 2. A-Dur 5, 185, 186

Zwei Impromptus à la mazur (Impromptus in Mazurkaform) op. 7, 1891 (Jürgenson 1895): 1. gis-Moll, 2. Fis-Dur (5), (91), 185, 186

Zwölf Etüden op. 8, 1894–1895 (Belaieff 1895): 1. Cis-Dur, 2. fis-Moll, 3. h-Moll, 4. H-Dur, 5. E-Dur, 6. A-Dur, 7. b-Moll, 8. As-Dur, 9. gis-Moll, 10. Des-Dur, 11. b-Moll, 12. dis-Moll 22–28, 30, 39, 44, 45, (48), 86, (105). – Nr. 2: (86). – Nr. 5: (48). – Nr. 6: (86). – Nr. 7, 8, 11: 27, 30. – Nr. 12: 27, 28, 30, (48), (113), 202

Zwei Stücke für die linke Hand op. 9, 1894 (Belaieff 1895): 1. Prélude cis-Moll, 2. Nocturne Des-Dur (91). – Nr. 2: 65, 102, 202, (203)

Zwei Impromptus op. 10, 1894 (Belaieff 1895): 1. fis-Moll, 2. A-Dur 21–23, (105)

24 Préludes op. 11, 1888–1896 (Belaieff 1897): 1. C-Dur, 1895, 2. a-Moll, 1895, 3. G-Dur, 1895, 4. e-Moll, 1888, 5. D-Dur, 1896, h-Moll, 1889, 7. A-Dur, 1895, 8. fis-Moll, 1896, 9. E-Dur, 1895, 10. cis-Moll, 1894, 11. H-Dur, 1895, 12. gis-Moll, 1895, 13. Ges-Dur, 1895, 14. es-Moll, 1895, 15. Des-Dur, 1895, 16. b-Moll, 1895, 17. As-Dur, 1895, 18. f-Moll, 1895, 19. Es-Dur, 1895, 20. c-

Drei Préludes op. 35, 1903 (Belaieff 1904): 1. Des-Dur, 2. B-Dur, 3. C-Dur 131, (132), 135–138, 145

Poème satanique (Satanisches Poem) op. 36, 1903 (Belaieff 1904) 131, (132), 135–138, 145, 246

Vier Préludes op. 37, 1903 (Belaieff 1904): 1. b-Moll, 2. Fis-Dur, 3. H-Dur, 4. g-Moll 131, (132), 135–138, 145

Walzer As-Dur op. 38, 1903 (Belaieff 1904) 131, (132), 135–138, (143), 145

Vier Préludes op. 39, 1903 (Belaieff 1904): 1. Fis-Dur, 2. D-Dur, 3. G-Dur, 4. As-Dur 131, (132), 135–138, (143), 145

Zwei Mazurken op. 40, 1903 (Belaieff 1904): 1. Des-Dur, 2. Fis-Dur 131, (132), 135–138, (143), 145

Poem Des-Dur op. 41, 1903 (Belaieff 1904) 131, (132), 135–138, (143), 145

Acht Etüden op. 42, 1903 (Belaieff 1904): 1. Des-Dur, 2. fis-Moll, 3. Fis-Dur, 4. Fis-Dur, 5. cis-Moll, 6. Des-Dur, 7. f-Moll, 8. Es-Dur 106 (?), 131, (132), 135–138, 145, (185). – Nr. 5: 133 (?)

Zwei Poeme op. 44, 1905 (Belaieff 1905): 1. C-Dur, 2. C-Dur (154–156), 160, 161, 163, 164, (171)

Drei Stücke op. 45, 1905 (Belaieff 1905): 1. Albumblatt, 2. Poème fantasque (Launenhaftes Poem), 3. Prélude (154–156), 160, (171), 178. – Nr. 2: (235)

Scherzo C-Dur op. 46, 1905 (Belaieff 1905) (154–156), 160, (171), 178

Quasi Valse op. 47, 1905 (Belaieff 1905) (154–156), 160, (171), 178

Vier Préludes op. 48, 1905 (Belaieff 1906): 1. Fis-Dur, 2. C-Dur, 3. Des-Dur, 4. C-Dur (154–156), 160

Drei Stücke op. 49, 1905 (Belaieff 1906): 1. Etüde, 2. Prélude, 3. Rêverie (Träumerei) (180), 182, 184

Vier Stücke op. 51, 1906 (Belaieff 1907): 1. Fragilité (Zerbrechlichkeit), 2. Prélude, 3. Poème ailé (Beschwingtes Poem), 4. Danse languide (Tanz der Sehnsucht) 196, 198, 199, 246. Siehe auch unter: Orchesterwerke, Nicht verwirklichte Vorhaben: Zwei Tänze für Orchester

Drei Stücke op. 52: 1. Poem, 1907, 2. Enigme (Rätsel), 1907, 3. Poème languide (Poem der Sehnsucht), 1905 (Nr. 1 und 2: Selbstverlag 1907; Nr. 3: Musikbeilage zur Zeitschrift „L'illustration", Paris, 1905; Nr. 1–3: Russischer Musikverlag 1910) (208), (235). – Nr. 1, 2: 208, 214, (218), 235. – Nr. 3: (170), (185), 187, 197, (208), (245). Siehe auch unter: Orchesterwerke, Nicht verwirklichte Vorhaben: Zwei Tänze für Orchester

Vier Stücke op. 56, 1908 (Belaieff 1908): 1. Prélude, 2. Ironies (Ironie), 3. Nuances (Nuancen), 4. Etüde 246

Zwei Stücke op. 57, 1908 (Belaieff 1908): 1. Désir (Wunsch), 2. Caresse dansée (Liebkosung beim Tanz). – Nr. 1: (235). – Nr. 2: (185). Siehe auch unter: Orchesterwerke, Nicht verwirklichte Vorhaben: Zwei Tänze für Orchester
Albumblatt op. 58, 1911 (?) (Russischer Musikverlag 1911) (245)
Zwei Stücke op. 59, 1910–1911 (Russischer Musikverlag 1912): 1. Poem, 2. Prélude (245)
Poème-Nocturne op. 61, 1911–1912 (Russischer Musikverlag 1912) (245)
Zwei Poeme op. 63, 1912 (Russischer Musikverlag 1912): 1. Masque (Maske), 2. Etrangeté (Seltsamkeit) (245), 249
Drei Etüden op. 65, 1912 (Jürgenson 1912): 1. (in Nonen), 2. (in Septimen), 3. (in Quinten) 251, 252
Zwei Préludes op. 67, 1912–1913 (Jürgenson 1913)
Zwei Poeme op. 69, 1913 (Jürgenson 1913)
Zwei Poeme op. 71, 1914 (Jürgenson 1914)
Vers la Flamme (Zur Flamme). Poem op. 72, 1914 (Jürgenson 1914)
Zwei Tänze op. 73, 1914 (Jürgenson 1914): 1. Guirlandes (Girlanden), 2. Flammes sombres (Dunkle Flammen)
Fünf Préludes op. 74, 1914 (Jürgenson 1914)

*Sonstige musikalische Werke*

Romanze für Singstimme und Klavier, Fis-Dur, Text vom Komponisten, etwa 1891/92 (zu Lebzeiten Skrjabins nicht erschienen) (170)
Variation über ein russisches Lied für Streichquartett, 1899 (Belaieff 1899) 103
Romanze für Singstimme und Klavier, Text unbekannt, 1905 (nicht erschienen, verschollen) 170

*Dichtungen*

Text zu einer eigenen Romanze, etwa 1891/92
Text zum 6. Satz der 1. Sinfonie, 1900 (erschienen in der Partitur der Sinfonie) 108, 109, 112
Libretto zu einer Oper, 1900–1903, unvollendet (postum erschienen im Sammelband „Russkije propilei", Bd. 6, Moskau 1919) 114, 116, 119, 131, 139, 140, (144) (?), (151)
Poem der Ekstase/Le Poème de l'Extase (Dichtung), 1904–1906 (Selbstverlag, Genf 1906) (144) (?), 146, 152, 162, 165, 187, 191, 193, 194, 203, 212, 215, 216, 218, 220
Text zur „Vorbereitenden Handlung", 1913–1915, unvollendet (postum erschienen im Sammelband „Russkije propilei", Bd. 6, Moskau 1919) 256 (?), 262
An Valeri Jakowlewitsch Brjussow, Sonett, 1915

# Bibliographie (Auswahl)

*Quellen*

A. Skrjabin, Piśma [Briefe, hrsg. v. A. W. Kaschperow], Moskva 1965

Perepiska A. N. Skrjabina i M. P. Beljaeva [Briefwechsel zwischen A. N. Skrjabin und M. P. Beljajew, hrsg. v. V. M. Beljajew], Petrograd 1922

Oskar von Riesemann, Alexander Skrjabin im Lichte eigener Jugendbriefe, in: Die Musik, XV, 1922/23, S. 841–855

Alexander Skrjabin, Prometheische Phantasien, übers. u. eingel. v. Oskar von Riesemann, Stuttgart/Berlin 1924, Reprint München-Gräfelfing 1968

Alexander Skrjabin, Le Poème de l'Extase/Poėma ėkstaza [Poem der Ekstase], a. d. Russ. übertr. v. Ernst Moritz Arndt [1885–1962], in: Clemens-Christoph Johannes von Gleich, Die sinfonischen Werke von Alexander Skrjabin, Bilthoven 1963, S. 111–121

Alexander Skrjabin, Zwei Dichtungen: Fragment eines Opernlibrettos und Die vorbereitende Handlung, deutsche Übers. v. Dieter Hoffmann, in: Sigfried Schibli, Alexander Skrjabin und seine Musik, München/Zürich 1983, S. 367–398

Aleksandr Nikolaevič Skrjabin [Bildband, hrsg. v. J. N. Rudakowa u. A. J. Kandinski], Moskva 1979

Letopiś žizni i tvorčestva A. N. Skrjabina [Chronik des Lebens und Schaffens von A. N. Skrjabin, hrsg. v. M. P. Prjaschnikowa u. O. M. Tompakowa], Moskva 1985

*Monographien und Aufsatzsammlungen über Skrjabin*

Igor Fjodorowitsch Belsa, Alexander Nikolajewitsch Skrjabin, Übers. a. d. Russ. v. Christoph Hellmundt, Berlin 1986

Lew Danilewitsch, Alexander Nikolajewitsch Skrjabin, übertr. v. Margarete Hoffmann, Leipzig 1954

Paul Dickenmann, Die Entwicklung der Harmonik bei A. Skrjabin, Bern/Leipzig 1935

Gottfried Eberle, Zwischen Tonalität und Atonalität. Studien zur Harmonik Alexander Skrjabins, München/Salzburg 1978

Clemens-Christoph Johannes von Gleich, Die sinfonischen Werke von Alexander Skrjabin, Bilthoven 1963

Musik-Konzepte, hrsg. v. Heinz-Klaus Metzger u. Rainer Riehn, H. 32/33: Aleksandr Skrjabin und die Skrjabinisten [I], München

1983 (Beiträge von M. Scriabine, A. Lunatscharski, G. Eberle, S. Schibli, E. F. Burian, M. Goldstein u. a.)
Musik-Konzepte, hrsg. v. Heinz-Klaus Metzger u. Rainer Riehn, H. 37/38: Aleksandr Skrjabin und die Skrjabinisten II, München 1984 (Beiträge von H. R. Zeller, M. Schmidt, S. Mauser, M. Deppermann u. a.)
Christof Rüger, Ethische Konstanz und stilistische Kontinuität im Schaffen Aleksandr Nikolaevič Skrjabins unter besonderer Berücksichtigung seiner Klavierkompositionen, Diss. Leipzig 1971 (ms.)
Leonid Sabaneev, Vospominanija o Skrjabine [Erinnerungen an Skrjabin], Moskva 1925
Sigfried Schibli, Alexander Skrjabin und seine Musik, München/Zürich 1983
Alexander Skrjabin. Hrsg. v. Otto Kolleritsch, Graz 1980 (Beiträge von M. Scriabine, M. Kelkel, H. Weber, H. Macdonald, R. Brinkmann, L. Hoffmann-Erbrecht, S. Gut, G. Eberle, J.-H. Lederer, V. P. Dernova, M. Pinter, A. Voigt)
A. N. Skrjabin [Sammelband zum 100. Geburtstag, hrsg. v. V. A. Zuckermann], Moskva 1973 (Beiträge von V. Zuckermann, B. Jaworski, B. Assafjew, A. Alschwang, M. Michailow, A. Nikolajewa, I. Martynow, N. Kotler, L. Danilewitsch, N. Vieru, V. Berkow, S. Pawtschinski, E. Meßchischwili, W. Dobrynin, D. Shitomirski)
B. F. Šlecer [Boris de Schloezer], A. Skrjabin, Bd. 1 [mehr nicht erschienen]: Ličnost'. Misterija [Persönlichkeit. Das Mysterium], Berlin 1923 (russ.)
Hanns Steger, Der Weg der Klaviersonate bei Alexander Skrjabin, München-Gräfelfing 1979

*Artikel über Skrjabin*

Arnold Alschwang, Die Stellung Skrjabins in der Geschichte, in: Beiträge zur Musikwissenschaft, 1964, S. 143–150
Carl Dahlhaus, Struktur und Expression bei Alexander Skrjabin, in: Musik des Ostens, 6, 1971, S. 197–203
Gottfried Eberle, Alexander Skrjabin. Wandlungen in der Bewertung des musikalischen Werks, in: Neue Zeitschrift für Musik, 1972, S. 8–11
Lothar Hoffmann-Erbrecht, Skrjabins „Klangzentrenharmonik" und die Atonalität, in: Bericht über den Internationalen Musikwissenschaftlichen Kongreß Bonn 1970, Kassel 1973, S. 438–444
Lothar Hoffmann-Erbrecht, Skrjabin und der russische Symbolismus, in: Musik des Ostens, 6, 1971, S. 185–196
A. V. Kašperov, Skrjabin glazami Šterlja [A. W. Kaschperow, Skrja-

bin mit den Augen Sterls], in: Sovetskaja muzyka, 1967, Nr. 8, S. 47–50
Jurij Keldyš, A. N. Skrjabin, in: Ju. V. Keldyš, Istorija russkoj muzyki [Juri Keldysch, Geschichte der russischen Musik], Bd. 3, Moskva 1954, S. 408–452 (10. Kapitel)
Jekaterina Krshimowskaja, Skrjabin und der russische Symbolismus, in: Kunst und Literatur, 1986, S. 258–265
Dieter Lehmann, Alexander Skrjabin und die russische Revolution, in: Musik und Gesellschaft, 1965, S. 243–245
Zofja Lissa, Geschichtliche Vorform der Zwölftontechnik, in: Acta musicologica, 7, 1935, S. 15–21
Zofja Lissa, Zur Genesis des „Prometheischen Akkords" bei A. N. Skrjabin, in: Musik des Ostens, 2, 1963, S. 170–183
Anatoli Lunatscharski, Tanejew und Skrjabin, in: Anatolij Lunačarskij, Musik und Revolution. Schriften zur Musik, Leipzig 1985 (RUB 1079), S. 93–113
Dietrich Mast, Skrjabin – verlorene Originalität um die Jahrhundertwende?, in: Neue Zeitschrift für Musik, 1980, S. 431–436
W. Mershanow, Die Sonate Nr. 5 op. 53 von Alexander Skrjabin, in: Notate zur Pianistik, hrsg. v. H. Sahling u. C. Rüger, Leipzig 1976, S. 138–150
Charles S. Myers, Two Cases of Synaesthesia, in: The British Journal of Psychology, 7, 1914/15, S. 112–117
Gösta Neuwirth, Zur Alexander-Skrjabin-Renaissance, in: Österreichische Musikzeitschrift, 1978, S. 421–435
Oskar von Riesemann, Alexander Skrjabin's „Prometheus", in: Signale für die musikalische Welt, 1911, S. 546–549
Christof Rüger, Alexander Skrjabin: Humanitas oder Mystik?, in: Musik und Gesellschaft, 1972, S. 536–544
Leonid Sabanejew, Prometheus von Skrjabin, in: Der blaue Reiter, hrsg. v. Kandinsky u. Franz Marc, München 1912, S. 57–68, dokumentarische Neuausg. v. Klaus Lankheit, Stuttgart/Hamburg 1965, S. 107–124
Leonid Sabanejew, Über die Analogie von Ton und Farbe, in: Sieg über die Sonne. Aspekte russischer Kunst zu Beginn des 20. Jahrhunderts. [Publikation zur] Ausstellung der Akademie der Künste, Berlin [West], und der Berliner Festwochen, 1983 (Schriftenreihe der Akademie der Künste, Bd. 15), S. 286–290
Leonid Ssabanejeff, A. N. Skrjabin, in: Melos, 4, 1924/25, S. 461–468
Ferdinand F. Schulz, Alexander Nikolajewitsch Skrjabin. Versuch einer Bibliographie, in: Piano-Jahrbuch, 2, 1981, S. 48–55
Hanns Steger, Grundzüge der musikalischen Prinzipien Alexander Skrjabins, in: Neue Zeitschrift für Musik, 1972, S. 11–15
Wladimir Vogel, Alexander Scriabine – „eine unbewältigte Vergan-

genheit“, in: Österreichische Musikzeitschrift, 1971, S. 706–708
Wladimir Vogel, Zur Idee des „Prometheus“ von Skrjabin, in: Schweizerische Musikzeitung, 1972, S. 339–344
Gisela Wicke, Musik von Skrjabin und Rachmaninow in Melodia-Eterna-Gemeinschaftsausgaben (Schallplattenmosaik), in: Musik und Gesellschaft, 1976, S. 623–625
Hans Rudolf Zeller, Schönberg und Skrjabin, in: Musik-Konzepte, Sonderband Arnold Schönberg, München 1980, S. 273–277

*Verschiedenes*

Wassily Kandinsky, Über Bühnenkomposition, in: Der blaue Reiter, München 1912, S. 103–113, dokumentarische Neuausg. v. Klaus Lankheit, Stuttgart/Hamburg 1965, S. 189–208
Wassily Kandinsky, Über das Geistige in der Kunst, München 1912
Natalia Kardinar, Die russischen Reisen von Robert Sterl, Diss. Leipzig 1978 (ms.)
Boris Pasternak, Der Schutzbrief, a. d. Russ. übertr. v. Elke Erb, in: Boris Pasternak, Luftwege. Ausgewählte Prosa, Leipzig 1986 (RUB 1057)
Boris Pasternak, Menschen und Standorte. Autobiographische Skizze, a. d. Russ. übertr. v. Elke Erb, ebenda
Nikolai Andrejewitsch Rimski-Korsakow, Chronik meines musikalischen Lebens, hrsg. u. a. d. Russ. übertr. v. Lothar Fahlbusch, Leipzig 1968 (RUB 428)
Leonid Sabanejew, Geschichte der russischen Musik, übers. v. Oskar von Riesemann, Leipzig 1926
Leonid Ssabanejeff, Die Musik in Rußland seit 1914, in: Melos, 4, 1924/25, S. 421–428
Hans Heinz Stuckenschmidt, Musik am Bauhaus, in: Vom Klang der Bilder. Die Musik in der Kunst des 20. Jahrhunderts, hrsg. v. Karin v. Maur [Katalogbuch zur Ausstellung in der Staatsgalerie Stuttgart], München 1985, S. 408–413
Albert Wellek, Artikel „Farbenhören“ u. „Farbenmusik“, in: Die Musik in Geschichte und Gegenwart, Bd. 3, Kassel/Basel 1954, Sp. 1804–1822

# Verzeichnis der Briefempfänger

Die Zahlen bezeichnen die Nummern der Briefe in vorliegender Ausgabe.
Angaben zu den Personen siehe Personenregister.

# Personenregister

Erfaßt sind nur Personen, die im Briefteil der vorliegenden Ausgabe vorkommen. Die Zahlen bezeichnen die Nummern der betreffenden Briefe. Bei Erwähnung nur in einer Anmerkung steht die Zahl in Klammern.
Personen mit einem Stern * vor dem Namen sind Empfänger von Briefen Skrjabins, die in vorliegender Ausgabe enthalten sind, siehe Verzeichnis der Briefempfänger.

# Rechtsnachweis

# Bildquellennachweis

Bildband „A. N. Skrjabin", Moskau 1979: Nr. 1, 2, 5, 9, 10, 12, 13, 14, 15, 17, 18, 21, 24, 25, 26, 27, 28, 29, 30, 32, 34, 37, 38, 39, 40
A. Skrjabin, Piśma, Moskau 1965: Nr. 3, 4, 7, 8, 11, 16, 19, 20, 35
Perepiska A. N. Skrjabina i M. P. Beljaeva, Petrograd 1922: Nr. 6
Staatsarchiv Leipzig: Nr. 22, 23
Robert-Sterl-Gedenkstätte, Stadt Wehlen (Sächsische Schweiz): Nr. 31
Städtische Kunstsammlungen Karl-Marx-Stadt: Nr. 33
Detlef Gojowy, Unkel/Rhein: Nr. 36

Wir danken den Rechtsträgern, insbesondere dem A.-N.-Skrjabin-Museum in Moskau, für die Erlaubnis zum Abdruck der Fotos sowie der Robert-Sterl-Gedenkstätte, den Staatlichen Kunstsammlungen Karl-Marx-Stadt und Herrn Dr. Gojowy für die Bereitstellung von Reproduktionsvorlagen.

# Inhalt

*Anhang*